KB129673

河圖(하도)

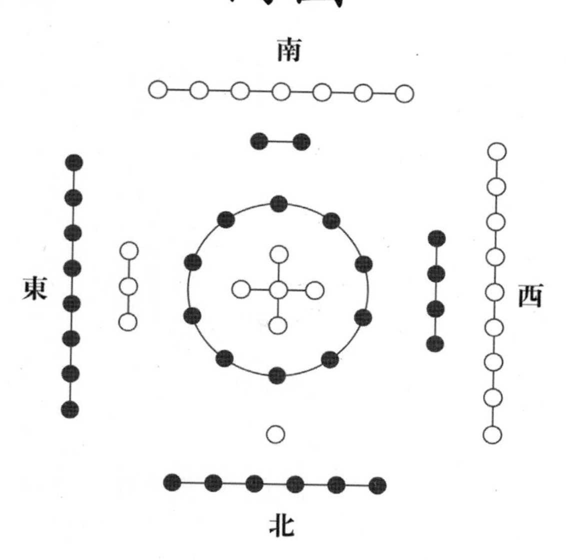

洛書(낙서)

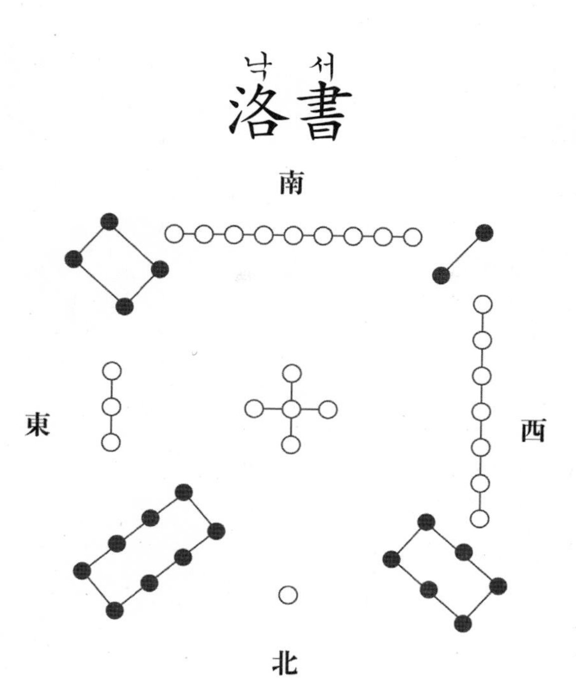

伏羲先天八卦方位之圖
복희선천팔괘방위지도

南

乾 一

兌 二

離 三

震 四

巽 五

坎 六

艮 七

坤 八

北

東

西

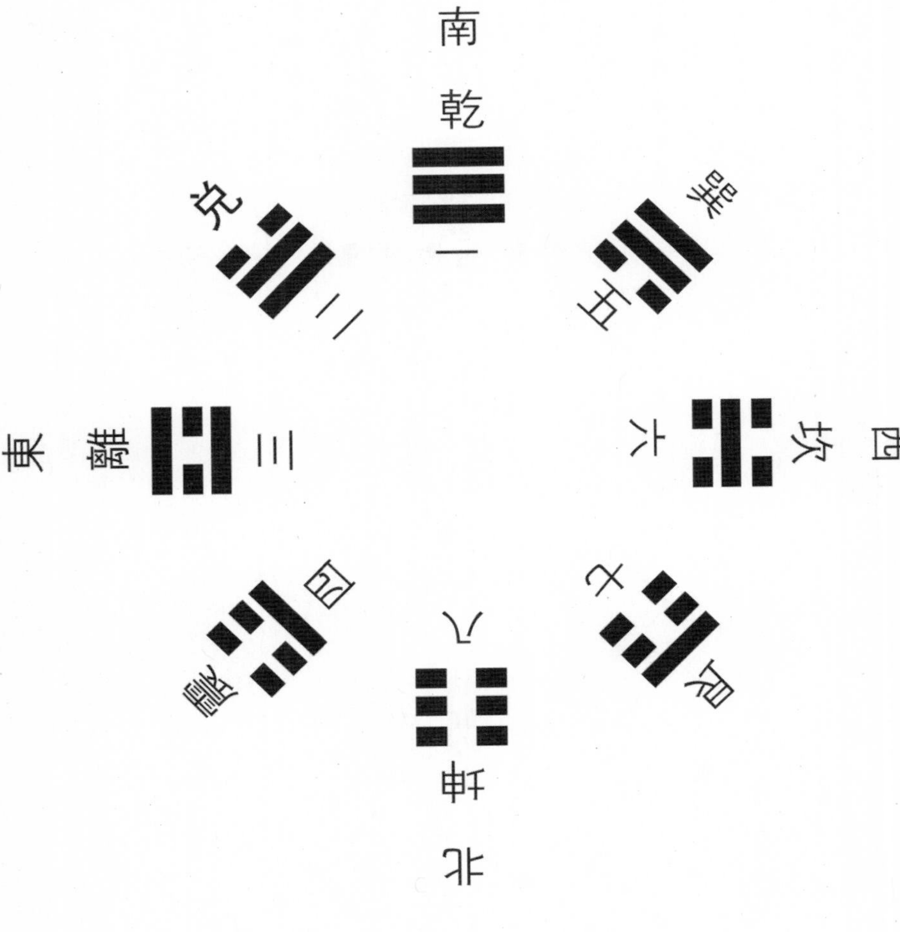

문 왕 후 천 팔 괘 방 위 지 도

文王後天八卦方位之圖

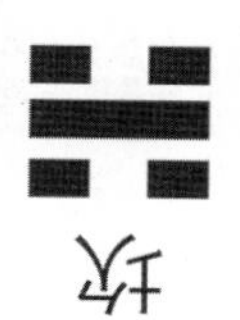

복희육십사괘방위지도

伏羲六十四卦方位之圖

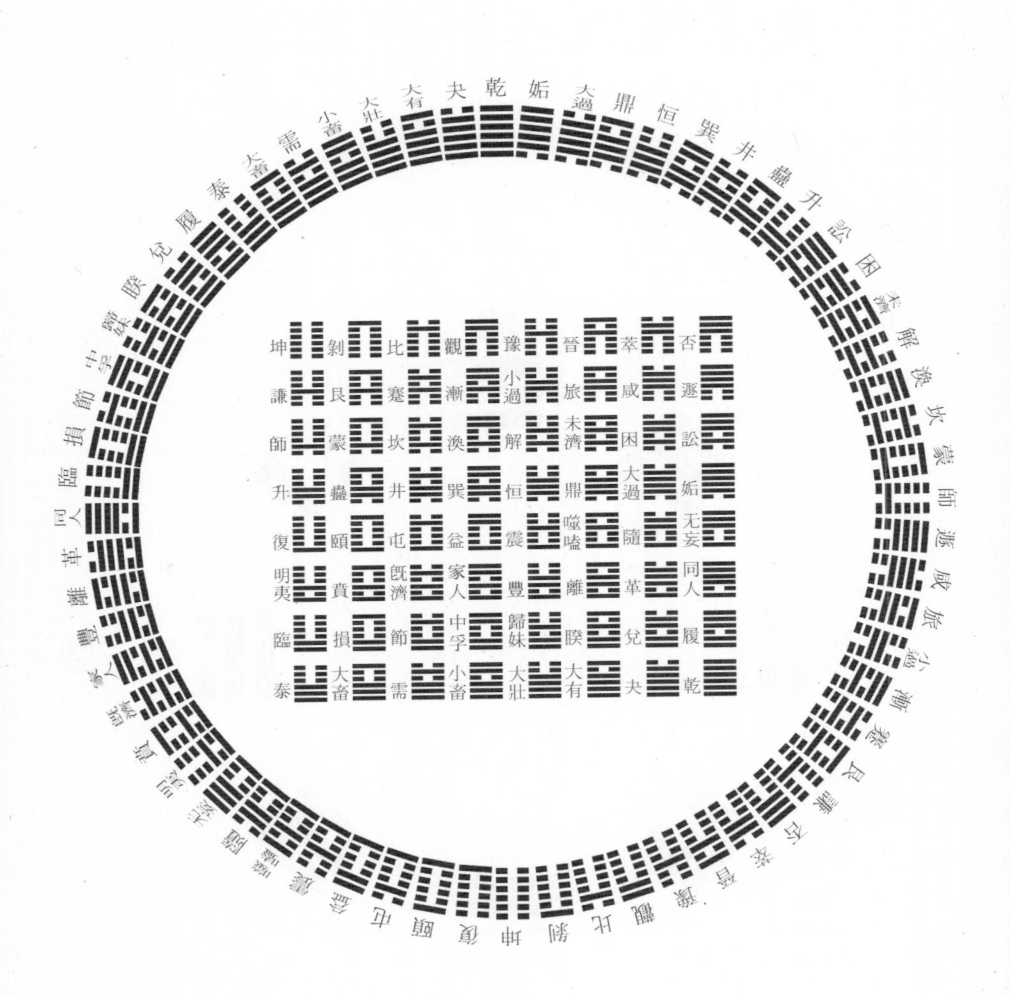

太極圖(태극도)

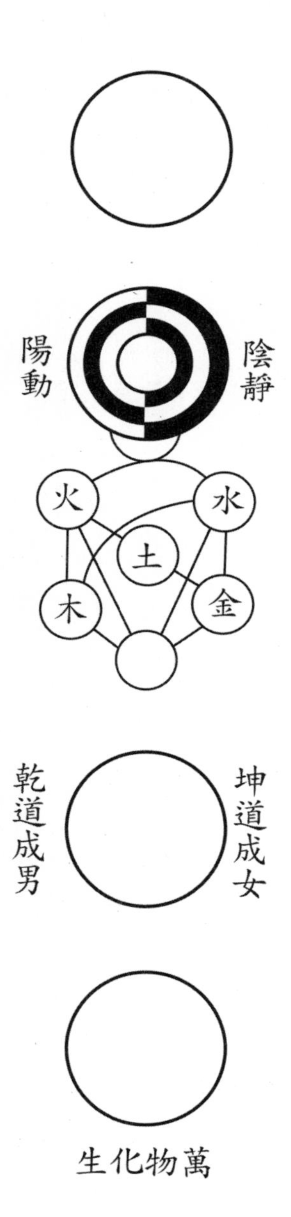

주역내전 5

이 번역은 중국 장사(長沙)의 악록서사(嶽麓書社)에서 1992년에 발행한 선산전서(船山全書) 가운데 『주역내전(周易內傳)』과 『주역내전발례(周易內傳發例)』를 저본으로 하였습니다.

이 책은 (재)한국연구재단의 지원으로 학고방출판사에서 출간, 유통합니다.

한국연구재단 학술명저번역총서
동양편 613

(계사전繫辭傳) /

주역내전 5

Zhou Yi Nei Zhuan

왕부지(王夫之) 지음 | 김진근(金珍根) 옮김

學古房

역자서문

올해가 30년째다. 왕부지가 홀연히 내게 철학의 심오함을 일깨워주는 이로 다가온 뒤 어언 이만큼의 세월이 흘렀다. 그동안 나는 왕부지를 통해 동양철학의 정수(精髓)를 섭렵할 수 있었고, 학인(學人)으로서의 자세가 어떠해야 한지를 어렴풋이나마 엿볼 수 있었다. 그래서 대학원 학업 과정에서 왕부지의 역학(易學)을 연구하여 석사·박사학위를 얻었으며, 『왕부지의 주역철학』이라는 저서도 냈다. 뿐만 아니라 왕부지의 역학을 주제로 하여 10편이 넘는 논문을 써서 국내 학계는 물론 중국 학계에서 발표하기도 했다. 그리고 강단에 자리를 잡고 후학들에게 강의도 할 수 있게 되었다. 이러한 점에서 볼 때, 왕부지는 나의 사숙(私淑) 스승이요 학문적 은인이라 할 수 있다. 그리고 나의 평생 공부는 이 왕부지의 역학 속에 있다.

이 세월 동안 왕부지의 『주역내전』을 읽은 것을 바탕으로 이제 이 번역을 내놓는다. 한국연구재단의 2011년도 명저번역사업 분야에서 이 『주역내전』 번역으로 연구비를 지원받아 4년 동안 매진한 결과가 이 번역 속에 녹아 있다. 이 세월 동안 힘들었던 만큼 이제 뿌듯함으로 다가온다. 그리고 두렵다. 동양철학사 3천 년에서 걸작 중의 걸작인 이 작품을 우리말로 옮기면서 내가 얼마나 많이 훼손했을까를 생각하니! 완전 번역을 지향하면서 매달렸지만, 진행하면 할수록 그것은 이상일 뿐이라는 느낌을 번역자로서 처연하게 받았기 때문이다. 왕부지의 『주역』은 그만큼 어렵고 무거운 것이었다. 그래도, 완전 번역을 이루지는 못하더라도, 그만큼 내 손에 의해 훼손된 것이 많다손 치더라도, 우리말로 된 것이 있는 것이 없는 것보다는 낫다는 전제에서 용기를 내서 진행하였다. 독자 제현께서 혜량해주시기를 바란다.

이 『주역내전』은 왕부지가 67세 때 완성한 것이다. 그가 37세 때 쓴 『주역외전』과는 달리, 이 『주역내전』은 『주역』의 경(經)・전문(傳文)을 축자적으로 충실하게 풀이하고 있다. 이 『주역내전』은 원래 왕부지가 제자들에게 『주역』을 강의하는 데서 교재로 활용하기 위해 저술한 것이다. 이에 비해 『주역외전』은 경・전문이 없이 단지 『주역』의 틀만을 준수하며 왕부지가 자신의 『주역』철학을 체계적으로 서술한 것이다. 따라서 우리는, 그가 '내(內)'・'외(外)'라는 말을 사용하여 이들을 구별짓고 있는 점을 대강 짐작할 수 있다. 즉 『주역내전』은 『주역』 속에 들어가서 속속들이 그 풀이를 시도한 것이고, 『주역외전』은 『주역』 밖에서 그것을 전체적으로 조망하며 쓴 풀이글이라는 것이다. 이들 『주역내전』과 『주역외전』은 쌍벽을 이루며 왕부지 철학의 정수(精髓)를 보여주고 있다. 이들은 중국철학사에서 '인식 체계의 대전환(paradigm shift)'이라 부르기에 충분한 철학적 독창성과 혜안을 여실히 보여주고 있다. 이들 외에도 왕부지는 『주역대상해(周易大象解)』, 『주역고이(周易考異)』, 『주역패소(周易稗疏)』 등을 저술하여 『주역』에 대한 그의 입체적인 이해와 포괄적인 설명을 내보이고 있다.

그런데 왕부지의 『주역』은 독자에게 무거움을 요구한다. 그 이유는 이러하다. 첫째, "『주역』은 군자가 일을 도모하는 데 활용하기 위해 만든 것이지 소인이 무슨 일을 도모하는 데 활용하도록 만들어진 것이 아니다."(『正蒙』, 「大易」: 『易』爲君子謀, 不爲小人謀)라는 장재(張載)의 말을 그가 금과옥조(金科玉條)로 운용하기 때문이다. 이는 왕부지가 『주역』을 읽는 이에게 선결 요건으로 군자가 되라고 요구함을 의미한다. 그렇지 않으면, 즉 군자의 요건을 갖추지 못한 채 자신의 이익 따위나 도모하기 위해 시초점을 치면, 정작 거기에서 나온 괘 · 효사의 의미가 점친 이에게 해당되지 않는다고 하기 때문이다. 왕부지는 『춘추좌씨전』에 나오는 목강(穆姜)의 예를 들어 이를 강조하고 있다. 따라서 자신이 군자가 아니고 또 시초점에게 묻는 일이 의로움[義]이 아니라 이로움[利]에 관련된 것이라면, 아예 『주역』은 손에 잡아서도 안 된다고 하는 의미가 된다. 왕부지는 이러한 관점에서 『주역』이 "의로움을 점치는 것이지 이로움을 점치는 것이 아니다(占義不占利)."고 하였고, "군자에게 권하여 경계하도록 하는 것이지 자신을 모독해가면서까지 소인에게 고해주지 않는다(勸戒君子, 不瀆告小人)."고 하였다. 이처럼 왕부지의 역학은 의리역학의 정수(精髓)를 보여주고 있는 것이다. 이는 공자가 항상된 덕이 없으면 점을 치지 말라고 하였던(『論語』, 「子路」: 子曰, "南人有言曰, '人而無恆, 不可以作巫醫.' 善夫!" "不恆其德, 或承之羞." 子曰, "不占而已矣.") 가르침을 그대로 이어받은 것이라 할 수 있다. 그래서 무겁지 않을 수가 없다.

둘째, 왕부지의 한평생이 『주역』 속에 녹아 있기 때문이다. 그는 오늘날 우리 한국인의 관점에서 보면 지나치다 싶을 정도로 한족(漢族)과 다른 민족들을 구별하였다. 이른바 '이하지변(夷夏之辨)'에서 그는 주변의 다른 민족들을 동등한 인간으로 보려 하지 않는 점이 너무나 두드러지는 것이다. 이러한 관점을 가진 그가 만주족에게 중원이 지배당한 수모 속에 지식인으로서 한평생을 살았으니, 그 열패감이 어떠했으리라는 것은 짐작키에 어렵지 않다. 그런데 그는 자신의 '이하지변'을 정당화하는 차원에서 한족의 문화적 우월성을 든다. 짐승과 구별되는 사람 세상을 운용할 수 있도록 하는 체제인 예(禮)를 가졌다는 측면에서 그렇다는 것이며, 그 장구한 역사 속에서 성현(聖賢)들의 가르침을 많이 축적하고 있다는 점에서 그렇다는 것이다. 이러한 점들을 그대로 온축하고 있는 것이 이 『주역』이다. 그는 이제 한족에 의한 중원 회복 가능성이 완전히 사라져버렸다고 여긴 상황에서 이렇게 이민족에게 지배를 당함이 하늘의 뜻이라 보고는, 자신의 서실에 "육경이 나를 다그치며 새로운 면모를 열라 하니, 이 한 몸 하늘의 뜻을 좇으며 산 채로 묻어 달라 애걸하네!(六經責我開生面, 七尺從天乞活埋)"라는 대련(對聯)을 붙이고 경전 연구에 자신의 남은 평생을 걸었다. 이렇게 하여 탄생한 것이 이 『주역내전』이다. 그만큼 그의 『주역』은 독자들에게 숙연함을 요하고 있다.

셋째, 『주역내전』에는 중국 고전에 대한 왕부지의 해박함이 그대로 녹아 있기 때문이다. 이 『주역내전』을 읽다 보면, 문(文)·사(史)·철(哲) 모두에 달통한 그의 지식이 총망라되어 있다는 것을 금방 알아차릴 수 있다. 『주역』 풀이에서 이들 고전의 관련 구절을 인용하며 풀이하는 곳이 너무나 많기 때문이다. 13경은 물론이요, 24사(史)로 통칭할 수 있는 중국의 역사적 사건들이 그 풀이에 끊임없이 동원되고 있는 것이다. 따라서 독자로서도 이러한 배경 지식이 없으면, 오리무중(五里霧中)을 헤매는 답답함에 애가 닳기 십상이고, 읽고 또 읽어도 격화소양(隔靴搔

癢)의 미진함이 남기 마련이다. 그만큼 왕부지의 『주역』은 독자들에게 무거움으로 다가온다고 할 수 있다.

넷째, 왕부지의 글이 너무나 압축이 심하고, 어휘가 풍부하기 때문이다. 그가 중국의 그 방대한 고전을 꿰고서 그것들을 『주역』 풀이에 적절하게 활용한다는 데서 이미 들어난 사실이기도 하지만, 왕부지의 천재성이 이 『주역내전』에는 남김없이 발휘되어 있다. 따라서 그에 못 미치는 수준의 사람으로서는 이 『주역내전』을 읽는 것이 여간 힘든 일이 아니다. 그가 60대에 들어서는 잔병치레 하느라 끊임없이 시달렸고 지병이었던 천식 때문에 몸을 가누기조차 어려운 상황인지라, 제자들에게 말로 『주역』을 설명하기가 어려워 글로 풀이를 제시하기 위해 이 『주역내전』을 썼다는데, 그의 천재성이 녹아 있는 압축과 풍부한 어휘가 그만 범연한 사람으로서는 따라 읽는 것을 너무나 어렵도록 하는 것이다. 도대체 풀이가, 풀이가 아닌 것이다. 이 풀이를 이해하기 위해서 우리는 다시 공부하지 않으면 안 되고, 그가 하고자 하는 말이 무슨 의미를 지닌 것인지 몇 날이고 곱씹어보지 않으면 안 된다. 그래서 왕부지의 『주역』이 독자들에게 무거움으로 다가온다고 하지 않을 수가 없다.

역자로서 나는 내가 읽으면서 느낀 이 무거움을 가능하면 독자들은 겪지 않도록 하겠다는 차원에서 최선을 다해 번역에 임하였다. 그래서 왕부지가 『주역』 풀이에서 동원하고 있는 관련 고전의 구절과 역사적 사실들을 일일이 전거를 찾아서 각주의 형식을 빌려 설명하였다. 아울러 압축이 심한 구절의 의미를 재삼재사 곱씹으며 나름대로 풀이하여 제시하였다. 그러다 보니, 각주의 수가 엄청나게 불어났고, 각주 하나하나의 양도 한없이 늘어나기만 했다. 그런데 관점에 따라서는 필요하지 않는 각주들이 있다고 여길 수도 있고, 각주가 너무 장황하다고 여길 수도 있을 것이다. 그러나 역자로서는 독자들에게 하나라도 더 배경 지식을 전해준다는 차원에서 시도해본 것이니, 역자의 각주가 필요 없는 수준의 독자들로서는 이 점을 양해하길 바란다.

이 『주역내전』의 독창적인 면 몇 가지를 약술하고자 한다. 첫째, 왕부지의 태극관(太極觀)이다. 왕부지는 태극을 '음・양이 나뉘지 않은 채 뒤섞여 있는 것(陰陽之渾合者)'이라 한다. 즉 음・양이라는 본체가 인(絪)・온(縕) 운동을 하면서 서로 함께 어울려 합동으로 지어내고(合同而化) 하늘과 땅 둘 사이를 가득 채우고 있는 것을 태극이라 한다. 다시 말해서 '음・양 둘이 합하여 함께 이루어내는 합동의 조화(合同之之和)'를 태극이라 한다. 이렇게 보면, 왕부지에게서 태극은 음・양이라는 두 본체의 기(氣)가 인(絪)・온(縕) 운동을 통해 만물을 지어내면서 이루고 있는 전체적인 조화의 양태를 의미한다. 그러므로 이 태극은 따로 독립된 장(場)을 갖거나 자기 정체성(identity)을 갖는 또 하나의 존재가 아니다. 이렇듯이 왕부지는 이 태극을 우주 만물의 총 근원・근거로서의 본체라 하지 않는다. 왕부지에게서 이러한 본체는 어디까지나 음・양의 기(氣)다. 그는 이것을 '인・온 운동을 하는 속에 거대하게 조화를 이루고 있는 기[太和絪縕之氣]'라고 명명하였다. 이러한 왕부지의 태극관은 주희(朱熹)의 태극관과 명확하게 비교된다. 주희는 태극을 형이상자(形而上者)로서의 도(道), 음・양을 형이하자(形而下者)로서의 기(器)라 하면서, 양태로 보면 휑하고 아득하여 아무런 조짐이 없는[沖漠無朕] 태극 속에 음・양의 리(理)가 다 갖추어져 있다고 하였다.(朱熹, 『太極圖說解』 참조) 따라서 주희에게서는 우주 만물의 총 근원・근거로서의 본체가 이 태극이다. 그리고 주희는 이 태극을 리(理), 음·양을 기(氣)라 하면서, 이 둘 사이에는 본래 선후가 없는 것이지만 논리적·개념적으로 소종래(所從來), 즉 어디로부터 왔는가를 추론해보면 태극인 리(理)가 먼저 있고 그것으로부터 기(氣)가 왔다고 해야 한다고 하였다. 그러나 왕부지에게서 이러한 태극은 없다. 태극이 결코 음·양의 본체나 근거가 될 수 없는 것이다. 태극이 자기 정체성을 지닌 독립된 존재가 아니기 때문이다. 이것이 이 『주역내전』의 태극에 대한 설명에서 분명하게 제시되어 있다.

둘째, 왕부지는 이 세계의 본체인 음·양을 『주역』에서 표상하고 있는 것이 건괘☰·곤괘☷ 두 괘요, 음(陰)·양기(陽氣)가 천지 만물을 낳는 것처럼 이들 두 괘가 나머지 62괘를 낳는다고 하고 있다. 왕부지는 이를 '건괘·곤괘 두 괘가 아울러 다른 괘들을 세움[乾坤竝建]'이라 명명하고 있다. 따라서 왕부지의 역학(易學)에서는 태극이 본체가 되지도 않고, 건괘☰만이 홀로 본체가 되지도 않는다. 어디까지나 이들 건괘·곤괘 두 괘가 아울러서 『주역』 64괘의 본체가 된다고 하고 있다. 이를 논증하기 위해 왕부지는 한 괘의 여섯 효 낱낱의 뒤쪽[背]에는 앞쪽[嚮]과 상반되는 효가 자리 잡고 있다고 하였다. 즉 앞쪽에 양효(—)가 있으면 뒤쪽에는 음효(--)가 있고, 앞쪽에 음효(--)가 있으면 그 뒤쪽에는 양효(—)가 자리 잡고 있다는 것이다. 따라서 왕부지에게서 한 괘는 6위(位)가 아니라 12위(位)가 된다. 이 12위(位)를 고려하면 『주역』의 64괘는 모두 건괘·곤괘 두 괘로 환원된다. 다시 말해서 64괘가 모두 건괘·곤괘 두 괘로 이루어져 있다고 함을 확인할 수 있는 것이다. 이 '건곤병건'설은 그의 기철학(氣哲學)을 역학에서 정합적으로 운용한 것이라 할 수 있다.

셋째, '사성동규(四聖同揆)', 또는 '사성일규(四聖一揆)'론이다. 이는, 오늘날 우리가 접하는 『주역』을 복희씨(伏犧氏), 문왕(文王), 주공(周公), 공자라는 네 성인이 각기 시대를 달리하면서도 동일한 원리를 좇아서 만들었다고 하는 주장이다. 복희씨는 팔괘를 그렸고, 문왕은 이를 육십사괘로 연역하고는 각각의 괘에 괘사(卦辭)를 붙였으며, 그 아들 주공은 육십사괘 각각의 여섯 효들에 효사를 붙였다는 것이다. 효사는 모두 386개다. 그리고 공자는 『주역』의 원리 및 괘・효사들에 담긴 의미를 풀이해주는 전(傳)으로서의 '십익(十翼)'을 지었다는 것이다. 다만 왕부지는 전통 주역관에서 말하는 것과는 달리 역전(易傳) 가운데 「서괘전(序卦傳)」만은 공자의 저작이 아니라고 단언하며 이 『주역내전』에서 그 원문만을 덩그러니 그대로 둔 채 아예 풀이조차 하지 않고 있다. 그리고는 '십익'에서 이 「서괘전」을 빼낸 자리에, 이제 「상전(象傳)」에서 「대상전」을 분리하여 추가함으로써 '십익'의 숫자 '10'을 채우고 있다. 왕부지는 그의 천재성으로 말미암아 「서괘전」의 조악함을 벌써 눈치챈 것이다. 사실 냉엄하게 보면, 이 「서괘전」만큼은 그 횡설수설 및 논의의 일관성 결여 때문에 십익 가운데서도 너무나 격이 떨어진다. 그래서 이것을 『역전』 속에 포함시키는 것이 민망스러울 정도다. 그런데 왕부지는 그 학문적 엄밀성과 객관성에 입각하여, 전통적으로 경전의 의심스러운 점들에 대해 자신의 관점에서 함부로 재단하지 않고 그대로 두는 '존이불론(存而不論)'의 태도를 지양하면서, 이렇게 과감하게 자신의 입장을 개진하고 있는 것이다. 그리고 왕부지는 '사성동규'론에 입각하여 팔괘, 육십사괘, 괘・효사, 『역경』과 『역전』 사이 등에 정합성과 일관성이 자리 잡고 있다고 본다. 즉 이들 사이에 어떤 모순도 존재하지 않는다고 보는 것이다. 따라서 괘 · 효사들 사이에 더러 상충되어 보이는 것들에 대해서 그는 어떻게든 그 정합성과 일관성을 역설하며 풀이를 시도하고 있다. 이것을 왕부지 자신은 '단효일치(彖爻一致)'라는 말로 부르고 있다.

넷째, 『역학계몽』의 『주역』 풀이 관점과 도설(圖說)들을 철저하게 배격하는 점이다. 주지하다시피 『역학계몽』은 채원정(蔡元定)과 주희(朱熹)가 함께 지은 것으로서, 주자학이 동아시아에서 관학으로 자리 잡은 뒤에는 주희의 권위에 실려 『주역』 풀이에서 거의 교조(敎條)처럼 자리매김 되어 있었다. 이 『역학계몽』의 핵심을 이루는 것은 소옹(邵雍)의 『주역』 관련 저작들과 한대(漢代)부터 거의 정설처럼 내려오는 괘변설이다. 그런데 왕부지는 소옹이 그린 도(圖)들을 거의 모두 부정하고, 가일배법(加一倍法)도 신랄하게 비판한다. 우주 변화의 법칙은 이처럼 정연하게 점진적으로, 또 도식적으로 변화하지 않는다는 이유에서다. 즉 우주는 인간의 입장에서까지 예측 가능할 정도로 이와 같은 필연의 과정을 밟으며 변화하지 않는다고 보는 것이다. 물론 왕부지 자신이 "수의 밖에는 상이 없고, 괘 · 효상의 밖에는 괘 · 효사가 없다.(無數外之象, 無象外之辭)"라고 하며 『주역』을 풀이하는 데서 괘 · 효상과 수를 고려함이 필수불가결함을 역설하고는 있다. 그리고 그는 이를 논거로 하여 왕필의 유명한 "뜻을 얻었거들랑 말은 잊어버리고, 말을 얻었거들랑 상은 잊어버려라!(得意忘言, 得言忘象)"라는 설을 비판하고도 있다. 왕부지 자신도 상(象)과 수(數)를 『주역』의 핵심 요소로 보고 있는 것이다. 그럼에도 불구하고 왕부지는 『역학계몽』에서 내세우는 도(圖)나 상(象) · 수(數) 및 관련 이론들에 대해 철저하게 부정하는 입장을 취하며 자신의 관점에서 정치(精緻)한 대안들을 제시하고 있다. 『역학계몽』의 관점과 해석틀이 당시 동아시아에서 절대적 권위를 확보하고 있었다는 배경을 감안할 때, 이러한 면은 왕부지 역학의 대단히 두드러진 특징이라 하지 않을 수 없다. 그리고 우리는 여기서 왕부지의 학문적 순수성과 객관성을 충분히 짐작할 수 있다.

왕부지는 이 『주역내전』에 대해서 장문의 '일러두기'에 해당하는 『주역내전발례(周易內傳發例)』를 붙이고 있다. 그런데 이 『주역내전발례』에는 『주역내전』에 대한 단순한 일러두기를 넘어 왕부지의 주역관이 소상하게 개진되어 있다. 따라서 어떤 측면에서는 이것이 『주역내전』의 길잡이 역할을 한다고도 할 수 있다. 이러한 이유에서 역자인 나는 독자들이 본격적으로 『주역내전』을 읽기에 앞서 이 『주역내전발례』를 먼저 읽을 것을 권하고 싶다.

이제 이 성과를 책으로 내면서 역자로서 나는 한국연구재단에 감사하지 않을 수 없다. 피상적으로만 보면 전혀 돈이 될 리가 없는 이 『주역내전』의 번역과 출판을, 이 재단에서 명저번역사업의 일환으로 전격 지원해 주었기 때문이다. 이 지원이 없으면 거의 빛을 보기 어려웠을 이 작업성과가 이렇게 하여 세상에 드러날 수 있었다. 따라서 번역자의 입장에서 한국연구재단에 아무리 감사해도 지나치지 않다고 본다.

또 있다. 우리 한국교원대학교의 대학원 석・박사 과정에서 나에게 지도를 받고 있고 또 받았던 김경주・김명희 선생께 나는 감사해야 한다. 이들은 나에게 이 『주역내전』을 디지털로 옮겨 줌으로써 내가 그만큼 편하게 번역을 진행할 수 있도록 해주었다. 그리고 이들은 일부의 교정에도 흔쾌히 시간을 내주었다. 이제 이 성과를 출간하면서 이들의 노고를 기리며 마음속 깊이 고마움을 느낀다. 아울러 이 번역의 출간에 흔쾌히 응해준 학고방 출판사의 하운근 사장과 직원들에게 깊이 감사한다. 특히 나의 다양한 요구들을 말없이 수행해 준 박은주 차장에게 감사하다는 말씀을 올린다.

독자 제현들의 눈에 이 번역물이 한두 곳에만 문제가 있는 것이 아닐 것이다. 이에 대해 독자 여러분들의 따뜻하면서도 준엄한 질정(質正)을 바란다. 그리고 이러함이 모여 우리나라에 왕부지의 역학이 더욱 정확하게 알려지고 그에 대한 수준 높은 연구가 지속될 수 있기를 바란다.

2014년 11월 24일
문수・보현봉이 바라보이는 작은 서실에서
김진근 쓰다

목 차

주역내전 (건괘乾卦䷀~비괘否卦䷋)

주역내전 (동인괘同人卦䷌~이괘離卦䷝)

주역내전 (함괘咸卦䷞ ~ 곤괘困卦䷮)

주역내전 (정괘井卦䷯~미제괘未濟卦䷿)

주역내전 (계사전繫辭傳)

주역내전 (설괘전說卦傳 · 서괘전序卦傳 · 잡괘전雜卦傳 · 附 발례)

附 발례

일러두기

- 이 번역은 중국 장사(長沙)의 악록서사(嶽麓書社)에서 1992년에 발행한 선산전서(船山全書) 가운데 『주역내전(周易內傳)』과 『주역내전발례(周易內傳發例)』를 저본으로 하였다.

- 『주역』 본문의 끊어 읽기와 풀이는 저자의 것을 기준으로 하였다. 따라서 우리나라의 전통 끊어 읽기와 다른 곳이 있을 수 있고, 우리나라의 전통 풀이와 다른 곳이 있을 수 있다. 괘 이름에서도 저자의 풀이를 근거로 하였다. 예컨대 우리나라에서는 遁卦䷠를 '돈괘'라고 읽지만, 왕부지가 철저하게 '은둔'의 의미로 풀고 있음을 존중하여 이 번역에서는 '둔괘'로 읽었다.

- 가능하면 순수한 우리말로 풀자는 관점에서 우리말로 표기한 것들이 있다. 예컨대 '剛・柔'를 '굳셈[剛]・부드러움[柔]'으로, '動・靜'을 '움직임(動)・고요함(靜)'으로 표기한 것들이 그것이다. 이 외에도 가능하면 순수한 우리말로 풀자는 시도를 의식적으로 하였다. 따라서 이것들이 일반 서술어들과 혼동을 줄 수 있는 여지가 있지만 독자 제현의 양해를 바란다.

주역내전

계사전(繫辭傳)

계사상전繫辭上傳

伏羲之始畫卦也, 即陰陽升降, 多寡隱見, 而得失是非形焉. 其占簡, 其理備矣. 後聖因之, 若「連山」, 若「歸藏」, 皆引伸畫象之理而爲之辭, 使民曉然於吉凶之異, 以遵道而迪吉. 至於文王, 益求諸天人性命之原, 而見天下之物・天下之事・天下之變, 一本於太極陰陽動静之幾, 貞邪・誠妄・興衰・利害, 皆剛柔六位交錯固然之理, 乃易其序, 以'乾''坤'竝建爲之統宗, 而錯綜以成六十四卦, 擧萬變之必形者可以約言而該其義, 則『周易』之彖辭所由折衷往聖而不可易也. 周公復因卦中六位陰陽之動而爲之象辭, 則以明一時一事之相値, 各有至精允協之義, 爲天所禍福於人・人所自蹈於吉凶之定理, 莫不於爻之動幾顯著焉. 彖與象皆繫乎卦而以相引伸, 故曰'繫辭'. '繫'云者, 數以生畫, 畫積而象成, 象成而德著, 德立而義起, 義可喩而以辭達之, 相爲屬繫而不相離, 故無數外之象, 無象外之辭, 辭者即理數之藏也. 而王弼曰, "得意忘言, 得言忘象", 不亦舛乎!

복희씨께서 처음으로 팔괘를 그린 데서 음과 양의 오르내림과 많고 적게 드러났다 숨었다 함 및 득실(得失)과 시비(是非)가 드러났다.[1040] 그래서 그 점(占)은 비록 간결하였지만 그 이치는 다 갖추어져 있었다. 나중에 온 성인들은 이를 기반으로 하였다. 예컨대 「연산(連山)」・「귀장

(歸藏)」[1041] 등은 모두 복희씨가 그린 「팔괘도」의 괘획(卦畫)과 괘상(卦象)의 이치를 부연하고 거기에 사(辭)를 붙였다. 그리하여 백성들로 하여금 어째서 길함과 흉함이 다르게 나오는지에 대해 환하게 알아서

1040) 「복희선천팔괘도(伏犧先天八卦圖)」를 지칭한다. 그런데 이것이 과연 복희씨가 그린 것인지에 대해서는 오늘날의 상황에서 고증하여 확정하기 어렵다. 복희(伏犧)라는 인물의 실존 여부에 대해서조차 학계에서 공식적으로 인정하지 않고 있는 실정이다. 다만 오늘날 전하는 「복희선천팔괘도」는 중국의 송나라 때 소옹(邵雍)이 『주역』을 근거로 그린 것일 따름이다. 소옹은 「계사전」과 「설괘전」에 나오는 단편적인 말들을 근거로 이 도상을 그려내고는 이것을 복희씨의 '팔괘도(八卦圖)'라 하였다. 채원정(蔡元定)과 주희(朱熹)가 공저한 『역학계몽』에서 이를 그대로 받아 수록하였고, 주희는 다시 그의 주저 『주역본의』에 이 도상을 실었다. 그런데 이후 『주역』철학사는 물론, 중국철학사에서 이 주희가 차지하고 있는 영향력이 너무나 커서 이제 이것이 정설처럼 굳어져 버렸다. 왕부지 역시 이러한 설을 정설로 보고 이렇게 설명하고 있다. 이 도상은 동・서・남・북의 정방(正方)에 건괘☰(남쪽)・곤괘☷(북쪽)・감괘☵(서쪽)・이괘☲(동쪽) 등의 4정괘(正卦)를 배치하고, 네 간방(間方)에 태괘☱(남동쪽)・손괘☴(남서쪽)・진괘☳(북동쪽)・간괘☶(북서쪽) 등의 4간괘(間卦)를 배열하고 있다. 이를 왕부지는 여기서 '음과 양이 오르락내리락 하며 많고 적게 드러났다 숨었다 함'이라 묘사하고 있는 것이다. 즉 숫자적 의미로 볼 때, 건괘는 양의 극다(極多)를 드러내고 있다면, 곤괘는 음의 극다를 드러내고 있다. 나머지 괘들은 그 괘획에 따라서 많고 적음을 확정할 수 있다. 이 괘들이 점치는 사람에게 득(得)・실(失)과 옳음(是)・그름(非)을 알려준다는 것이다. 그리고 「팔괘도」에 드러난 것은 보이는 것이고, 이들 팔괘 각각의 보이지 않는 쪽에 상반되는 괘들이 숨어 있다는 것이 왕부지의 이론이다. 이에 대해서는 앞의 주110), 137), 394) 등 건곤병건설과 착종설에 관한 설명을 참고하기 바란다.

1041) 「연산」은 하(夏)나라의 '역(易)'이고 '귀장(歸藏)'은 은(殷)나라의 '역'이다. 그러나 오늘날에 전하지는 않는다. 이들에 관한 이설(異說)들은 굉장히 많다.

옳은 길을 준수하며 길함으로 나아가도록 하였다.

문왕에 이르러 하늘과 사람 및 성(性)과 명(命)의 근원에 대해 더욱 탐구하여, 이 세상에 존재하는 물(物)들, 이 세상의 일들, 이 세상의 변함들이 한결같이 태극의 음・양이 움직였다 고요했다 하는 기미[幾]에 근본을 두고 있다는 것을 알아냈다. 그리고는 사람의 올곧음과 사악함, 성실함과 망령됨, 흥함과 망함, 융성함과 쇠퇴함, 이로움과 해로움 등이 모두 굳셈[剛]・부드러움[柔]이 여섯 위(位)에서 교접하며 뒤섞이는 데에 본디 있는 이치임을 알아냈다. 그래서 그 순서를 바꾸어[1042] '건괘䷀・곤괘䷁가 함께 세움['乾''坤'竝建]'을 근간으로 삼고 착(錯)・종(綜)의 원리에 의하여 64괘를 만들어냈다. 나아가 이 세상의 어떤 변함이든지 반드시 드러나게 되어 있는 것들은 그 말[卦辭] 속에 함축하여 그 의미를 다 갖추었다. 이처럼 『주역』의 괘사는 복희씨와 문왕이라는 지난 성인들의 업적을 절충하여 만들어진 것이니, 절대로 바꿀 수가 없다.

주공은 한 걸음 더 나아가 64괘의 여섯 위(位)에서 일어나는 음・양의 움직임을 근거로 효사(爻辭)를 지음으로써, 하나의 시간・하나의 일에 해당하는 점사(占辭)를 밝혔다. 이들 효사에는 각각 지극히 정심(精深)하고 딱 들어맞는 의미가 있다. 그래서 하늘이 사람에게 내리는 화(禍)와 복(福), 사람 스스로가 초래하는 길함과 흉함 등이 모두 각 효(爻)에 반영되어 있는 움직임의 기미[幾]에 환히 드러나게 되었다.

이들 괘사와 효사는 모두 괘에 매달아서 서로 의미를 부연해준다. 그러므로 '계사(繫辭)'라 한다. '계(繫)'라는 말에는 다음과 같은 의미가 들어

1042) 「문왕후천도(文王後天圖)」를 말한다. 이는 「복희선천도」와 괘의 배열이 다르다. 이에 관해서는 앞 주1028)을 참고하기 바란다.

있다. 다름 아니라 시초(蓍草)를 헤아려서 획을 뽑고 이 획들을 누적하여서 괘상이 이루어지는데, 괘상이 이루어짐으로써 그 괘의 덕(德)이 드러나게 되면 덕이 수립되고 거기에서 의미가 떠오르게 된다. 이러한 의미를 이해할 수 있어서 괘・효사로 드러내게 되니, 서로가 연계(連繫)되는 것이고 서로 분리되지 않는다. 그러므로 수(數)의 밖에는 상(象)이 없고, 상의 밖에는 괘・효사가 없다. 이 괘・효사에는 바로 이치가 담겨 있는 것이다. 그런데도 왕필은 "뜻을 얻었거들랑 말은 잊어버리고, 말을 얻었거들랑 상(象)은 잊어버려라!"라고 말하니,[1043] 또한 잘못 아닌가!

1043) 이 말을 먼저 한 사람은 장자(莊子)다.(역자 주: 편의상 『장자(莊子)』라는 책을 장자의 저술이라는 가정에서 이렇게 말한 것임) 장자는 언어란 불완전한 것이니 사람들에게 언어 속에 닫혀 있지 마라는 의미로 이 말을 사용하고 있다. 언어라는 것은 근본적으로 사람의 인식 능력에 기반을 둔 것인데, 사람의 인식 능력이라는 것이 이 세계에 대한 인식 면에서 대단히 불완전하고, 부분적이다. 우리들이 인식을 성립시키기 위해서는 1차적으로 외부로부터 인식을 받아들여야 하는데, 인간에게서 이를 담당하는 기관인 눈, 귀, 코, 입, 몸 등이 자기들에게 부여된 것, 즉 이들에게 지각 가능한 것들만을 받아들이기 때문이다. 그래서 장자는 말을 의미 전달의 수단에 국한시키며 이를 통발[筌]과 올무[蹄]에 비유하고는, 물고기와 토끼를 잡았으면 이것들을 잡기 위한 수단으로 사용하였던 통발과 올무는 잊듯이, 의미를 터득하였으면 말은 잊으라고 하였다. 아울러 이 세계에 대한 궁극적 진리 터득과 그로부터 열락(悅樂)을 느끼는 소요유(逍遙遊)의 경지는 이렇게 말을 잊는 데서 가능하다고 보고 그러한 사람이 되라고 우리들에게 권유하고 있다.(『莊子』, 「外物」: 筌者所以在魚, 得魚而忘筌; 蹄者所以在兎, 得兎而忘蹄; 言者所以在意, 得意而忘言. 吾安得夫忘言之人而與之言哉!)
그런데 현학자인 왕필은 『주역』의 괘・효사와 괘상 및 의미의 관계에 이를 적용하여 논하였다. 괘상은 괘의 의미를 담고 있고, 괘・효사는 괘상을 드러내기 위한 것이라는 전제에서, 그는 괘상을 이해하였으면 괘・효사는

顧自「連山」以後, 卜筮之官各以所授受之師說而增益之, 爲之繇辭者不一, 如『春秋傳』所記, 附會支離, 或偶驗於一時, 而要不當於天人性命之理. 流及後世, 如焦贛·關朗之書, 其私智窺測象數而爲之辭, 以待占者, 類有吉凶而無得失. 下逮「火珠林」之小技, 貪夫·淫女·訟魁·盜帥, 皆得以猥鄙悖逆之謀, 取決於『易』, 則唯辭不繫於理數甚深之藏, 而又旁引支干·五行·鬼神·妖妄[1044]以相亂. 若夫文王·周公所繫之辭, 皆人事也, 即皆天道也; 皆物變也, 即皆聖學也; 皆禍福也, 即皆善惡也. 其辭費, 其旨隱, 藏之於用, 顯之以仁, 通吉凶得失於一貫, 而帝王經世·君子窮理以盡性之道, 率於此而上達其原. 夫子慮學『易』者逐於占象而昧其所以然之理, 故爲之「傳」以發明之, 即占也, 即學也, 即以知命而不憂, 即以立命而不貳. 其以喩斯人於人道之所自立, 而貞乎死生休咎之大常, 意深切矣. 而傳『易』者或謂但爲筮說, 其因象立辭, 不過如「火珠林」之卦影. 爲學者所不必學, 則夫子作「傳」, 又何爲而加以象外之理乎? 此通儒之蔽, 不可不辨者也. 分「上」·「下傳」者, 因簡策之繁而各編之耳, 非義所繫也.

잊고, 궁극적으로 의미를 이해하였으면 이제 괘상까지도 잊으라고 하였다. (王弼, 『周易注』, 「周易略例·明象」: 夫象者出意者也, 言者明象者也. 盡意莫若象, 盡象莫若言. 言生於象, 故可尋言以觀象; 象生於意, 故可尋象以觀意; 意以象盡, 象以言著, 故言者所以明象, 得象而忘言; 象者所以存意, 得意而忘象. 猶蹄者所以在兎, 得兎而忘蹄; 筌者所以在魚, 得魚而忘筌也. 然則言者象之蹄也, 象者意之筌也.)

1044) 자주(自註): 如靑龍·朱雀之類, 妖妄也.

돌이켜 보건대 「연산(連山)」이 출현한 이후 점치는 것을 관장하던 관리들이 각기 수수(授受)되던 학설(師說)들을 가지고 보태게 되자 점사(占辭)들이 똑같지 않게 되었다. 『춘추전』에 기록되어 있는 것들을 보더라도 견강부회요 너저분하기 이를 데 없다. 이것들은 혹 어쩌다 한때는 맞아떨어진 것이라 할지라도 근본적으로 하늘과 사람, 성(性)과 명(命)의 이치에는 합당하지 않은 것들이다. 이것들이 후세에 전해 내려오다 초연수(焦延壽)1045)와 관랑(關朗)1046)의 저작들에 이르면, 그 사사로운 지혜로 상수

1045) 초연수는 자(字)가 공(贛)이다. 일설에는 공(贛)이 이름이고 연수(延壽)가 자(字)라 하기도 한다. 그는 서한(西漢) 시기의 저명한 주역학자다. 어려서는 매우 빈천하였으나 학문을 열심히 한 나머지 양왕(梁王)의 인정을 받았다. 학문의 공을 이룬 뒤 소황현령(小黃縣令)이 되어 자못 치적을 남기기도 하였다. 그래서 그의 선치(善治)에 감동한 그 고을 백성들이 그의 전근에 즈음하여 유임시켜 줄 것을 상소하기도 하였다. 맹희(孟喜)에게서 『주역』을 배워 경방(京房)에게 전해준 것으로 알려져 있다. 그러나 맹희의 적전(嫡傳) 제자인 적목(翟牧)과 백생(白生) 등은 이를 부인한다. 유향(劉向)도 교서(校書) 작업을 통해 서한의 역학이 모두 전하(田何)로부터 나왔지만 초연수의 문인인 경방(京房)의 역학만은 그 흐름을 달리한다고 여겼다. 초연수는 은사들의 설을 많이 습득하여 그것을 맹희에게 가탁한 것으로 보인다. 그의 역학은 재이(災異)를 말하는 데 밝다는 특징을 지니고 있다. 그래서 64괘를 가지고 일상생활 전반에 대해 점치고, 기후의 변화 등도 그 속에 포괄하였다고 한다. 『역림(易林)』(16권)과 『역림변점(易林變占)』(16권)을 저술하였다. 후자는 오늘날 전해지지 않는다.

1046) 관랑은 북위(北魏) 때의 인물로서 관우(關羽)의 후손이기도 하다. 자가 자명(子明)이다. 능히 세상을 경영할 만한 재질이 있었으나 향리에서만 생활할 뿐 벼슬을 추구하지 않았다. 명제(明帝) 태화(太和; 227~233) 말년에 왕두(王蚪)와 『주역』에 관해 담론하였는데, 그의 재질이 매우 출중한 것을 보고 왕두가 그를 명제(明帝)에게 천거하였다. 명제는 그를 불러 『노자』와 『주역』에 대해 담론하였다. 이에 관랑은 자애로움과 근검을 근본으로 하고 형정(刑

(象數)를 엿보아 헤아리고 점사를 붙이고 있다. 그래서 『주역』을 점(占)치는 용도로 사용하고 있으니, 길·흉을 판단하는 데나 어울릴 뿐, 사람됨과 관련이 있는 득·실의 의미는 찾아 볼 수가 없다. 다시 더 내려와 「화주림」과 같은 보잘것없는 술수가 출현하자 이제 탐욕스러운 지아비, 음란한 계집, 송사(訟事)나 다투는 자들, 도적의 우두머리들까지 모두 나서 외람되고 비천한 일이나 패역함을 도모할 때조차도 『주역』을 빌려 결정할 수 있게 되었다. 그래서 오직 점사(占辭)들이 우주의 궁극적인 이치를 심오하게 담고 있는 것들에 얽매이지 않게 되었을 뿐만 아니라 간지(干支), 오행, 귀신, 요망(妖妄)[1047] 등을 끌어들여 서로가 서로를 어지럽히게 되었다.

그런데 문왕과 주공이 괘·효에 매단 괘·효사들은 모두 사람의 할 일과 관련된 것들로서 하늘의 도(道) 그 자체다. 또 만물의 변함을 담고 있는 것들로서 그 자체가 곧 성인됨을 지향하는 학문이다. 뿐만 아니라 모두 화(禍)와 복(福)을 담고 있지만 그 자체가 벌써 선(善)과 악(惡)에 관련된 것들이다. 그 말들은 현저하게 드러나 있고 그 뜻은 은미하게 감추어져 있다.[1048] 그리고 쓰임에는 잘 드러나지 않은 채 담겨 있지만,

---

政)과 예악(禮樂)을 그 위에 덧붙여 훌륭한 정치를 펼 것을 명제에게 주문하였다고 한다. 관랑은 명제의 부름에 자주 응해 나아가 학문에 관해 문답을 주고받았을 뿐 끝내 벼슬을 하지는 않았다.

1047) 자주(自註) : 예컨대 청룡(靑龍), 주작(朱雀) 같은 부류 들이 요망(妖妄)이다. (역자 주: 아마 동·서·남·북의 방위에 사신(四神)을 배정하여 세계를 설명하는 설을 가리키는 것 같다. 우리 고구려의 분묘 벽화에 이러한 것들이 잘 드러나 있다.)

1048) 『중용』에서 말하는 '비(費)'·'은(隱)' 관념을 가지고 이렇게 표현하고 있다. 『중용』에서는 군자의 도(道)는 훤히 드러나는 것으로부터 은미하여 잘 보이

현저하게 어짊[仁]으로 드러나며,[1049] 길・흉과 득・실을 하나의 차원으로 펜다. 그래서 제왕들이 세상을 경영함이나 군자들이 이치를 궁구하여 사람됨으로서의 본성을 다하게 하는 도(道)가 여기서부터 비롯되어 위로 그 근원에까지 다다라 간다.

그런데 공자께서는 『주역』을 공부하는 이들이 점(占)을 치는 데만 주력한 나머지 그 소이연의 이치에 대해서는 까막눈이 될까를 염려하였다. 그래서 그 풀이 글인 「전(傳)」[1050]을 붙여 이를 밝혀 놓으셔서, 『주역』을

지 않는 것까지 다 포괄한다고 하면서 이 개념들을 구사하고 있다. 『중용』에서는 이를 논하면서, 먼저 이 세상은 워낙 다양하고 광대무변(廣大無邊)하여 보통 사람들로서도 알 수 있는 것이 있는가 하면 성인들로서도 알 수 없는 것이 있고, 보통 사람들로서도 너끈히 행할 수 있는 것이 있는가 하면 성인들로서도 할 수 없는 것이 있다고 전제한다. 그래서 하늘과 땅의 광대함은 사람의 바람대로 되지 않으니, 사람으로서는 유감(遺憾)으로 느끼는 부분이 있다고 한다. 그런데 군자의 도는 이러한 것들을 모두 포괄하니 군자가 '크다'고 한 것은 이 세상 그 어떤 것도 실을 수 없을 만큼 크고, '작다'고 한 것은 이 세상 그 어떤 것으로도 쪼갤 수 없을 만큼 작다고 하였다.(『중용』: 君子之道, 費而隱. 夫婦之愚, 可以與知焉, 及其至也, 雖聖人亦有所不知焉; 夫婦之不肖, 可以能行焉, 及其之也, 雖聖人亦有所不能焉. 天地之大也, 人猶有所憾. 故君子語大, 天下莫能載焉; 語小, 天下莫能破焉.) 그런데 왕부지는 여기서 괘・효사에 대해서는 '비(費)' 개념을, 거기에 함의된 의미에 대해서는 '은(隱)'이라는 개념을 적용하여, 『주역』이 이 세상의 모든 것을 포괄하는 것으로 설명하고 있다.

1049) 「계사상전」 제5장에 나오는 말을 인용한 것이다. 거기에서는 한 번은 음이 되었다 한 번은 양이 되었다 하는 도[一陰一陽之道]가 "사람의 어진 행위 속에서 환히 드러나고, 쓰임에서는 드러나지 않은 채 담겨 있다.(顯諸仁, 藏諸用)"고 하고 있다.

1050) '『역전』'이라 불리는 7종10편의 십익(十翼)을 가리킨다. 그런데 왕부지는 이 십익 가운데 「서괘전(序卦傳)」만큼은 공자의 저작이 아니라고 한다.

통해 점을 쳐도 되고, 사람됨을 이루기 위한 공부를 해도 되게 하였다. 그리고 자신의 운명을 알고서도 우려하지 않게 하고, 자신의 운명을 주체적으로 마주해가며 어떠한 것이든 똑같게 여기게 하였다.[1051] 공자께서는 이렇게 함으로써 우리들에게 사람의 길을 깨우치게 하여 한 인간으로서 스스로 설 수 있도록 하고, 죽음과 삶 및 길함과 흉함의 거대한 항상됨 속에서 올곧음을 유지하게 하였다. 그러니 공자의 생각은 깊고도 절실하다고 할 것이다.

그런데도 『주역』을 전수하는 이들 가운데는 간혹 『주역』이 단지 시초점을 치기 위해 만들어진 것이라고 말하는 사람들이 있다. 그리고는 괘상을 근거로 하여 괘·효사를 붙인 것이 마치 「화주림」의 「괘영(卦影)」[1052]과 같은 것에 지나지 않는다고 한다. 그래서 『주역』은 공부하는 이들로서는 꼭 배울 필요가 없다고 한다. 그렇다면 공자께서 「전(傳)」을 지으면서 또한 무엇 때문에 『주역』의 괘상들 밖에 있는 이치를 더하였겠는가? 이러한 주장은

1051) 이는 맹자의 운명관을 인용한 것이다. 맹자는 "제 마음을 다하는 이는 사람됨으로서의 그 본성을 알고, 본성을 알면 하늘을 한다. 그러니 그 마음을 보존하고 본성을 함양하는 것이 곧 하늘을 섬기는 것이고, 요절과 장수가 둘로 다르지 않으니 수신을 하여 나에게 어떤 것이 오든 우려함이 없이 기다리는 것이 내 운명을 내가 주체가 되어 마주하며 살아감이다.(『孟子』, 「盡心上」: 孟子曰, "盡其心者, 知其性也. 知其性, 則知天矣. 存其心, 養其性, 所以事天也; 夭壽不貳, 修身以俟之, 所以立命也.")"라고 하였다. 왕부지는 여기서 『주역』을 통해 우리가 우리의 운명을 알더라도 이러한 운명관과 태도를 지닐 것으로 역설하고 있는 것이다.

1052) '「괘영」'은 촉중(蜀中)의 일자(日者)인 비효선(費孝先)이 창안한 서법(筮法)이다. 마치 요즘 전하는 당사주처럼 64괘의 의미를 도상으로 그려놓은 것을 말한다. 주로 붉은색과 푸른색을 이용하여 그렸다. 그래서 「괘영(卦影)」이라 한다.

고금의 이치에 환하고 학식이 깊고 넓다고 하는 통유(通儒)들의 몽매함의 소치니,[1053] 분별하지 않으면 안 된다. 『역전』을 상・하로 나눈 것은 합할 경우 간책(簡冊)이 너무 번잡하기 때문에 그저 두 편으로 나눈 것일 따름이다. 이에 대해 구태여 무슨 의미를 부여하여 이해할 필요는 없다.

1053) 사실 이 구절은 주희를 비판하는 것이라 할 수 있다. 주희가 공자의 『역전』과 복희씨의 팔괘, 문왕의 괘사, 주공의 효사가 꼭 일치하는 것은 아니라 하고 있기 때문이다. 그래서 주희는 공자의 설이 꼭 문왕의 설도 아니라 하였다.(朱熹, 『朱子大全』, 「易」2, 「綱領下」: 到得夫子, 方始純以理言, 雖未必是羲・文本意, 而事上說理亦是如此, 但不可便以夫子之說為文王之說.") 그리고 주희는 『주역』을 '이치를 지닌 「괘영(卦影)」'이라고 정의하고 있다. 그래서 주희는 『주역』이 점을 치기 위해 만들어진 것이라 하며, 비록 이 속에 수많은 이치들이 포괄되어 있지만 그렇다고 하여 모든 이치를 다 포괄하는 것은 아니라 하고 있다.(朱熹, 『朱子大全』, 「易」2, 「綱領下」: 又曰, "『易』是箇有道理底「卦影」. 『易』以占筮作, 許多理便也在裏, 但是未便說到這處.") 그리고 주희는 또 「화주림」에도 이치가 자리 잡고 있다고 여겼다. 다만 이것이 「화주림」으로 점을 친 뒤 그 결과 속에서 추출할 수 있는 것일 뿐, 「화주림」으로 점을 칠 당시에는 그저 점괘를 얻기 위해 획을 뽑아내는 것이지 결코 그 숱한 이치들을 환히 이해한 뒤에야 비로소 괘를 뽑아내는 것이 아니라고 하였다.(『朱子語類』 卷66, 『易』 二, 「綱領」 上之下: 卜筮之書, 如「火珠林」之類(自註; 淳錄云, 公謂卜筮之書, 便如今「火珠林」樣), 許多道理, 依舊在其間. 但是因他作這卜筮後, 却去推出許多道理來. 他當初做時, 却只是爲卜筮畫在那裏, 不是曉盡許多道理後方始畫)" 여기서 우리는 주희가 『주역』을 「화주림」, 「괘영」과 같은 정도의 것으로 여긴다는 사실을 어렵지 않게 확인할 수 있다.
그런데 왕부지는 앞에서 밝히고 있듯이 "수(數)의 밖에는 상(象)이 없고, 상의 밖에는 괘・효사가 없다. 이 괘・효사에는 바로 이치가 담겨 있는 것이다."는 것이 확고한 그의 주역관이다. 그래서 '통유(通儒)'라는 말을 써서 높이면서도 자신의 관점에서 이를 비판하고 있는 것이다.

第一章
제1장

此章言『周易』首建'乾''坤'之旨, 該盡乎全『易』之理, 立天德王道之極, 以明文王定『易』序之大義

이 장은 『주역』에서 건괘 · 곤괘 두 괘를 첫머리에 둔 의미를 말하고 있는데, 전체 『주역』의 이치를 다 드러내고 있을 뿐만 아니라 하늘의 덕과 왕도(王道)의 극치를 세움으로써 문왕께서 『주역』의 순서를 정한 큰 의미를 밝히고 있다.

天尊地卑, '乾' · '坤'定矣. 卑高以陳, 貴賤位矣. 動靜有常, 剛柔斷矣. 方以類聚, 物以群分, 吉凶生矣. 在天成象, 在地成形, 變化見矣.

하늘은 높고 땅은 낮다. 이를 근거로 건괘☰ · 곤괘☷가 정해진다. 낮고 높게 펼쳐진 것은 고귀함과 비천한 지위를 드러내는 것이다. 움직임[動] · 고요함[靜]에는 항상됨이 있으니, 이를 근거로 굳셈[剛] · 부드러움[柔]을 판단한다. 위(位)에서는 같은 부류들끼리 모이고 효(爻)들은 제 무리대로 구분되니, 이러한 속에서 길 · 흉은 생겨난다. 하늘에서는 상(象)을 이루고 땅에서는 형(形)을 이루는데, 여기서 변화가 드러나게 된다.

此明『周易』竝建'乾'·'坤', 以統六子, 而爲五十六卦之父母; 在天之化, 在人之理, 皆所繇生, 道無以易, 而君子之盛德大業, 要不外乎此也.

이 구절에서는 『주역』이 건괘·곤괘 두 괘를 아울러 세워서 여섯 자식괘를 통괄하며 나머지 56괘의 부모가 된다는 것을 밝혀주고 있다. 하늘에서의 지어냄[造化]과 사람들에게서의 이치가 모두 이들로 말미암아 생겨나니, 도(道)는 바뀜이 없고, 군자들의 융성한 덕과 사업도 요컨대 이들로부터 벗어나지 않는다.

'乾'者陽氣之舒, 天之所以運行. '坤'者陰氣之凝, 地之所以翕受. 天地, 一誠无妄之至德, 生化之主宰也. 乃'乾'行不息於無聲無臭之中, '坤'受无疆而資不測之生, 其用至費, 而用之也隱, 人不可得而見焉, 則於'天尊地卑'而得其定性之必然矣. 唯其健, 故渾淪無際, 函地於中而統之, 雖至淸至虛, 而有形有質者皆其所役使, 是以尊而無尙; 唯其順, 故雖堅凝有實體之可憑, 而靜聽無形之摶捖 , 不自擅而唯其所變化, 是以卑而不違; 則於尊卑之職分, 而健順之德著矣. 此言奇偶之畫, 函三於一, 純乎奇而爲六陽之卦, 以成乎至健; 於三得二, 純乎偶而爲六陰之卦, 以成乎大順. 奇偶至純而至足於兩間, 故'乾''坤'竝建而統易, 其象然, 其數然, 其德然, 卦畫之所設, 乃固然之大用也.

건괘☰는 양기의 펼쳐짐을 상징하는 것으로서, 하늘이 운행하는 바를 드러낸다. 곤괘☷는 음기의 엉김을 상징하는 것으로서, 땅이 모으고 받아들임을 드러낸다. 하늘과 땅은 한결같이 성실하고 망령됨이 없는 지극한 덕을 지니고서, 세상 만물을 낳고 지어냄을 주재한다. 이에 건괘가 상징하는 덕은 소리도 없고 냄새도 없는 가운데 쉼이 없이 운행하고 있고, 곤괘가 상징하는 덕은 한량없이 받아들이는 것으로 우리가 미쳐 가늠할 수도 없는 생성의 바탕이 되어 주고 있다. 그래서 이들 작용의 결과는 지극히 현저하게 드러나지만 정작 그 작용하는 모습은 은미하여 사람으로서는 알아차릴 수가 없다. 그래서 '하늘은 높고 땅은 낮음'에서 이들의 정해진 본성의 필연을 보게 되는 것이다.

오직 건괘의 덕은 씩씩하기 때문에 아직 이것저것으로 나뉘지 않은 상태 그대로(渾淪) 무한하며, 그 속에 땅까지를 함유하여 통괄한다. 이것은 비록 지극히 맑고 지극히 텅 빈 것이기는 하지만 형(形)과 질(質)을 지닌 것들은 모두 이것에 의해 부림을 받는다. 그러므로 더할 나위 없이 높은 것이다. 그리고 오직 곤괘의 덕은 순종하기 때문에 비록 견실하고 엉겨서 의거할 수 있는 실체가 있기는 하지만, 고요히 저 형체가 없는 건괘의 덕이 버무리고 빚어냄을 그대로 받아들일 뿐 전혀 제멋대로 하지 않으며 오로지 그것에 의해 변화한다. 그래서 낮으면서도 어기지 않는 것이다. 이렇듯 높은 직분과 낮은 직분에서 씩씩함[健] · 순종함[順]의 덕이 현저하게 드러난다.

이는 홀수 · 짝수의 획을 가지고 말한 것인데, 하나 속에 셋을 함유하여 홀수 그대로 순수한 채 여섯 효가 모두 양(陽)인 괘(䷀)는 지극히 씩씩함을 이룬다. 그리고 셋 가운데 둘만 얻어서 짝수 그대로 순수한 채 여섯 효가 모두 음(陰)인 괘(䷁)는 크게 순종함의 괘를 이룬다. 이들 홀수 · 짝수는 지극히 순수하며 이 세상 하늘과 땅 사이에 지극히 충족되어 있다. 그래서 건괘 · 곤괘 두 괘를 아울러 세워서 전체의 『주역』을 통괄한다는 것은, 그 상(象)이 그러하고, 그 수(數)가 그러하며, 그 덕이 그러한 것이다. 이렇듯 『주역』의 괘 · 효들에는 본디 그러함의 거대한 작용이 펼쳐져 있다.

變'尊'言'高'者, '尊卑'以司化之用言, '卑高'以定體之位言也. 天高地下, 人生其中, 三極昭然, 因而重之, 以爲六位; 天之所顯示, 地之所明陳, 人之所仰事而俯承者, 著矣. 高者貴, 卑者賤, 故六位設而君臣之分, 隱見之殊, 功效之各營, 雖無典要, 而有定位. 此言『易』設位以載九六之畫, 爲自然之定體也.

그런데 처음에는 '존(尊)' · '비(卑)'를 대대시켰다가 다음에는 '존(尊)'을 '고(高)'로 바꾼 까닭은, '존' · '비'가 각기 지어냄[造化]을 관장하고 있는 작용을 가지고서 말한 것임에 비해, '비(卑) · 고(高)'는 정해진 형체의 위치를 가지고 말하기 때문이다. 하늘은 높고 땅은 낮다. 사람은 그 가운데서 생겨난다. 그래서 이들 세 극(極)이 환하다.
이들을 중첩하여 여섯 위(位)로 하면, 하늘이 환히 드러냄, 땅이 분명하게 펼침, 사람이 이들을 우러러 섬기고 굽어 받듦이 현저해진다. 높은 것은 귀하고 낮은 것은 천하다. 그러므로 여섯 위(位)가 갖추어져서는 임금과 신하가 구분되고, 숨은 것과 드러난 것들이 달라지며, 공효(功效)들이 각각에 알맞게 운영된다. 이들 위(位)에 어느 효(爻)가 오느냐에는 비록 꼭 정해진 틀은 없다 하더라도 여섯 위(位)로 정해진 위(位)는 있는 것이다. 이 구절에서 말하고 있는 것은, 『주역』에서는 여섯 위(位)를 설치하여 숫자 9와 6의 의미를 지닌 획들을 싣고 있는데, 이것이 저절로 그러함 그대로의 정해진 몸이라는 것이다.

位有陰陽, 而有體必有用. 三 · 四者, 進退之機; 二 · 五者, 主輔之別; 初 · 上者, 消長之時; 皆有常也. 而爻有剛柔, 剛與陽協, 柔與陰稱, 或相得而宜, 或相劑而和, 則剛柔之得失於此斷矣. 此言爻麗於位, 而剛柔之致用, 當與不當之分也.

위(位)에는 음 · 양이 있는데[1054], 형체를 지닌 것들인 만큼 반드시 그 작용이 있다. 여섯 위(位)에서 3 · 4의 위(位)는 나아감 · 물러남의 체제를 상징하는 것이고, 2 · 5위(位)는 주(主)와 보(輔)로 구별되는 것들이며, 초 · 상위(位)는 사라짐(消) · 자라남(長)의 때를 나타내는 것들이다. 이렇게 이들 모두에는 항상됨이 있다. 효(爻)에도 굳셈[剛] · 부드러움[柔]이 있는데, 굳셈은 양(陽)과 들어맞고 부드러움은 음(陰)과 어울린다. 그런데 경우에 따라서는 위(位)와 거기에 온 효(爻)들이 서로 얻어서 딱 들어맞기도 하고 조절함을 통해서로 화합하기도 한다. 이러한 관점에서 굳셈[剛] · 부드러움[柔]의 득 · 실을 판단하게 된다. 말하자면 효(爻)들이 여섯 위(位)에 걸려 있으면서, 굳셈[剛] · 부드러움[柔]으로 작용하는 것에 대해 합당함과 부당함으로 구분한다는 것이다.

'方'者位也. 貞 · 悔各有三位, 而初四 · 二五 · 三上, 以類相應, 其近而相比者, 以類相孚, 交相聚也. '物'者爻也. 爻之剛柔, 各自爲群, 而性情分焉. 同群者孚, 異群者應, 如其道則吉, 非其道則凶. 若以陰陽之本體俱爲天地之大用, 何吉何凶? 而一聚一分, 則得失差異, 是以吉凶生焉. 此言爻位有比有應, 有承有乘, 因時而生吉凶也.

1054) 예컨대 초 · 3 · 5위(位)는 양(陽)의 위(位)고, 2 · 4 · 상위(位)는 음의 위(位)다.

'方(방)'이란 여섯 위(位)를 가지고 하는 말이다. 이들에는 정(貞) · 회(悔)로 각기 세 위(位)들이 있다.[1055] 그리고 초 · 4효의 위(位), 2 · 5효의 위(位), 3 · 상효의 위(位)들이 같은 부류로서 서로 응한다. 그리고 '가깝게 서로 나란히 붙어 있는 것[比]'들끼리는 같은 부류로서 서로 믿고 교접하며 서로 모인다. 여기서 '物(물)'이란 효(爻)를 의미한다. 효(爻)의 굳셈[剛] · 부드러움[柔]들이 각기 스스로 무리를 이루며 그 성(性) · 정(情)에 따라 구분된다는 것이다. 그리고 같은 부류들끼리는 믿고, 다른 무리들끼리는 응한다. 이렇게 믿고 응함이 그 도(道)와 같으면 길하고, 그 도(道)가 아니면 흉하다.

그런데 음 · 양의 본체들이 다 하늘과 땅의 거대한 작용의 일환인데, 어느 것은 길하고 어느 것은 흉할까? 한 번은 모였다 한 번은 나뉘었다 하니 득 · 실이 차이가 나는 것이고 이러함에서 길 · 흉이 생기는 것이다. 여기서 말하는 것은 효(爻)들의 위(位)에는 '비(比)'도 있고 '응(應)'도 있으며, '받듦[承]'도 있고 '올라탐[乘]'도 있는데, 이들이 각기의 때[時]로 말미암아 길 · 흉을 낳는다는 것이다.

凡此者, '乾' · '坤'二卦統六陽六陰於六位之中, 健順之理備, 貴賤之位陳, 剛柔之節定, 孚應之情通, 兩儀竝建, 全『易』之理, 吉凶得失之故, 已全具其體用, 則繇此而變化焉, 又豈聖人之故爲損益推盪以立象哉! 唯'乾'統天, 而天有以行其命令於地者, 則雷 · 風 · 日 · 月成乎象. 唯'坤'行地, 而地有以效功能於天者, 則水 · 火 · 山 · 澤成乎形. 天不終

1055) 정괘(貞卦)가 3획으로 되어 있고, 회괘(悔卦)가 3획으로 되어 있다는 의미다.

於無形, 地固成乎有象. '乾'之所始而流形, '坤'之所生而化光者, 變化自著於兩間, 六陽六陰往來於向背十二位之中. 而發見於六位, 交相錯以利時乘之用. 陽之變, 陰之化, 皆自然必有之功效, 故六子興焉, 以爲六十二卦之權輿, 而『易』道備矣.

무릇 여기서 말하고 있는 것들은 다음과 같은 의미를 지니고 있다. 다름 아니라, 건괘䷀ · 곤괘䷁ 두 괘가 여섯 위(位)에서 6음 · 6양을 통괄함에, 씩씩함[健] · 순종함[順]의 이치가 갖추어지고 고귀함 · 비천함의 지위가 펼쳐진다는 것이다. 그리고 굳셈[剛] · 부드러움[柔]의 절도가 정해지고 믿음 · 응함의 정(情)이 통하게 된다는 것이다. 나아가 양의(兩儀)가 아울러 세워지니 전체 『주역』의 이치 및 길 · 흉과 득 · 실의 까닭이 이미 전부 그 체(體)와 용(用)을 갖춘다는 것이다. 그래서 이로 말미암아 변화한다는 것이다.

그런데 이러함이 또한 어찌 성인들께서 일부러 덜어내거나 보태거나 하고 또 밀치고 격탕하면서 상(象)을 세운 것이겠는가! 오직 건괘의 덕이 하늘을 통괄하니 하늘에는 땅에게 그 명령을 행함이 있는 것이며, 그래서 우레 · 바람 · 해 · 달이 상(象)을 이루게 되는 것이다. 그리고 오직 곤괘의 덕이 땅에서 행해지기 때문에 땅에는 하늘에게 그 기능을 드러냄이 있으니, 물 · 불 · 산 · 연못이 형(形)을 이루게 되는 것이다. 건괘의 덕에 의해 비롯된 것들이 널리 형체를 펼치고, 곤괘의 덕에 의해 생겨난 것들이 광대(光大)하게 되어 나간다. 이렇게 하여 변화함이 이 세상의 하늘과 땅 사이에서 저절로 드러난다. 그리고 6음 · 6양도 앞쪽 · 뒤쪽의 12위(位) 속에서 왔다 갔다 하며 여섯 위(位)에서 드러나는데, 서로 교제하며 뒤섞임으로써 때에 맞추어서 타는[1056] 작용을 이롭게 한다. 양(陽)의 변함과 음의 화함은 모두 저절로 그러함 속에서 필연적으로 있는 성능 드러냄[功效]이다. 그러므로 여섯 자식괘들이 일어나는 것이고, 62괘가 비롯되어서 『주역』의 도(道)가 갖추어진다.

是故剛柔相摩，八卦相盪:

그러므로 굳셈[剛]·부드러움[柔]이 서로 비비대고 팔괘가 서로 흔들어댄다.

'摩'者, 兩相循也. '盪'者, 交相動也. 唯其'乾''坤'竝建, 六陽六陰各處於至足以儲用, 而十二位之半隱而半見, 唯見者爲形象之可用者也. 在天則十二次之經星迭出迭沒, 在地則百昌之生成迭榮迭悴, 在人物則靈蠢動植・聖狂義利・君臣治亂之分體而各乘其時, 所發見而利用者, 約略得其六耳. 以十二至足之陰陽, 往來於六位之中, 相錯以進退, 剛利柔之受, 柔倚剛以安, 乍然有合而相摩盪, 則純陽而爲'乾', 純陰而爲'坤', 陰陽相雜而爲六子, 皆自然必有之化, 要非'乾'・'坤'之至足, 亦惡能摩盪以成八卦之經緯, 而起六十四卦哉!

'摩(마)'는 둘이 서로 비비대는 것을 말한다. '盪(탕)'은 교접하며 서로 진동(震動)하는 것을 의미한다. 오직 건괘☰・곤괘☷ 두 괘의 덕이 아울러 함께 세우는데, 이들의 6음・6양이 각기 지극한 충족[至足] 속에

1056) 「단전」, 건괘에 나오는 "위대한 밝음이 처음과 끝을 관통하고 여섯 위(位)가 시(時)에 의해 이루어지니, 때에 맞게 여섯 마리의 용이 끄는 탈것을 타고서 하늘을 제어한다.(大明終始, 六位時成, 時乘六龍以御天.)"는 말을 원용한 것이다.

쓰임을 쌓아둔 채 12위(位)에서 반은 숨고 반은 드러난다. 여기서 오직 드러나는 것들만이 형(形)과 상(象)이 되어 쓰일 수가 있다.[1057] 이러한 원리에 의해 하늘에서는 12차(次)의 경성들이 갈마들며 나왔다 들어갔다 하고,[1058] 땅에서는 온갖 것들이 생성되어 창성(昌盛)하였다가 시드는

1057) 『주역』의 64괘 모두는 6효로 이루어져 있다. 이 효들이 자리 잡은 곳을 '위(位)'라 한다. 그래서 1괘에는 여섯 위(位)가 있다. 그런데 왕부지는 그의 유명한 이론인 건곤병건설, 착종설 등을 펼치면서 이 보이는 여섯 위(位)의 뒷면에 상응하는 여섯 위(位)가 있다고 한다. 그는 이를 '앞쪽[嚮]'·'뒤쪽[背]'으로 구분하였다. 아울러 앞쪽[嚮]에 있는 효(爻)들과 뒤쪽[背]에 있는 효(爻)들은 상반(相反)·대대(對待)의 관계를 이룬다고 하였다. 그리고 앞쪽에 있는 효들은 보이고, 뒤쪽에 있는 효들은 보이지 않는다. 이 음·양효들은 쓰임을 대비하여 저장되어 있다가 자기가 출현할 시(時)가 되면 앞쪽의 해당 위(位)에 드러나는데, 그러면 뒤쪽에는 정확히 상반되는 효가 자리 잡고 있다는 것이다. 즉 앞쪽에 양효가 오면 뒤쪽에는 음효가 있고, 앞쪽에 음효가 오면 뒤쪽에는 양효가 있다는 것이다. 그러면 앞쪽에 있는 것들은 지금 당장 형(形)과 상(象)을 드러내는 데 쓰이고 있고, 뒤쪽에 있는 것들은 나중의 쓰임을 위하여 저장되어 있다고 할 수 있다. 이때 이들의 출현을 부추기는 변인(變因)이 바로 서로의 '마(摩; 비비댐)'와 '탕(盪; 흔들어댐)'이라는 것이다. 이 밖의 제3의 요인이나 인자는 필요가 없다. 그리하여 드러난 여섯 위(位)에 어떤 방식으로 음·양효가 자리 잡느냐에 따라 64괘 가운데 하나가 된다. 이렇게 보면 『주역』 전체의 64괘가 결국 6음·6양으로 환원된다고 함을 알 수 있다. 물론 6음은 곤괘(坤卦)䷁가 되고, 6양은 건괘(乾卦)䷀가 된다. 그래서 『주역』 64괘는 건괘·곤괘 두 괘가 아울러 함께 세운 것이라 하는 것이다. 그리고 이 6음·6양이면 64괘를 다 이루기 때문에 이 자체를 '지극한 충족'이라 표현하고 있다. 여기에는 이들 외에 다른 인자는 필요 없다는 의미가 내포되어 있다.

1058) 옛날 동아시아의 천문학에서는 해, 달, 오행성의 위치와 운동을 관측한 것을 바탕으로, 황도대(黃道帶)를 서쪽에서 동쪽으로 12등분하여 이를 '12차

피어남과 시듦을 번갈아가며 되풀이한다. 그리고 사람과 물(物)들에서는 총명한 존재[靈]와 아둔한 존재[蠢], 동물과 식물, 성인(聖人)과 광인(狂人), 의로움과 이로움, 임금과 신하, 치세(治世)와 난세(亂世)로 짝지어 나눌 수 있는 것들이 각기 자신만의 몸으로 나뉜 채 그 해당하는 때[時]를 타고서 드러나 이롭게 이용하는데, 이것을 간추리면 대략 이 여섯이 될 따름이다.[1059] 12개의 지극히 충족한 음・양이 여섯 위(位) 가운데서 왔다 갔다 하면서 서로 교착(交錯)하며 나아갔다 물러났다 한다. 그래서 굳셈[剛]은 부드러움[柔]이 받아들임을 이용하고, 부드러움은 굳셈에

(次)'라 불렀다.(해당 명칭은 星紀・玄枵・娵訾・降婁・大梁・實沈・鶉首・鶉火・鶉尾・壽星・大火・析木 등이다.) '12'라는 숫자는 목성의 태양 1주기를 기준으로 삼은 것이다. 목성이 12년에 걸쳐서 태양을 한 바퀴 도는데, 이것이 지구가 태양을 한 바퀴 도는 1년 12달과 숫자상으로 맞아 떨어지기 때문이다. 그래서 목성을 '세성(歲星)'이라 부르고, 매년 이 목성이 있는 자리를 이 12차로 구분하여 살폈다. 그곳이 태음(太陰)이 있는 자리라 여겼기 때문이다. 이 태음은 태양과 대(對)가 되는 것이다. 그리고 황도대의 28개 별자리[宿]를 이 12열차(列次)에 각기 2개씩 배당하고, 남는 4개의 차(玄枵, 大梁, 鶉火, 大火 등)에서는 3개씩 배당하여 맞추었다. 여기서 왕부지가 "하늘에서는 12차(次)의 경성들이 갈마들며 나왔다 들어갔다 하고"라 하는 말 속에는 이러한 의미가 들어 있다. 12년에 걸쳐서 목성이 지나는 열차(列次)에 해당 별자리의 별들이 출현하고, 지나가면 사라진다는 의미다. 출현한 것은 쓰이고, 출현하지 않은 것들은 그 쓰임을 저장하고 있다는 것이다. 여기서 논의의 핵심이 되고 있는 '12'라는 숫자는 1괘의 여섯 위(位)에 대해 앞쪽[嚮]・뒤쪽[背]을 감안하여 이를 더한 숫자다.

1059) 총명한 존재[靈]와 아둔한 존재[蠢], 동물과 식물, 성인(聖人)과 광인(狂人), 의로움과 이로움, 임금과 신하, 치세(治世)와 난세(亂世) 등으로 짝지어 대별할 수 있는 것들이 6음・6양의 위(位)를 이롭게 사용하며 제 모습을 드러낸다는 의미다.

기대어 편안하다. 그런데 이들은 합쳤는가 하면 어느새 서로 비비대며 자극해댄다. 그래서 순수한 양(陽)으로만 이루어지면 건괘(乾卦)가 되고, 순수한 음(陰)으로만 이루어지면 곤괘(坤卦)가 되며, 음・양이 서로 뒤섞여서는 여섯 자식괘[六子卦]가 된다. 이들 모두는 저절로 그러하면서 필연적으로 있게 되는 지어냄[造化]이다. 그런데 요컨대 건괘・곤괘 두 괘의 지극히 충족함이 아니라면 또한 어찌 비비대고 흔들어대서 팔괘를 이루어내고 64괘를 일으키겠는가!

鼓之以雷霆, 潤之以風雨, 日月運行, 一寒一暑. '乾'道成男, '坤'道成女.

고무하여 우레와 벼락이 되게 하고, 적셔서 바람과 비가 되게 하며, 해와 달이 운행하고, 한 번은 추웠다 한 번은 더웠다 함을 되풀이 한다. 건괘(乾卦)의 도(道)는 남성을 이루고, 곤괘(坤卦)의 도는 여성을 이룬다.

此皆其相摩相盪所變化之形象也. 陽下起而鼓動乎陰, 成雷霆之象而爲'震'; 陰入陽下, 而散陽之亢以使和浹, 成風雨之象而爲'巽'; 陰陽交相映相函以相運, 則成日月寒署相易之形象而爲'坎'・'離'; '乾'[1060]以剛而致其奇於耦中, 陰以柔而致其耦於奇內, 則成男女之形而爲'艮'

1060) 역자 주: 이 '乾(건)' 자는 '陽(양)' 자로 바뀌어야 한다. 뒤의 '陰以柔而致其耦於奇內'라는 구절의 '陰(음)' 자와 대(對)를 이루어야 하기 때문이기도 하지만, 무엇보다 의미상으로 그러하다. 그러나 번역은 원문 그대로 하기로 한다.

·'兌'; 皆形象之固有, 而『易』於六位之中, 備其各成之變化, 既鼓既潤, 既運既成, 則繇是以變化無方, 以生五十六卦, 皆此至足之健順不容已於摩盪者爲之也. 此『周易』之窮理達化, 所以極其至而立義精也.

이들은 모두 서로 비비대고 흔들어댐에 의해 이루어지는 변화의 형(形)과 상(象)이다. 양이 밑에서 일어나 음들 속에서 고취하고 흔들어 대서 우레와 벼락의 상을 이룬 것이 진괘☳가 된다. 그런가 하면 음이 양들 밑으로 들어가 교만하게 맞서는 양들을 흩트리고 어울림을 받아들이게 하여서는 바람과 비의 상을 이룬 것이 손괘☴가 된다. 그런가 하면 음·양이 서로 조응(照應)하고 휩싸며 서로 돌림으로써, 해와 달 및 추위와 더위가 서로 뒤바뀌는 형(形)과 상(象)을 이룬 것들이 감괘☵가 되고 이괘☲가 된다. 아울러 건괘☰가 [양(陽)이] 굳셈으로써 짝수 속에서 그 홀수를 이루고, 음이 부드러움으로써 홀수 속에서 그 짝수를 이루어 남·녀의 형(形)을 이룬 것이 간괘☶와 태괘☱다. 이들 모두는 형(形)과 상(象)이 본디 있는 것들이다. 그런데 『주역』은 여섯 위(位) 가운데 이들 각각이 이룬 변화를 갖추고서 벌써 고취하기도 하고 적셔주기도 하며, 그런가 하면 또 벌써 돌려주기도 하고 이루어주기도 한다. 이로 말미암아 변화가 어느 곳이라고 딱히 정해진 곳이 없이 어디에서든 일어남으로써 56괘를 이루어낸다. 이들 모두는 건괘·곤괘 두 괘의 덕으로서 지극히 충족한 씩씩함과 순종함이 끊임없이 서로 비비대며 자극하면서 이루어내는 것들이다. 이것이 바로 『주역』이 이치를 궁극까지 궁구하고 지어냄[造化]을 다 이루어냄인데, 그 지극함까지를 다 망라하여 의미의 정심(精深)함을 세워 놓고 있다.

'巽'兼言'雨'者, 陰澤下流, 亦雨象也. 日南則寒, 北則暑. 月雖二十七日有奇, 周於九道, 而冬至之月恒在夏至之黃道, 夏至之月恒在冬至之黃道, 月南則暑, 月北則寒矣. '艮'·'兌'不言山澤, 言男女者, 山陵爲牡, 谿谷爲牝也.

손괘☴에서 '비'까지를 겸해서 말한 까닭은, 음인 연못이 아래로 흐르는 것 또한 비의 상(象)이기 때문이다. 해가 남쪽으로 가버리면 북반구에는 추위가 닥치고 북쪽으로 올라오면 더위가 닥친다. 달은 비록 27일이 약간 넘는 수치로 그 궤도를 돌고 있는데, 동지의 달은 늘 하지의 황도(黃道)에 있고, 하지의 달은 늘 동지의 황도에 있다. 그래서 달이 남쪽으로 내려가면 덥고 달이 북쪽으로 올라오면 춥다. 그런데 간괘☶·태괘☱에서 산과 연못을 말하지 않고 남성과 여성을 말한 까닭은, 산의 뾰족하게 올라옴이 수컷이 되고 골짜기의 움푹 들어감이 암컷이 되기 때문이다.

此上言天地自然之化, 以下則推原於'乾'·'坤'健順之德, 明其所以起萬化而統全『易』之理, 乃終以希聖希天之學, 示學『易』者於'乾''坤'竝建而得崇德廣業之樞要, 此此章之次序也.

여기까지는 천지자연의 지어냄[造化]을 말한 것이다. 이 이하에서는 건괘·곤괘 두 괘의 씩씩함[健]·순종함[順]의 덕을 근원까지 미루어 올라가서 이들이 어떻게 하여 온갖 지어냄[造化]을 일으키고 전체 『주역』의 이치를 통괄하는지를 밝히고 있다. 그리고는 성인을 희구함과 하늘을 희구하는 학문으로 끝을 맺고 있다. 이는 『주역』을 공부하는 이들에게 건괘·곤괘 두 괘의 덕이 아울러 세움에서 덕성을 높이고 위업을 넓힐 핵심적 긴요함을 얻는다는 것을 제시한 것이다. 이것이 이 장의 순서다.

'乾'知大始, '坤'作成物.

건(乾)은 위대한 시작을 알고 곤(坤)은 만물을 만들어낸다.

夫人知天之大始而不知始之者, 唯'乾'以知之; 人知地之成物而不知成之者, 唯'坤'以作之. 故'乾'曰"大明終始", '坤'曰"行地无疆". 然則苟有'乾'之知皆可以始, 苟有'坤'之作皆可以成. 而非至健, 則明不出於一熲, 而無以豫萬變; 非至順, 則道隱於小成, 而無以善永終. 故以在人之知行言之, 聞見之知不如心之所喩, 心之所喩不如身之所親; 行焉而與不齊之化遇, 則其訢拒之情・順逆之勢・盈虛之數, 皆熟嘗之而不驚其變, 行之不息, 知之已全也. 故唯'乾'之健行而後其'知'爲'大始'也. 志之所作不如理之所放, 理之所放唯其志之能順; 氣動而隨, 相因而效, 則無凝滯之情, 而順道之所宜以盡事物之應得, 勉焉而無所强, 爲焉而不自用, 順之至, 作之無倦也. 故唯'坤'之順承而後其'作成物'也. '乾'・'坤'者, 在天地爲自然之德, 而天之氣在人, 氣暢而知通, 氣餒而知亦無覺; 地之理在人, 耳目口體從心知, 心知之所不至, 耳目口體無以見功, 皆此理也. 六十四卦之象, 其德有知者, 皆'乾'之爲也; 有作者, 皆'坤'之爲也. 其或知之非實・作之非道者, 則陰陽之愆, 而要亦未始非剛柔固有之幾所發, 而但其時位之不齊耳. '知大始', '作成物', 則全『易』皆在其中矣.

사람은 하늘의 위대한 시작은 알면서도 그것이 어떻게 시작하는지는 모른다. 오직 건괘☰의 덕만이 이를 안다. 그리고 사람들은 땅이 만물을 이루어냄에 대해서는 알지만 그것이 어떻게 이루어내는지는 모른다. 오직 곤괘☷의 덕만이 이를 만들어낸다. 그러므로 건괘(乾卦)에서는

"위대한 밝음이 처음과 끝을 관통한다."라고 한 것이고, 곤괘(坤卦)에서는 "땅을 무궁하게 주행한다."고 한 것이다. 그렇다면 진실로 건괘의 앎이 있어야 시작할 수가 있고, 곤괘의 지어냄이 있어야 모두 이루어질 수 있는 것이다. 그렇더라도 지극한 씩씩함[至健]이 아니면 밝음이 하나의 빛에서 나오지를 못하고[1061] 온갖 변함들에 참여하지도 못한다. 그리고 지극한 순종함[至順]이 아니면 도(道)가 작은 성취에 숨어버리고 말아 영원한 끝맺음을 잘하지도 못한다.

이를 사람의 앎과 행동을 가지고 말해 보자. 사람에게서 단순히 보고 듣는 것에 의한 지각은 마음으로 깨달음만 못하고, 그 마음으로 깨달음은 또 몸으로 익힘만 못하다. 행동을 하다가 예측하지 못했던 이상한 지어냄[造化]을 만나게 될 경우, 그것에 반색을 하는 정서와 거부하는 정서, 순종하는 기세와 거역하는 기세, 꽉 참과 텅 빔의 수적 원리 등을 모두 익숙하도록 맛보고서야 그 변이에 놀라지 않는다. 그래서 그치지 않고 행동하며 앎이 이미 온전한 것이다. 그러므로 오직 건괘의 씩씩함이 행해지고 나서야 그 '앎'이 '위대한 시작'을 맡아서 해내는 것이다.

그리고 뜻함에 의해 만들어내는 것은 이치에 의해 처리하는 것만 못하며,

1061) 『시경』, 「대아(大雅)」 편의 '무장대차(無將大車)'라는 시의 한 구절(無思百憂, 不出於熲.)을 인용한 것이다. 이에 대해 정현(鄭玄)은 "이런저런 자질구레한 일들을 생각하다 근심이 되어 사람의 판단력이 흐려지니, 무슨 일을 광명한 도(道)에 입각하여 처리하지 못한다.(鄭玄, 『詩箋』: 思衆小事以爲憂, 使人蔽闇, 不得出於光明之道.)"고 하였는데, 주희는 "근심에 싸여 있어서 밖으로 나올 수가 없다.(朱熹, 『詩集傳』: 熲, 與耿同, 小明也. 在憂中耿耿然不能出也.)"고 하여 정현과는 약간 다르게 풀이하고 있다. 왕부지는 정현의 풀이를 따라서 이 구절을 인용하고 있는 것으로 보인다.

또 이치에 의해 처리함은 오직 그 뜻함이 그것을 따를 수 있어야 한다. 그리하여 기(氣)가 움직이면서 수반하게 되니, 뜻함과 이치가 서로 말미암으며 상승효과를 낸다. 그 결과 응체하고 싶은 마음씀이 없어지며 도(道)에 순종함이 알맞아서 사(事)와 물(物)의 응당함을 다하게 되니, 힘쓰되 억지로 함이 없고 행하되 자신을 위해 발휘함이 없는 것이다. 그리고 순종함이 지극하고 지어냄에 게으름이 없는 것이다. 그러므로 오직 곤괘의 순종함이 받들고 나서야 그 "만물을 이루어냄"이 가능한 것이다. 여기에서 건(乾)・곤(坤)이라 한 것은 하늘과 땅에서는 저절로 그러함의 덕이다. 그런데 하늘의 기(氣)가 사람에게서 작용하는 것을 보면, 기가 화창하여서는 앎이 통하지만 기가 궁핍해서는 앎도 지각을 못한다. 그리고 땅의 이치가 사람에게 작용하는 것을 보면, 귀・눈・입・몸이 마음의 앎을 따르는데, 이 마음의 앎이 이르지를 않으면 귀・눈・입・몸이 지각의 기능을 이루어내지 못한다. 이것이 모두 이러한 이치다. 64괘의 상(象) 가운데 그 덕에 앎이 있는 것들은 모두 이 건(乾)의 덕이 하는 것이고, 만들어냄이 있는 것들은 모두 이 곤(坤)의 덕이 하는 것이다. 그런데 이들 가운데 간혹 앎이 실질을 담아내지 못하고 지어냄이 도(道)에 어긋나는 것들이 있다. 이는 음・양의 운행에서 잘못됨이 빚어낸 결과다. 요컨대 이러함 또한 모두 애당초 굳셈[剛]・부드러움[柔]에 본디 있는 기미[幾]가 발현한 것들인데, 다만 그 시(時)와 위(位)에서 일상적인 것과는 달리 고르지 않기 때문이다. 그러나 아무리 이러함이 있다 하더라도 건(乾)의 덕이 '위대한 시작을 맡고' 곤(坤)의 덕이 '만물을 이루어냄'이니, 전체의 『주역』은 모두 그 가운데 있는 것이다.

'乾'以易知, '坤'以簡能.

건(乾)은 쉽게 알고 곤(坤)은 간단하게 능하다.

此言'乾'・'坤'者, 指二卦之全體而言也. 變'作'言'能'者. 知作, 其功; 知能, 其效也. 在知曰'易', 理有難易; 在能曰'簡', 事有繁簡; 其爲純一而無間雜之義則同也, 謂純陽純陰, 道唯一而無事於更端也. 二卦竝建, 以統變化, 在'乾'唯健, 在'坤'唯順, 疑不足以盡萬變. 乃天下之理, 雖甚深而不易測, 然唯有所怠廢者則有所疑惑. 純乎健而自彊不息, 則無所凝滯, 而吉凶消長自可旁通其數; 抑唯矯物立意, 則勢窮而阻. 純乎順而承天時行, 則無所阻, 而悔吝憂虞皆曲盡其材. 在天地, 則不勞而造物之功化無以禦. 其在人, 則知行皆一以貫而道無多歧. 此'乾'・'坤'二卦雖未備六十二卦之變, 而已裕其理也.

여기에서 말하는 건(乾)・곤(坤)은 이들 두 괘의 전체를 가리킨다. 그런데 앞에서는 '作(작)'이라 했던 것을 여기서는 바꾸어서 '能(능)'이라 하고 있다. 그 까닭은, 앎[知]・이루어냄[作] 짝은 그 쏟는 공(功)을 가리키는 것임에 비해, 앎[知]・능함[能] 짝은 그 드러내는 효과를 나타내기 때문이다. 앎에서는 '쉽다'고 하는 것이니, 이치에는 어려움과 쉬움이 있다. 그리고 능함에서는 '간단하다'고 하니, 일에는 번잡함과 간단함이 있다. 그러나 이들이 모두 순수한 하나며 그 어떤 것도 잡되게 섞임이 없다는 의미에서는 같다. 그래서 순양・순음으로서 원리와 작용 방식이 오직 하나요, 결코 다른 사단을 벌임이 없음을 일컫고 있다.
이들 두 괘가 아울러 나란히 세우면서 변화를 통괄하는데, 건(乾)의 덕은 오직 씩씩하기만 하고 곤(坤)의 덕은 오직 순종하기만 하니, 어쩌면 모든 변(變)들을 다할 수 없지나 않을까 하고 의심할지도 모른다. 그러나 이 세계의 이치는 비록 매우 심오하여 쉽게 가늠할 수는 없지만, 오직 게으르고 황폐함이 있을 경우에만 의혹을 사는 것이다. 그런데 이들을 보면, 건(乾)의 덕은 순전히 씩씩하기만 하며 스스로 튼튼하여 쉼이 없으니[自彊不息] 응체되는 바가 결코 없다. 그리고 길・흉과 사라짐(消)・자라남(長)이 저절로 여러 가지들에서 수(数)로써 통할 수가 있다. 그런데 경우에 따라서는 오로지 물(物)들을 교정함에 뜻을 두다 보면 추세가 궁해지고 막히게도 된다. 그리고 곤(坤)의 덕은 순전히 순종하며 하늘을 받들어서 때에 맞게 행한다. 그래서 막힘이 없고 후회함[悔]과 아쉬워함[吝], 우려함 등을 모두 그 재질을 통해 속속들이 다 드러낸다. 하늘과 땅의 경우에는 특별히 수고로이 하지 않더라도 만물을 지어내는 공덕(功德)과 지어냄[造化]이 막힘이 없지만, 사람의 경우에는 앎과 행동을 모두 일관하여야 길이 이리저리 여러 갈래로 번져 나아가지 않는다. 이는 건괘・곤괘 두 괘가 비록 아직 나머지 62괘의 변함을 갖추고는 있지 않더라도 이미 그 이치는 넉넉히 가지고 있음을 의미한다.

易則易知, 簡則易從; 易知則有親, 易從則有功; 有親則可久, 有功則可大;

쉬우면 쉽게 알고 간단하면 쉽게 좇는다. 쉽게 알면 친함이 있고, 쉽게 좇으면 공(功)을 세운다. 친함이 있으면 오래갈 수 있고, 공을 세우면 거대해질 수 있다.

有天地, 則雷風・寒暑・山澤雖殊象異形, 皆有其常, 無所容其疑殆而不能離; 動植飛潛, 各率其情材以自效而奏其功. 古今不易, 而小大不遺, 天道之純爲之也. 在人則心純而理一, 天下歸其仁, 萬方效其順, 安於其教而德不諼, 勸於其善而道以廣, 皆此至健不息, 至順無違之德爲之也.

하늘과 땅이 있으면, 우레와 바람, 추위와 더위, 산과 연못 등이 비록 상(象)은 다르고 형(形)은 다르다 하더라도 모두에 그 항상됨을 유지한다. 그리고 그 의심나고 위태로운 것들을 받아들임이 없고 분리될 수도 없다. 그래서 동물과 식물, 공중을 날아다니는 짐승들과 물속에 사는 짐승들이, 각기 자신들만의 의식작용과 재질대로 기능을 드러낸다. 예나 지금이나 바뀌지 않고 작거나 크거나 간에 빠트리지도 않는다. 이 모든 것은 천도(天道)의 순수함이 하는 것이다. 사람의 경우에는 마음이 순수하고 이치가 하나여서 세상 모든 사람들이 그 어짊에로 귀의하고 만방 사람들이 그 순종함을 드러낸다. 그리고 그 교화함에 편안하여 덕이 멈추지를 않고, 그 선함에로 나아가라고 사람들에게 권유하며 도(道)가 넓어진다. 이 모두는 지극히 씩씩함[至健]의 덕이 쉬지 않고, 또 지극히 순종함[至順]의 덕이 어김이 없이 하는 것이다.

可久則賢人之德, 可大則賢人之業.

오래가게 할 수 있음은 현인의 덕이고, 거대하게 할 수 있음은 현인의 위업이다.

'賢人', 賢於人者, 蓋亦謂希天之聖人也. 德不斁而業皆成, 其所以致此者, 知行而已矣. 知則'乾'之大明, 以無欲不屈之剛, 燭乎萬理者也. 行則'坤'之通理, 以順事恕施之柔, 不雜私僻者也. '乾'·'坤'之德, 人生而性皆具, 有氣皆可淸通, 有質皆可效法, 而唯賢人能全體之. 故時皆其時, 位皆其位, 行乎險阻, 而德業貞於一, 以易簡應繁難, 而不憂道之或詘也.

여기서 말하는 '현인'은 보통 사람들보다 현명한 사람을 말하는데, 아마도 하늘을 희구하는 성인을 가리키는 것으로 보인다. 이들은 덕에 염증을 내지 않으며 위업을 모두 이루어내는데, 이렇게 할 수 있게 하는 것은 앎과 행동일 따름이다. 앎은 건(乾)의 위대한 밝음이다. 이는 무욕(無欲)과 불굴(不屈)의 굳셈[剛]으로써 온갖 이치를 훤히 비추어준다. 행동은 곤(坤)의 이치에 통함이다. 이는 순종적으로 일을 하고 너그럽게 베풀어주는 부드러움[柔]으로써 삿되고 편벽됨이 섞이지 않도록 한다. 건(乾)·곤(坤)의 덕은 사람이 생겨날 적에 본성 속에 모두 갖추고 있는데, 어떤 기(氣)든 다 맑게 하고 통하게 할 수 있으며 어떤 자질이든 모두 그 효과를 드러내게 할 수 있다. 그러나 오직 현인들만이 이를 온전하게 체현할 수 있다. 그러므로 건괘·곤괘 두 괘의 시(時)는 모두 이 현인들의 시(時)며, 위(位)도 모두 이들의 위(位)다. 그래서 이 현인들은 험하고 막힘에서 행하더라도 덕성과 위업이 올곧아서 한결같음을 유지하고, 쉽게 함과 간단히 함으로써 번잡함과 어려움에 응한다. 그리고 자신들의 도(道)가 혹시 굽힘이 있더라도 전혀 근심하지 않는다.

易簡, 而天下之理得矣, 天下之理得, 而成位乎其中矣.

쉽고 간단하게 천하의 이치대로 하며, 천하의 이치대로 하는 속에서 제자리를 이룬다.

此言學『易』者能體'乾'·'坤'之易簡, 則理窮性盡, 而與天地合德也. 知無不明, 則純'乾'矣; 行無不當, 則純'坤'矣. 以之隨時變化, 唯所利用, 而裁成輔相之功著焉, 則與天地參. 故『周易』竝建'乾'·'坤'十二位之陰陽, 以聽出入進退, 成六十四卦·三百八十四爻之象占, 所以盡天道, 昭人極, 爲聖學合天之軌則, 位有異, 時有殊, 而無九六以外有餘不足之數得參焉. 斯以冒天下之道, 而非「連山」,「歸藏」之所及, 況後世之窺測氣機以占利害, 如加一倍乘除之法, 及'復'·'姤'爲小父母之支說, 其不足與於三聖大中至正之道, 明矣.

이 구절에서는 『주역』을 공부하는 이들이 건(乾)·곤(坤)의 쉽게 함과 간단하게 함을 체득할 수 있다면, 저절로 이치를 다 궁구해내고 타고난 선한 본성 그대로를 다 실현해낼 테니, 하늘·땅과 그 덕이 합치하리라는 것을 말하고 있다. 이러한 사람은 앎에 전혀 명확하지 않음이 없다. 이는 것은 순수한 건(乾)의 덕이다. 또 행동에 전혀 정당하지 않음이 없다. 이는 것은 순수한 곤(坤)의 덕이다. 이들은 바로 이러한 덕들을 갖추어서 시대의 변화에 맞추어 가며 오직 이롭게 이용한다. 그리고 지도자로서 또는 지도자를 보좌하는 이로서의 공(功)을 현저하게 드러낸다. 이는 곧 하늘·땅이 하는 일을 기리며 돕는 삼재(三才)의 하나로 우뚝 섬이라 할 것이다.

그러므로 『주역』에서는 건괘·곤괘 두 괘를 12위(位)의 음·양에 아울러 세워서 나감·들어감과 나아감·물러남을 드러냄으로써, 64괘·384효의 상(象)을 이루고 이에 의해 점(占)을 칠 수 있도록 하였다. 바로 이러한 까닭에 『주역』은 천도(天道)를 다 드러내고 있고, 사람 세상의 표준을 환히 드러내고 있다. 이는 성인됨을 지향하는 우리 유학(儒學)이 하늘의 궤칙(軌則)에 부합함이다. 그리고 위(位)에는 각기 다름이 있고 시(時)에도 각기 다름이 있지만, 9·6 이외의 남거나 부족한 수(數)는 여기에 끼어들 수가 없다. 그래서 『주역』은 이 세상의 도(道)를 모두 포괄하니, 「연산(連山)」이나 「귀장(歸藏)」 따위로는 미칠 수가 없다. 그런데 하물며 후세의 이 세계 기(氣)의 운행 체제를 조금 엿보아서 이해·득실을 점치는 따위들, 예컨대 가일배법(加一倍法)[1062], 승제법(乘除法)[1063] 및 복괘(復卦)䷗·구괘(姤卦)䷫가 작은 부모가 된다[1064]는

1062) 소옹(邵雍)이 『주역』 괘들의 생성원리로 말한 것이다. 즉 소옹은 '태극(2^0)→양의(2^1)→사상(2^2)→팔괘(2^3) ……육십사괘(2^6) ……'의 방식으로, '2^n' 원리에 따라 괘들이 생성된다고 말하였다. 이를 정호(程顥)가 '가일배법'이라 명명하였다. 그리고 주희가 이를 『역학계몽』에서 소개함으로써 널리 알려지게 되었다.

1063) 이 또한 소옹의 역설(易說) 가운데 하나다. 그는 「육십사괘방위도(六十四卦方位圖)」를 이루는 원리를 이 승제법(乘除法)으로 설명하고 있다. 즉 '곱함[乘]'에 의해서는 수가 생겨나고, '나눔[除]'에 의해서는 수가 사라진다고 하였다. (邵雍, 『皇極經世書』권13, 「觀物外篇上」: 大衍之數, 其筭法之源乎! 是以筭數之起, 不過乎方圓曲直也. 乘數生數也, 除數消數也. 筭法雖多, 不出乎此矣.) 자세한 것은 앞면 그림 4. 「복희육십사괘방위지도」를 참조하라.

1064) 역시 소옹의 역설(易說) 가운데 하나다. 그는 자신이 주장하였던 '생성의 원리'에 따라 「복희육십사괘방위도(伏犧六十四卦方位圖)」를 그렸는데, 여기서 복괘䷗와 구괘䷫는 각기 곤괘䷁와 건괘䷀의 다음에 자리 잡고 있다. 그리고 이들 네 괘는 전체 「원도(圓圖)」를 양분한 양단(兩團)의 두 끝을 차지하고 있다. 즉 복괘에서 건괘까지가 하나의 단(團)이고, 또 구괘에서 곤괘까지가 하나의 단(團)이다. 그리고 복괘에서 건괘까지는 양(陽)의 권역이고, 구괘에서 곤괘까지는 음(陰)의 권역이다. 그런데 이 괘들이 각기 '큰 부모'와 '작은 부모'가 된다는 것에 대해서는, 그에게서 수십 년 동안 『주역』을

지엽적인 설들로서는 문왕, 주공, 공자 등 세 성인들의 대중(大中)·지정(至正)한 도(道)에 어깨를 나란히 할 수 없다는 것이 분명할 것이다.

抑嘗論之, 聖人之論『易』也曰'易簡', 而苟且之小儒與佛老之徒亦曰'易簡', 因倚託於『易』以文其謬陋. 乃『易』之言'易簡'者, 言純'乾'純'坤'不息无疆之知能也, 至健而無或不健, 至順而無或不順也. 小儒惰於敏求而樂於自用, 以驕語無事多求, 而道可逸獲; 異端則揮斥萬物, 滅裂造化, 偶有一隙之淨光, 侈爲函蓋'乾'·'坤'之妙悟, 而謂人倫物理之繁難, 爲塵垢秕糠·人法未空之障礙·天地之大用且毁, 而人且同於禽獸, 正與'知大始'·'作成物'之理背馳. 善學『易』者, 於健順求至其

배웠던 장행성(張行成)이 설명하고 있다. 그는 소옹의 이 「복희육십사괘방위도」를 전제로 하여, 복괘(復卦)로부터 양이 생기기 시작하여 양들이 점점 자라나다가(이는 음이 점점 사라짐을 의미하기도 한다.) 건괘(乾卦)에 이르러서는 순양의 괘가 되고, 구괘(姤卦)로부터 음이 생기기 시작하여 음이 점점 자라나다가(이는 양이 점점 사라짐을 의미하기도 한다.) 곤괘(坤卦)에 이르러 순음의 괘가 되는데, 그러므로 복괘 초구효의 굳셈[剛]이 건괘의 대부(代父)가 되고 구괘 초육효의 부드러움[柔]이 곤괘의 대모(代母)가 된다고 하였다. 그래서 건괘·곤괘 두 괘는 큰 부모로서 팔괘를 낳는다면, 복괘·구괘는 작은 부모로서 64괘를 낳는다고 하고 있다.(張行成, 『皇極經世觀物外篇衍義』 권5, 「觀物外篇中之中」: 代父者'復'之剛也, 代母者'姤'之柔也, '復'·'姤'所以為小父母也. '乾'·'坤'為大父母者, 生八卦也; '復'·'姤'為小父母者, 生六十四卦也.) 그리고 이후에 주희역학의 충실한 전인(傳人)을 자처했던 송말원초(宋末元初)의 호방평(胡方平; 玉齋胡氏)이 『역학계몽』을 풀이하며 이를 다시 한 번 언급하고(胡方平, 『易學啟蒙通釋』卷上), 『성리대전』의 세주(細注)에 이 설이 수록됨으로써 널리 퍼지게 되었다.

極, 則自'易'自'簡', 愼勿輕言'易簡'也.

한 마디 더 하겠다. 성인들이 『주역』을 논하여 '쉽고 간단함'이라고 하니, 이제 볼품없는 구차한 유자(儒者)들과 불교·노장의 무리들까지 또한 '쉽고 간단함'을 말하면서 『주역』에 기대 자신들의 못나고 누추함을 돋보이게 하려든다. 그러나 『주역』에서 말하는 '쉽고 간단함'이란 순수한 건(乾)·순수한 곤(坤)의 그침이 없고 끝이 없는 앎과 능력을 말한 것이다. 이것들이 지극히 씩씩하여 어떤 경우에도 씩씩하지 않음이 없고, 지극히 순종적이어서 그 어떤 경우에도 순종적이지 않음이 없다는 것이다. 그런데 볼품없는 유자들은 민첩하게 구해야 할 것에 대해서는 게으름을 피우고 자신을 위해 사용함만을 즐기면서, 많은 것을 구하고 도(道)를 편안하게 얻을 수 있는 것처럼 교만하게 말한다. 그리고 이단들은 만물을 손사래를 치며 물리치고 우주의 지어냄[造化]을 허물어버리며, 어쩌다 있는 순간적인 청정함을 가지고 마치 건(乾)·곤(坤)을 덮어버릴 수 있는 오묘한 깨달음이라도 되는 양 과장해 댄다. 그리고는 인륜과 만물의 이치의 번잡함이 먼지나 티끌, 쭉정이에 불과한 것으로서, 사람과 법을 완전히 없애버리지 못하게 하는 장애라고 나불댄다. 그 결과 천지의 위대한 작용도 허물어지고 사람 또한 짐승과 같아지고 만다. 이는 '위대한 시작을 앎'·'만물을 만들어냄'과 정면으로 배치된다. 그러나 『주역』을 잘 공부하는 사람이 씩씩함[健]·순종함[順]에 대해 지극한 경지에 이르도록 추구한다면, 저절로 '쉽고' 저절로 '간단해'진다. 그러므로 신중해야지 가볍게 함부로 '쉬움[易]'과 '간단함[簡]'에 대해 말해서는 안 된다.

第二章
제2장

此章及下章皆言『易』道之切於人用, 居不可不學, 而動不可不占也.

이 장 및 아래 장은 모두 『주역』의 도(道)가 사람들이 사용하는 데 절실한 것임을 말하고 있다. 그래서 평소 일 없을 적에 공부하지 않아서는 안 되며, 무엇인가 행동하려 할 적에는 이를 통해 점을 치지 않을 수 없다고 하고 있다.

聖人設卦觀象, 繫辭焉而明吉凶.

성인들께서 괘를 만들고 상(象)을 살피고서는 거기에 말을 붙여서 길 · 흉을 드러나게 하였다.

聖人謂文王・周公. '設卦觀象', 設卦畫於前而觀其成象也. '辭'者, 象之義也. '吉凶', 象之所固有而所以然之理, 非辭不明. '繫'者, 相屬而不離之謂. 彖・爻之辭, 必因乎象之所有, 即有戒占者之辭, 亦因象之所當戒與其可戒而戒之. 若宜正而不宜邪, 則萬事萬理皆然, 不待戒也. 此節明象與辭所自設, 爲君子平居之所宜玩.

여기에서 말하는 성인은 문왕과 주공이다. '괘를 만들고 상(象)을 살핌'이란, 앞서서 괘의 획을 만들고 그 이루어진 상(象)을 살핀다는 의미다.

'괘·효사'는 괘상의 의미를 드러낸 것이다. '길·흉'은 괘상 속에 고유한 것인데, 괘상이 그렇게 존재하도록 한 근거로서의 이치는 괘·효사가 아니면 드러나지 않는다. '繫(계)'라는 말은 서로를 붙들어 매서 분리되지 않게 함을 일컫는다. 괘·효사는 반드시 괘상이 지니고 있는 것을 근거로 하여 바로 점치는 이들에게 경계하고 있는 사(辭)를 두고 있는데, 이것들은 또한 상에 드러나 있는 '마땅히 경계해야 할 바(當戒)'와 '경계할 수 있음(可戒)'을 바탕으로 하여 경계하고 있다. 그런데 이 경계함이 만약에 올바름에만 들어맞고 사악함에는 들어맞지 않는다고 할 것 같으면, 모든 일·모든 이치가 다 그러하리니 구태여 경계할 필요조차 없을 것이다. 이 절에서는 괘상과 괘·효가 만들어진 이치와 배경을 밝히고 있는 것이니, 군자라면 평소에 그 의미를 잘 익혀야 한다.

剛柔相推, 而生變化.

굳셈[剛]·부드러움[柔]이 서로 옮겨가며 변화를 낳는다.

'推', 移也. 陽極於九而已盈, 則下移而八; 陰極於六而已歉, 則上移而七. '變', 陽且變而有陰之用; '化', 陰受陽化而且從陽之德也. 六爻已成卦象, 而所占在一爻, 以剛柔之過, 必且推移, 故於此爻占其變化也. 如'乾'之九二, 且變而之陰, 有離之象, 故曰'天下文明', 剛推而柔也. '坤'之初六, 陰尙微弱, 而曰'堅冰', 柔且推而剛也. '履'之六三曰'志剛', '謙'之六五曰'侵伐', 皆有變化陰陽之義, 此義例之常也. 若'乾'初動而無'姤'道, '坤'初動而無'復'理, 則又不可據義例爲典要, 在學者之知通爾. 此節明變與占之所自生, 爲君子因動而占之所宜玩.

'推(추)'는 '옮겨 감[移]'이다. 양이 구(九)에서 극에 이르러 이미 꽉 차면 아래로 옮겨 가 팔(八)이 되며, 음이 육(六)에서 극에 이르러 이미 텅 비게 되면 위로 옮겨 가 칠(七)이 된다.[1065] '變(변)'은 양이 변하여 음의 작용(用)이 있게 하는 것이고, '化(화)'는 음이 양의 화함을 받아들이며 양의 덕을 좇는 것이다. 하나의 괘를 이루어서는 여섯 효가 이미 괘상을 이루고 있으나 점치는 바는 하나의 효에 있다. 즉 굳셈[剛]과 부드러움[柔]의 지나침 때문에 반드시 밀려 옮겨 가게 되니(推移), 바로 이 효에서 그 변화를 점치는 것이다. 예컨대 건괘(乾卦)☰의 구이(九二)효가 변해 음이 되면 이괘(離卦)☲의 상(象)을 이루므로 "온 세상이 밝게 빛남이다." 라고 말한다. 이것은 굳셈[剛]이 옮겨가 부드러움[柔]이 된 것이다. 곤괘(坤卦)☷의 초육효는 음이 미약한데도 오히려 '두꺼운 얼음[堅冰]'이라 하는데, 이는 또한 부드러움[柔]이 옮겨가 굳셈[剛]이 되기 때문이다. 이 밖에도 이괘(履卦)☰의 육삼효사에서 '뜻함이 강팍하다'고 하는 것, 겸괘(謙卦)☷의 육오효에서 '국경을 넘어 들어가 정벌함'이라 한 것 등은 모두 음·양을 변화한 뜻을 지니고 있으니, 이것은 『주역』에서 의미를 드러내는 일상적인 예들이다. 그런데 건괘(乾卦)☰의 초구효는 움직이더라도 구괘(姤卦)☰의 도(道)가 없고, 곤괘(坤卦)☷의 초육효도 움직이지만 복괘(復卦)☷의 이치가 없다. 이러한 것들은 또한 일상적인 예를 가지고서 다른 괘들에도 일률적으로 적용해서는 안 된다는 것을 보여준

1065) 여기서 6, 7, 8, 9는 각각 노음(老陰; 太陰), 소양(少陽), 소음(少陰), 노양(老陽; 太陽)을 의미한다. 왕부지 역시 이러한 의미에서 사용하고 있다(『周易內傳』 卷5下, 「繫辭上傳」 제9장). 따라서 이곳의 의미는, 『주역』에서는 '九(구)', '六(육)'으로 효(爻)들을 지칭하는바 이들은 노양과 노음을 의미하며, 거기에 변화를 담고 있다고 할 수 있다. 그래서 변화하면 노양(九)은 소음(八)이 되고, 노음(六)은 소양(七)이 된다. 이것이 추이(推移)이며 변화라는 것이다.

다.[不可爲典要] 이를 정확하게 알아내는 것은 『주역』을 공부하는 이의 앎과 통함의 수준에 달려 있을 따름이다. 이 구절은 변함과 점(占)이 어떻게 해서 발생하는지를 밝힌 것이다. 그래서 군자가 무엇인가 일을 벌이기 위해 점을 치는 데서 마땅히 잘 음미해야 할 대목이다.

是故吉凶者, 失得之象也; 悔吝者, 憂虞之象也;

그러므로 길 · 흉이란 잃어버림과 얻음의 상(象)이고, 후회함[悔] · 아쉬워함[吝]이란 근심함과 마음에서 놓아버리지 못하고 안타까워함의 상이다.

得失, 以理言, 謂善不善也. '虞', 慮也. 『易』不爲小人謀詭至之吉凶, 於其善決其吉, 於其不善決其凶, 無不自己求之者, 示人自反, 而勿徼幸 · 勿怨尤也. '悔'者, 行焉而必失, 則宜憂. '吝'者, 求行而不遂, 則宜慮. 故言'悔吝'者, 以著其當憂虞也.

득 · 실은 이치를 가지고 말한 것인데, 선함과 선하지 아니함을 의미한다. '虞(우)'는 마음에서 놓아버리지 못하고 안타까워함을 의미한다. 『주역』은 소인들이 기만하려드는 것에 대해서는 길 · 흉으로 보여주지 않는다. 선함에 대해서는 길(吉)로 결단해주고, 선하지 않음에 대해서는 흉(凶)으로 결단해주는데, 이 모두가 스스로 구한 것이 아닌 것이 없다. 그래서 사람들에게 스스로 돌아보도록 보여주며 요행을 바라지도 말고 남 탓을 하지도 말게 한다. '悔(회)'는 실행하였는데 틀림없이 이치에 어긋나서[失] 근심할 수밖에 없음이고, '吝(린)'은 실행에 옮기려 하였지만 완수하지 못하여 마음에서 놓아버리지 못하고 안타까워함이다. 그러므로 여기서

'회 · 린'이라 한 것은 마땅히 근심하게 된다는 것과 안타까워하게 된다는 것을 드러내고 있다.

變化者, 進退之象也; 剛柔者, 晝夜之象也.

변 · 화란 나아감 · 물러남의 상(象)이고 굳셈[剛] · 부드러움[柔]은 밤 · 낮의 상이다.

'變'者陽之退, '化'者陰之進. 進所宜進, 退所宜退, 則得; 進而或躁或阻, 退而或疑或怯, 則失. 卦象雖成, 而當其時位, 有進退之幾焉. 故其得者卦雖險而可使平, 其失者卦雖吉而且凶, 『易』於發動之爻著其理焉. 晝動夜靜, 天之道, 物之情也. 然動不可靜, 則氣浮而喪其心之所守; 靜不能動, 則心放而氣與俱餒. 故『易』以剛柔相推之數, 著其剛下生柔 · 柔上生剛之動幾, 示人以動靜相函, 如晝夜異時, 而天運不息, 晝必可夜, 夜必可晝也.

'변'(變)은 양(陽)이 물러남이요, '화'(化)는 음(陰)이 나아감이다. 마땅히 나아갈 바에 나아감이고 마땅히 물러날 바에 물러남이면 득(得)이다. 이에 비해 나아감이 조급하거나 막힌 것, 또 물러남이 의심하거나 겁을 먹은 것이면 실(失)이다. 괘상이 비록 이루어져 있다 하더라도 거기에는 해당하는 그 시(時)와 위(位)에서 나아가야 할지 물러나야 할지의 기미(幾)가 드러나 있다. 그러므로 득(得)인 것은 괘가 비록 험난한 것이라 할지라도 평탄케 할 수 있고, 실(失)인 것은 괘가 비록 길하더라도 흉하다. 『주역』은 발동(發動)하는 효에서 그 이치를 드러내고 있는 것이다. 낮에는 움직이고 밤에는 고요한 것이 하늘의 도(道)이고 만물의 실정이다. 그러나 움직이기만 하고 고요할 수는 없으면, 기(氣)가 들떠서 그 마음이 지켜야 할 바를 상실해버리다. 그리고 고요하기만 하고 움직일 수는 없으면 마음이 놓여버리고 기(氣)도 함께 굶주리게 된다. 그러므로 『주역』에서는 굳셈[剛]·부드러움[柔]이 서로 옮겨 가는 수(數)를 통해 굳셈이 아래에서 부드러움을 낳고 부드러움이 위에서 굳셈을 낳는 움직임의 기미[幾]를 드러냄으로써,[1066] 사람들에게 움직임·고요함이 서로 함유하고 있음을 보여주고 있다. 이는 마치 밤과 낮이 전혀 다른 때이기는 하지만 하늘의 운행은 쉼이 없으니, 낮이 반드시 밤이 될 수 있고 밤이 반드시 낮이 될 수 있음과 같다.

六爻之動, 三極之道也.

여섯 효의 움직임은 삼극(三極)의 도(道)를 드러내는 것이다.

初·二, 地位; 三·四, 人位; 五·上, 天位. 每位必重, 氣之陰陽, 形之柔

1066) 『주역』 64괘의 각 효들이 표시하고 있는 것은 9와 6이다. 이는 노양·노음으로서 곧 옮겨 가게 되어 있음을 드러내고 있는 것이다. 즉 9는 이제 소음(8)으로, 6은 이제 소양(7)으로 옮겨 감을 표시하고 있는 것이다. 이를 왕부지는 "『주역』에서는 굳셈[剛]·부드러움[柔]이 서로 옮겨 가는 수(數)를 통해, 굳셈이 아래에서 부드러움을 낳고 부드러움이 위에서 굳셈을 낳는 움직임의 기미[幾]를 드러냄"이라 말하고 있는 것이다. 즉 굳셈(9)이 소음(8)의 부드러움으로 옮겨 가니 이는 '굳셈이 아래에서 부드러움을 낳음'이고, 부드러움(6)이 소양(7)의 굳셈으로 옮겨 가니 이는 '부드러움이 위에서 굳셈을 낳음'이다. 그래서 9·6은 움직임의 기미[幾]를 드러내는 것이라 할 수 있다.

剛, 性之仁義, 交至而成乎全體大用也. 然而不能皆見於用, 故一時之所値・一事之所占, 則道著焉. 當其時, 處其地, 擇其進退, 天之災祥, 地之險易, 人事之順逆因而決焉. 三極得失之理, 於斯顯矣.

『주역』의 여섯 효에서 초・2효는 땅의 위(位)를 드러내는 것이고, 3・4효는 사람의 위(位)를 드러내는 것이며, 5・상효는 하늘의 위(位)를 드러낸다. 이처럼 낱낱의 위(位)들이 반드시 중첩되어 있음은 기(氣)의 음・양, 형(形)의 부드러움・굳셈, 성(性)의 어짊・의로움이 교대로 이르며 전체의 큰 작용을 이룸을 보여주는 것이다. 그러나 이들이 작용함에서 한꺼번에 다 나타날 수는 없기 때문에 하나의 시(時)의 마주침・하나의 일의 점침에서 도(道)가 드러난다. 그 시(時)를 당하여서, 그리고 그곳에 처하여서, 그 나아감・물러남을 택하게 되면, 하늘의 재앙과 상서로움・땅의 험난함과 평이함・사람 일의 순조로움과 역경 등이 이로 말미암아 결정된다. 삼극(三極)의 득・실의 이치가 이렇게 하는 데서 분명해지는 것이다.

是故君子所居而安者,『易』之序也; 所樂而玩者, 爻之辭也. 是故君子居則觀其象而玩其辭, 動則觀其變而玩其占, 是以自天祐之, 吉无不利.

그러므로 군자가 자리 잡고 살아가면서 편안해 함은『주역』의 순서대로 이루어짐을 본받음이고, 즐겁게 완미하는 것은 효(爻)들의 사(辭)다. 그러므로 군자는 평소 일 없을 적에는 괘상을 보며 그 사(辭)들을 완미하고, 행동해야 할 적에는 그 변함을 살피며 그 점(占)을 완미한다. 그러하기 때문에 하늘이 복을 주어서 길하며 이롭지 않음이 없다.

'居'者, 守之以爲恆度. '安'者, 知其不可過而無越思. '序'謂剛柔消長之次序. '樂'者, 不驚其吉, 不惡其凶. '玩', 熟求其所以然之理也. '觀象玩辭', 學『易』之事. '觀變玩占', 筮『易』之事; 占亦辭之所占也. 承上文而言, 『易』因天道以治人事, 學之以定其所守, 而有事於筮, 則占其時位之所宜, 以愼於得失, 而不忘憂虞, 則進退動靜一依於理, 而"自天祐之, 吉无不利"矣. 天者, 理而已矣, 得理則得天矣. 比干雖死, 自不與飛廉·惡來同戮; 夷齊雖餓, 自不與頑民同遷, 皆天所祐而无不利也. 利者, 義之和也.

'居(거)'는 자리 잡고 살아가며 항상된 도리로 삼는다는 것이고, '安(안)'은 지나쳐서는 안 된다는 것을 알아서 뛰어넘음을 생각을 하지 않는 것이다. '樂(락)'은 길하다고 하여 깜짝 놀라지 않고 흉하다 하여 싫어하지 않음이다. '玩(완)'은 왜 그렇게 될까 하는 그 소이연으로서의 이치를 익히 탐구한다는 의미다. '괘상을 보며 그 사(辭)들을 완미함'은 『주역』을 공부함에 해당하는 일이고, '그 변함을 살피며 그 점(占)을 완미함'은 『주역』을 가지고 점(占)을 치는 일에 해당한다. 점(占)도 괘·효사에 의거하여 점치는 것이다.

이 구절에서는 앞구절을 이어서 말하고 있다. 『주역』은 하늘의 도를 근거로 하여 인간의 일을 처리하는 것이니, 『주역』을 공부함으로써 사람으로서 지켜야 할 바를 정한다. 그리고 무슨 일이 있어 점을 칠 경우에는 그 시(時)와 위(位)에 알맞음을 점쳐 득·실에 대해 신중히 하고, 근심하게 될 수도 있고 애가 탈 수도 있다는 사실을 잊어버리지 말아야 한다. 그렇게 하면 나아감과 물러남, 일상생활의 모든 행동거지가 한결같이 이치에 의거할 터이니, "하늘이 복을 주어서 길하며 이롭지 않음이 없다."는 것이다. 하늘이란 이치일 뿐이다. 따라서 이치를 얻었다는 것은 곧 하늘을 얻었다는 것을 의미한다. 그러므로 비간(比干)[1067]은 비록 죽임을 당하기는 하였지만 비렴(飛廉)[1068] · 악래(惡來)[1069]와는

1067) 비간((B.C.1092~B.C.1029)은 은나라 왕 태정(太丁)의 둘째 아들이며 마지막 왕인 주왕(紂王)의 숙부다. 그래서 '왕자비간(王子比干)'이라고도 한다. 그는 어려서부터 매우 총명하였으며 20세에 벌써 태사(太師)의 지위에 올라 왕 제을(帝乙)을 보좌했다. 그리고 제을로부터 나중에 자신이 죽은 뒤 주왕(紂王)을 잘 보좌해 달라는 부탁을 받았다. 비간은 40여 년 동안 정치에 종사하면서 백성들의 부세(賦稅)와 요역(徭役)을 줄여주고, 농업생산을 발전시키며, 청동기와 철기의 주조에서도 일정한 성과를 거둠으로써 은나라를 부국강병으로 이끌었다. 다만 주왕이 달기(妲己)와의 애정행각에 빠져 그녀의 말만을 받아들이고 갖은 음란한 짓을 다하며, 학정을 베풀어 백성을 도탄에 빠지게 한 것이 문제였다. 이에 비간은 사흘 밤낮을 궁궐을 떠나지 않고 직접 주왕을 대면하여 간언하였다. 그 내용은 달기가 천하를 어지럽히고 있다는 것과 주왕(紂王)이 새로워져서 조정의 기강을 바로잡지 않으면 은나라의 미래는 없다는 것이었다. 그런데 이것이 역효과를 내서 주왕의 기억 속에 미움으로 자리 잡았다. 그래서 훗날 주왕은 비간에게 "내 듣자하니 성인의 심장에는 구멍이 7개가 있다는데!(『史記』, 「殷本紀」: 吾聞聖人心有七竅)"라고 조롱하며 비간의 심장을 도려내어 죽였다. 공자는 미자(微子) · 기자(箕子)와 함께 이 비간을 은나라의 '세 어진 사람(三仁)'으로 꼽았다.(『論語』, 「微子」: 微子去之, 箕子爲之奴, 比干諫而死. 孔子曰, "殷有三仁焉.") 왕부지는 비간(比干)의 이러한 충정이 멸망으로 치닫고 있는 은나라를 어떻게든 구해보겠다는 갸륵한 마음의 소산으로 보고 있는 것이다.

1068) 비렴은 중국의 신화에서 동물신으로 전해진다. 그 모습은 새의 몸에 사슴의 머리를 하였다고도 하고, 사슴의 몸에 새의 머리를 하였다고도 한다. 바람을 관장하여 '풍백(風伯)'으로도 불린다. 그러나 동일한 비렴이 『맹자』에 나오는데(『孟子』, 「滕文公下」: 驅飛廉於海隅而戮之.) 조기(趙岐)는 이에 대한 주석에서 비렴을 '주왕(紂王)에게 아첨을 잘하였던 신하(飛廉, 紂諛臣.)'라고 주해하고 있다.

1069) 악래(惡來)는 비렴의 아들이라고 한다. 악래는 은나라 주왕(紂王)으로부터

함께 주륙(誅戮)을 당하지 않았고, 백이・숙제도 비록 수양산에서 굶어 죽기는 하였으나 완민(頑民)들[1070]과 함께 이리저리 내몰리지는 않았던 것이다. 이들은 모두 하늘이 도운 것으로서 이롭지 아니함이 없음이다. 이로움이란 의로움이 조화를 이룬 것이다.

第三章
제3장

此章言『周易』首建'乾''坤'之旨, 該盡乎全『易』之理, 立天德王道之極, 以明文王定『易』序之大義

이 장은 『주역』에서 건괘 · 곤괘 두 괘를 첫머리에 둔 의미를 말하고 있는데, 전체 『주역』의 이치를 다 드러내고 있을 뿐만 아니라 하늘의 덕과 왕도(王道)의 극치를 세움으로써 문왕께서 『주역』의 순서를 정한 큰 의미를 밝히고 있다.

총애를 받던 신하였다. 사람됨이 교활하고, 말을 자주 바꾸어 신의가 없었으며 남을 비방하기를 좋아하였다. 주왕에게 모함하여 수많은 무고한 사람을 죽음으로 몰아넣었다. 무왕(武王)이 주왕을 정벌하였을 적에 함께 피살당했다.

1070) 완민(頑民)은 본래 은나라가 주나라에 멸망한 뒤 유민 가운데서 주나라 통치에 결연히 반대하던 사람들을 가리킨다. 나중에는 왕조가 바뀐 뒤에도 여전히 이전의 왕조에 대해 충성을 드러내는 사람을 가리키게 되었다.

彖者, 言乎象者也; 爻者, 言乎變者也.

괘사는 괘상에 대해 말한 것이고, 효사는 변함에 대해 말한 것이다.

謂彖·爻之辭也. '象', 一卦全體之成象; '變', 九六發動之幾應也.

괘·효사에 대해 설명하고 있다. 여기서 '象(상)'은 한 괘 전체가 이루고 있는 상(象)을 말하고, '변함'은 9·6으로서, 움직임을 발하는 기미[幾]에 응함을 의미한다.

吉凶者, 言乎其失得也, 悔吝者, 言乎其小疵也, 无咎者, 善補過也.

길·흉이란 그 실(失)과 득(得)에 대해 말한 것이고, 후회함[悔]·아쉬워함[吝]이란 작은 재앙을 말하는 것이다. 그리고 허물이 없음[无咎]이란 과오를 잘 보완함을 의미한다.

謂彖·爻之辭, 因象變而徵人事也. 剛柔因乎時位以爲得失. '吉凶'非妄, 皆繇道之得失. '小疵'於道未失, 而不當其時位, 則剛柔差錯, 而必有'悔吝'. '无咎', 於道未得, 而有因時自靖·不終其過之幾. 蓋禍福无不自己求之者, 雖或所處不幸, 而固有可順受之命. 故研幾精義, 謹小愼微, 改過遷善, 君子自修之實功, 俱於彖·爻著之. 『周易』之興, 與後世技術占卜之書, 貞邪義利之分, 天地懸隔, 於此辨矣.

이 구절은 괘・효사에 나오는 용어들을 설명하는 것이다. 이들은 괘상의 변함을 바탕으로 사람 일을 징험(徵驗)하고 있는 것들이다. 굳셈[剛]・부드러움[柔]은 그것이 처한 시(時)와 위(位)에 따라서 득(得)도 되고 실(失)도 된다. '길・흉'은 결코 얼토당토않은 황당무계한 것이 아니라 모두 도(道)의 득・실에 의한 것들이다. '작은 재앙[小疵]'이란 도(道)의 측면에서는 아직 실(失)이 아니기는 해도, 그 시(時)・위(位)가 마땅한 것이 아니어서 굳셈[剛]・부드러움[柔]이 어느 정도 잘못된 것이다. 그래서 여기에는 반드시 '후회함'・'아쉬워함'이 있다. '허물이 없음[无咎]'이란 도(道)의 측면에서는 아직 득(得)이 아니지만, 시(時)에 맞추어 스스로를 다잡아서 그 과오로 끝맺게 하지 않음의 기미[幾]를 말한다.

이러한 관점에서, 화든 복이든 제 스스로 초래하지 아니한 것이 없다고 본다. 그래서 비록 지금의 처지가 불행하다 할지라도 거기에는 본디 순종하며 받아들일 수 있는 명(命)이 있게 마련이다. 그러므로 기미[幾]에서 연구하고 온 정성을 다해 그 의로움을 살피며, 아무리 작은 것이라도 삼가고 아무리 은미한 것이라도 신중히 해야 한다. 아울러 자신의 과오를 바로잡아 선함으로 바꾸어야 한다. 이렇듯 군자가 스스로 닦아야 할 실질적인 공부가 괘・효에 갖추어져 환히 드러나 있다. 『주역』의 진면목과 후세의 기술적인 차원에서 점(占)을 치는 책들은 올바름(正)과 사악함(邪), 의로움[義]과 이로움[利]으로 변별되는데, 이 차이는 마치 하늘과 땅만큼 현격하다. 그 대비되는 점이 바로 여기에 있다.

是故列貴賤者存乎位, 齊小大者存乎卦, 辨吉凶者存乎辭,

그러므로 귀・천을 나열한 것들이 위(位)에 있고, 작은 것・큰 것들을 나누어

고루 배열한 것들이 괘에 있으며, 길 · 흉을 분별한 것들이 괘 · 효사에 있다.

此言『易』之定體也. '貴賤'猶言尊卑. 居中及在上者爲貴, 在下而不中者爲賤. 居其'位', 則有其職分之所當然者也. 齊與劑通. '小', 陰; '大', 陽也. '卦'謂九 · 六之爻, 麗於六位者, 各有宜居, 爲位之當, 陰陽之分劑於此定也. 卦位兩設, 相遇以成象, 而吉凶之故因而繫之矣.

이 구절은 『주역』의 64괘가 각기 정해진 형체를 이루고 있음을 바탕으로 말하고 있는 것이다. '귀 · 천'은 존(尊) · 비(卑)와 같은 말이다. 가운데 자리 및 위에 자리 잡은 것이 귀한 것이고, 아래에 있으면서도 가운데 자리를 차지하지 않은 것이 천한 것이다. 그 '위(位)'에 자리잡고 있으면, 그 직분에 따라 마땅한 바가 있는 것이다. '齊(제)'는 '劑(제)'와 통하는 글자다. '작은 것'은 음(陰)을, '큰 것'은 양을 의미한다. '괘'는 9 · 6으로 지칭되는 효(爻)들이 여섯 위(位)에 걸려 있는 것을 말한다. 그런데 이것들이 각각 알맞게 자리 잡고 있고 위(位)의 마땅함을 이루고 있으니, 음 · 양의 나뉘어 배열한 양상이 여기서 정해진다. 괘의 위(位)는 둘씩 펼쳐져 있는데, 이들이 서로 함께 상(象)을 이루고 있다. 길 · 흉의 까닭은 이로 말미암아 결정된다.

憂悔吝者存乎介, 震无咎者存乎悔.

후회함 · 아쉬워함을 우려함은 막 싹터 나와 갈리는 경계점에 있고, 진동하여 허물이 없게 함은 후회함에 있다.

此言『易』之存乎辭者, 其示人之意深切也. '介', 善不善之間也. 本善也, 一有小疵, 而即成乎不善, 故告之以'悔吝', 使人於此憂之, 以愼於微而早辨之. 動而有過曰'震'. 本有咎而告之故, 使人知悔其前之過而補之, 則猶可以无咎. 『易』之所以驚惕夫人而奬勸之於善者至, 非但詔以吉凶而已.

이 구절은 『주역』의 괘・효사에 있는 말들이 사람들에게 제시하는 의미가 깊고도 절실하다는 것을 말해주고 있다. '介(개)'는 선(善)과 불선(不善)이 맞물려 있는 경계를 의미한다. 그래서 본래는 선하지만 단 하나라도 작은 흠결만 있으면 곧 불선이 되고 말기 때문에 '후회함・아쉬워함'이라는 말로 사람들에게 알려줌으로써, 사람들로 하여금 이에 대해 근심하도록 하여 은미할 적에 삼가고 일찌감치 변별하도록 하는 것이다. 움직여서 과오가 있는 것을 '진동함(震)'이라 한다. 본래 허물이 있지만 사람들에게 그렇다는 것을 알려줌으로써 사람들로 하여금 그 과오를 저지르기에 앞서서 뉘우치고(悔) 보완하면 오히려 허물이 없을 수 있다는 것을 알게 하는 것이다. 이렇듯 『주역』에서는 사람에게 경계하도록 하고 두려워하도록 하여 '선함'을 행하도록 장려함이 지극하다. 이는 단지 길・흉으로써 알려주는 정도에 그치는 것이 아니다.

是故卦有小大, 辭有險易.

괘에는 작은 것도 있고 큰 것도 있으며, 사(辭)에는 험난한 것도 있고 쉬운 것도 있다.

「繫傳」言'是故', 有不承上言者, 朱子謂喚起下文, 如此類是也. '小大', 因象而異. 其繫於世道之盛衰, 治理之治亂, 天道聖學之體用, 而象有之, 則大. 其他一事一物之得失, 如'噬嗑' · '頤' · '家人' · '革' · '井' · '歸妹'之類, 則小. 卦純則辭易, 如'潛龍勿用' · '直方大'之類. 卦雜則辭險, 如'荷校' · '噬膚' · '載鬼' · '張弧'之類. 蓋人事之不齊, 務其大必謹其小, 居其易抑必濟其險, 奉天道以盡人能, 皆不可不備, 而『易』皆詔之.

이 「계사전」에서 말하는 '是故(시고)'에는 꼭 윗말을 이어받아서 하는 것이 아닌 것들이 있다. 주자께서 아래 말을 불러일으키는 것이라 하는데, 바로 이곳의 '是故(시고)'가 그러한 부류다. '작은 것' · '큰 것'은 상(象)에 따라 다르다. 즉 세운(世運)의 융성과 쇠퇴, 통치의 태평과 혼란, 천도(天道) · 성학(聖學)의 체(體)와 용(用)에 연계된 것이 괘상에 있으면 큰 것이다. 이밖에 한 가지 일이나 한 가지 물(物)의 득 · 실에 관한 것들, 예컨대 서합괘(噬嗑卦)䷔ · 이괘(頤卦)䷚ · 가인괘(家人卦)䷤ · 혁괘(革卦)䷰ · 정괘(井卦)䷯ · 귀매괘(歸妹卦)䷵와 같은 따위들은 작은 것들이다.
괘가 순수하면 효사들도 쉽다. 예컨대 '물속에 잠긴 용이니 쓰지 마라'[1071] · '곧고 방정하고 거대함'[1072] 같은 따위가 그러하다. 이에 비해 괘가 잡스러우면 효사들도 험난하다. 예컨대 '형틀을 목에 뒤집어씌움'[1073] · '큰 살코기를 씹음'[1074] · '귀신을 싣고 옴'[1075] · '활시위를 당김'[1076] 등이

1071) 건괘(乾卦)䷀의 초구효사임.
1072) 곤괘(坤卦)䷁의 육이효사의 일부임.
1073) 서합괘䷔의 상구효사의 일부임. 거기에서는 '荷校(하교)'의 '荷(하)' 자가 '何(하)'로 되어 있다. 뜻은 통한다.
1074) 서합괘䷔의 육이효사의 일부임.

그것이다. 생각건대 사람 일이 죽 고르지 않으니, 큰 것에 힘쓰기 위해서는 반드시 작은 것에서 삼가야 하고, 쉬움에 거처하기 위해서는 또한 반드시 험난함을 건너야 하는데, 하늘의 도(道)를 받들면서 사람의 능력을 다 발휘하기 위해서는, 이 모두를 다 갖추지 않을 수가 없다. 그런데 『주역』에서는 이들을 모두 환히 보여주고 있다.

辭也者, 各指其所之.

괘 · 효사는 각기 어디로 가야할지를 가리키고 있다.

'指', 示也. '之', 往也. 使因其所示而善其行也. 張子曰, "指之使趨時盡利, 順性命之理, 臻三極之道"是也. 務其大則可以致遠, 謹其小則可以明微, 知其易而安於常, 知其險而不憂其變, 『易』之爲君子謀者至矣.

'指(지)'는 제시하고 있다는 의미다. '之(지)'는 어디로 간다는 의미다. 말하자면 괘 · 효사는 사람들로 하여금 제시하고 있는 그대로를 따라서 잘 실행하도록 하는 것이다. 장자(張子)께서 "때에 맞추어 행동하며 이로움을 다 얻어내고, 성(性)과 명(命)의 이치에 순응하면서 삼극(三極)의 도(道)를 이루도록 제시하고 있다."[1077]고 함이 바로 이것이다. 그

1075) 규괘(睽卦)䷥의 상구효사의 일부임.
1076) 규괘(睽卦)䷥의 상구효사의 일부임.
1077) 장재(張載)의 『역설(易說)』권3, 「계사하전」에 나오는 말이다. 장재는 여기서 괘 · 효사 속에는 성인들의 사람들에 대한 정(情)이 실려 있다고 하면서,

큰 것에 힘쓰면 원대한 것을 이룰 수가 있고, 그 작은 것을 삼가면 은미한 것을 밝힐 수가 있다. 그리고 쉬움을 알고서는 『주역』의 항상됨[常]에 편안해하고 험난함을 알더라도 그 변함[變]에 근심하지 않도록 한다. 『주역』의 군자의 도모함을 위함이 이렇게 지극하다.

第四章
제4장

此章備贊『易』道之大, 合乎天而盡乎人也.

이 장은 『주역』의 원리가 커서 하늘에 부합할 뿐만 아니라 사람 일을 모두 포괄하고 있다는 점을 자세하게 서술한 것이다.

『易』與天地準, 故能彌綸天地之道.

『주역』은 천지와 합치한다. 그러므로 천지의 도(道)를 두루 포괄할 수 있다.

그 의미를 이렇게 설명하고 있다.(辭各指其所之, 聖人之情也. 指之使趨時盡利, 順性命之理, 臻三極之道也.)

『易』之象數, 天地之法象也. '乾'·'坤'統其全, 卦爻盡其變, 其體與天地合也. '彌', 徧也. '綸', 聯合而盡其條理也. '道'謂化育運行之大用. 自其爲人物所必繇者, 則謂之道. 自其妙萬物而不主故常者, 則謂之神. 全肖其體, 故曲盡其用. 此二句, 一章之大指, 以下皆以申明此意.

『주역』의 상과 수는 천지의 현상들을 상징한다. 건괘䷀·곤괘䷁ 두 괘가 그 전체를 통괄하고 괘·효들은 그 변함을 다 드러내니, 그 체(體)가 천지와 합치하는 것이다. '彌(미)'는 두루두루 모두 아우른다는 의미고, '綸(륜)'은 실마리를 합쳐서 그 조리대로 다 가지런히 한다는 의미다. '도'라 한 것은 화육하고 운행하는 위대한 작용을 일컫는데, 사람과 물(物)이 반드시 말미암는 '길'이라는 관점에서 '도(道)'라 한 것이다. 그리고 만물을 신묘하게 하면서도 이전 방식과 상규를 묵수하지 않는다는 관점에서 '신묘함[神]'이라 한다. 『주역』은 온전히 천지의 체(體)를 본뜨고 있다. 그러므로 그 용(用)도 또한 세세한 것까지 다 드러내고 있다. 이 두 구절은 이 4장(章)의 의미를 다 포괄하는 주지(主旨)다. 이하에서는 모두 이 의미를 거듭 드러내어 밝히고 있다.

仰以觀於天文, 俯以察於地理, 是故知幽明之故.

우러러 천문을 관찰하고 굽어 지리를 살폈으니, 그러므로 '밝음[明]'의 측면과 '어둠[幽]'의 측면이 되는 까닭을 안다.

'故'字以上, 皆言『易』之與天地準者; 其下, 則贊其彌綸之盛也. 仰觀俯察, 兼畫卦, 繫辭而言, 餘放此. '天文', 日月星辰隱見之經緯; '地理',

山澤動植榮落之條緖; 雷風, 介其間以生變化者也. 『易』之以八卦錯綜摩盪而成文理者準之. 天文則有隱有見, 地理則有榮有落. 見而榮者明也, 隱而落者幽也. 其故則明以達幽, 而幽者所以養明; 明非外襲, 幽非永息. 於『易』之六陰六陽互見於六位, 以乘時而成文理者, 可以知幽明之爲一物, 而但以時爲顯藏也.

'고(故)' 자 앞 구절은 모두 『주역』이 천지와 부합함에 대해 말한 것이다. 그리고 그 뒤 구절은 『주역』이 천지 만물 모두를 두루두루 휩쌀 만큼 성대한 것임을 찬양한 것이다. 우러러 천문을 관찰하고 굽어 지리를 살폈다는 것은 괘를 그리고 거기에 괘·효사를 붙였다는 것인데, 나머지도 이와 같다.

'천문'은 일·월·성·신이 드러났다 사라졌다 하는 경(經)·위(緯)를 말하고, '지리'는 산과 연못, 동물과 식물이 피어났다 시들었다 하는 조리(條理)와 순서(順序)를 말하는데, 바람과 우레는 그 사이에 끼어들어 변화를 낳는다. 『주역』에서는 팔괘가 착(錯)·종(綜)의 방식으로 서로 비비대며 자극하면서 문리를 이루는 것으로써 이에 부합시키고 있다. 천문에는 드러남도 있고 사라짐도 있으며, 지리에는 피어남도 있고 시듦도 있다. 여기서 드러나고 피어나는 것은 '밝음[明]'의 측면이고, 사라지고 시드는 것은 '어둠[幽]'의 측면이다. 그리고 그 '까닭'이란, '밝음'의 측면이 '어둠'의 측면을 창달해주고, '어둠'의 측면은 '밝음'의 측면을 함양해 준다는 의미다. 그래서 '밝음'의 측면에서는 결코 없던 것이 밖에서 뜬금없이 들어오는 것이 아니고, '어둠'의 측면도 영원히 사라져 버리지 않는다는 의미다. 우리는 『주역』의 6음·6양이 여섯 위(位)에서 서로 번갈아 드러나며 때를 타고 문리(文理)를 이루는 것들을 통해, '밝음'의 측면과 '어둠'의 측면이 동일한 것(一物)이되 다만 때에 따라

드러나기도 하고 숨기도 하는 것임을 알 수 있다.

原始反終, 故知死生之說.

근본이 있어서 비롯되고 끝남에서 돌이키니, 죽음과 생겨남의 설을 안다.

'原', 有本而生也. '反', 歸諸其故也. 陰陽之見乎卦象者, 其自下生, 而來也非無本; 極於上而且終, 其往也非消散而滅. 八錯二十八綜, 具'乾'·'坤'之全體, 以互相屈伸, 故資始無窮, 而要歸可以繼起. 『易』言往來, 不言生滅, '原'與'反'之義著矣. 以此知人物之生, 一原於二氣至足之化; 其死也, 反於絪縕之和, 以待時而復, 特變不測而不仍其故爾. 生非創有, 而死非消滅, 陰陽自然之理也. 朱子譏張子爲大輪廻, 而謂死則消散無有, 何其與夫子此言異也!

'原(원)'이란 근본이 있어서 생겨난다는 의미다. '反(반)'은 이전의 왔던 곳으로 돌아간다는 의미다. 음·양이 괘상에 드러난 것들은 밑에서부터 생겨나지만, 이렇게 오는 것들이 결코 근본이 없던 것에서 오는 것이 아니다. 그리고 상효에서 극에 이르렀다가 또한 끝마치지만, 그렇게 갔다고 해서 결코 사라지며 흩어져 없어져버리는 것이 아니다. 8개의 착괘(錯卦)와 28상(象)을 이루는 종괘(綜卦)들은 건괘䷀·곤괘䷁의 온전한 체(體)를 갖추어 서로 굽혔다 폈다 한다. 그러므로 서로 간에 끝없이 바탕이 되어 주고 비롯하게 해주며 마침내 사라지더라도 이어서 일어날 수 있게 해준다. 그러므로 『주역』에서는 '왕(往)·래(來)'라고는 하여도 '생(生)·멸(滅)'이라고는 하지 않는다. 바로 여기서 '原(원)' 자와 '反(반)'

자의 의미가 분명하게 드러날 것이다.

이를 근거로 하여 우리는 다음과 같은 사실을 알 수 있다. 다름 아니라, 사람과 물(物)의 생겨남은 한결같이 음기・양기 두 기의 지극히 충족한 지어냄[造化]에 근원이 있고, 죽음도 인(絪)・온(縕) 운동을 하고 있는 거대한 조화[太和]에로 되돌아갔다가 때를 기다려 되돌아오지만 단지 그 변함을 가늠할 수 없고 그 옛것을 그대로 거듭하지 않을 따름이라는 사실이다. 그러니 생겨남이라 하여 없던 것이 창조적으로 있는 것[創有]이 아니요, 죽음이라 하여도 소멸해버리는 것이 아니다. 이는 바로 음양의 저절로 그러한 이치다. 그런데 주자는 장자(張子; 張載)가 큰 윤회(大輪回)를 주장한 것으로 여겨 비판하면서 "소멸하여 흩어지면 아무 것도 없는 것이다."[1078]라 하고 있으니, 어찌 그다지도 이곳 공자의 말씀과

1078) 이 말은 주희가 제자와의 문답하는 가운데 한 말이다. 여기서 주희는 하늘의 신(神)과 땅의 기(祇)는 있는 것으로서 늘 굽혔다 폈다 하는 작용을 쉼 없이 하고 있지만, 사람의 기(氣)는 죽으면 모두 남김없이 흩어지며 사라진다고 하였다.(『朱子語類』권3, 「鬼神」: 用之云, "人之禱天地山川, 是以我之有感彼之有; 子孫之祭先祖, 是以我之有感他之無." 曰, "神祇之氣, 常屈伸而不已. 人鬼之氣, 則消散而無餘矣.") 그리고 주희는 또 장재(張載)의 태화(太和)・태허(太虛)・허공(虛空)에 관한 설에 대해서도 '큰 윤회'에 비유하며 억지스러운 면이 있다고 비판하였다. 아울러 정호(程顥)라면 틀림없이 이렇게 말하지 않았을 것이라 하고 있고, 정이(程頤)의 "횡거(橫渠)의 말들에서 진실로 과오가 있는 부분은 바로 『정몽(正蒙)』에서 '청허일대(淸虛一大)'를 만물의 근원으로 여긴 점이다."라는 말을 인용하며 자신의 관점이 옳다는 방증으로 삼고 있다.(『御纂朱子全書』卷53, 「道統」2, 「張子」: 『正蒙』說道體處, 如太和・太虛・虛空云者, 止是說氣・說聚散處, 其流乃是箇大輪廻. 蓋其思慮考索所至, 非性分自然之知. …… 使明道形容此理, 必不如此說. 伊川所謂, "橫渠之言誠有過者, 乃在『正蒙』以淸虛一大為萬物之原, 有未安." 等語, 概可見矣.)

다를까?

精氣爲物, 遊魂爲變, 是故知鬼神之情狀.

정(精)과 기(氣)가 물(物)이 되고 떠도는 혼(魂)이 변하니, 이를 통해 귀 · 신의 정상(情狀)을 안다.

'精'者陰之始凝, '氣'者陽之善動者也. 成乎形象者皆謂之'物'. '魂'者, 精得氣而靈. 氣盪精而動者也. '變', 易其故而別爲新之謂. '爲'者, 天地絪縕不息之幾, 以妙屈伸之用者也. '鬼神'者, 二氣不已之良能, 爲屈爲伸之用, 而吉凶之所自出也. 『易』之或九或六, 結而成乎卦體, 出於無心之分合, 神之爲物而且爲鬼者也. 奇偶成而反諸大衍, 聽再營之游盪, 不必仍其故, 而又且成焉, 鬼之爲變而復爲神者也. 已成乎物者, 吉凶之效; 未成乎物者, 吉凶之幾; 一聚一散, 變化無窮, 而吉凶不爽. 以此知鬼神之情狀, 無心而自有恒度, 則以事鬼神, 應災祥, 而制禮樂刑賞之大用, 無不與鬼神合其吉凶矣. 自天地一隱一見之文理, 則謂之幽明; 自萬物之受其隱見以聚散者, 則謂之生死; 自天地至足之體以起屈伸之用, 而生死乎物者, 則謂之鬼神. 天地之道, 彌綸於兩間者, 此而已矣. 而『易』以六位爲陰陽十二之全體, 一聚一散, 一屈一伸於其間, 以迭爲幽明生死物變, 則準之以彌綸天地之道, 誠然之幾無不著明, 而吉凶之故亦必無爽忒矣. 此上言『易』之立體, 參伍錯綜以知化, 與天地之化相彌綸者也.

'精(정)'이란 음이 비로소 응취함이요, '氣(기)'는 양이 잘 움직임이다.

형(形)과 상(象)을 이루고 있는 것들을 모두 '物(물)'이라 한다. '魂(혼)'이란 음의 정(精)이 양의 기(氣)를 얻어서 영혼이 된 것으로서 양의 기(氣)가 음의 정(精)을 격탕하면서 움직이는 것이다. '變(변)'이란 그 이전 상태를 바꾸어서 따로 새로운 것이 되었음을 일컫는 말이다. 그리고 '爲(위)'란 하늘과 땅이 쉼 없이 인(絪)·온(縕) 운동을 하는 기미[幾]들을 통해 굽혔다 폈다 하며 작용을 신묘하게 함이다. '귀·신'은 음기·양기 두 기(氣)의 쉼 없는 양능(良能)인데, 굽혔다 폈다 하는 작용을 한다.[1079) 길·흉은 바로 여기서 나온다.

『주역』에서는 '9'나 '6'으로서 지칭되고 있는 것들[1080)이 괘체(卦體)를 결성하고 있다. 이것들은 사람이 시초(蓍草)를 헤아려 괘를 뽑아내는 과정에서 아무런 사심이 없이 나누고 합함을 통해 나온 것들로서, 신(神)의 과정을 통해 물(物)이 되었다가 또 귀(鬼)의 과정을 통해 펼쳐지기 이전의 원래 상태로 되돌려진 것들이다.[1081) 한 효(爻)의 홀수·짝수가

1079) '귀(鬼)'는 '歸(귀)'로서 펼쳤던 것을 다시 굽힘을 의미한다. 그리고 '신(神)'은 '伸(신)'으로서 굽혔던 것을 다시 펼침을 의미한다. 그래서 '귀신'은 천지의 작용을 대별한 것이다. 즉 '귀(鬼)'는 땅의 작용을, '신(神)'은 하늘의 작용을 의미하는 것이다. 그런데 왕부지는 「계사전」의 이 구절을 풀이하면서, 이것이 천지의 작용임을 전제로 하고서는, 이를 시초점 치는 과정에도 적용하여 설명하고 있다. 그는 「계사전」의 이 구절이 시초점을 치는 과정에 대한 설명이라고 보고 있는 것이다.

1080) 64괘의 각 효를 '구(九)'·'육(六)'으로 지칭하는 것을 가리킨다. 이들 여섯 효가 모여 한 괘를 이룬다.

1081) 여기서 '신(神)'은 50개의 시책을 둘로 나누고, 오른쪽 손의 것을 하나 걸고, 나머지를 넷씩 헤아려서 하나의 변함을 이루어내는 과정을 말한다. 이는 '펼침'의 과정이다. 즉 괘의 효들을 뽑아내는 과정에 해당한다. 이는 양(陽)을 상징한다. 그리고 물(物)의 관점에서 보면 응취함이다. 이에 비해 '귀(鬼)'는

이루어지면 시초들을 다시 합하여 대연지수로 돌리고 재차 경영함의 과정을 갖는다. 이렇게 하면 효가 꼭 이전 것 그대로 나오지만은 않고 또 다른 효를 이루게 된다. 이는 귀(鬼)의 과정을 통해 대연지수에 상응하는 시책이 되었다가 변하여 다시 신(神)의 과정을 통해 펼쳐짐을 의미한다. 그래서 이미 하나의 효(爻)로 이루어진 것은 길·흉의 효험을 내고, 아직 효로 이루어지지 않은 것들은 길·흉으로 드러날 기미[幾]를 유지한다. 이렇듯 시초점을 치는 과정에서는 한 번 모였다가[鬼] 한 번 흩어졌다가[神] 하며 변화가 지속되는데, 여기에서 드러나는 길·흉은 조금도 어기어짐이 없다. 이를 통해 우리는 귀신의 정상(情狀)을 알게 되는 것이다. 그리고 이러한 과정이 아무런 사심이 없이 이루어지지만 거기에는 저절로 항상된 법도(法度)가 있다. 그래서 이로써 귀신을 섬기고 재앙과 상서로움에 응한다. 그리고 인류 공동체를 유지하는 데서 큰 작용을 하는 예(禮)와 악(樂), 형(刑)과 상(賞)을 제정한다. 이 과정에는 귀·신과 그 길·흉이 합치하지 않음이 없는 것이다.

하늘과 땅이 한 번은 숨었다 한 번은 드러났다 하며 문채와 이치를 이룸을 '유(幽)·명(明)'이라 하고, 만물이 하늘과 땅의 숨었다 드러났다 함을 받아들여서 응취했다 흩어졌다 함을 '생겨남·죽음'이라 하며, 하늘과 땅의 지극히 충족한 본체가 굽혔다 폈다 하는 작용을 하면서 물(物)들

이와 대(對)가 되는 것으로서 신(神)의 과정에서 펼쳐 놓았던 시책들을 다시 하나로 합하는 과정을 말한다. 이제 하나의 괘·효를 뽑았으니 원래의 상태로 되돌리는 과정에 해당한다. 이는 왔던 원래의 곳으로 돌아감을 의미한다. 이렇게 되면 시책들은 다시 대연지수(50)에 상응하게 된다. 이는 '굽힘'의 과정이다. 이는 음(陰)을 상징한다. 그리고 물(物)의 관점에서 보면 흩어져 사라짐이 된다.

에서 생겨났다 죽었다 하는 것을 '귀・신'이라 한다. 천지의 도(道)가 하늘과 땅 사이를 휩싸고서 다스림은 바로 이러함일 따름이다. 『주역』에서는 여섯 위(位)를 12음・양의 온전한 체(體)로 삼아 그 사이에서 한 번은 응취하였다 한 번은 흩어졌다 하고, 한 번은 굽혔다 한 번은 폈다 함으로써, 번갈아가며 유(幽)・명(明)과 생겨남・죽음 및 물(物)들의 변함을 체현한다. 그래서 하늘과 땅의 도(道)를 휩싸고서 다스리는 것에 부합한다. 그리고 진실하고 성실함의 기미[幾]가 현저하게 드러나지 않음이 없다. 아울러 길・흉의 까닭 또한 조금도 어기어짐이 없다. 이상은 괘・효라는 『주역』의 체(體)가 세워짐에 대해 말한 것이다. 그리고 참오(參伍)・착종(錯綜)의 원리로써 변화를 알게 해줌[用]이 천지가 만물을 지어냄과 맞아떨어짐을 말하는 것이다.

與天地相似, 故不違.

『주역』은 천지와 서로 흡사하기 때문에 어기지 않는다.

'不違', 天不違之也. 天地之所以宰萬物者, 理而已矣. 『易』一準乎時位當然之理, 以著其得失, 故吉凶雖未先見, 而其應不爽, 天地弗能違也. 此下言『易』之致用, 崇德廣業, 與天地之德相彌綸者也.

여기에서 '어기지 않는다'고 한 것은 하늘이 『주역』을 어기지 않는다는 의미다. 천지가 만물을 주재하는 바는 이치일 따름이다. 『주역』은 동일하게 시(時)・위(位)의 당연한 이치를 준거로 하여 그 득과 실을 드러낸다. 그러므로 길・흉이 비록 먼저 드러나지는 않는다 하더라도 나중에 그 응함이 어긋나지 않으니, 천지가 어길 수 없는 것이다.
이 이하에서는 『주역』이 우리들의 일상생활에서 활용됨에 대해 말하고 있다. 즉 『주역』이 사람의 덕을 높이고 하는 사업을 넓히는데, 이는 천지의 덕과 서로 맞아떨어진다는 것이다.

知周乎萬物而道濟天下, 故不過.

만물에 대해 알고 두루 감싸며 천하를 구제한다. 그러므로 차질이 없다.

'過', 差也. 萬物之情理, 皆天地之化所發見, 而君子知之, 必盡以通志成務, 而利天下. 『易』於物之象變, 委曲蕃庶, 雖猥小而推之以陰陽之化理, 因示以濟之之道, 則可與天地之流行於品物而咸亨者無差忒也.

'過(과)'는 차질을 의미한다. 만물의 실정과 이치는 천지의 지어냄[造化]을 통해 드러나는데, 군자는 이를 알고서 반드시 백성들의 뜻함을 통하게 하고 애씀을 이루게 하며 천하를 이롭게 한다. 『주역』은 물(物)들의 상(象)과 그 변함에 대해 세세하고 다양하게 드러내고 있다. 그런데 비록 보잘것없고 작은 것들이라 할지라도 음・양의 지어내는[造化] 이치를 바탕으로 하여 구제함의 도(道)를 제시하고 있다. 그래서 천지가 낱낱 물(物)들에서 유행하는 것과 함께할 수 있으며, 다 형통한 것들은 차질도 어김도 없다.

旁行而不流, 樂天知命, 故不憂.

딱 정해진 법칙이 없이 어느 것에나 두루 다양하게 적용이 되면서도 제멋대로 흘러가버리지 않고, 지금 이대로의 세상을 즐겁게 살아가면서 자신에게 주어진 명(命)을 알게 한다. 그러므로 근심하지 않는다.

'旁行', 隨所變遷無定則之謂. '不流', 於六位之中往來有紀, 而各成其義也. 『易』之錯綜變化, 得失不定, 皆物理人事之所有. 當其時, 居其位, 則有其道. 天命之無所擇而施, 知之則可不改其樂. 蓋在天者即爲理, 在命者即爲正, 天不與人同憂, 而『易』肖之以詔人不憂. 此知者之學於『易』而合天之道也.

'旁行(방행)'은 『주역』의 괘 · 효들이 딱 정해진 법칙이 없이 이리저리 옮겨가는 대로 어느 것에든 두루 적용됨을 의미한다. '不流(불류)'는 음 · 양효가 여섯 위(位)들 가운데서 왔다 갔다 함에 기율(紀律)이 있으면서 각기 그 의미를 이룸을 의미한다. 『주역』의 음 · 양효가 여섯 위(位)에서 착(錯) · 종(綜) 변화함을 통해 드러내는 득 · 실은 일정하지 않다.[1082] 이는 모두 물(物)들의 이치와 사람의 일에 있는 것들이다. 다만 그 시(時)에 해당하고 그 위(位)를 차지하고 있으면 그에 맞는 도(道)가 있는 것이다. 천명(天命)은 무엇이든 가림이 없이 베풀어지는데, 이를 안다면 그 즐거움을 바꾸지 않을 수 있다.[1083] 하늘에 있는 것은 바로 이치이고

1082) 따라서 어느 것이 득(得)인지 실(失)인지를 예측할 수 없고, 기대도 할 수 없다는 것이다. 오직 착 · 종 변화를 통해 자신에게 드러난 그 득 · 실을 기꺼운 마음으로 받아들여야 할 뿐이다.

명(命)에 있는 것은 곧 올바름이다. 그런데 하늘은 사람과 똑같이 근심을 하지 않으니, 『주역』 또한 이를 본받아 사람들에게 근심하지 않는다는 것을 알려준다. 이것이 바로 지혜로운 사람이 『주역』에서 배워 하늘의 도(道)에 합치함이다.

安土敦乎仁, 故能愛.

어느 곳에서든 편안해 하며 어짊을 돈독히 한다. 그러므로 사랑을 할 수 있다.

天地普愛萬物, 而德施無窮, 隨陰陽之所附麗, 皆著其生成. 而『易』無擇於六位之貴賤險易, 皆因時以奠居, 獎其静而抑其躁, 則無土不有天理之必盡, 而健順之化皆行焉, 是體天地廣大之生以詔人而利物也. 蓋人之妨其愛而病物者, 唯越位以生意欲, 則自私而不恤物之利害. 故『易』所重者在位, 以示無土之不可安, 不待施惠, 而於物無傷,

---

1083) 우리가 『주역』으로 점(占)을 치는 데서 하늘이 누구에게는 복(福)을 주겠다, 누구에게는 화(禍)를 주겠다, 또는 누구에게는 길(吉)을 내리겠다 누구에게는 흉(凶)을 내리겠다 하는 등 어떤 사사로운 마음과 편당(偏黨) 의식을 가지고 고르고 가려서 점(占)으로 드러내지 않는다는 것이다. 하늘은 그저 자체의 법칙과 원리에 의해서 운행할 뿐이고, 우리가 점(占)을 쳐서 얻는 하늘의 메시지, 즉 천명(天命)은 그 시(時)와 위(位)에 해당하는 것일 뿐이니, 이는 규정적이지 않은 채 그에 알맞게 주어진다는 말이다. 따라서 이러한 경우에 지혜로운 사람은 주어진 자신의 운명에 대해 근심하기보다는 '지금 마주치는 이대로의 세상을 즐겁게 살아가면서 자신에게 주어진 명을 앎[樂天知命]'의 태도로 살아간다는 것이고, 이것이 차원 높은 태도라는 것이다.

仁自敦矣. 此仁者之學於『易』而合天之道也. 朱子曰, "天地之道, 知仁而已."

하늘과 땅은 만물을 보편으로 사랑하며 덕을 끝없이 베푼다. 그리고 음・양이 있는 곳이면 어디에서든 그 생함과 이룸을 드러낸다. 그런데 『주역』은 여섯 위(位)의 존귀함과 비천함, 험난함과 평이함을 가리지 않고 모두 제때에 맞추어 자리를 잡으며, 고요함을 장려하고 바스댐을 억누른다. 그래서 어느 곳에서든 하늘의 이치가 반드시 다하지 않은 곳이 없고, 씩씩함[健]・순종함[順]에 의한 지어냄[造化]이 모두 행해진다. 이는 다름 아니라 하늘과 땅의 넓고 큰 생성을 체현하여 사람들에게 알려주고 물(物)들을 이롭게 함이다.

사람들은 이러한 천지의 사랑을 방해하고 물(物)들을 병들게 한다. 이는 다름이 아니라 오직 제 위치를 뛰어넘어서 무엇을 의도하고 욕구를 내는 데 있다. 그래서 사람은 스스로의 사사로움에 빠진 채 물(物)들의 이로움・해로움 따위는 전혀 도외시하는 것이다. 이러한 까닭에 『주역』에서는 중시하는 바를 위(位)에 두어서 어느 곳이든 편안하게 여길 수 없는 곳은 없다는 것을 제시하고 있다. 그래서 굳이 자신이 발붙이고 있는 곳에서 주는 혜택에 의거하지 않고서도 물(物)들에게 상처를 입히지 않으며 어짊이 저절로 돈독해진다는 것이다. 이는 어진 사람이 『주역』에서 배워서 하늘의 도(道)에 합치함이다. 그래서 주자는 "천지의 도는 앎과 어짊일 따름이다."라고 말한다.[1084)]

1084) 이는 주희가 「계사전」의 이 구절을 풀이하면서 한 말이다. 주희는 이곳에서, "천지의 도는 앎과 어짊일 따름이다. 만물을 두루 아는 것은 하늘이고, 이

範圍天地之化而不過, 曲成萬物而不遺, 通乎晝夜之道而知, 故神无方而『易』无體.

하늘과 땅의 지어냄을 본떠 도맡아 다스리면서도 지나치지 않고, 만물을 곡진하게 이루어주면서 어느 것 하나 빠뜨리지 않으며, 밤과 낮의 도(道)에 통하여서 안다. 그러므로 신묘함에는 정해진 곳이 없고, 『주역』에는 정해진 몸이 없다.

相肖曰'範', 統攝曰'圍'. 晝夜, 相因而迭爲隱見者也. 此統挈上文而言. 與天地相似, "範圍其化而不過"也. 知周道濟, 盡知仁之用, "成物而不遺"也. 知幽明・生死・鬼神・屈伸一致之理, "通晝夜而知"也. '通'者『易』通之, '知'者使人知也, 此皆與天地之道相彌綸者也. 其所以然之故, 則以天地之神无方而『易』之無體者, 一準之也. '无方'者, 無方而非其方, '无體'者, 無體而非其體; 不據以爲方・體也. 吉凶之數, 成物之功, 晝夜之道, 皆天地已然之迹, 有方者也. 而所以變化屈伸, '知大始'而'作成物'者, 其神也; 絪緼之和, 肇有於無, 而无方之不行者也. 『易』之陰陽六位, 有體者也. 而錯綜參伍, 消息盈虛, 則無心成化, 周流六虛, 无體之不立者也. 故『周易』者, 準天地之神以御象數, 而不但以象數測已然之迹者也. 後之爲『易』者, 如「卦氣」, 如「游魂」・「歸魂」・「世應」, 如「納甲」・「納音」, 如'乾'一'兌'二・方圓整齊之象, 皆立體以限『易』,

---

세상을 널리 구제하는 것은 땅이다. 알뿐만 아니라 어질기까지 하니, 알아서 잘못을 범하지 않는 것이다.(朱熹, 『周易本義』, 「繫辭上傳」 제4장: 天地之道, 知仁而已. 知周萬物者, 天也, 道濟天下者, 地也. 知且仁, 則知而不過矣.)"라고 하고 있다.

而域於其方, 雖亦一隅之理所或有, 而求以肖無方之神, 難矣哉!

본뜸을 '範(범)'이라 하고 자신의 권역으로 하여 도맡아 다스림을 '圍(위)'라 한다. 밤・낮은 서로 말미암으며 숨었다 나타났다는 하는 것들이다. 이 구절은 앞의 구절들을 끌어들여서 아우르며 총괄해서 말하고 있다. 그래서 『주역』이 천지와 서로 비슷하다고 한 것에 대해서는 "그 지어냄을 본떠 도맡아 다스리면서도 지나치지 않다."라 하고 있고, 두루 알고 널리 구제하여 앎과 어짊의 작용을 다한다고 한 것에 대해서는 "물(物)들을 이루어주면서 어느 것 하나 빠뜨리지 않는다."라 하고 있다. 아울러 유(幽)・명(明), 생겨남・죽음, 귀(鬼)・신(神), 굴(屈)・신(伸)이 하나를 이루는 이치를 안다고 한 것에 대해서는 "밤과 낮을 통하여 안다."라 말하고 있다. 여기서 '통한다'는 것은 『주역』이 통한다는 것이고, '안다'는 것은 사람들로 하여금 알게 한다는 것이다. 이것들은 『주역』의 도(道)가 모두 천지의 도(道)와 서로 포함관계에 있다는 것을 의미한다. 그렇게 되는 까닭은 다름 아니라, 천지의 신묘함에 정해진 방위가 없고 『주역』에도 정해진 몸이 없다고 하는 것이 하나의 논리로 맞아떨어지기 때문이다. '정해진 곳이 없음[无方]'이란 어떤 곳이든 그것의 곳이 아님이 없다는 것이고, '정해진 몸이 없음[无體]'이란 어느 몸이든 그것의 몸 아닌 것이 없다는 것이니, 딱히 무엇에 의거하여 자신의 곳과 몸으로 삼을 수 없다는 의미다. 길・흉의 수(數), 만물을 이룬 공덕, 밤・낮의 도(道) 등은 모두 천지가 이미 그렇게 전개하고 있는[已然] 자취들인데, 이들은 정해진 곳이 있는 것들이다. 그런데 이렇게 변화함과 굽혔다 폈다 함의 근거로서, '위대한 시작을 알고(知大始)' '만물을 이루어 주는(作成物)' 것은 바로 그 신묘함이다. 그래서 인(絪)・온(縕) 운동을 하며 이루고 있는 천지의 거대한 조화[太和]는 있는 것들을 없던 데서 비롯하게 하며,

어느 곳이든 유행하지 않는 곳이 없다.

그런데 『주역』의 음・양효와 여섯 위(位)는 정해진 몸을 가진 것들이다. 그렇지만 이 음・양효들은 참(參)・오(伍)와 착(錯)・종(綜)의 방식으로 여섯 위(位)에서 사라졌다 소생했다 하며 여섯 위(位)를 채웠다 비웠다 한다. 그래서 『주역』은 무심히 조화를 이루며 비어 있는 여섯 위(位)에 두루 유행하니, 어느 몸이든 그것이 들어가 몸을 이루고 서지 못할 것이 없다. 그러므로 『주역』이란 천지의 신묘함을 준거로 삼아 상(象)과 수(數)를 다스리는 것이지, 꼭 상과 수로써 이미 그렇게 전개하고 있는[已然] 자취만을 가늠해내는 것이 아니다.

후대의 『주역』을 풀이하는 것들, 예컨대 괘기(卦氣)설, 유혼(游魂)・귀혼(歸魂)・세응(世應)설, 납갑(納甲)・납음(納音)설은 물론, 건괘(乾卦)☰를 첫째로 하고 태괘(兌卦)☱를 둘째로 하는 식으로 「방도(方圖)」・「원도(圓圖)」와 같이 가지런히 정돈된 상(象)으로 드러내고 있는 것들[1085]은 『주역』과 다르다. 이들은 모두 하나의 체계를 수립하고 거기에 『주역』을 한정하여 그 곳[方]으로만 몰아넣고 있는 것들이다. 그러니 비록 이들에게 한 쪽 귀퉁이에나 통하는 이치가 혹시 담겨 있을지는 모르지만, 그런다고 하여 정해진 곳이 없는 신묘함을 본뜨려 하면 어림없을 것이로다!

1085) 이는 소옹(邵雍)의 「선천방원도(先天方圓圖)」를 가리키는 말로 보인다. (앞면 그림 1. 「복희선천팔괘방위지도」와 4. 「복희64괘방위지도」 참조)

第五章
제5장

此章推極性命之原於『易』之道, 以明卽性見『易』而體『易』乃能盡性, 於占而學『易』之理備矣. 根極精微, 發天人之蘊, 六經語孟, 示人知性知天, 未有如此之深切著明者; 誠性學之統宗, 聖功之要領, 於『易』而顯. 乃說者謂『易』爲卜筮之專技, 不關於學, 將顯夫子此章之言於何地乎!

이 장에서는 사람다움으로서의 본성과 그것을 존재케 하는 명(命)의 궁극적 근원을 『주역』의 도로 귀결시키고 있다. 그리하여 바로 그 본성을 바탕으로 『주역』을 인식하며 또 『주역』을 체득하여야 본성을 다할 수 있으니, 점(占)에 『주역』을 배워야 할 이치가 다 갖추어져 있다고 함을 밝히고 있다. 『주역』은 근본적으로 매우 정미(精微)하여 하늘과 사람의 깊은 이치[蘊]를 드러내고 있는데, 비록 육경과 『논어』, 『맹자』가 사람들에게 성을 알아야 하고(知性) 하늘을 알아야 함(知天)을 제시하고는 있지만, 이 『주역』만큼 깊이 있고 절실하며 환히 드러나지는 않는다. 참으로 유가의 학문을 통괄하는 조종(祖宗)으로서 유가의 공(功)을 이루게 하는 긴요한 핵심이 이 『주역』에 환하게 드러나 있다. 그런데도 어떤 이는 『주역』이 '점치는 전문적 기술'을 담고 있어서 학(學)과는 무관하다고 한다. 그렇다면 공자님께서 하신 이 장의 말씀들을 장차 어디에다 걸어놓을꼬!

一陰一陽之謂道,

한 번은 음이 되었다 한 번은 양이 되었다 함을 '도'라 한다.

前章由『易』而推天道之所自合, 見『易』爲至命之書. 此章推人所受於天之性, 而合之於『易』, 見『易』爲盡性之學. 蓋聖人作『易』以詔吉凶而利民用者, 皆佑人性分之所固有, 以奬成其德業, 而非天道之遠人, 吉凶聽其自然也. 修之者吉, 修其性之良能也. 悖之者凶, 悖其性之定理也. 所性全體之外, 無有吉凶, 於此占, 即於此學矣.

앞장에서는 『주역』을 바탕으로 하되 천도가 저절로 그에 합치한다는 것을 근거로 하여 『주역』이 지극한 명(命)을 담고 있는 서적임을 밝혔다. 이 장에서는 사람이 하늘로부터 받은 성(性)을 미루어 『주역』에 갖다 맞추고는 『주역』이 사람의 성(性)을 다 드러나게 하는 배움을 담고 있다는 것을 밝히고 있다. 생각건대 『주역』이 길・흉을 알려줌으로써 백성들이 사용함에 이롭게 하는 것은, 모두 사람의 성(性) 속에 고유한 것을 도와줌으로써 그 덕성과 위업을 장려하여 이루게 하는 것이다. 결코 천도가 사람을 멀리한다거나 길・흉이 그 저절로 그러함을 따른다는 것이 아니다. 성(性)을 잘 닦아내는 사람이 길하다는 것은, 그 성(性)의 천부적인 훌륭한 능력을 닦아낸다는 의미다. 이에 비해 성을 어기는 사람이 흉하다는 것은, 성의 정해진 이치를 어긴다는 의미다. 성 속에 고유한 전체 이외에 길・흉은 따로 있지 않다. 그래서 이러한 바탕에서 점(占)을 치는 것은 곧 이러한 바탕에서 배우는 것이다.

"一陰一陽之謂道", 推性之所自出而言之. '道'謂天道也. '陰陽'者太極所有之實也. 凡兩間之所有, 爲形爲象, 爲精爲氣, 爲淸爲濁, 自雷風水火山澤以至蜎孑萌芽之小, 自成形而上以至未有成形, 相與絪縕以待用之初, 皆此二者之充塞無間, 而判然各爲一物, 其性情才質功效, 皆不可强之而同. 動静者, 陰陽交感之幾也. 動者陰陽之動, 静者陰陽之静也. 其謂動屬陽·静屬陰者, 以其性之所利而用之所著者言之爾, 非動之外無陽之實體, 静之外無陰之實體, 因動静而始有陰陽也. 故曰"陰陽無始", 言其有在動静之先也. 陽輕清以健, 而恆爲動先, 乃以動乎陰, 而陰亦動. 陰重濁以順, 非感不動, 恆處乎静; 陽既麗乎陰, 則陽亦静. 静而陰之體見焉, 非無陽也; 動而陽之用章焉, 非無陰也. 猶嘘吸本有淸溫之氣, 因嘘吸而出入也. 故可謂之静生陰·動生陽, 而非本無而始生, 尤非動之謂陽·静之謂陰也. 合之則爲太極, 分之則謂之陰陽. 不可强同而不相悖害, 謂之太和, 皆以言乎陰陽静存之體, 而動發亦不失也. 然陰陽充滿乎兩間, 而盈天地之間唯陰陽而已矣. '一一'云者, 相合以成, 主持而分劑之謂也. 無有陰而無陽, 無有陽而無陰, 兩相倚而不離也. 隨其隱見, 一彼一此之互相往來, 雖多寡之不齊, 必交待以成也. 一形之成, 必起一事; 一精之用, 必載一氣. 濁以清而靈, 淸以濁而定. 若經營之, 若摶捖之, 不見其爲, 而巧無以踰, 此則分劑之之密, 主持之之定, 合同之之和也. 此太極之所以出生萬物, 成萬理而起萬事者也, 資始資生之本體也, 故謂之'道', 亘古今, 統天人, 攝人物, 皆受成於此. 其在人也, 則自此而善, 自此而性矣. 夫一陰一陽, 『易』之全體大用也. 乃泝善與性之所從出, 統綜於道者, 固即此理. 是則人物之有道, 『易』之有象數, 同原而不容歧視, 明矣.

"한 번은 음이 되었다 한 번은 양이 되었다 함을 도라 한다."는 것은 사람의 성(性)이 나오는 곳을 미루어서 말한 것이다. 여기서 '도'는 하늘의 도를 가리킨다. 그리고 음·양은 태극에 있는 실질이다. 무릇 하늘과 땅 사이에 있는 것들을 보면, 형(形)을 이룬 것도 있고 상(象)을 이룬 것도 있으며, 정(精)인 것도 있고 기(氣)인 것도 있다. 그리고 맑은[淸]

것도 있고 흐린[濁] 것도 있다. 그래서 크게는 우레 · 바람 · 물 · 불 · 산 · 연못 등으로부터 작게는 장구벌레 · 새싹(萌芽) 등에 이르기까지, 또 형(形)을 이룬 것으로부터 그 위로 아직 형을 이루지 못한 것들에 이르기까지, 음기 · 양기 두 기(氣)가 서로 더불어 인(絪) · 온(縕) 운동을 하며 작용을 기다리는 시초에는 모두 이 음 · 양 둘이 하늘과 땅 사이를 빈틈이 없이 꽉 채우고 있다. 그리고 판연(判然)하게 위와 같은 것들로 각기 하나의 물(物)이 되어서는 그 성정 · 재질 · 공효 등을 모두 억지로 같은 것이 되게 할 수 없다.

움직임 · 고요함이란 음 · 양이 교감(交感)하는 기미[幾], 즉 은밀한 조짐을 의미한다. 그래서 움직임은 음 · 양의 움직임이고, 고요함도 음 · 양의 고요함이다. 그런데도 "움직임은 양에 속하고 고요함은 음에 속한다."고 말하는 것은, 이들의 성(性)이 이롭게 하는 바와 작용함에서의 현저함을 가지고서 말하는 것일 따름이다. 결코 움직임의 밖에는 양(陽)의 실체가 없고 고요함의 밖에는 음의 실체가 없다가 움직임 · 고요함으로 말미암아 비로소 음 · 양이 있다는 것이 아니다. 그러므로 "음 · 양에는 시작이 없다."[1086]고 한 것인데, 이는 이것들이 움직임 · 고요함 이전에 존재한다

1086) 이 말은 정이(程頤)가 이 「계사상전」 제4장의 "『주역』은 천지와 부합한다. 그러므로 천지의 도를 두루 포괄할 수 있다.(『易』與天地準, 故能彌綸天地之道.)"는 구절을 풀이하면서 한 말이다. 정이는 여기서 "도(道)란 한 번은 음이었다 한 번은 양이었다 함이다. 움직임 · 고요함에는 단초가 없고 음 · 양에는 시초가 없다. 도를 아는 이가 아니고서 그 누가 이를 알리오! 움직임 · 고요함은 서로 말미암아 변화를 이룬다.(程頤, 『周傳』, 「繫辭上傳」: 道者, 一陰一陽也. 動靜无端, 陰陽无始, 非知道者, 孰能識之! 動靜相因而成變化.)"라고 하였다. 즉 고요함이 먼저인가 하면 그 이전에 움직임이 있어야 하고, 그래서 이제 그 움직임이 먼저인가 하면 역시 그 이전에 고요함이 있어야 하니,

는 것을 말한 것이다.
양은 가볍고 맑아서 씩씩하며 늘 움직이며 앞장서는 존재다. 그래서 음에서 움직여대니 음도 움직이는 것이다. 이에 비해 음은 무겁고 흐려서 순종하며, 느끼지 않으면 움직이지 않고 늘 고요함에 처해 있다. 그리고 양은 벌써 음에 걸려 있으니 양도 고요한 것이다. 고요함에서는 음의 체(體)가 드러나지만 그렇다고 하여 거기에 양이 없는 것이 아니다. 그리고 움직임에서는 양의 용(用)이 활짝 드러나지만 그렇다고 하여 거기에 음이 없는 것이 아니다. 이는 호흡에 비유할 수 있다. 본래 차가운 기(淸氣)와 따뜻한 기(溫氣)가 있고 이들이 들숨과 날숨을 통해 드나듦과 같다. 그래서 고요함이 음을 낳고 움직임이 양을 낳는다고 말할 수는 있으나, 이들이 본래 없다가 비로소 생긴다는 것이 아니다. 더욱이 움직임을 양이라 하고 고요함을 음이라 하는 것은 절대로 아니다. 합하면 태극이 되고 나누면 '음'·'양'이라 부르는데, 이들을 억지로 같게 할 수는 없지만 서로 해를 입히지도 않는다. 그래서 '거대한 조화(太和)'라 부른다. 이는 모두 음·양이 고요하게 존재하는 체(體)를 말한 것이기는 하지만, 움직여서 발현하더라도 또한 이 조화로움을 잃지 않는다. 그러나 음·양은 하늘과 땅 사이에 충만해 있으며, 온 세상을 가득 채우고 있는 것은 오직 음·양일 따름이다. '한 번은~, 한 번은~'이라고 한 것은 서로 합하여 이룬다는 것으로서 음·양이 각기 주지(主持)하며 분제(分劑)함을[1087] 일컫는다. 그래서 음만 있는 채 양은 없는 것이나 양만

움직임·고요함 가운데 그 어느 것도 단초나 시작이 될 수 없다는 것이다. 음·양도 마찬가지다. 주희가 정이(程頤)의 이 말을 자주 이용하였다. 특히 주돈이의 『태극도설(太極圖說)』을 풀이하면서 이 말을 인용하고 있다.

있는 채 음이 없는 것은 없다. 이들 둘은 서로 의지하며 서로 분리되지 않는다. 그 숨음(隱)과 드러남(顯)을 따라 한 번은 이것이 되었다 한 번은 저것이 되었다 하며 서로 왔다 갔다 하니, 비록 어느 하나가 많고 어느 하나는 적어서 고르지는 않지만 반드시 교접하며 서로 의지하여 이룬다.

하나의 형(形)이 이루어지면 반드시 하나의 일을 수반하여 일으킨다. 그리고 하나의 정(精)이 작용함에서는 반드시 하나의 기(氣)를 싣는다.[1088] 그리고 흐린 음은 맑은 양으로써 영성(靈性)으로 삼고, 맑은 양은 흐린 음으로써 몸을 정한다.[1089] 그래서 마치 무엇인가 규모 있게 기획하여 이루어내는 것도 같고 마치 밀가루를 둥글게 반죽하여 갖가지 모양으로 빚어내는 것도 같지만, 이들이 하는 것은 사람의 인식능력으로는 보이지 않으며 이 세상에서 아무리 교묘한 솜씨를 가진 이라도 결코 이를 뛰어넘지 못할 차원의 것이다. 이는 곧 전체 속에서 알맞게 나누고 조절하여 이루어내는 분제(分劑)함의 엄밀함이기도 하고, 각자의 역할을

1087) 왕부지 철학의 주요한 용어다. '주지(主持)'는 음과 양이 각자의 역할을 주체적으로 맡아 해냄을, '분제(分劑)'는 음과 양이 각기 나누어서 주지하는 속에서 서로 조절하며 전체적으로 조화를 이룬다는 의미다.

1088) 앞에서 왕부지는 "정(精)과 기(氣)가 물(物)이 된다.(精氣爲物)"는 구절에 대해 "'정(精)'은 음이 처음 엉기는 것이고 '기(氣)'는 양이 잘 움직이는 것이다.('精'者陰之始凝, '氣'者陽之善動者也.)"라고 풀이하였다. 즉 하나의 물(物)을 이루는 음・양의 측면을 각기 정(精)과 기(氣)라 풀이하고 있는 것이다. 이러한 관점이 이곳의 풀이에서도 일관하고 있다.

1089) 하나의 사람이나 물(物)을 존재케 하는 데 음기・양기 두 기(氣)가 다 필요한데, 맑고 가벼운 양기는 사람이나 물(物)의 영성(靈性)을 이루고 흐리고 무거운 음기는 몸을 이룬다는 의미다.

주체적으로 맡아 해내는 주지(主持)함의 일정함이기도 하며, 이 둘이 합하여 함께 이루어내는 합동의 조화(調和)이기도 하다. 이는 태극이 만물을 만들어냄이기도 하고, 온갖 원리를 이루어 온갖 일들을 일으켜냄이기도 하다. 즉 바탕이 되어 비롯하게 하고 바탕이 되어 생겨나게 하는 본체인 것이다. 그래서 '도(道)'라 한 것이다.[1090] 이 도(道)가 아득한 예부터 지금까지 그리고 앞으로도 영원히, 하늘과 사람, 사람과 물(物)들을 도맡아 다스리니 이들은 모두 이로부터 이루어짐을 받는다. 사람의 경우에는 이것으로부터 선(善)하게 되고 이것으로부터 성(性)을 받는다. 이렇듯 한 번은 음이었다 한 번은 양이었다 함이 『주역』의 온전한 체(體)이면서 거대한 용(用)이다. 선(善)과 성(性)이 좇아 나오는 것을 거슬러 올라가면 그 근원이 도(道)로 통괄된다는 것은 본디 바로 이러한 이치에 따른 것이다. 이상을 근거로 할 적에, 사람과 물(物)들에는 도(道)가 있고, 『주역』에는 상(象)과 수(數)가 있는 것들이 근원이 같으니 다르게 보아서는 안된다는 사실이 분명할 것이다.

繼之者善也, 成之者性也.

이를 계승한 것은 선이고, 이를 이룬 것은 성이다.

道統天地人物, 善・性則專就人而言也. 一陰一陽之謂道, 天地之自

1090) 역시 '한 번은 음이 되었다 한 번은 양이 되었다 함을 도라 한다(一陰一陽之謂道)'는 구절에서의 '도'를 지칭하는 말이다.

爲體, 人與萬物之所受命, 莫不然也. 而在天者即爲理, 不必其分劑之宜; 在物者乘大化之偶然, 而不能遇分劑之適得; 則合一陰一陽之美以首出萬物而靈焉者, 人也. '繼'者, 天人相接續之際, 命之流行於人者也. 其合也有倫, 其分也有理, 仁智不可爲之名, 而實其所自生. 在陽而爲象爲氣者, 足以通天下之志而無不知, 在陰而爲形爲精者, 足以成天下之務而無不能, 斯其純善而無惡者. 孟子曰, "人無有不善", 就其繼者而言也. '成之', 謂形已成, 而凝於其中也. 此則有生以後, 終始相依, 極至於聖而非外益, 下至於牿亡之後猶有存焉者也. 於是人各有性, 而一陰一陽之道, 妙合而凝焉. 然則性也, 命也, 皆通極於道, 爲'一之一之'之神所漸化, 而顯仁藏用者. 道大而性小, 性小而載道之大以無遺. 道隱而性彰, 性彰而所以能然者終隱. 道外無性, 而性乃道之所函. 是一陰一陽之妙, 以次而漸凝於人, 而成乎人之性. 則全『易』之理不離乎性中, 即性以推求之, 『易』之蘊豈待他求象數哉!

도(道)는 하늘과 땅, 사람과 물(物)들을 다 통괄하지만, 여기서 말한 '선(善)'과 '성(性)'은 오로지 사람에 대해서만 말한 것이다. "한 번은 음이었다 한 번은 양이었다 함을 도라 한다."는 말은, 하늘과 땅이 스스로 형체를 이루고 사람과 만물이 명(命)을 부여받아 생겨남에서 모두 이러하다는 의미다. 그러나 하늘의 경우는 곧 이치 그대로 하니, 한 번은 음이었다 한 번은 양이었다 함에서 꼭 적절하게 조절하며 조화(調和)를 추구할 필요가 없다.[1091] 이에 비해 만물의 경우는 음기・양기 두 기(氣)가 거대하게 지어내는 속에서 우연을 탄 것일 뿐이므로 이 음・양의 분제(分

1091) 꼭 분제(分劑)의 적절함을 추구하지 않더라도 이치대로 되어 가기 때문이다.

劑)에서 딱 알맞게 얻음을 만날 수가 없다.[1092] 그런데 이 '한 번은 음이었다 한 번은 양이었다 함'이 이루어내는 아름다움 속에서 만물 가운데 그 어느 것보다 으뜸으로 생겨나 총명한 존재가 바로 사람이다. '繼(계)'란 하늘과 사람이 접속하는 즈음에 하늘의 명(命)이 사람에게 흘러들어와 행해지는 것을 말한다. 그 합함에서는 윤서(倫序)가 있고, 그 나뉨에서는 이치가 있다. 어짊·지혜는 여기서 명명할 수 없지만 그 실질은 저절로 여기서 생겨나온다. 양(陽)에서 상(象)이 되고 기(氣)가 되는 것은 족히 이 세상 모든 존재들의 뜻함을 통하게 하며 알지 못하는 것이 없다. 그리고 음(陰)에서 형(形)이 되고 정(精)이 되는 것은 족히 이 세상 모든 존재들의 애씀을 이루어주며 할 수 없는 것이란 없다.[1093] 이는 곧 순수한 선(善)으로서 악(惡)은 전혀 없는 것이다. 맹자가 "사람은 누구나 선(善)하지 않은 사람이 없다."[1094]고 한 것은 바로 이 '계(繼)'의 관점에서 한 말이다.

1092) 그래서 만물은 모두 불완전한 존재가 된다는 의미다.
1093) 이는 이 '계(繼)'의 단계에서 그러하다는 말이다. 즉 하늘의 명(命)이 사람의 존재를 결정할 즈음에 양(陽)과 음(陰)이 이러한 작용을 한다는 의미다.
1094) 사람의 성(性)은 선하지도 악하지도 않으며 선과 악은 후천적으로 형성된다는 고자(告者)의 성설을 맹자가 반박하면서 한 말이다. 고자가 자신의 설을 뒷받침하기 위해 저수지의 물을 예로 들며, 저수지의 물은 방향이 정해져 있지 않고 둑을 동쪽으로 트면 동쪽으로 흘러나가고 서쪽으로 트면 서쪽으로 흘러나가듯이 사람의 성(性)도 그러하다고 하였다. 이에 대해 맹자는 비록 저수지의 물에 동·서의 방향성은 정해져 있지 않다 할지라도 그것이 위에서 아래로 흘러가는 것만은 분명하니 이것이 물의 성(性)이라 할 수 있고, 마찬가지로 사람에게도 사람의 사람다움을 결정하는 고유함이 있으니 그것이 성(性)이라 하며, 그래서 사람이면 누구나 선하지 않은 사람이 없다고 하고 있다. 『맹자』, 「고자(告子) 상」 편에 실려 있다.

'이룬다[成之]'는 것은 형체가 이미 이루어졌는데, 그 속에 성(性)이 엉겨 있다는 의미다. 이 성(性)은 사람과 물(物)들이 생겨난 이후에 시종일관 의거하는 것인데, 사람 중 궁극의 경지에 있는 성인(聖人)의 경우라도 밖에서 더해줌이 없고, 이것을 질곡시켜 사라지게 한 맨 아래 단계의 사람들에게도 오히려 존재하고 있다. 이렇게 하여 사람이면 누구나 각기 성(性)을 지니게 되며, '한 번은 음이었다 한 번은 양이었다 함'의 도(道)가 거기에 신묘하게 합하여 엉겨 있는 것이다. 그러므로 성(性)이니 명(命)이니 하는 것들은 궁극적으로는 모두 이 도(道)로 통하며, '한 번은~ 한 번은~'하는 신묘함[神]이 점진적으로 지어내는[造化] 것으로서, 어짊으로 드러나고 작용함에서는 감추어져 드러나지 않는 것이다. 도(道)는 크고 성(性)은 작다. 그러나 성은 작지만 도의 거대함을 남김없이 싣고 있다. 그리고 도는 숨어 있고 성은 환히 드러난다. 그런데 성이 이렇게 환히 드러나지만 이렇게 할 수 있도록 해주는 도는 끝내 숨어서 드러나지 않는다. 그러나 도의 밖에 성은 없고, 성은 곧 도에 함유되어 있다. 이는 다름 아니라 '한 번은 음이었다 한 번은 양이었다 함'의 신묘함[神]이 점차적으로 사람에게서 엉겨서 사람의 성을 이루고 있음이다. 그래서 전체 『주역』의 이치는 이 성 속에 있음으로부터 벗어나지 않으니, 이 성을 바탕으로 하여 추구해가면 된다. 그러니 『주역』 속에 자리 잡고 있는 깊은 이치를 어찌 다른 것들에 의거하여 추구할 수 있으리오!

仁者見之謂之仁, 知者見之謂之知. 百姓日用而不知, 故君子之道鮮矣.

어진 사람은 이러함을 보고서 '어질다'고 하고, 지혜로운 사람은 이러함을 보고서 '지혜롭다'고 한다. 그러나 백성들은 날마다 사용하면서도 알지 못한다. 그러므로 군자의 도(道)가 드문 것이다.

以陰陽之分言之, 則仁者行之純, 陰之順也; 知者知之明, 陽之健也. 以陰陽之合言之, 則仁者陰陽静存之幾, 知者陰陽動發之幾也; 皆性之所有, 而道之所全具者也. 特人以其性之所偏厚而學焉, 又專於所嚮, 則或謂之仁, 或謂之知, 亦既能見而未明於其全體之合一也. 百姓無能與於仁知, 則去道愈遠; 然倫不明而亦自有其倫, 物不察而亦能用物, 必有其剛, 必有其柔, 雖不審於時位之攸宜, 以斟酌消長之數·酬酢往來之交, 而得失吉凶, 皆即其可爲善者以爲不善, 不能離也, 特昧焉而不自覺耳. 以仁知所見不全, 而百姓不知, 故能喩於道以成德業者鮮. 是則『易』之理, 特爲人所不察, 而自流行於日用之間. 欲爲君子者, 舍『易』不學, 安於一偏之見, 迷其性善之全體·陰陽之大用, 將與百姓均其茫昧, 久矣.

음·양으로 나누어서 말하면 어짊은 행함의 순수함이고 음(陰)의 순종함이다. 그리고 지혜로움은 앎의 밝음이고 양(陽)의 씩씩함이다. 또 음·양을 합해서 말하면, 어짊은 음·양이 고요하게 있는 기미[幾]에 해당하고, 앎은 음·양이 움직여서 발현하는 기미[幾]에 해당한다. 이들 모두는 성(性) 속에 있는 것들이며 도(道)가 전부 갖추고 있는 것들이다. 다만 사람에 따라서 그 성을 치우치게 한 채 배우기도 하고 두텁게 한 채 배우기도 할 뿐만 아니라 또한 외줄기로 가는 취향이 있다. 그러므로 어떤 사람은 '어질다'고 하고 어떤 사람은 '지혜롭다'고 하는 것이다. 그래서 이들도 또한 이미 볼 수는 있지만 그 전체의 합일에 대해서는 알지 못하는 것이다.

백성들은 아예 어짊과 지혜로움에 대해서는 무능하기 때문에 도(道)로부터도 더욱 멀다. 그런데 이러한 백성들도 인륜에 대해서 밝지는 않지만 그들에게 저절로 윤서가 있고, 물(物)들에 대해 관찰하지는 않지만 또한 물(物)들을 이용할 줄은 안다. 그리고 이들에게도 반드시 그 굳셈[剛]이 있고 반드시 그 부드러움[柔]이 있어서, 비록 시(時)・위(位)에 따른 적절함이 무엇인지를 살피지는 않는다 하더라도, 사라졌다 자라났다 하는 이치를 어렴풋이나마 알아차리고 왔다 갔다 하는 자연의 변화와 교접함을 주고받는다.[1095] 그래서 득・실과 길・흉이 모두 선을 행할 수 있음을 바탕으로 하면서도 불선을 행하며, '한 번은 음이었다 한 번은 양이었다 함(一陰一陽)'의 도(道)로부터 벗어날 수가 없는데도 이들은 단지 우매하기 때문에 이 사실을 스스로 깨닫지 못할 따름이다. 어짊과 지혜로움으로 본 것이 온전하지 못한 것이고 백성들은 또 알지 못하는 것이다. 그러므로 일반 백성들 가운데는 도(道)를 알아서 덕성과 위업을 이룰 수 있는 이가 드문 것이다.

그렇다면 『주역』의 이치는 다만 사람이 살피지 못할 따름이지 그 자체는 우리들이 일상생활하는 가운데서 유행하고 있는 것이다. 그런데도 군자가 되겠다고 하는 사람들이 『주역』을 내팽개치고 배우지를 않으며 한

1095) '한 번은 음이 되었다 한 번은 양이 되었다 함'의 도(道) 전체를 파악하여 인류공동체를 차질 없이 끌고 나아가고 인류가 처한 시대적인 의미를 읽어내며 그 미래에 대처하는 등 성인이나 군자와 같은 경지에는 오르지 못하고, 그저 이러한 도(道)의 변화가 초래하는 자연과 계절에 순응하며 살아가고 있다는 의미다. 이는 일반 백성들이 자연 속에서 생존해가는 모습을 묘사한 것이라 할 수 있다.

구석에 치우친 앎에 편안해하니, 이는 인간의 성(性)이 선함의 전체와 음·양의 위대한 작용에 대해 몽매하여 헤매는 것이다. 이래서는 백성들과 마찬가지로 우매함이 앞으로 오래갈 것이다.

此上言人性之所自出, 即『易』陰陽交易之理, 流行於日用而不可離. 以下則言『易』爲性體之大全, 而盡性以盡物者, 皆不能踰乎此也.

이상은 사람의 성(性)이 어디로부터 나오는가를 밝힌 것인데, 다름 아니라 음·양이 교접하며 바뀌는 이치가 바로 우리들의 일상생활 속에 유행하고 있어서 우리는 이로부터 벗어날 수 없다는 점을 말하고 있다. 이 이하에서는 『주역』이 성(性)의 본체를 크게 온전히 하고 있으니, 사람의 성(性)을 다 실현함으로써 물(物)들을 다 이루어주는 이들은 모두 이를 뛰어넘을 수 없다는 것을 말하고 있다.

顯諸仁, 藏諸用, 鼓萬物而不與聖人同憂. 盛德大業, 至矣哉!

어짊에서 환히 드러나고 이용함에서 숨어 드러나지 않으며 만물을 고취하면서도 성인들이 하는 근심에 함께하지 않는다. 융성한 덕과 위대한 업적이 지극하도다!

此言一陰一陽之道, 爲『易』之全體, 而於人性之中, 爲德業所自立, 以見盡性者之不可離也. 性函於心. 心之體, 處於至靜而惻然有動者, 仁也. 性之能, 麗於事物而不窮於其所施, 用也. 仁函於心, 本隱也, 而天理者未動而不測其所在, 雖或聞見有得, 而終不與己相親; 惻然內動,乃以知吾心之有此, 而條緖昭察於心目之前, 則唯仁爲道之所顯也. 此陰陽固有其誠, 而必著其幾於動靜之介者也. 用麗於事物, 本著也, 而所以用者卒不可得而見. 同一視聽, 而明昧之幾不可詰; 同一言動, 而得失之發不自知; 逮其用之已行, 則又成乎體而非其用. 故人所外著者皆體也, 而用則隱於中也. 變化錯綜於形聲兩泯之地, 用之密運, 乃一陰一陽主持分劑之微權, 而藏於動靜之中者也. 顯而微, 藏而著, 此陰陽配合參伍之妙, '一之一之'之道也. 以其顯者鼓之, 使惻然而興; 以其藏者鼓之, 而不匱於用. 一陰一陽之道, 流行於兩間・充周於萬物者如此. 故吉凶悔吝無所擇, 而仁皆存, 用皆行焉. 在聖人之有憂者, 皆其可樂之天・可安之土. 唯『易』全體此道以爲教, 故聖人於『易』, 可以釋其憂, 以偕百姓而同歸於道, 由此而盛德著, 大業興. 一陰一陽之道爲『易』之蘊, 而具於人性之中也如此, 誠至極而無可尙矣.

이 구절에서 말하고 있는 것은 다음과 같다. 즉 한 번은 음이었다 한 번은 양이었다 하는 도(道)가 『주역』의 온전한 본체이고 사람의 성(性) 속에서는 덕성과 위업이 저절로 세워지게 하는 것이다. 이로써 성(性)을 다 실현하는 이[聖人]로서는 이것으로부터 벗어날 수 없음을 안다는 것이다.

마음의 본체는 지극한 고요함 속에 처해 있는데, 이것이 측은해 하며 움직인 것이 어짊[仁]이다. 그리고 성(性)의 능함이 사(事)와 물(物)에 걸리면서도 그 베풂에서 전혀 궁색해지지 않는 것이 이용함[用]이다. 어짊은 마음에 함유되어 있으니 본래 은미하다. 그래서 하늘의 이치가 아직 움직이지 않을 적에는 그것이 어디에 있는지를 가늠하지 못한다. 비록 어쩌다 보고 들음에 의해 알 수는 있다 하더라도 끝내 자기와 서로 친해지지 않는다. 그러다 측은해 하며 속에서 움직이게 되면 우리들 마음에 이것이 있다는 것을 알게 된다. 그리고 우리들 마음의 눈앞에 조리와 순서가 환히 드러나게 되면, 오직 어짊[仁]만이 도(道)를 드러내게 된다. 이는 음・양의 고유한 성실함이기는 하지만 필연코 움직임・고요함의 경계에서 그 기미[幾]를 드러내게 되는 것이다.

이용함[用]은 사(事)와 물(物)에 관련되는 것이기 때문에 본래 현저하다. 그러나 이렇게 이용하게 하는 근원은 끝내래도 볼 수가 없다. 동일하게 보고 들으면서도 밝음[明]과 어둠[昧]의 기미[幾]를 궁극적으로 추구할 수가 없고, 동일하게 말하고 행동하면서도 득・실의 발현을 스스로 알지 못한다. 그 이용함이 이미 행해지고 난 단계에서는 이것이 또 체(體)에서 이루어진 것이지 그 용(用)은 아니다. 그러므로 사람이 밖으로 드러내는 것은 모두 체(體)이고 용(用)은 그 속에 숨어서 드러나지 않는다. 형체와 소리 둘 다가 스러진 곳에서 변화하고 착종하기 때문에, 용(用)의 은밀한 운용은 '한 번은 음이었다 한 번은 양이었다 함'을 주지(主持)하고 분제(分劑)하는 은미한 체제를 따르기는 하지만 움직임・고요함 속에 숨어서 드러나지 않는 것이다.

이렇듯 현저하면서도 은미하고 숨어 있으면서도 드러남이, 음・양이 배합하고 뒤섞여 대오(隊伍)를 이루는 미묘함이며 '한 번은~ 한 번은~'함의 도(道)다. 그 현저함으로써 고취하여 측은해 함이 일어나게 하고, 그 숨어서 드러나지 않음으로써 고취하여서는 이용함에서 다 없어지지 않도록 한다. '한 번은 음이었다 한 번은 양이었다 함'의 도(道)가 하늘과 땅 사이에서 유행하며 만물들에게 두루 다 채워줌이 이와 같다. 그러므로 『주역』에서 길・흉과 회・린을 전혀 가리지 않는다 하더라도 어짊[仁]이 모두 존재하고 이용함[用]이 모두 행해지는 것이다.

성인들에게 근심함이 있는 것은 모두 어떻게 하면 하늘의 운행에 즐거워할 수 있고, 어떻게 하면 자기가 발붙이고 사는 곳에서 편안할 수 있는가

하는 것이다. 오직 『주역』만이 이러한 도(道)를 온전하게 체현하여 가르침을 준다. 그러므로 성인들은 『주역』에서 그 근심함을 풀어버림으로써 백성들과 함께 도(道)로 돌아갈 수가 있다. 이를 통해 융성한 덕이 환히 드러나고 위대한 업적이 흥하게 되는 것이다. '한 번은 음이었다 한 번은 양이었다 함'의 도(道)가 『주역』 속에 담겨 깊은 의미를 이루고 있고 사람의 성(性) 속에 갖추어져 있음이 이와 같다. 성실함이 지극하여 더 이상 보탤 것이 없는 것이다.

抑論之: 聖人, 盡性者也; 性盡, 則『易』之理該焉, 而何爲其尙有憂耶? 蓋道在未繼以前, 渾淪而無得失, 雨暘任其所施, 禾莠不妨竝茂, 善之名未立, 而不善之迹亦忘. 旣以善繼乎人, 而成乎人之性矣. 一於善而少差焉, 則不善矣. 聖人求至於純粹以精, 而望道未見, 則有憂; 性盡而盡人物之性, 而天運有治亂, 人情有貞邪, 不可遽施轉移, 以胥協於至善, 則有憂; 而烏能無憂乎? 同一道也, 在未繼以前爲天道, 旣成而後爲人道, 天道無擇, 而人道有辨. 聖人盡人道, 而不如異端之欲妄同於天; 至於業大德盛, 人道已盡, 乃學於『易』而樂天安土以無憂, 此夫子所以自謂卒學『易』而後可以無大過也.

이를 이렇게도 논할 수 있을 것이다. 성인은 성(性)을 다 실현하는 존재다. 그리고 성이 다 실현되는 속에 『주역』의 이치는 다 갖추어져 있다. 그러니 더 이상 어찌 근심함이 있겠는가! 도가 계승되기 이전은 이것저것으로 구별되지 않은 그대로인 혼론(渾淪)이다. 그래서 득・실의 구별이 없고, 비가 내리거나 날씨가 개거나 베푸는 그것들 자체에 맡기며, 벼(禾)와 가라지(莠) 등이 더불어 자라남을 방해하지 않는다. 여기서는 '선(善)'

이라는 명칭조차 아직 세워지지 않고 불선(不善)의 자취 또한 잊힌다. 그러다가 사람에게 선으로써 계승되고 사람의 성을 이루는 것인데, 그래서는 하나같이 선(善)이지만 조금이라도 차질이 생기면 불선이 된다. 여기서 성인은 온 정성을 다해 순수함에 이르기를 추구하는데, 도를 바라보아 보이지 아니하면 근심함이 있게 되는 것이다. 그리고 자신의 성(性)을 다 실현하고 다른 사람과 물(物)들의 성을 다 실현하지만, 하늘의 운행에는 태평한 세상과 혼란한 세상이 있고 사람의 마음씀에도 올바름과 사악함이 있으니, 급작스럽게 자신의 덕을 베풀며 사람들을 선함으로 옮겨갈 수 없는 나머지 사람들 모두가 다 지극히 선함에 화합하지 못하게 되면, 또 근심하게 되는 것이다. 그러니 성인들에게 어찌 근심함이 없을 수 있겠는가!
동일한 도이기는 하지만, 계승하기 이전에는 하늘의 도이고, 이미 성을 이룬(成性) 뒤에는 사람의 도가 된다. 하늘의 도는 이것저것 가림이 없이 보편으로 작용하지만, 사람의 도에는 변별함이 있어야 한다. 여기서 성인은 사람의 도를 다한다. 그러므로 망령되게 하늘과 같아지려 하는 이단들과는 같지 않다. 사업이 거대해지고 덕행이 융성해짐에 이르러서는 사람의 도가 이미 다한 것이다. 그래서 『주역』에서 배워서 하늘의 운행에 즐거워하고 자기가 발붙이고 사는 곳에서 편안해하며 근심함이 없는 것, 이것이 공자께서 스스로 마침내 『주역』을 배운 뒤에 큰 과오가 없을 수 있었다고 한[1096] 까닭이다.

1096) 『논어』, 「술이」 편에 나오는 내용이다. 정확하게는 "내가 몇 년을 더해 마침내 『주역』을 공부함으로써 큰 과오가 없을 수 있었다.(加我數年, 卒以學『易』, 可以無大過矣)"로 되어 있다. 그런데 판본에 따라서는 이곳의 '卒(졸)' 자가

富有之謂大業, 日新之謂盛德.

풍부하게 있게 함을 위대한 사업이라 하고, 날로 새롭게 함을 융성한 덕이라 한다.

盡其性而業大者, 唯道之富有; 一陰一陽, 其儲至足, 而行無所擇也. 盡其性而德盛者, 唯道之日新; 一陰一陽, 變化之妙, 無有典要, 而隨時以致其美善也. 在道爲富有, 見於業則大. 在道爲日新, 居爲德則盛. 此申上文而推德業之盛大, 莫非『易』之理, 成於人之性中者爲之也.

그 본성을 다하여 사업이 위대해진 것은 오직 도가 풍부하게 있음이다. 한 번은 음이었다 한 번은 양이었다 함이 지극히 충족하게 쌓아두고서 행하는 데서도 어느 것이든 가리는 것이 없다. 그 본성을 다하여 덕이 융성해진 것은 오직 도가 날마다 새롭게 함이다. 한 번은 음이었다 한 번은 양이었다 하며 변하고 화함이 신묘하니, 일정불변한 틀이 없이 때에 맞추어 그 아름다움과 선함을 이룬다. 도에 풍부하게 있는 것이 사업에서 드러나면 위대하다. 그리고 도에서 날마다 새로움을 살아가는 데서 덕으로 삼으면 융성해진다. 이 구절은 앞 구절의 의미를 거듭 밝히고 있다. 그래서 덕행의 융성함과 사업의 거대함이 『주역』의 이치가 아닌 것이 없고 사람의 성(性) 속에서 이루어진 것이 하는 것임을 미루어서 밝히고 있다.

'五十(오십)'으로 되어 있는 것이 있다.(齊論) 그러면 '50세에도 『주역』을 공부함으로써'가 될 것이다.

生生之謂易.

생겨나고 생겨남을 '역(易)'이라 한다.

此以下正言『易』之所自設, 皆一陰一陽之道, 而人性之全體也. '生生'者, 有其體, 而動幾必萌, 以顯諸仁; 有其藏, 必以時利見, 而效其用. 鼓萬物而不憂, 則無不可發見, 以興起富有日新之德業. 此性一而四端必萌, 萬善必興, 生生不已之幾. 而『易』之繇大衍而生數, 繇數而生爻, 繇爻而生卦, 繇卦而生變占, 繇變占而生天下之亹亹, 有源故不窮, 乘時故不悖, 皆即此道也.

이 이하에서는 『주역』이 모두 '한 번은 음이었다 한 번은 양이었다 함'의 도(道)와 사람 성(性)의 전체를 반영하여 이루어진 것임을 말하고 있다. '생겨나고 생겨남'이란 그 체(體)가 있어서 움직임의 기미[幾]가 반드시 싹을 틔워 어짊[仁]으로 환히 드러남이다. 그리고 저장된 채 드러나지 않는 은밀함이 있어서 반드시 때에 맞추어 발현함을 이롭게 하며 그 용(用)을 드러낸다. 만물을 고취하면서도 근심하지 않으니, 그 어떤 것이든 피어나 드러남으로써 풍부하게 있고 날마다 새로워지게 하는 덕행과 위업을 일으킬 수 있다. 이 성(性)은 하나지만 인・의・예・지의 네 단서가 반드시 싹을 틔운다. 그래서 온갖 선함이 반드시 일어나 끝이 없이 생하고 생하는 기미[幾]를 일으킨다.
그런데 『주역』은 대연지수를 근간으로 하여 시초의 수를 헤아리고, 그 수를 근간으로 하여 효(爻)를 뽑아내며, 이렇게 해서 뽑아낸 여섯 효를 바탕으로 하나의 괘를 이룬다. 그리고 이 괘를 바탕으로 하여 변효를 가지고 점(占)을 치고, 변효에 의한 점을 통해 온 세상 사람들이

목표한 것을 이루며 열심히 살아가도록 한다. 그래서 근원이 있기 때문에 궁색하지 않고, 때를 타고 드러나니 어기어지지 않는다. 이는 모두 이 도(道)를 바탕으로 하여 이루어지는 것이다.

成象之謂乾, 效法之謂坤.

상(象)을 이루는 것을 건(乾)이라 하고, 이미 이루어진 자취를 드러내는 것을 '곤(坤)'이라 한다.

'效', 呈也, 法已成之迹也. 仁之必顯, 藏有其用, 則吾性中知之所至, 在事功未著之先, 有一始終現成之象, 以應天下之險而不昧其條理者. 『易』之'乾'以知而大始者, 即此道也. 仁凝爲德, 用成乎業, 則吾性中能之所充, 順所知之理, 盡呈其法則, 以通天下之阻而不爽於其始者, 『易』之'坤'以能而成物者, 即此道也. 分言之, 則'乾'陽'坤'陰; 合言之, 則'乾'以陰爲體而起用, 陰以'乾'爲用而成體. 知能竝行, 而不離一陰一陽之道, 法象皆備, 繼之於人, 所以合健順而成善也.

'效(효)'는 노정(露呈)함을 의미하는데, 법칙들이 이미 이루어진 자취들을 의미한다. 어짊[仁]은 반드시 환히 드러나고, 은미하게 저장된 것에는 반드시 그 쓰임[用]이 있다. 그래서 우리들 성(性) 속의 앎이 이른 곳에는 아직 일의 이루어진 결과가 드러나기에 앞서서 원래부터 줄곧 있던 하나의 상(象)이 있다. 그래서 이것을 가지고 이 세상의 험난함에 응하며 그 조리에 어둡지 않은 것이다. 『주역』의 건(乾)이 앎으로써 위대한 시작을 이루는 것이 바로 이 원리에 의한 것이다. 그리고 어짊은 엉겨서 덕을 이루고 쓰임은 사업을 이루는데, 우리들 성(性) 속에서 능함을 꽉 채우고 있는 것들이 알고 있는 바의 이치에 순종하며 그 법칙을 다 드러낸다. 이렇게 함으로써 온 세상의 막힘을 통하게 하며 그 시초와 어긋나지 않는 것이다. 『주역』의 곤(坤)이 능함으로써 만물을 이룸은 바로 이러한 원리에 의한 것이다.

그래서 나누어 말하면 건(乾)의 양・곤(坤)의 음이지만, 합해서 말하면 '건'은 음을 몸으로 하여 작용을 일으키고 '곤'은 양을 작용으로 하여 몸을 이룬다. 이렇게 앎[知]과 능함[能]은 함께 행하며 '한 번은 음이었다 한 번은 양이었다 함(一陰一陽)'의 도(道)로부터 분리되지 않는다. 그래서 자연계의 현상을 모두 갖춘 것이 사람에게 계승된다. 그렇기 때문에 씩씩함[健]・순종함[順]을 합하여서 선함을 이루는 것이다.

極數知來之謂占. 通變之謂事.

시초(蓍草)의 수를 끝까지 다 헤아려서 앞으로 올 일을 아는 것을 점(占)이라 한다. 변함에 통함[1097]을 사업이라 한다.

'極', 根極之也. '事'謂既占而利用之以成乎事也. 善以成性, 而性皆善, 故德業皆一陰一陽之善所生, 修此則吉, 悖此則凶. 吉凶未形, 而善不

1097) '변함에 통함'이란 우리가 살아가면서 마주치게 될 다양한 변수(變數)를 의미한다. 여기에는 점(占)을 통해서 다양한 변수들을 미리 알고, 그래서 사업을 잘 이루어낸다는 의미가 들어 있다.

善之理可以前知, 不爽乎其數.『易』之有占, 率此道也. 鼓萬物而不憂者, 一吾性固有之道, 故盡其性以通人物之性, 則物無不可用, 事無不可爲, 極乎變而不失其貞.『易』之備物理之不齊, 以詔人因時而立事者, 率此道也.

'極(극)'은 근본까지 이른다는 의미다. '事(사)'는 점을 치고서 그것을 이용하여 사업을 이루어냄을 의미한다. 도(道)의 선함이 사람의 성(性)을 이루었으니 사람의 성은 모두 선하다. 그러므로 사람이 이루는 덕행과 위업은 모두 '한 번은 음이었다 한 번은 양이었다 함'의 선함이 낳은 것으로서, 이를 닦으면 길하고 어기면 흉하다. 그런데 길・흉은 아직 드러나지 않았다 하더라도 선할지[善]・선하지 아니할지[不善]의 이치는 앞서서 알 수가 있으며, 그 수에서 어긋나지 않는다.『주역』에 있는 점(占)들은 모두 이러한 원리를 따르고 있다.
만물을 고취하면서도 근심하지 않음이[1098] 한결같이 우리들 성(性) 속에 고유한 도(道)를 이루고 있기 때문에, 그 성을 다 실현함으로써 사람과 물(物)들의 성에 통하게 되면 어떤 물(物)이든 이용할 수 없는 것이 없고, 어떤 사업이든 할 수 없는 것이 없다. 설사 변함의 극치에 이른다 하더라도 그 올바름을 잃어버리지 않는다.『주역』이 물(物)들의 들쭉날쭉하여 죽 고르지 아니한 이치를 완비하고서 사람들에게 때에 맞게 일을 하도록 알려주는 것은 바로 이러한 원리를 따르는 것이다.

1098) 하늘의 도(道)를 의미한다. 여기서는 '한 번은 음이 되었다 한 번은 양이 되었다 함'의 도를 가리킨다. 이것은 보편의 원리를 지닌 것이기 때문에 특정한 대상의 불운에 대해 근심하거나 동정하지 않는다. 천지 만물에 모두 '무차별[無擇]'의 원리로 대할 뿐이다.

陰陽不測之謂神.

음일지 양일지를 가늠할 수 없는 것을 '신묘함[神]'이라 한다.

'神'者, 道之妙萬物者也. 『易』之所可見者象也, 可數者數也; 而立於吉凶之先, 無心於分而爲兩之際, 人謀之所不至, 其動靜無端, 莫之爲而爲者, 神也. 使陰陽有一成之則, 升降消長, 以漸而爲序, 以均而爲適, 則人可以私意測之, 而無所謂神矣.

'神(신)'은 도가 만물을 신묘하게 함이다. 『주역』에서 우리가 볼 수 있는 것은 상(象)이고 헤아릴 수 있는 것은 수(數)다. 길・흉으로 드러나기에 앞서서 50개의 시책(蓍策)을 무심히 둘로 나눌 즈음의, 인모(人謀)[1099] 도 이르지 못하고 움직임・고요함도 아직 단초가 없는 상황에서 그렇게 하도록 하지 않는데도 하는 것이 바로 신묘함이다. 이 신묘함이 음・양으로 하여금 한 번 이루어진 법칙이 있게 하니,[1100] 오르락내리락 하고 사라졌다 자라났다 하면서 점진적인 절차와 과정을 밟아 이미 결정된

1099) 왕부지는 '인모(人謀)'와 '귀모(鬼謀)'를 시초점을 치는 과정에 적용하여 설명한다. 즉 50개의 시책에서 하나를 뽑아 불용(不用)의 시책으로 놓고, '남은 49개의 시책을 무심히 둘로 나누는 것'을 '귀모'라 한다. 괘・효를 결정적으로 가르는 것은 바로 이 '귀모'에 있다. 둘로 나누어서 왼손에 몇 개, 오른손에 몇 개의 시책을 갖고 있는지가 그 괘・효를 결정하기 때문이다. 그리고 '둘로 나뉜 시책들을 각각 정해진 절차에 따라 기계적으로 헤아리는 것'을 '인모'라 한다. 이 '인모'의 단계에서는 가변(可變)의 요소가 없다. '귀모'에 의해 이미 결정된 것을 단순히 기계적으로 헤아리는 것일 뿐이기 때문이다.

1100) 귀모에 의해 49개의 시책을 왼손・오른손의 둘로 나눔을 묘사하는 말이다.

그대로를 고루 따라가 딱 들어맞게 된다.[1101] 이 단계에서는 사람이 제 나름대로 헤아릴 수 있어서 '신묘함'이라 하지 않는다.

夫性, 一也, 皆繼道以生之善也. 然而聖人有憂, 仁知有其偏見, 百姓用而不知, 唯至健至順之極變化以周於險阻者, 無擇無端, 而時至幾生於不容已, 莫能測也. 『易』唯以此體其無方, 爲其無體, 周流六虛, 無有典要, 因時順變, 不主故常, 則性載神以盡用, 神帥性以達權之道至矣. 一陰一陽者, 原不測也. 以此益知'一之一之'云者, 非一彼而即一此, 如組織之相間, 而拂乎神之无方 · 乖乎道之各得, 明矣. 然則列次序, 列方位, 方而矩之, 圓而規之, 整齊排比, 擧一隅則三隅盡見, 截然四塊八段以爲易, 豈非可觀之小道, 而鬻術之小人亦可以其小慧成法, 坐而測之乎!

사람의 성(性)은 누구에게나 똑같으며 선하다. 이 선함은 '한 번은 음이었다 한 번은 양이었다 함(一陰一陽)'의 도(道)를 계승하여 사람을 낳은 그것이다. 그러나 성인들에게는 근심함이 있어서 그 어짊[仁]과 앎[知]에 치우치게 봄이 있다. 그리고 백성들은 이를 이용하면서도 모른다. 오직 지극히 씩씩함 · 지극히 순종함으로서 변화의 극치를 이루며 험난함과

1101) 시초를 헤아리는[揲蓍] 과정의 4영(四營)과 18변(變)에 의해 하나의 괘를 뽑아내는 과정에 대해 서술한 것이다. 이것이 인모(人謀)의 과정이다. 이 과정에서는 이미 왼손 · 오른손으로 나뉜 시초들을 단순히 기계적으로 헤아려서 분별해내기 때문에, 둘로 나뉘는 과정에서 이미 결정된 그대로를 따라가게 되어 있다.

막힘까지를 두루 아우르는 것만은 사사로이 선택함도 없고 단초(端初)도 없다. 그리고 잠시도 그침이 없는 속에서 때가 되면 기미[幾]로서 생겨난다. 그래서 우리들로서는 가늠할 수가 없다. 『주역』은 오직 이러함으로써 그 '정해진 곳이 없음[無方]'을 체현하고 그 '정해진 몸이 없음[無體]'을 행하는데[1102], 비어 있는 여섯 위(位)에 두루 유행하며[周流六虛] 일정불변한 틀을 만들어 다른 괘들에도 일률적으로 적용함이 없다.[1103] 그리고 때에 맞추고 변함에 순종할 뿐, 이전 것만을 고집하며 꼭 그대로 따르겠다고 함도 없다. 그래서 『주역』에는 사람의 성(性)이 신묘함을 싣고서 이용함을 다하는 원리와 신묘함이 사람의 성을 통솔하여 그때그때에 딱 들어맞게 하는 원리가 지극한 것이다.

'한 번은 음이었다 한 번은 양이었다 함'은 원래 가늠할 수 없다. 이를 통해 우리는 '한 번은 ~이었다 한 번은 ~이었다 함(一之一之)'이라는 것이, 베를 짤 때 한 번씩 한 번씩 번갈아 교차하며 짜 올라가는 것처럼, 한 번씩 저것 아니면 이것의 방식으로 이루어지는 것이 아니라는 것을 알 수 있다. 아울러 우리는 또 이러한 방식으로 하는 것은 '신묘함에는 정해진 곳이 없다(神无方)'고 함이나 '천하 만물이 도(道)를 각기 얻고 있다(道之各得)'고 함에도 어긋남을 분명히 알 수 있겠다. 그런데 차례대로 방위에 따라 배열해 놓되, 곱자(矩)로 그린 듯 네모반듯하게 또 그림쇠(規)로 그린 듯 원에 딱 맞추어서 나름대로의 원리에 따라 일정 비례에

1102) 「계사상전」 제4장의 '신묘함에는 정해진 곳이 없고, 『주역』에는 정해진 몸이 없다.[神无方而『易』无體]'는 말을 원용하고 있는 말이다.

1103) 역시 「계사하전」 제8장의 '비어 있는 여섯 위(位)에 두루 유행한다[周流六虛]'고 함과 '일정불변한 틀을 만들어 다른 괘들에도 일률적으로 적용해서는 안 된다[不可爲典要]'는 말을 원용한 것임.

맞게 가지런히 배열해 놓은 것들이 있다. 이것들은 한 구석을 들면 다른 세 구석도 덩달아 다 드러난다.[1104] 그래서 네 무더기와 여덟 단(段)으로 잘라내서 『주역』으로 삼고 있다.[1105] 이것들이 어찌 그저 보아줄 만한 쪼그만 도(道)가 아니리요! 그리하여 재주 팔아먹는 소인배들도 그 작은 지혜로 하나의 법을 만들어 길거리에 쪼그리고 앉아 점(占)을 치고 있는 것이로다!

1104) 원래 이 말은 공자가 가르침의 원리로 제시한 것이다. 공자는 배우는 이가 "마음에서 통하지 않아 애달아하지 않으면 가르쳐주지 말고, 입으로 표현이 안 되어 답답해하지 않으면 가르쳐주지 마라! 한 귀퉁이를 들어주었는데 나머지 세 귀퉁이를 들어서 상응해오지 않는다면 다시 가르쳐주지 않는다.(『論語』, 「述而」: 不憤不啟, 不悱不發. 擧一隅, 不以三隅反, 則不復也.)"라고 하였다. 공자가 이 말을 할 적에나, 왕부지가 여기서 이런 논지를 펴는 것에서나, 모두 네모는 정해져 있으니 한 귀퉁이를 들면 나머지는 덩달아 자동적으로 결정된다는 것이 전제되어 있다.

1105) 예컨대 소옹(邵雍)의 「선천방원도」를 가리키는 것 같다. 이 도(圖)에서는 '하늘은 둥글고 땅은 네모지다[天圓地方]'는 원리에 따라 원과 네모로 64괘를 배열하고 있다. 여기서 '원도(原圖)'는 동서남북을 기준으로 하여 넷으로 가를 수 있고, '방도(方圖)'는 8단(段)으로 되어 있다. 그리고 이 「선천방원도」의 배열 원리는 팔괘의 생성 순서와 운용의 원리다. (앞면 그림 4. 「복희64괘방위지도」 참조)

第六章
제6장

『易』統天道 · 人道, 以著象而立教, 而其爲天人之統宗, 唯'乾' · '坤'則一也. 此章之指與第一章略同. 而此章分言天道, 下章分言人道, 以申明之.

『주역』은 하늘의 도와 사람의 도를 통괄하여 상을 드러내는 방식으로 가르침을 세우고 있다. 그런데 이 『주역』이 하늘과 사람을 통괄하는 조종(祖宗)이 되는 것은 오직 건괘 · 곤괘가 하나로 하고 있기 때문이다. 이 장의 뜻은 제1장과 대략 같다. 이 장에서는 하늘의 도를 나누어 말하고 있는데, 다음 장에서는 사람의 도를 나누어 말함으로써 이를 거듭 밝히고 있다.

夫『易』廣矣, 大矣, 以言乎遠則不禦, 以言乎邇則靜而正, 以言乎天地之間則備矣.

아, 『주역』은 넓고도 크도다. 멀리 있는 것들을 말한 것은 중간에 막히지 않고, 가까이 있는 것들을 말한 것은 고요하고 올바르다. 하늘과 땅 사이를 말하고 있으니, 모든 것이 완비되어 있도다.

'廣'者, 包括富而暨被遠也; '大'者, 規模弘而發生盛也; 謂象與辭所該之義也. '遠'者, 推而達乎萬變; '邇'者, 反而驗之日用也. '不禦', 於理皆無所滯也; '靜而正', 不待動而俱得其常理也. '天地之間', 兩間所有之物理氣化也; '備'者, 盡其變蓍之數也. 此極贊『易』道之大, 而下推其廣大之繇, 唯'乾'·'坤'以統之.

'廣(광)'이란 포괄함이 풍부하고 멀리까지 미친다는 의미다. '大(대)'는 규모가 방대하고 발생함이 융성하다는 의미다. 이것들은 괘·효상과 괘·효사가 갖추고 있는 의미가 그러하다는 말이다. '遠(원)'이라는 말은 미루어 모든 변함에 다 이른다는 의미다. 그리고 '邇(이)'라는 말은 우리들 자신에게로 돌이켜 일상생활에서 징험한다는 의미다. '막히지 않음'이란 어떤 이치에 대해서든 모두 막힘이 없다는 의미다. '고요하고 올바르다'는 것은 꼭 움직임에 의거하지 않더라도 그 항상됨의 이치를 갖추고 있다는 의미다. '하늘과 땅 사이'란 하늘과 땅 사이에 존재하는 물(物)들의 이치와 기(氣)의 지어냄[造化]을 말한다. '완비되어 있도다'라고 한 것은 『주역』이 그 무수하게 다양한 변이의 수를 다 드러낼 수 있다는 말이다. 이 구절은 『주역』의 도(道)가 크다는 것을 극찬하고 있다. 아래에서는 이렇게 넓고 큰 『주역』의 도(道)를 오직 건(乾)·곤(坤)이 통괄한다는 것을 논하고 있다.

夫'乾', 其靜也專, 其動也直, 是以大生焉. 夫'坤', 其靜也翕, 其動也闢, 是以廣生焉.

대저 건(乾)은 고요함에서는 전일(專一)하고, 그 움직임에서는 굽힘이 없이 곧다. 그래서 크게 낳는다. 곤(坤)은 그 고요함에서는 거두어들여 저장하고 있고, 그 움직임에서는 활짝 연다. 그래서 넓게 낳는다.

'静'者言其體; '動', 其用也. '專'與摶・團通, 圜而聚也, 陽氣渾淪團合而無間之謂. '直', 行而無所詘也. '翕', 收斂含藏, 而所包者富. '闢', 啟戶以受陽之施, 順而不拒也. '生', 以化理言之, 則萬物之發生; 以爻象言之, 則六十二卦・三百八十四爻, 皆一陰一陽之所生; 以德言之, 則健於知而'大明終始', 順於作而'行地無疆'也. '乾'・'坤'之生, 廣大如此, 故『周易』竝建以爲首, 而六十二卦之錯綜以備物化, 而天道盡於此也.

'고요함'은 그 본체(體)를 말한 것이고 '움직임'은 그 작용(用)에 대해 말한 것이다. 이 '專(전)' 자는 摶(단)이나 團(단) 자와 의미가 통한다. 이는 둥글게 응취한 것을 말하는데, 양기가 이것저것 구분하지 않은 시원의 상태 그대로 전혀 빈틈이 없이 둥글게 뭉쳐있음을 말한다. '直(직)'은 행함에서 굽힘이 없음을 말한다. '翕(흡)'은 거두어들여서 함유・저장하고 있어서 휩싸고 있는 것이 풍부함을 의미한다. '闢(벽)'은 문을 활짝 열고 양(陽)의 베풂을 받아들이며 순종할 뿐 거절하지 않음을 의미한다. '낳는다'는 것은 지어내는[造化] 이치를 가지고 말한 것이다. 즉 만물을 발생시킨다는 의미다. 이를 효(爻)의 상(象)으로써 말한다면, 62괘・384효가 모두 '한 번은 음이었다 한 번은 양이었다 함'에 의해 생겨남을 의미한다. 그리고 덕으로써 말한다면, 앎에서 씩씩하여 '위대한 밝음이 처음과 끝을 관통하고', 지어냄에 순종하여 '땅을 다님이 끝이 없다'는 것이다. 건・곤이 생함은 넓고 크기가 이와 같다. 그러므로 『주역』에서는 이들 두 괘를 아울러 머리로 세우고 있으며 나머지 62괘는 착(錯)・종(綜)의 방식으로 물(物)들의 지어냄[造化]을 갖추고 있다. 하늘의 도(道)가 이러함에서 다 드러난다.

廣大配天地, 變通配四時, 陰陽之義配日月, 易簡之善配至德.

넓고 큼은 천지와 합치하고 변하고 통함은 사계절과 합치한다. 음 · 양의 의로움은 해 · 달과 합치하고, 쉬움 · 간단함의 훌륭함은 지극한 덕과 합치한다.

'配', 合也. '天地', 謂其大生・廣生也. '變'者, 陰變陽, 陽變陰, 爻之相間者也. '通', 陰陽自相通, 爻之相承者也. '四時', 春通夏而秋變之, 秋通冬而春變之. '陰陽之義'者, 陰以受陽之施爲義, 陽以施德於陰爲義. 日與月相映則明, 同道則晦, 掩日則蝕; 爻之初・四, 二・五, 陰陽相應則多吉, 柔乘剛則凶, '日月'之義也. '易簡', '乾'・'坤'之純也. 純乎剛則健而易, 純乎柔則順而簡. 括萬理於知能, 而純健純順, 則知之至, 行之成, 與天地'大明終始'・'承天時行'之至德合矣. '至德'猶『中庸』言'大德', 天地敦化之本也. 唯有此至德以敦其化, 故廣大之生, 變通之道, 陰陽倡和之義, 皆川流而不息. 『易』之首建'乾'・'坤'以備天道者, 以此.

'配(배)'는 합치한다는 의미다. '천지'는 크게 낳고 넓게 낳음을 가리킨다. '變(변)'은 음이 양으로 변하고 양이 음으로 변하는 것으로서, 효(爻)가 앞쪽[嚮]・뒤쪽[背]으로 서로 엇갈리는 것을 말한다. '통함'은 음・양이 저절로 서로 통하며 효들이 서로 계승함을 의미한다. '사계절'이라 한 것은 봄이 여름으로 통하였다가 가을이 그것을 변화시키고, 가을이 겨울로 통하였다가 봄이 그것을 변화시키는 것을 말한다. '음・양의 의로움'이란, 음이 양의 베풂을 받아들임을 의로움으로 삼고, 양이 음에게 덕을 베풂을 의로움으로 삼는다는 것이다. 해와 달이 서로 비추면 달이 밝게 빛나고, 같은 길에 있으면 달이 어두우며, 달이 해를 가리면 해가 먹힌다. 그리고 효에서 초효와 4효, 2효와 5효의 음・양이 서로 응하면

많은 경우에 길하고, 부드러움[柔]이 굳셈[剛]을 올라타고 있으면 흉하다. 이것이 바로 '해 · 달'의 의로움이다.

'쉬움 · 간단함'은 건(乾) · 곤(坤)의 순수함이다. 굳셈에 순수하면 씩씩하고 쉬우며, 부드러움에 순수하면 순종하고 간단하다. 그래서 온갖 이치를 앎 · 능함 속에 포괄한다. 그리고 씩씩함에 순수하고 순종함에 순수하면, 앎이 이르고 행함이 이루어져서 하늘의 '위대한 밝음이 처음과 끝을 관통함' 및 땅의 '하늘을 받들며 때에 맞게 행함'의 지극한 덕과 합치하게 된다. 여기서 '지극한 덕'이라 한 것은 『중용』에서 '큰 덕'이라 한 것과 비슷하다. 이는 하늘과 땅이 두텁게 지어내는 것의 근본이다. 오직 이렇게 지극한 덕이 있어서 그 지어냄[造化]을 두텁게 하기 때문에 넓고 크게 낳음, 변함에 통하는 도(道), 음 · 양이 부르짖고 화답하는 의로움이 모두 물길을 따라 흘러가는 물처럼 쉼이 없다. 『주역』에서 건괘 · 곤괘 두 괘를 머리에 세움으로써 하늘의 도(道)에 대비한 것은 바로 이러한 까닭에서다.

第七章
제7장

此章分言『易』盡乎人道, 而'乾'·'坤'統之. 其曰, "聖人所以崇德而廣業.", 而非但曰, "聖人所以占吉凶而審利害."; 聖人之言, 炳如日星, 奈何曰『易』但爲卜筮之書, 非學者所宜讀也!

이 장에서는 『주역』이 사람의 길[人道]을 다 드러내고 있다는 것과 이를 건(乾)·곤(坤)이 통괄하고 있다는 것을 나누어 말하고 있다. 그런데 여기서 "성인들께서 덕을 높이고 위업을 넓힌 것이다."라고 하였지, 단지 "성인들께서 길한지 흉한지를 점치고 이로운지 해로운지를 살폈다."라고만 말하지 않고 있다. 성인들의 말씀은 마치 저 하늘의 태양이나 별처럼 밝은 것이다. 그런데 어찌 "『주역』은 단지 점치기 위한 책이니 배우는 이들로서는 읽기에 마땅치 않다."고 하는가!

子曰: 『易』其至矣乎! 夫『易』, 聖人所以崇德而廣業也.

공자: 『주역』은 그 지극한 것이로다! 대저 『주역』은 성인들께서 덕을 높이고 위업을 넓힌 것이다.

'崇德'者, 日進於高明; '廣業'者, 立焉而固, 行焉而順也. 不崇, 則執近小以爲德而不弘; 不廣, 則業不切於事理而不足以行遠. 此聖學之極致, 而作聖者不容舍此而有歧趨, 則志學之初, 亦必以此爲聖功之準則,故曰'至矣'.

'덕을 높임'이란 덕이 날로 높고 밝은 경지에로 나아간다는 말이다. '위업을 넓힘'이란 서 있음에서는 굳건하고 행동함에서는 순종한다는 의미다. 높지 않으면 가깝고 작은 것에 집착하여 이것을 덕으로 삼기 때문에 크지가 않다. 그리고 넓지 않으면 사업이 일의 이치에 딱 들어맞지도 않고 멀리까지 미치지도 못한다. 여기서 말하는 것이 성인이 되는 배움의 극치다. 성인이 되려 하는 이는 이러함을 놓아두고 다른 길로 가서는 안 된다. 배움에 뜻을 둔 초학자도 반드시 이러함을 성인이 되는 공(功)을 이룰 준칙으로 삼아야 한다. 그러므로 '지극한 것이도다'라고 한 것이다.

知崇禮卑, 崇效天, 卑法地.

앎은 높이고 예(禮)는 낮추니, 높임은 하늘을 본받음이요 낮춤은 땅을 본받음이다.

無私意私欲之累而達於化, 知之崇所以崇德也. 謹小愼微, 循乎天理之秩序而不敢踰越, 禮之卑所以廣業也. 此聖學也, 而所效法者天地. 天地者, '乾'·'坤'之法象, 崇卑之至者也. 剛而不屈, 健行而不息, 法天之崇而知無不徹; 柔而不亢, 順理而無違, 法地之卑而禮無不中. 聖之所以希天, 而『易』'乾''坤'竝建, 則下學上達之義備著於斯矣.

사사로운 의도와 욕구에 얽매임이 없이 지어냄[造化]에 통달하는 것이 바로 앎이 높은 것이다. 이렇게 함으로써 덕을 높이게 된다. 그리고 작고 은미한 것들에 대해서도 삼가며 천리의 질서를 따를 뿐 감히 이를 유린하거나 뛰어넘지 않는 것이 예(禮)의 낮춤이다. 이렇게 함으로써 위업을 넓히게 된다. 이것이 성인이 되는 배움이며, 하늘과 땅을 본보기로 하여 본받는 것이다. 하늘과 땅은 건괘 · 곤괘 두 괘가 본받아 상(象)을 드러내고 있는 것들로서 높임과 낮춤이 지극한 것들이다. 굳세며 굽히지 않고 씩씩하게 가며 쉬지 않음은 하늘의 높임을 본받음으로서 앎에 밝지 않음이 없는 것이다. 그리고 부드러우며 저항하지 않고 이치에 순종할 뿐 어기지 않음은 땅의 낮춤을 본받음으로서 행하는 예(禮)가 절도에 들어맞지 않음이 없는 것이다. 성인들께서는 이렇게 함으로써 하늘의 도를 실현하려 한다. 그리고 『주역』에서는 건괘 · 곤괘 두 괘를 아울러 세운 것이다. 그래서 '작고 일상적인 것부터 배워 나아가 궁극에 가서는 최고의 경지에 오름[下學而上達]'의 의미가 이러한 속에 다 갖추어져 있다.

天地設位, 而『易』行乎其中矣. 成性存存, 道義之門.

하늘과 땅이 제 위치를 잡고 있으니 『주역』의 원리가 그 속에서 행해진다. 성(性)을 이루고 존재하는 것을 존재하게 하는 것이 도(道)와 의로움의 문이다.

崇卑之位設, 而卦象 · 爻辭所有之德業行乎其中. 非但其位然也, 天位崇而健德行焉, 地位卑而順德行焉, 一陰一陽之道, 主持之精理存矣. '成性'者, 此一陰一陽健順知能之道, 成乎人而爲性, 則知以致知, 禮以敦行, 固其性之本有也. '存存', 存其所存也. 存乎人者, 因而存之, 則道義皆繇此出矣. 知以極道之藏, 而道凝爲德; 禮以顯義之實, 而義分乎業. 一崇一卑之分明而相得以合, 下學上達, 聖功成矣.

하늘과 땅이 높고 낮게 그 위치를 잡고 있으니, 괘상과 효사들 속에 담긴 덕과 위업이 그 속에서 행해진다. 꼭 그 위(位)만 그러한 것이 아니다. 하늘의 위치는 높아서 씩씩함의 덕이 행해지고 땅의 위치는 낮아서 순종함의 덕이 행해지니, '한 번은 음이었다 한 번은 양이었다 함'의 도(道)가 주체적으로 맡아서 함의 정밀한 이치가 존재하는 것이다.
'成性(성성)'이란, 이 '한 번은 음이었다 한 번은 양이었다 함'의 씩씩함[健]・순종함[順] 및 앎・능함의 도가 사람들에게서 이루어진다는 의미다. 그래서 사람은 지식에 의해서 앎을 이루고 예(禮)에 의해서 행위를 돈독히 하는 것인데, 이는 본디 그 성(性) 속에 있는 것이다. '存存(존존)'이란 그 존재하는 바를 존재하게 한다는 의미다. 사람에게 존재하는 것은 이로 말미암아 존재하는 것이니 도(道)와 의로움이 모두 이를 통하여 나온다.
앎을 통해 우리는 도(道)의 저장됨을 극에 이르게 할 수 있다. 이렇게 하면 우리들에게서 도가 엉겨서 덕이 된다. 그리고 예(禮)를 통하여 의로움의 실질을 환히 드러낼 수 있으니, 우리들이 하는 사업들 속에 의로움이 나뉘어 자리 잡는다. 이처럼 한 번은 높이고 한 번은 낮춤이 분명함 속에서 서로 합치하여서는, 작고 일상적인 것부터 배워 나아가 궁극에 가서는 최고의 경지에 오르게 되고, 성인이 되는 공덕이 성취되는 것이다.

夫人之所以'罔克繇聖'者無他, 知見不出近小之域, 而不謹於理以自逸爾. 聖人效天法地, 唯健順而已矣. 故『易』者聖人致知復禮之極功, 夫子所謂卒學而無大過也. 於此推極其實, 而要歸之於知禮, 以使學者循循於博文約禮而上達於天德, 意至切矣. 世儒不審, 乃謂『易』爲盈虛消息之道, 聖人學之以審於進退而不致亢龍之悔, 乃王弼·何晏師老莊之機械以避禍而瓦全之術, 其與聖人知必極高明·禮必盡精微之道, 天地懸隔. '乾'·'坤'純而德業盛, 何嘗以處錞用沖爲存性之功乎!

사람이 '성인이 하는 대로 하지 못하는'[1106] 까닭은 다른 것이 아니다. 견문이 그저 제 주변의 쪼끄마한 영역을 벗어나지 못하고 이치를 삼가 잘 살펴서 하지 않으면서 스스로 안일에 빠지기 때문이다. 그런데 성인들께서 하늘과 땅에서 본받은 것은 오직 씩씩함[健]·순종함[順]일 뿐이다. 그러므로 『주역』에는 성인들께서 앎을 이루고[致知] 예를 회복하였던[復禮] 지극히 훌륭한 공덕이 담겨 있다. 그래서 공자님께서도 "마침내 『주역』을 공부함(學『易』)으로써 큰 과오를 없앨 수 있었다."라고 말씀하셨던 것이다. 그런데 지금 이 구절에서는 그 실질을 궁극까지 미루어 '예를 앎[知禮]'으로 귀결시킴으로써, 배우는 이들로 하여금 고분고분하며 차근차근히 사람 세상을 빛나게 하는 것들을 널리 섭렵하여 거기에서 예를 간추려 내고[博文約禮] 궁극적으로는 하늘의 덕[天德]에 통달하도록 하고 있다. 그러니 그 뜻이 지극히 절실하다고 할 것이다.

그런데도 세상의 유학자들 가운데는 이를 알아차리지 못하고 그저 "『주역』은 찼다 기울었다, 또 꺼졌다 자라났다 하는 원리를 담고 있으니, 성인께서는 이를 배워 언제 세상에 나아가야 하고(進) 언제 물러나야

1106) 『서경』, 「주서(周書)」, 「군진(君陳)」 편에 나오는 내용이다. 거기에서는, 사람들이 성인을 만나지 못할 적에는 제멋대로 행동하면서 자신이 성인을 만날 수 없으리라 하고, 정작 성인을 만나게 되어서는 성인들처럼 할 수 없다고 여기니, 이를 경계해야 한다는 것이다.(凡人未見聖, 若不克見; 旣見聖, 亦不克由聖. 爾其戒哉.)

할지(退)를 살핌으로써 항룡(亢龍)의 후회함에 이르지 않게 되었다."고 주둥이를 나불거린다. 이에 왕필과 하안(何晏)은 노자 · 장자의 장치를 본보기로 삼아 화를 피하고 구차하게 목숨을 보존하는 술(術)을 지어내게 되었다. 이것과 성인들께서 앎으로는 반드시 고명함에 이르렀고 예(禮)에서는 반드시 은미한 것까지 찬찬히 살피신 도(道)와는 하늘과 땅만큼 차이가 난다. 건(乾) · 곤(坤)은 순수하며 그 덕과 위업이 융성하거늘, 무엇 때문에 구태여 낮은 데로 처함과 텅 빔을 사용함을 가지고서 성(性)을 보존하는 공(功)으로 삼으리오!

第八章
제8장

此章言『易』之義類深遠, 學者當精研其義, 以體之於日用, 而示筮者知變化災祥之理, 存於躬行之擬議, 勿徒以知吉知凶, 吉則恃之, 凶則委之於無可如何也.

이 장에서는 『주역』의 의미가 적용되는 부류가 심원하다는 것을 말해주고 있다. 그래서 배우는 이들은 마땅히 그 의미를 정성들여 연구함으로써 일상생활에서 체현하라고 한다. 그리고 점치는 이들이 변화와 재이(災異) · 상서(祥瑞)의 이치를 아느냐의 여부는 어떻게 몸소 실천할지를 견주어 보고 연역하여 따져 봄에 달려 있음을 보여주고 있다. 그래서 단지 길한지 흉한지만을 알고서는, 길하면 의지하려 들고 흉하면 나로서는 어찌할 수 없다는 식으로 내버려두지 말라고 하고 있다.

聖人有以見天下之賾, 而擬諸其形容, 象其物宜, 是故謂之象.

성인들께서는 이 세상의 다양한 것들을 보고 그 생김새에서 의미를 끌어내어 물(物)들의 알맞음을 상(象)으로 드러내었다. 그래서 '상(象)'이라 한다.

'象'謂大象. 物之生, 器之成, 氣化之消長, 世運之治亂, 人事之順逆, 學術事功之得失, 莫非一陰一陽之錯綜所就, 而宜不宜者因乎時位, 故聖人畫卦而爲之名, 繫之象以擬而象之, 皆所以示人應天下之至賾者也.

여기서 '상'은 대상(大象)으로서 한 괘 전체의 상(象)을 의미한다. 만물의 생겨남, 기물(器物)의 이루어짐, 기(氣)에 의한 지어냄[造化]의 사라졌다 자라났다 함, 세운(世運)의 태평함과 혼란함, 사람 일의 순조로움과 힘듦, 학술과 사공(事功)의 득·실 등은 모두 '한 번은 음이었다 한 번은 양이었다 함'이 서로 뒤섞이며 이루어낸 것들이다. 그리고 적합함(宜)과 적합하지 않음(不宜)은 시(時)와 위(位)에 의한다. 그러므로 성인들께서는 괘를 그려 이름을 붙이고 괘사에 연계시켜 묘사하며 상(象)으로 드러내었다.

聖人有以見天下之動, 而觀其會通, 以行其典禮, 繫辭焉以斷其吉凶, 是故謂之爻.

성인들께서는 이 세상의 움직임을 보고 그 회통함을 살펴 전례(典禮)를 행하였으며, 거기에 사(辭)를 붙여서 길·흉을 단정하였다. 그래서 '효(爻)'라 한다.

'爻', 效也, 著於動而呈其占也. 卦者, 事物之定體; 爻, 其一時一事之幾也. '會', 所遇之適當乎此也. '通'者, 所遇之動適在於此, 而自通乎全卦之理也. '典禮', 常法也. 謂之禮者, 大經大法, 人官物曲之謂, 韓起見「易象」而謂"周禮在魯."是也. 古者國有大事, 謀及卿士, 下逮庶人, 猶未決焉, 乃以命著. 著非小人之敢褻用, 典禮之所取裁也. 會通者在一時一事, 而必因時以求當其不易之大法, 則典禮無不行矣. '吉凶'者, 得失之影響. 聖人之斷吉凶, 斷之以得失而已.

'爻(효)'는 드러낸다는 의미다. 움직임에서 현저하고 점(占)에서 그것이 드러난다는 것이다. 괘는 사(事)와 물(物)을 상징하는 정해진 몸이다. 그리고 효(爻)는 그 부분으로서 한때, 한 일의 기미(幾)를 드러내는 것이다. '會(회)'는 지금 당면하고 있는 일이 이렇게 점을 침에 마땅하다는 의미다. '通(통)'은 지금 당면하고 있는 천하의 움직임이 이렇게 함에 딱 알맞으며, 저절로 괘 전체의 이치에 통달하다는 의미다.

'전례(典禮)'는 항상된 법도(法度)다. 그런데 '예(禮)'라고 한 까닭은, 이것이 큰 도리・큰 법도로서 사람의 기관(器官)과 물(物)들의 성능(性能)이 이에 맞추어 발휘하기 때문이다.[1107] 한기(韓起)[1108]가 「역상(易象)」을

1107) 이 말은 『예기』에 근거가 있다. 『예기』에서는 예(禮)를, 하늘이 주관하는 때(天時)에 부합하는 것으로서 땅의 풍요로움에 펼쳐져 있고 귀신에 순종하는 것이라 하고 있다. 아울러 사람의 마음에 합치하는 것으로서 만물을 다스리는 것이라 하였다. 이러한 까닭에 하늘의 때에는 만물을 생겨나게 함이 있고, 땅의 이치에는 땅에 알맞음이 있으며, 사람의 기관(器官)에는 기능이 있고, 물(物)들의 성능에도 이로움이 있다고 하였다.(『禮記』, 「禮器」: 禮也者, 合於天時, 設於地財, 順於鬼神, 合於人心, 理萬物者也. 是故天時有生也, 地理有宜也, 人官有能也, 物曲有利也.)

보고 "주(周)나라의 예(禮)가 노(魯)나라에 있구나!"라고 하였던 것은 바로 이러한 점에 배경을 두고 있다.1109) 옛날에 나라에 큰일이 있을

1108) 한기(?~B.C.514)는 이름이 기(起)이고 시호는 '선(宣)'이다. 그래서 역사에서는 그를 '한선자(韓宣子)'라고 부른다. 춘추시대 진(晉)나라 한헌자(韓獻子)의 서자였는데, 그의 적형(嫡兄) 한무기(韓無忌)가 불치의 병이 있어서 형을 대신해 아버지의 지위를 이어받았다. 나중에는 상군좌(上軍佐), 정경(正卿) 및 중군장(中軍將)까지 겸임하였다. B.C.514년 죽을 때까지 52년 동안 재임하였다.

1109) 『춘추좌씨전』에 이 기록이 있다. 노(魯)나라 소공(昭公) 2년에 소공이 진(晉)나라의 제후 한선자(韓宣子)를 초빙하였다. 자신이 새로 정사를 맡게 되었노라고 알리는 일환이니, 한선자로서는 예방하는 것이 예(禮)에 맞는다고 하고 있다. 온 김에 한선자는 노나라의 태사(太史)에게서 노나라에 보관 중인 여러 문헌을 빌려 보았다. 그중에 「역상(易象)」과 「춘추(春秋)」를 보고서는 "주(周)나라의 예가 노나라에 다 있구나. 나는 이제야 주공의 덕과 주나라가 왜 천자의 나라가 되었는지를 알겠노라."(『춘추좌씨전』, 소공 2년 조: 二年春, 晉侯使韓宣子來聘, 且告爲政, 而來見, 禮也. 觀書於大史氏, 見「易象」與魯「春秋」, 曰, "周禮盡在魯矣, 吾乃今知周公之德與周之所以王也.")라고 말했다. 노나라가 주공의 봉지(封地)이기 때문에 한선자가 이렇게 주공을 적시한 것으로 보인다.

이곳 「역상」에 대해서는 여러 학자들의 설이 분분하다. 『주역』을 가리키는 것이라는 설도 있고, 오늘날의 『주역』의 만들어지기 이전의 자료라는 설도 있다. 또 '역(易)'과 '상(象)'을 하나로 보아야 하는지 따로 보아야 하는지에 대해서도 통일된 견해가 없다. 이것을 가름하는 것이 여기서는 근본 문제가 아니므로 그냥 『주역』과 관련된 옛 문헌 중의 하나로 처리하고 넘어가기로 한다. 다만 중요한 것은, 이 「역상」이 시초점과 관련된 하나의 전적(典籍)이고, 이를 보고서 한선자가 주나라의 예(禮)가 노나라에 다 있다고 한 점이다. 왕부지는 그래서 이 「계사전」 구절의 '전례(典禮)'를 이와 관련지어서 풀이하고 있는 것이다. 이렇게 보면 이 '전례'는 시초점을 치는 의식(儀式)과 그 결과를 가지고 행하는 의식(儀式) 및 시초점 치는 데서 참고하는 문헌을

적에는 경(卿)·사(士)들에게서 도모하였고 아래로 일반 사람들에게까지 자문을 구하였다. 이렇게 하고서도 미처 결정이 나지 않을 경우에는 시초점을 치게 하였다. 그런데 이 시초점은 일반 백성들로서는 감히 더럽히며 사용할 수 있는 것이 아니었고, 문제가 되는 일을 결정하기 위해 국가 차원에서 전례(典禮)의 형식으로 엄격하게 시행하는 것이었다. 그리고 시초점을 통해 알아내는 것은 한때·한 일에 국한된 것이지만, 반드시 그 때에 가장 알맞음을 통해 결코 바뀔 수 없는 큰 법도를 구하는 것이니, 전례가 행해지지 않음이 없었던 것이다. 길·흉은 득·실의 그림자이고 메아리다. 그러므로 성인이 길·흉을 판단하였다고 하는 것은 사실은 득·실을 판단하는 것일 따름이다.

言天下之至賾而不可惡也, 言天下之至動而不可亂也.

이 세상의 지극히 다양한 것들을 말해주고 있어서 싫어할 수가 없고, 이 세상의 지극한 움직임을 말해주고 있어서 어지럽힐 수가 없다.

卦備天下之象, 極於賾矣, 而以辨剛柔消長之得失, 閑其邪而安於善, 故'不可惡'; 爻盡化機之變, 因於動矣, 而吉凶之故原本於卦德之順逆, 故'不可亂'; 皆可以詔君子之盡道, 而精於其義. 占者·學者, 決擇以制言動, 利害生死, 行法以俟, 自不犯物情之厭怒而亂其所守. 若後世「易林」·「火珠林」·「先天觀梅」之術, 言賾·言動而不察物宜, 不循典

포괄적으로 의미한다고 할 수 있다.

禮, 故屠販盜賊皆可就問利害, 是訓天下以亂, 而可惡甚矣.

괘에는 천하의 상(象)이 갖추어져 있는데, 다양한 것들을 지극하게 반영하고 있다. 이를 통해 굳셈[剛]・부드러움[柔]이 꺼졌다[消] 자라났다[長] 함에서의 득・실을 분별하게 하고, 사악함을 잠재우고 선함에 편안해하도록 한다. 그래서 '싫어할 수가 없다(不可惡)'고 한 것이다. 또 효는 이 우주의 지어내는 체제[化機]가 빚는 변함등을 다 드러내고 있는데, 움직임[動]을 바탕으로 한다. 그러나 길・흉으로 드러나게 되는 까닭은 근본적으로 괘의 덕(德)이 따름(順)이냐 거스름(逆)이냐에 달려 있다. 그러므로 '어지럽힐 수가 없다(不可亂)'고 한 것이다. 그리하여 모두 다 군자가 도를 다해야 하고 의로움에 온 마음을 기울여야 함을 알려주고 있다. 『주역』으로 점을 치는 사람과 『주역』으로 배움을 삼는 사람들은 결단하고 가려서 자신의 말과 행동을 통제해야 하며, 이로움과 해로움・사는 것과 죽는 것을 법도대로 행하며 기다려야 한다. 그래서 스스로 타자들이 싫어하고 노여워하는 것을 범하여 지켜야 할 바를 어지럽혀서는 안 된다. 그런데 후세의 「역림(易林)」[1110], 「화주림」, 「선천관매(先天觀梅)」[1111]와

1110) 한대(漢代)의 초공(焦贛)이 지은 것으로서 점치는 책이다. 모두 16권으로 되어 있다. 초공에 대해서는 주73), 1045) 등을 참고하라.

1111) 북송의 소옹(邵雍)이 경력(經曆) 연간(1041~1048)에 한 기인(奇人)으로부터 얻은 책인 『관매수(觀梅數)』에 의해 점을 치는 것을 말한다. 소옹이 이 책을 가지고 와서 매화나무를 보니 참새들이 싸우고 있었다. 이를 보고 이 책으로 점을 쳐보니 다음날 저녁에 이웃집 여인이 이 매화나무에서 꽃을 꺾다 떨어져 다리가 부러질 것임을 알게 되었다. 이렇게 해서 이 책을 가지고 점을 치게 되어서 책 이름을 이렇게 부르게 되었다. 아직 괘를 얻기 전에 먼저 수(數)를 통해 앞일을 알게 되므로 '선천(先天)'이라 한다. 이 책을

같은 술수들은 다양한 것들을 말하고 움직임을 말하면서도, 물(物)들의 알맞음을 살피지 않고 전례(典禮)를 따르지도 않는다. 그러므로 백정, 장사치는 물론 도둑놈들까지 이것들을 이용해 이로움과 해로움을 물을 수 있으니, 이는 혼란함을 통하여 이 세상에 교훈을 주는 것이다. 이것들은 우리가 꺼려야 할 점이 심하다.

擬之而後言, 議之而後動, 擬議以成其變化.

견주어 본 뒤에 말하고, 이리저리 연역하여 그 의미를 따져본 뒤에 움직이니, 견주어 보고 이리저리 연역하여 따져 봄으로써 그 변화를 이루어낸다.

上言聖人作『易』垂訓之正大, 而此言占者·學者之宜取法也. 占以謀其言動之宜, 學之所以善其言動, 唯在詳於擬議而已. '擬'者, 以己之所言, 絜之於『易』之辭, 審其合否. '議'者, 詳繹其變動得失所以然之義, 而酌己之從違. 成其變化, 言動因時, 研幾精義, 則有善通乎卦象爻辭, 而唯其所用, 無所滯也. 自此以下, 所引伸爻辭而推廣於修己治人之道, 皆擬議之精, 變化之妙也.

앞에서는 성인들께서 『주역』을 지어서 교훈을 드리우고 있는 것이 올바르고 크다는 것을 말했다면, 여기서는 『주역』으로 점을 치는 사람과 배우는 사람들에게 본받기에 마땅한 것이 무엇인지를 말하고 있다.

나중에 황종희(黃宗羲)가 편찬하고, 친히 서문을 썼다.

점은 말함과 행동함에서의 알맞음[宜]을 꾀하는 것이다. 그리고 배움을 통하여 말하고 행동하는 것들을 훌륭하게 할 수 있는 까닭은 오직 견주어 봄과 이리저리 따져봄을 상세히 하는 데 달려 있을 따름이다. '擬(의)'라는 것은 자기가 말한 바를 『주역』의 괘・효사에 가져다 견주어 보고 합치하는지의 여부를 살피는 것이다. 그리고 '議(의)'는 변하여 움직이고 득・실이 되게 하는 소이연(所以然)의 의미를 상세하게 이리저리 연역하여 따져 본 뒤 자신이 좇아야 할지 말아야 할지를 참작하는 것이다. 그리하여 그 변화를 이루어내고 하는 말과 행동이 때에 맞으며 기미[幾]를 잘 살펴서 의미를 정성들여 파악한다면, 괘상과 효사의 의미에 잘 통하게 될 것이고 오직 그 쓰는 곳에서도 막힘이 없을 것이다.

이 이하에서는 구체적으로 효사를 인용하여 풀이하며 수기(修己)・치인(治人)의 도에까지 미루어 넓히고 있다. 이는 모두 견주어 보고 이리저리 연역하여 따져 봄의 정심(精深)함과 변화의 오묘함이다.

"鳴鶴在陰, 其子和之, 我有好爵, 吾與爾靡之." 子曰: 君子居其室, 出其言善, 則千里之外應之, 況其邇者乎! 居其室, 出其言不善, 則千里之外違之, 況其邇者乎! 言出乎身, 加乎民; 行發乎邇, 見乎遠. 言行, 君子之樞機. 樞機之發, 榮辱之主也. 言行, 君子之所以動天地也, 可不愼乎!

학이 숲속 나무 그늘에서 우는데 그 새끼가 화답함이다. 나에게 좋은 술잔이 있는데, 나와 네가 연대하여 함께 어울리도록 하자. (중부괘䷼, 구이효사)

이에 대해 공자께서는 말씀하시기를, "군자가 집에서 평소 생활하면서 하는 말이 좋으면 천 리 밖에 있는 사람들도 호응하는 법이거늘, 하물며 가까운 데 있는 사람들이랴! 이에 비해 집에서 평소 생활하면서 하는 말이 좋지 않으면 천 리 밖에 있는 사람들도 어기는 법이거늘, 하물며 가까운 데 있는 사람들이랴! 말은 자신에게서 나와서 백성들에게 영향을 미치고, 행동은 가까운데서 발휘하여 먼 데서 드러난다. 말과 행동은 군자의 추기(樞機)다. 이 추기의 발현이 영화(榮華)를 가져오기도 하고 오욕(汚辱)을 가져오기도 하는 주인이다. 말과 행동은 군자가 천지를 진동하게 하는 것인데, 삼가지 않을 수 있겠는가!"라고 하였다.

此下七節, 皆擬議爻辭, 以精其變化之義, 略擧夫子所引伸之說, 見義味之深廣, 示學者當擬議之以言動, 勿徒視吉凶而憂喜, 類如此也. '中孚'九二, 但言鳴和靡爵之吉, 爲下孚初九·上靡六三之象. 而夫子推本於言行: 唯其爲鶴之鳴, 高潔而聲聞上徹於天·遠被於野, 故同類必和, 而異己可靡. '和'者, 邇相得也; '靡'者, 遠相慕也. '在陰', 居室而非行遠之事. 剛中而孚於下, 則其言善矣. 言·行皆重, 而詳言'言'者, 內卦'兌'爲口說, 於象爲鳴, 於人爲言, 以修身則行爲本, 以應物則言之感人爲速也. '樞', 戶樞啟閉之主; '機', 弩牙存發之要也. '動天地'者, 人之和戾, 災祥應之. '君子', 以位言. 愼之於出口擧足之間而天人交孚, 非可揣度物情·曲徇曹好而得倡和之榮也.

이하의 7절은 모두 효사를 견주어 보고 이리저리 연역하여 따져 봄으로써 그것이 변화하는 의미를 정심(精深)히 살핀 것인데, 공자께서 인용하며 의미를 거듭 밝힌 몇 가지를 들어서 의미가 깊고도 넓다는 것을 보여주고 있다. 이렇게 하여 『주역』으로 배움을 삼는 이들에게 마땅히 이들을 견주어 보고 이리저리 연역하여 따져 보아서 말을 하고 행동을 해야지 단순히 드러난 길・흉만을 보고서 근심하거나 기뻐해서는 안 된다고 함을 제시하고 있다. 관련된 부류가 이와 같은 것들이다.

중부괘䷼의 구이효사는 단지 울고 화답하며 술잔을 함께 기울이는 길함을 말하고 있는데, 이것이 아래로는 초구효에게 믿음을 주고 위로는 육삼효와 함께 어울리는 상(象)을 이루고 있다. 그런데 공자께서는 그 근본을 말과 행동으로 미루어가고 있다. 오직 그것이 학의 울음소리이기 때문에 고결하며 그 소리가 위로는 하늘로 퍼져 나아가고 멀리는 온 들판에 다 들린다는 것이다. 그러므로 같은 부류들이 반드시 화답하는 것이고 자기와 다른 이들도 함께 어울릴 수 있다는 것이다.

'화답함'이란 가까이 있는 이들끼리 서로 마음을 얻음이고, '연대하여 함께'란 멀리 있는 이들끼리 서로 사모함이다. '숲속 나무 그늘에서'라는 말은 집 안에서 평소 생활하며 멀리 가지 않는 일을 의미한다. 이 중부괘 구이효의 굳셈[剛]이 득중하여 아래에 있는 이에게 믿음을 주니 그 말이 선하다는 것이다. 말과 행동 모두 중요하다. 그런데 여기서 '말'에 대해 상세히 풀이한 까닭은 이 중부괘의 내괘가 태괘☱로서 입으로 말하는 것을 의미하기 때문이다. 이것이 상(象)으로는 학이 읊을 상징하고 사람에게서는 말이 된다. 그리고 수신에서는 행위가 근본이 되지만, 타자들을 응대하는 데서는 말이 사람들을 감화시킴이 신속하기 때문이다.

'樞(추)'는 참죽나무로 만든 문을 열고 닫게 하는 주축(主軸)이고, '機(기)'는 쇠뇌에서 화살을 올려놓기도 하고 발사하기도 하는 요체 부분이다. '천지를 진동하게 하는 것'이란 사람들이 화답하거나 어기는 것, 또 하늘이 재앙으로 응하거나 상서로움으로 응하는 것을 의미한다. 그리고 여기서 '군자'는 구이효의 위(位)를 가지고 말한 것이다. 군자는 입으로 말하고 행동으로 옮김에서 삼가니, 하늘과 사람이 교접하여 믿는다는 것을 의미한다. 결코 다른 사람들의 정황을 재보고 헤아리거나 자신을 굽히면서까지 뭇 사람들이 좋아하는 것을 따라줌으로써 부르짖고 화답함의 영예를 얻는다는 것이 아니다.

"同人, 先號咷而後笑." 子曰: 君子之道, 或出或處, 或黙或語. 二人同心, 其利斷金, 同心之言, 其臭如蘭.

사람과 한마음이 되어 어울림에서 먼저는 큰 소리로 울부짖지만 뒤에는 웃는다. (동인괘☰, 구오효사)

이에 대해서 공자께서는 말씀하시기를, "군자의 도(道)는 세상에 나가 참여하기도 하고, 있는 곳에 머물며 은거하기도 한다. 또 침묵하기도 하고, 말을 하기도 한다. 두 사람이 한마음이 되면 그 예리함이 쇠붙이도 절단 내는데, 한마음이 되어 나오는 말은 향기롭기가 마치 난의 향기와도 같다."라고 하였다.

'利', 銳利, 謂所嚮無阻也. '金', 難斷者. 可以斷金, 則行焉皆果矣. '蘭', 芳香, 人所樂聞者. '同人'九五, 本以下應六二, 三・四不能間之, 故有先離後合之象. 而夫子引伸其義, 以爲君子與人同處, 人求自靖, 出處語黙, 不必遽同, 要以心理相信, 故行皆利而言相洽, 與小人之共趨一途而心懷冰炭者異, 所以始號咷以相求, 終歡笑以相得, 物莫能間之也.

'利(리)'는 예리하다는 뜻인데, 나아가는 데서 전혀 막힘이 없음을 일컫는다. '쇠붙이'는 절단 내기가 어려운 물건이다. 그런데도 이러한 쇠붙이를 절단 낼 수 있다는 것은 행하는 것이 모두 과감성이 있기 때문이다. '난'은 그 향이 매우 향기로워서 사람들이 듣는 것조차 즐겁다.

동인괘䷌의 구오효는 본래 아래로 육이효와 응하는데, 구삼・구사효로서는 이들을 이간질할 수가 없다. 그러므로 구오・육이효에게는 먼저는 헤어져 있다가 나중에는 합치는 상(象)이 있다. 그런데 공자께서는 그 의미를 인신(引伸)하여 군자가 다른 사람과 함께 있음으로 여기고 있다. 그래서 같이 있는 사람이 저절로 스스로를 바로잡기 때문에 나가서 세상에 참여하거나 있는 곳에 머물며 은거함, 또 말하거나 침묵함에서 꼭 급작스럽게 하나가 되지는 않는다 하더라도 마음속의 이치로 서로 믿으려 한다. 그러므로 행동하는 것이 모두 예리하고 말하는 것도 서로 잘 받아들인다. 이는 소인들이 함께 같은 길을 가면서도 마음속으로는 얼음과 숯처럼 함께 섞이지 못하는 것과 다르다. 그래서 시초에는 큰 소리로 울부짖으며 서로를 찾지만 마침내 기쁘게 웃음 지으며 서로의 마음을 얻는데, 이렇게 되어서는 그 어떤 것도 이들의 사이를 떼어놓을 수 없다.

“初六, 藉用白茅, 无咎.” 子曰: 苟錯諸地而可矣. 藉之用茅, 何咎之有! 愼之至也. 夫茅之爲物薄, 而用可重也. 愼斯術也以往, 其无所失矣.

초육: 백모(白茅)를 깔개로 씀이니, 허물이 없다. (대과괘䷛, 초육효사)

이에 대해서 공자께서는 말씀하시기를, “진실로 땅에다 차려놓더라도 되는 것이거늘, 백모를 깔개로 쓰고 있으니 무슨 허물이 있겠는가! 삼감이 지극한 것이다. 이 백모는 물건으로서는 보잘것없지만, 쓰임새로는 소중할 수 있다.

이러한 방식을 신중히 하여 나아가면 잃어버림이 없을 것이다."라고 하였다.

'大過'初六, 以柔承過盛之剛, 而順之於下, 爲卑順事天之象. 夫子引伸而推求之, 唯愼而後可以承事乎天. '錯諸地'者, 錯籩俎也; 事天以質, 故錯諸地而可. 尤加愼而藉之以茅, 於禮無愆, 而於誠斯至, 雖薄物而可薦其恪恭. 以此推之, 以柔道自靖者, 必載恭肅之心, 則孤陰處於積剛之下而无失. 見愼之爲術, 在下者寡過之要也.

대과괘䷛의 초육효는 부드러움[柔]으로써 위의 지나치게 왕성한 굳셈[剛]들을 받들고 있다. 이는 아래에서 순종함인데, 그래서 자신을 낮추고 순종하며 하늘을 섬기는 상(象)이 된다. 공자는 이를 인신하여 의미를 추구하고 있다. 다름 아니라 오직 삼간 뒤에라야 하늘을 받들며 섬길 수 있다는 것이다.

'땅에다 차려놓음'이란 제기(祭器)를 차려놓는다는 의미다. 질(質)로써 하늘을 섬기기 때문에 땅에다 차려놓아도 되는 것이다. 그런데도 더욱 삼가며 백모를 깔개로 쓰고 있으니, 예(禮)에 전혀 잘못됨이 없으며, 정성스러움만이 이에 이른다. 그래서 비록 보잘것없는 물건이라 하더라도 정성과 공경함으로 제수(祭需)를 차려 올릴 수가 있다. 이러한 점으로 미루어보건대, 부드러움[柔]의 원리로써 스스로를 다잡는 사람은 반드시 공손하고 엄숙한 마음을 거기에 싣고 있으니, 외로운 음(陰)이 누적된 굳셈[剛]들의 아래에 처해 있더라도 잃어버림이 없는 것이다. 이를 통해서 우리는 '삼감'이라는 방법이 아랫사람으로서 과오를 줄일 수 있는 요체임을 알 수 있다.

"勞謙, 君子有終, 吉." 子曰: 勞而不伐, 有功而不德, 厚之至也, 語以其功下人者也. 德言盛, 禮言恭. 謙也者, 致恭以存其位者也.

공로가 있음에도 겸손함이니, 군자에게 유종의 미가 있다. 길하다.
(겸괘䷎, 구삼효사)

이에 대해서 공자께서는 말씀하시기를, "수고하였으면서도 자랑하지 않고, 공이 있어도 자신의 덕으로 삼지 않으니, 두터움이 지극한 것이다. 이는 공(功)이 있으면서도 다른 사람들의 밑으로 감을 말하는 것이다. 만약에 공을 자신의 덕으로 삼을 것 같으면 말이 무성(茂盛)해질 것이고, 예(禮)로 삼을 것 같으면 말이 공손해질 것이다. 겸손함이란 공손함을 이룸으로써 제 위치를 보존하는 것이다."라고 하였다.

'不德', 不居以爲德也. '德言盛'者, 謂若居功爲德, 則氣盛而辭多張大. '禮言恭', 以禮爲則, 其言自恭也. 引伸'謙'九三之義而言, 唯勞而有功, 能以下人, 乃君子之謙, 非無功可見而但務柔遜以求媚於世. 唯以禮自謹, 則不期恭而自恭矣. 乃功固終不可揜, 而抑非無禮之勞, 則進不亢而退不自失矣. '存其位', 存孤陽於積陰之世而當其位.

'不德(부덕)'은 자신의 덕으로 삼지 않는다는 의미다. '만약에 공을 자신의 덕으로 삼을 것 같으면 말이 무성(茂盛)해질 것'이란 그의 기(氣)가 왕성해지며 말이 많아지고 과장함이 커질 것이라는 의미다. 그리고 '예(禮)로 삼을 것 같으면 말이 공손해질 것'이란 예(禮)를 준칙으로 삼기 때문에 그 말이 저절로 공손해진다는 의미다.

이는 겸괘䷎ 구삼효사의 의의를 부연하여 거듭 밝히는 것인데, 오직 수고로움을 다해 공을 세웠지만 다른 사람들의 밑으로 갈 수 있는 것이 바로 군자의 겸손함이지, 남들에게 내세울 수 있는 공(功)이 없으면서 단지 부드럽고 공손함으로써 세상 사람들의 눈에 들기를 애써 구하는 것이 아니다. 그래서 오로지 예(禮)로써 스스로 삼가기 때문에 공손함을 기약하지 않더라도 공손해진다. 그러나 세운 공이 견고하여 끝내 가려버릴 수가 없다. 그렇지 않더라도 무례한 수고로움이 아니기 때문에, 나아갈 경우 목에 힘을 주고 거만을 떨지 않으며, 물러날 경우에도 스스로를 잃어버리지 않는다. '제 위치를 보존하는 것'이란 이 구삼효가 켜켜이 쌓인 음들의 세상을 살아가면서 외로운 양을 보존하고 그 지위에 마땅하게 행동한다는 의미다.

"亢龍有悔." 子曰: 貴而无位, 高而无民, 賢人在下位而无輔, 是以動而有悔也.

너무 높이 올라간 용이니 후회함이 있다. (건괘䷀, 상구효사)

이에 대해서 공자는 "신분은 귀하지만 직위가 없고, 지위가 높기는 하지만 따르는 백성이 없으며, 현명한 이들이 아랫자리에 있지만 도움을 주지 않음이니, 그래서 움직임에 후회함이 있는 것이다."라고 하였다.

義見「文言」. 於此重記之者, 此章所釋, 皆謹愼謙恭以擬議言動之旨. 其不能然, 則雖龍德而猶有悔, 故引與諸爻互證之.

이 뜻은 「문언전」에 나와 있다. 그런데 여기서 거듭 기록하고 있는 까닭은, 이 장에서 풀이하고 있는 것들이 모두 근신·겸손·공손함으로써 말과 행동의 뜻을 견주어 보고 자세하게 연역하고 있기 때문이다. 만약에 이렇게 행동할 수 없다면, 비록 용의 덕을 지녔다고 할지라도 오히려 후회함이 있다는 것이다. 그러므로 다른 효사들과 함께 인용하여 서로 참고하며 그 의미를 밝히고 있다.

"不出戶庭, 无咎." 子曰: 亂之所生也, 則言語以爲階. 君不密則失臣, 臣不密則失身, 幾事不密則害成. 是以君子愼密而不出也.

문이나 그 밖 기둥 사이를 나서지 않음이다. 허물이 없다. (절괘䷻, 초구효사)

이에 대해서 공자께서는 말씀하시기를, "혼란함이 생겨남에서는 언어가 그 계단 역할을 한다. 임금이 언어에 엄밀하지 않으면 신하를 잃어버리고, 신하가 언어에 엄밀하지 않으면 제 몸을 잃어버리며, 기밀을 요하는 일을 하면서 언어에 엄밀하지 않으면 해로움이 이루어진다. 그래서 군자는 언어를 삼가고 엄밀하게 하며 밖으로 내보내지 않는다."라고 하였다.

'密'者疏之反, 非詭秘之謂; 詳審其時, 細察其人, 謹防其患, 不敢疏也. '失臣', 嫉忌者乘而傷之. '失身', 怨歸之也. '機事', 兵戎之事, 制於一心, 而發之速以加彼者也. '節'初六以知塞而得无咎, 夫子引伸之, 以爲未可出而必塞, 唯言語爲最, 蓋行之出也漸, 而言之出也速, 通塞之機決於俄頃而不可復收, 知塞者所尤慎也.

'엄밀함'은 소략함의 반대인데, 그렇다고 하여 은밀해서 종잡을 수 없음을 일컫는 것이 아니다. 말하기에서 때를 상세하게 살피고 상대방을 자세하게 관찰하며 환난을 삼가 방비함으로써 감히 소략하지 않는 것이다. '신하를 잃어버림'은 질투하고 시기하는 자들이 틈을 타서 해를 입힌다는 의미다. '제 몸을 잃어버림'이란 원망이 그에게로 돌아온다는 의미다. '기밀을 요하는 일'이란 군사와 관련된 일인데, 한마음으로 통제되고 신속하게 발동하여 적에게 영향을 미치는 것이다.

절괘䷻의 초구효는 틀어막은 줄을 알아서 허물이 없음을 얻은 것이다. 공자께서는 이를 부연하여 그 의미를 밝히고 있는데, 내보내서는 안 되어 반드시 틀어막아야 할 것 가운데 오직 언어가 가장 절실하다고 여기고 있다. 사람의 행동은 점진적으로 이루어지지만 말이 입 밖으로 나감은 신속하다. 어떤 말을 내보내야 할지 아니면 틀어막아야 할지가 잠깐 사이에 결정되어서는 돌이킬 수도 없고 수습할 수 없다. 그래서 틀어막을 줄을 아는 사람은 이를 더욱 삼간다.

此章明擬言議動之旨, 而兩重戒夫言. '節'·'中孚'既有'兌'體, 抑以人之言行, 皆志動而氣隨以興. 氣無兩用, 發之於言則氣爲之一暢, 而其行也必不力. 乃出身而加人者, 遠邇君民, 疑信交屬. 行則待事之成而人見其功, 其初不測也, 恒始於疑而終於信; 言則一言而所藏盡出, 徹於上下, 人始於信而漸相推測以終於疑. 既信以爲必然, 抑疑其未必然而特以相欺, 則異己者相乘於未行之前, 以相禁害, 而行必不可成矣. 且夫不言亦何咎之有哉? 所謂欺人者, 所行在此而言彼之謂, 周顗之所以殺身也. 若不言, 初未嘗相欺也. 本不起天下之疑, 而氣以不洩, 而行之篤. 故聖人敎人, 屢以慎言爲戒, 而行則唯勸之以敏. 知塞者,不塞之於行, 而塞之於言, 則知塞而知通矣, 不憂天下之不孚矣, 何失身害成之憂哉! 此尤擬議切近之實功也.

이 장에서는 말과 행동의 의미에 대해 견주어 보고 부연하여 밝히고 있다. 그래서 이중으로 경계하는 말을 하고 있다. 절괘(節卦)䷻ · 중부괘(中孚卦)䷼는 벌써 태괘☱의 괘체를 지니고 있다.[1112] 사람의 말과 행동을 보더라도 모두 사람의 뜻함이 움직이고 기(氣)가 이에 수반하여 일어난다. 기(氣)는 둘에 한꺼번에 사용됨이 없으니 말하기에서 발동하면 기(氣)가 그것을 위해 한 번 펼쳐져서 행동함에서는 반드시 무력하다.

말은 제 몸에서 나와 남에게 영향을 미치게 되는데, 가까이 있는 사람들이나 멀리 있는 사람들, 임금이나 백성들이 의심하게도 하고 믿게도 한다. 행동의 경우는 일이 이루어지기를 기다렸다가 사람들이 그 이룬 결과를 보게 된다. 그래서 시초에는 이를 가늠할 수가 없어서 늘 의심으로 시작하였다가도 믿음으로 끝난다. 이에 비해 말은 내뱉자마자 말하는 사람 속에 저장되어 있던 것들이 다 나오니 위 아래로 환하다. 그래서 사람들이 말하는 것을 막 들음에서는 믿음으로 시작하지만 점점 미루어 짐작하게 되어서는 마침내 의심으로 끝난다. 이미 꼭 그러하리라고 믿었다가도 어쩌면 꼭 그렇지 않으리라고 의심을 내기도 하는데, 특히 속임을 당했을 경우에는 아직 행동에 옮기기도 전에 자기와 다름이 상승작용을 일으켜 서로 해가 됨을 금지하게 되니 행동은 필연코 이루어질 수가 없는 것이다. 그런데 또한 말을 하지 않는다면 무슨 허물이 있겠는가?

1112) 태괘☱에는 '말하다'는 의미가 들어 있다.

이른바 '남을 속임'이란 행동은 이렇게 하면서도 말은 저렇게 함을 일컫는다. 주의(周顗)는 그렇기 때문에 죽임을 당한 것이다.[1113] 만약에 말을

1113) 주의(周顗; 269~322)는 서진(西晉) 및 동진(東晉)의 고위 관료였다. 자는 백인(伯仁)이었고, 형주자사(荊州刺史)를 지냈으며 나중에 상서좌복야(尚書左仆射)라는 높은 관직에도 올랐다. 주의는 인물 됨됨이가 총명할 뿐만 아니라 관후(寬厚)하여 어려서부터 벌써 사람들에게 그 명성이 자자하였으며, 아버지의 무성후(武城侯) 작위를 물려받았다. 대단한 애주가로 알려져 있다. 더 자세한 것은 주739)를 참고하기 바란다.
여기서 왕부지가 지적하고 있는 것은 이 주의와 왕도(王導)라는 인물에 관련된 것이다. 왕도는 당시 명문거족의 일원으로서 몇 년 동안 승상(丞相)을 지내기도 하였는데, 주의와는 사귐이 자못 돈독하였다. 그런데 이 왕도의 육촌 형인 왕돈(王敦)이 반란을 일으킬 조짐을 보였다. 그러자 유외(劉隗)라는 인물이 이러한 낌새를 알아차리고 당시 황제 원제(元帝)에 귀띔하며 왕씨 일가를 다 죽여야 한다고 건의하였다. 이를 알아차린 왕도는 왕씨 가족 20여 명을 대동한 채 원제가 기거하는 성 밖에서 석고대죄하며 원제에게 용서를 빌고 있었다. 마침 입궐하던 주의와 마주치게 되자 왕도는 주의와의 안면을 빌려 애원하였다. 자신의 왕씨 일가 모든 사람의 목숨이 달려 있는 문제니 황제에게 잘 말해달라고 간절한 목소리로 부탁하였다. 그러나 공적인 일이고 남들의 이목이 있기 때문에 주의는 왕도를 애써 무시하며 못 들은 척하고 지나쳐버렸다. 왕도는 이 일로 마음에 큰 상처를 입었고, 주의에 대한 원망의 감정이 깊어졌다. 그런데 주의는 입궐하여 원제에게 왕도는 충신 중의 충신이며 매우 유능한 인물이기 때문에 죽여서는 안 된다고 여러 가지 근거를 대며 살려줄 것을 청원하였다. 그리고 마침내 원제를 설득하게 되자 주의는 기분이 좋아져 그때부터 술을 마시기 시작하였다. 그리고 만취한 상태로 퇴궐하였다. 이 모습을 본 왕도는 실망하기 이를 데 없었다. 입궐할 적에 자신의 애원을 들은 척도 않더니 만취하여 나오는 저 꼴을 보니, 틀림없이 황제에게 자신의 구명 운동을 하지 않았으리라는 어림짐작에서다. 그래서 왕도는 주의에 대한 원망의 감정을 더욱 깊이 아로새겼다. 주의는 귀가한 이튿날 아직 안심이 안 되어 다시 원제에게 상소를 올려 왕도의 목숨을

하지 않았더라면 애당초 서로 속이지 않을 것이다. 그리고 본래 세상 사람들의 의심을 불러일으키지도 않고 기력도 허비하지 않으리니, 행동

살려줄 것을 청원하였다. 이렇게 하여 왕도 일가는 살아날 수 있었다. 그렇지만 왕도의 육촌형 왕돈(王敦)은 거사를 일으켜 마침내 원제의 항복을 받아내기에 이르렀다. 원제는 자신의 조정 관료들에게, 자신에게 하는 것처럼 왕돈에게도 인사를 올릴 것을 명하기도 하였다. 여기에는 주의도 포함되어 있었다. 그러나 주의는 왕돈을 반역자라 여기며 순순히 이에 응하지 않았다. 이에 왕돈은 주의를 매우 껄끄럽게 여기며 죽여 버리고자 하였다. 그리고는 마침내 자신의 동생 왕도에게 물었다. 그 대답 여하에 따라서 주의의 운명을 결정하려는 것이었다. 왕도의 인물됨을 왕돈이 인정하였기 때문이다. 왕돈은 먼저 "주의와 대연(戴淵)은 온 나라 사람들이 존경하는 인물들이니 마땅히 삼사(三司)의 벼슬을 맡기는 것이 좋겠지?"라고 왕도에게 물었다. 그러나 주의에 대한 원망이 골수에 사무친 왕도는 묵묵부답이었다. 그러자 왕돈은 다시 "삼공(三公)의 벼슬이 마땅치 않다면 더 높은 상서좌복야(尚書左仆射)의 관직을 주어야 할까?"라고 물었다. 그러나 왕도는 여전히 묵묵부답이었다. 그래서 왕돈은 마지막으로 왕도에게 "그렇게 이것도 저것도 안 된다면 그냥 죽여 버릴까?"라고 물었다. 여기에 대해서도 왕도는 대답하지 않았다. 그래서 왕돈은 주의와 대연을 죽여 버리게 되었던 것이다. 이 일이 있은 뒤 어느 날 왕도는 궁궐에서, 이전에 주의가 자신의 목숨을 살려달라고 원제에게 청원하였던 상소를 발견하게 되었다. 그리고는 대성통곡을 하였다. "내가 비록 백인(伯仁)을 죽이지는 않았다만 백인은 나 때문에 죽은 것이다. 내가 어리석어서 이렇게 좋은 친구를 배신하였구나!"라고. 그러나 죽은 주의가 다시 살아 돌아올 리는 만무하였다.

왕부지는 이들 사이의 이러한 일화를 놓고, 주의가 실제 자신이 한 행동과 왕도에게 대한 태도 및 말이 달랐던 것을 지적하는 것으로 보인다. '행동은 이렇게 하면서도 말은 저렇게 함'이라는 말이 함의하는 것이 그러하다. 주의는 비록 남들에게 객관적인 태도를 가진 것으로 보이고 싶었던 것이고, 또 사적으로 일을 처리한다는 인상을 주고 싶지 않아서 그랬던 것인데, 이것이 오해를 낳았고 결국 주의를 죽음으로 몰아갔던 것이다.

함이 돈독할 것이다. 그러므로 성인들께서는 사람을 가르치면서 자주 '말을 삼가라'라고 하여 경계하는 것이다. 그러면서도 오직 행동만은 민첩하게 하라고 권하고 있다.[1114] 말을 틀어막을 줄 아는 사람은 행동하는 데서 막지 않고 말하는 데서 막는다. 그래서 틀어막은 줄도 알고 통하게 할 줄도 아는 사람이다. 그러므로 이러한 사람은 세상 사람들이 자신을 믿지 않는다 할지라도 전혀 근심하지 않는 것이니, 어찌 목숨을 잃고 해로움을 이룰 근심이 있으리오! 이 장은 우리들의 일상생활에 밀접한 것으로서 실제로 힘쓰지 않으면 안 되는 것에 대해 더욱 자세하게 부연하고 있다.

子曰: 作『易』者其知盜乎? 『易』曰, "負且乘, 致寇至." 負也者, 小人之事也; 乘也者, 君子之器也. 小人而乘君子之器, 盜思奪之矣. 上慢下暴, 盜思伐之矣. 慢藏誨盜, 冶容誨淫. 『易』曰, "負且乘, 致寇至", 盜之招也.

공자께서 말씀하시기를, "『주역』을 지은 이는 도적에 대해 알았을까? 『주역』에서는 '등에 짊어지고 날라야 할 신분의 사람이 수레를 탔으니 외적들의 침입을 불러들인다.'(해괘䷧, 육삼효사)라고 한다. 등에 짊어지는 것은 소인들의 일이고

1114) 대표적인 예가 『논어』에 드러나 있다. 공자는, 일은 민첩하게 하여야 하지만 말은 삼가야 한다고 하였고(「學而」: 敏於事而愼於言), 또 군자는 말은 어눌하게 하지만 행동함에는 민첩하다고도 하였다(「里仁」: 子曰, "君子欲訥於言而敏於行.").

탈 것은 군자들의 기물(器物)이다. 그런데 소인으로서 군자의 기물을 타고 있으니, 도적이 이를 빼앗으려고 생각하는 것이다. 또 위로 교만하고 아래로 포악하니, 도적이 정벌하려고 생각하는 것이다. 물건 단속을 느슨하게 하면 도적을 부추기고, 용모를 요염하게 치장하면 음란함을 부추긴다. 『주역』에서 '등에 짊어지고 날라야 할 신분의 사람이 수레를 탔으니 외적들의 침입을 불러들인다.'라고 하는데, 이는 도적을 불러들임이다."라고 하였다.

'知盜', 知盜之所自起, 而審所以弭之也. '器'謂車也. '上慢', 挾乘剛之威以承四, 則慢而無禮. '下暴', 挾四之剛以乘二, 則假威而暴. 以其不足貴而輕之, 故思奪之; 以其得罪於上下而無與爲援, 故思伐之. '慢藏', 不謹於藏, 自炫其富; '冶容', 自矜容態婥約, 如金在冶也; 皆小人暴得富貴驕淫之態. 引伸解六三爻辭, 而先以'知盜'爲言者, 非徒懲小人使之知退, 乃以戒有國家者, 欲得盜之情以弭之於未起, 唯在慎重名器, 勿使小人竊位以招盜, 而患其難撲也. 晉用士會而盜奔秦, 魯納叛人而多盜, 田令孜寵而黃巢興, 童貫王而方臘起. 始於奪伐小人, 而終爲社稷生民之害. 故解悖之道, 乘高墉而先制六三之慢暴, 則君子道行, 而小人亦蒙安以全矣. 蓋擬議於事先, 而變化之大用以存也.

'도적에 대해 앎'이란 어떻게 해서 도적이 어떻게 일어나는지를 알아서 이를 어떻게 하면 막을 수 있는지를 살핀다는 의미다. '기물'은 수레를 가리킨다. '위로 오만함'은 해괘(解卦)䷧의 육삼효가 아래로 굳셈을 올라타고 있는 위엄을 내보이며 위로 구사효를 받들고 있으니, 오만하고 무례하다는 것이다. 그리고 '아래로 포악함'은 구사효의 굳셈에 기대어 구이효를 올라타고 있으니, 남의 위엄을 빌려서 포악하다는 것이다.[1115] 그러나 이러한 인물은 결코 고귀할 수가 없기 때문에 남들이 경시하고 빼앗으려고 한다는 것이다. 그리고 그가 위·아래로 죄를 지었기 때문에 아무도 그에게 구원을 해주려는 이가 없어서 다른 사람들이 정벌하려고 한다는 것이다.

'단속을 느슨하게 함'은 물건을 감추는 데에 정성을 기울이기는커녕 스스로 그 부유함을 내보이며 자랑한다는 의미다. '용모를 요염하게 치장함'이란 스스로 자신의 용모가 나긋나긋하고 곱다며 뽐낸다는 의미로, 마치 쇠붙이가 대장장이에게 요구한 것과 같다.[1116] 이들은 모두

1115) 해괘䷧는 육삼효가 구이·구사효의 두 양(陽)들 사이에 낀 채 아래로 구이효를 올라타고 있고 위로 구사효를 받들고 있다. 그래서 이 부드러움[柔]의 효가 자신이 아래로 굳셈[剛]의 효(구이효)를 올라타고 있다는 위엄을 내보이며 위로 또 다른 굳셈의 효(구사효)를 받들고 있으니, 이를 '위로 오만함'이라 한 것이다. 그리고 이 육삼효가 위로 굳셈의 효(구사효)를 받들고 있는 것에 기댄 채 아래로 또 다른 굳셈의 효(구이효)를 올라타고 있으니, 이를 '아래로 포악함'이라 한 것이다.

1116) 이는 『장자』에 나온 말을 인용한 것으로 보인다. 『장자』에서는 사람들이 무위자연(無爲自然)의 삶을 살지 않고 꼭 인위(人爲)에 매달리는 삶을 사는 것을 이렇게 풍자하고 있다. 즉 위대한 대장장이가 쇠를 녹여 금속 도구를 만들려하는데, 쇠붙이가 갑자기 벌떡 일어나서 "나를 꼭 막야(鏌鋣; 莫耶. 초나라의 대장장이가 만든 전설상의 명검. 한 쌍으로 되어 있는데, 남성을 상징하는 검을 '간장(干將)'이라 하고 여성을 상징하는 것을 이 '막야(莫耶)'라고 한다. 간장은 이 검을 만든 대장장이고, 막야는 그 부인이다.)와 같은 명검으로 만들어 달라!"라고 요구한다면 대장장이는 이 쇠붙이를 틀림없이 상서롭지 않은 것으로 여기리라는 것이다. 마찬가지로 지금 한 번 사람의 형체를 지녔다고 하여 이후로도 꼭 "사람이 되어야 할 따름이다, 사람이 되어야 할 따름이다!"라고 한다면 조물주는 틀림없이 이 사람을 상서롭지 않은 이로 여기리라는 것이다. 그리고는 위대한 대장장이로서의 조물주가 천지라는 용광로에 만물을 집어넣고 녹여 지어내는데[造化] 그대로 내맡겨도 된다고 하고 있다.(『莊子』, 「大宗師」: 今之大冶鑄金, 金踊躍曰, "我且必爲鏌

소인들이 폭력으로 부귀와 교만함, 음란함의 자태를 얻은 것들이다. 그런데 이 장에서 해괘(解卦)䷧의 육삼효사를 인용하며 먼저 '도적에 대해 앎'을 말한 것은, 꼭 소인들을 징치하여 물러날 줄을 알게 하라는 것만이 아니다. 아울러 국가를 다스리는 이들에게 도적을 불러들이는 상황을 깨달아 미연에 방지하도록 경계하고 있는 것이다.

이렇게 할 수 있는 방법은 오직 명기(名器)들을 신중하게 다루는 데 있다. 그래서 소인들이 지위를 빼앗은 나머지 도적들을 불러들이는 일이 없도록 하며, 그들을 제압하기 어렵다는 것을 늘 마음에 두라는 것이다. 진(晉)나라에서 사회(士會)를 기용하자 도적들이 모두 진(秦)나라로 도망을 간 것,[1117] 노(魯)나라에서 배반자들을 받아들이자 도적이 많아진 것, 전령자(田令孜)와 같은 이를 총애하자 황소(黃巢)가 일어난 것,[1118] 동관(童貫)과 같은 인물이 왕이 되자[1119] 방렵(方臘)이 기의(起

鎁", 大冶必以爲不祥之金. 今一犯人之形, 而曰, "人耳人耳", 夫造化者必以爲不祥之人. 今一以天地爲大鑪, 以造化爲大冶, 惡乎往而不可哉!)

1117) 사회(대략 B.C.660~B.C.583)는 춘추전국시대 진(晉)나라의 대부다. 성은 사(士)씨고, 이름은 회(會)다. 그리고 자는 계(季)다. 수(隨)의 후(后)로 봉해졌기 때문에 '수회(隨會)'라고도 하고, 나중에는 범(範)의 후(后)로 봉해졌기 때문에 '범회(範會)'라고도 한다. 사회는 뛰어난 무장이자 지략가로서 수많은 전공을 세웠다. 나중에 중군원수(中軍元帥) 겸 태부(太傅)로서 집정(執政)을 하게 되었는데, 이때 사회는 심혈을 기울여 교화에 힘썼다. 그래서 진(晉)나라의 도적들이 모두 진(秦)나라로 도망을 갔다고 한다. 여기서 왕부지가 지적하고 있는 대로 사회가 치적을 이루자 도적들이 설 자리를 잃었기 때문이다.

1118) 전령자(?~893)는 당나라 말기에 정권을 농락하였던 환관(宦官)이다. 본성은 진(陳)이고 사천(四川) 출신이다. 전(田)은 양부의 성이다. 의종(懿宗) 때 그는 양부를 따라 내시성(內侍省)으로 들어갔으며, 이때 즉위하기 이전의 어린 희종(僖宗)과 사이가 좋았다. 희종이 즉위하여서는 그를 '아버지(阿父)'

라고 부르며 좌신책군중위(左神策軍中尉) · 좌감문위대장군(左監門衛大將軍) 등으로 누차에 걸쳐 승진시켰다. 그리고 정사를 그에게 일임하였다. 이에 전령자는 대권을 움켜쥐고 횡포하기 짝이 없게 굴었으며 황제의 권위를 능멸하였다. 이것이 결국 나라의 피폐를 초래하여 황소의 농민군이 기의하게 되었다. 광명(廣明) 원년(880), 황소(黃巢)의 농민군이 수도 장안을 위협하자 그는 희종을 끼고 사천(四川)으로 도망을 갔다. 사천에 도착한 뒤 희종은 그를 진국공(晉國公)으로 봉했는데, 그는 여전히 못된 짓을 일삼았다. 그러자 그의 전횡을 보다 못한 좌습유(左拾遺) 맹소도(孟昭圖)가 희종에게 직간(直諫)을 하자 그를 암살해버렸다. 그리고 황소기의군을 진압하는 데 공을 세운 동료 환관도 살해해버릴 정도로 그는 잔인무도하였다. 광계(光啟) 원년(885)에 장안으로 다시 돌아온 희종은 그를 좌우신책십군사(左右神策十軍使)로 임명하였다. 그러자 전령자는 국고를 자신의 군대로 빼돌리며 착복하기도 하였다. 당 소종(昭宗)이 즉위한 뒤 이제 실권한 전령자는 양아들 왕건(王建)을 끌어들여 조정에 대항해 보았지만, 결국은 그 양아들에 의해 죽임을 당했다.

1119) 동관(1054~1126)은 북송 때의 환관이다. 항주(杭州)에서 휘종(徽宗)의 고상한 취미를 위해 서화(書畵)를 수집할 적에 채경(蔡京)과 인연을 맺었다. 동관은 채경의 붓글씨 작품을 휘종에게 보여주었고, 이를 본 휘종은 채경을 다시 조정으로 불러들여 그에게 중임을 맡기게 된다. 채경은 휘종(徽宗)의 정치적 파트너로서 그의 재임 당시 실권을 쥐고 염법(鹽法) · 차법(茶法)을 개정하였고, 당십대전(當十大錢)을 주조하였으며, 휘종에게 화석 채취의 취미를 불러일으켜 주었다.(채경에 대한 자세한 사항은 주284)를 참고하기 바람) 이 둘이 휘종 당시에 실권을 쥐고 흔들었다. 그래서 채경 스스로가 '공상(公相)'이라 부른 것에 비교하여 사람들은 동관을 '온상(媼相)'으로 불렀다. 이 둘의 당시 정치적 영향력을 한마디로 말해주는 부분이다.
동관의 일생은 중국 역사상 여러 가지 방면에서 '가장[最]'이라는 말이 붙을 정도로 이색적이었다. 중국 역사상 가장 오랜 기간 동안 병권을 장악하였던 환관, 중국 역사상 최초의 환관 절도사로서 장악한 군사력이 가장 컸던 환관, 중국 역사상 획득하였던 작위가 가장 높았던 환관, 중국 역사상 최초로

義)한 것[1120]들이 좋은 예라 할 것이다. 이 사건들은 소인들에게서 빼앗고 그들을 정벌함에서 시작되었지만, 마침내는 사직 및 백성들의 삶에 피해를 주었다. 그러므로 이런 어그러짐을 풀어버리는 방법은 높은 담장 위에 올라가 먼저 육삼효의 오만함과 포악함을 제압하는 것이다. 그러면 군자의 도(道)가 행해지고 소인들도 그에 힘입어 평안하게 보전하게 된다. 일이 벌어지기 전에 견주어 보고 이리저리 연역하여 따져 보아야 하는 것인데, 변화의 큰 작용은 거기에 존재한다.

외국 사신으로 나갔던 환관, 중국 역사상 최초로 왕으로 책봉되었던 환관 등이 그것이다. 이것을 보면 당시에 동관이 얼마나 크게 권력을 누렸으며 나라의 부패를 초래하였는지를 잘 알 수 있다. 그래서 그를 북송의 '6적(賊)' 가운데 하나로 부른다. 물론 여기에는 채경도 포함된다.

1120) 방랍(?~1121)은 북송 말기 농민기의군의 영수(領袖)다. 마니교의 수령이기도 하였다. 머슴 출신인데, 성격이 호방하고 사람의 마음을 잡아끄는 매력이 있었다. 게다가 조직을 꾸리고 장악하는 능력이 뛰어나서 수많은 궁핍 농민들을 자기 무리로 끌어들였다. 당시 사회는 극도로 부패하여 기아선상에 내몰린 백성들이 너무나 많았다. 특히 그가 살던 중국의 동남 지역은 휘종의 취미생활에 맞추어대느라 화석강(花石綱)의 약탈에 시달린 나머지 백성들의 생활은 거의 절망적이었다. 이러한 분위기를 타고서 선화(宣和) 2년(1120) 그는 거사(擧事) 하였다. 송나라 왕조의 잘못을 지적하며 스스로를 '성공(聖公)'이라 부르고 연호를 '영락(永樂)'이라 하였다. 그래서 오늘날의 강소(江蘇)·절강(浙江)·안휘(安徽)·강서(江西) 4성(省)의 6주(州) 52현(縣)을 강역으로 하는 농민 정권을 수립하였다. 그러나 이듬해 왕연(王淵)의 비장이던 한세충(韓世忠)에 의해 진압당하였다. 그런데 방랍은 비록 괴수(魁首)로 피살되었지만, 그 지방 농민들은 여전히 그를 존경하였다. 그의 이름이 붙은 지명(方臘洞·方臘寨)이 오늘날까지 전한다.

第九章
제9장

此章繇「河圖」以著卦象, 繇大衍以詳筮法, 而終歎其神, 以見卦與筮之義深, 而不但倚於數. 今所釋經意, 有全置舊說不采者, 非敢好異先儒, 以矜獨得, 實以術數之言, 濫及五行 · 律歷 · 支干 · 星命之雜說, 殊爲不經, 聖門之所不道, 不可徇俗而亂眞. 君子之道簡而文; 天人性道, 大正而無邪. 故曰, "潔靜精微, 『易』敎也." 乃一亂於京房, 再亂於邵子, 而道士丹竈 · 醫人運氣 · 日者生剋之邪說充塞蔽蠹, 故不容不力辯也.

이 장에서는 「하도」를 근간으로 하여 괘상의 의미를 드러내고 있고, 대연지수를 근거로 하여 시초점 치는 법을 상세하게 설명하게 있다. 그리고는 마지막에 가서 그 신묘함에 대해 찬탄하고 있다. 이렇게 함으로써 괘와 시초점의 의미가 깊으며 이것들이 단지 수(數)에만 의거한 것이 아님을 밝히고 있다. 그런데 내가 이곳의 의미를 풀이하면서 이전의 설들을 완전히 제쳐두고 채택하지 않은 까닭은, 감히 선유(先儒)들과 견해를 달리함을 좋아하고 나만 깨달은 것을 자랑하고 싶어 해서가 아니다. 실로 술수와 관련된 말들이 오행 · 율력 · 간지 · 별점 등의 잡설에 범람하고 있는데 특별히 이것들이 상식에 맞지 않을 뿐만 아니라 성인됨을 지향하는 우리 유가(儒家)에서도 말하고 있지 않기 때문이다. 그래서 세속의 이러한 설들을 따르다가 참됨을 어지럽힐 수는 없다고 본 것이다. 군자의 도(道)는 간결하면서도 환히 빛난다. 천인합일(天人合一)로써 우리들의 본성을 실현하여 도(道)와 합치하고 크게 올바르며 전혀 사악함이 없는 것이다. 그러므로 "순결하고 고요하며 정심(精深)하고 은미한 것이 『주역』의 가르침이다."[1121]라고 하는 것이다. 그런데 이것이 경방(京房)에 의해 한 번 어지러워졌고 소자(邵子)에 의해 재차 어지러워진 나머지 도사(道士)들의 '단조(丹竈)'설, 의사들의 '운기(運氣)'설, 날의 길 · 흉을 점치는 사람들의 '생극(生剋)'설과 같은 사설(邪說)들이 온 세상을 가득 채운 채 좀먹고 있다. 그래서 나로서는 어쩔 수 없이 힘주어 이를 변별하게 되었던 것이다.

天一·地二, 天三·地四, 天五·地六, 天七·地八, 天九·地十. 天數五, 地數五. 五位相得而各有合. 天數二十有五, 地數三十, 凡天地之數五十有五. 此所以成變化而行鬼神也.

하늘은 1·땅은 2, 하늘은 3·땅은 4, 하늘은 5·땅은 6, 하늘은 7·땅은 8, 하늘은 9·땅은 10이다. 이처럼 하늘의 수가 다섯이고 땅의 수가 다섯인데 다섯 위(位)에서 서로를 얻어 각기 합을 이룬다. 그래서 하늘의 수는 25이고 땅의 수는 55인데, 이것이 『주역』에서 변화를 일으키고 귀신의 영험함을 행한다.

'天一'至 '地十'二十字, 鄭氏本在第十章之首, 『本義』定爲錯簡, 序之於此. 班固『律歷志』及衞元嵩『元包』, 「運蓍」篇, 皆在'天數五'之上. 以文義求之, 是也. 此言八卦之畫肇於「河圖」, 而下言蓍策之法出於大衍, 體相因而用有殊, 天地之變化用其全, 而人之合天者有裁成之節也.

'하늘은 1'부터 '땅은 10'까지의 20글자를 정현(鄭玄)본에서는 제10장의 앞머리에 두고 있는데, 『주역본의』에서는 이를 착간(錯簡)으로 규정하고 있다. 그리고 바로 여기에다 실어서 순서를 바로잡고 있다. 반고(班固)의 『율력지(律歷志)』[1122] 및 위원숭(衞元嵩)의 『원포(元包)』, 「운시(運蓍)」

1121) 『공자가어(孔子家語)』, 「문옥(問玉)」 편에 나오는 말이다. 이는 공자의 입을 빌려 오경(五經)을 비교·평가하는 가운데 한 말이다.

1122) 반고(32~92)는 동한 시기의 인물로서 반표(班彪)의 아들이다. 박학(博學)과 뛰어난 글솜씨로 유명하였다. 그의 아버지가 지은 『사기후전(史記後傳)』을 이어받아 마저 끝마치기도 전에 사사로이 국사(國史)를 편수한다는 모함을 받아서 투옥되었는데, 동생 반초(班超)가 상소를 올려 극력 변론함에 힘입어

편에서는[1123] 이 구절을 모두 '하늘의 수가 다섯이고(天數五)'의 앞에 두고 있다. 그리고 문장의 의미로 보더라도 이렇게 하는 것이 옳다. 여기서는 팔괘의 획이 「하도」에서 시작되었음을 말하고 있다. 그리고 아래에서는 시초점을 치는 법이 '대연(大衍)'에서 나왔음을 말하고 있다. 「하도」와 '대연'은 체(體)의 측면에서는 서로를 바탕으로 삼고 있지만 용(用)의 측면에서는 달리하고 있다. 그 까닭은 천지의 변화에서는 그 온전함을 다 사용하지만, 사람이 하늘에 부합함에서는 알맞게 잘라내는

석방되었다. 명제(明帝)가 그의 학문을 존중하여 벼슬을 주며 그의 아버지가 미처 못 끝낸 일을 계속하여 완성하도록 명을 내렸다. 이에 반고는 20여 년 동안 노력을 기울여 장제(章帝)의 건초(建初) 연간(76~84년)에 끝을 맺고 '『한서(漢書)』'라 하였다. 화제(和帝) 영원(永元) 원년(89)에 두헌(竇憲)을 따라 흉노의 정벌에 나섰다가 그가 패하는 바람에 연루되어 옥사하였다. 반고는 사부(辭賦)에 뛰어나 『양도부(兩都賦)』, 『유통부(幽通賦)』, 『전인(典引)』 등의 저작을 남겼고, 후인들이 『반란대집(班蘭台集)』으로 엮어냈다. 여기서 왕부지가 언급한 『율력지(律歷志)』는 『한서』의 일부분이다.

1123) 위원숭은 남북조 시기 북주(北周) 사람이다. 성도(成都) 출신인데 음양과 천문에 밝았다. 이것으로 인해 지절촉군공(持節蜀郡公)이라는 작위를 받기도 하였다. 특히 앞일에 대한 예측에 밝았다고 한다. 그가 승려인지 아닌지에 대한 논란이 있다. 여러 가지 역대 문헌에서 그의 이름 및 관련된 일과 그의 저서인 이 『원포경전(元包經傳)』을 거론할 정도로 영향력이 큰 인물이다. 『원포경전』은 5권으로 되어 있는데 송대(宋代)의 장행성(張行成)이 보완한 「원포수총의(元包數總義)」 2권이 부록으로 붙어 있다. 장행성 역시 촉(蜀) 출신의 인물이다. 『원포경전』에는 당대(唐代)의 소원명(蘇源明)이 전(傳)을 붙이고, 이강(李江)이 주(注)를 달았으며, 송대(宋代)의 위한경(韋漢卿)이 석음(釋音)을 하였다. 이렇게 많은 사람들이 이 『원포경전』에 관여했다는 것은 이 책의 학문적 영향력을 말해준다. 「태음(太陰)」, 「태양(太陽)」, 「소음(少陰)」, 「소양(少陽)」, 「중음(仲陰)」, 「중양(仲陽)」, 「맹음(孟陰)」, 「맹양(孟陽)」, 「시운(運蓍)」, 「설원(說源)」 등 10편으로 이루어져 있다.

절제(節制)가 있기 때문이다.

五十有五,「河圖」垂象之數也. 陽曰天, 陰曰地. 奇數, 陽也; 耦數, 陰也. 天無心而成化, 非有所吝留・有所豐予, 斟酌而量用之, 乃屈伸時行而變化見, 則成乎象而因以得數, 有如此者. 陰陽之絪縕, 時有聚散, 故其象不一, 而數之可數者以殊焉. 以陰陽之本體而言之, 一・二而已矣. 專而直者, 可命爲一; 翕而闢者, 可命爲二. 陽盈而陰虛, 陽一函三, 而陰得其二. 虛者淸而得境全, 濁者凝而得境約, 此法象之昭然可見者也. '成變化而行鬼神'者, 其用也, 用則散矣. 陽即散, 而必專直以行乎陰之中, 故陰散而爲四・六・八・十, 而陽恆彌縫其中虛, 以爲三・五・七・九. 一非少也, 十非多也, 聚之甚則一・二, 散之甚則九・十也. '成變化而行鬼神'者, 以不測而神, 人固不能測也. 故其聚而一・二, 散而九, 十者, 非人智力之所及知, 而陰陽之聚散實有之. 一・二數少, 而所包者厚, 漸散以至於九, 十, 而氣亦殺矣. '成變化而行鬼神'者, 天・地・雷・風・水・火・山・澤之用也. 其或一以至或十, 以時爲聚散而可見; 其數之多寡, 有不可得而見者焉; 莫測其何以一而九・何以二而十也.

'55'는「하도」에서 상(象)을 드리우고 있는 수(數)들의 총합이다. 양을 '천(天)'이라 하고, 음을 '지(地)'라 한다. 또 홀수는 양이고, 짝수는 음이다. 하늘은 무심히 지어냄[造化]을 이루어내기 때문에 특정 대상에게 인색하게 덜 주거나 흔전만전 주는 것이 아니라 알맞은 양을 재서 사용한다. 이렇게 하여 우주의 굽혔다 폈다 함이 때에 맞게 행해지고 변화가 드러나게 되니 상(象)을 이루게 되는 것이다. 그리고 이로 말미암아 수(數)를 얻게 된 것에 이와 같음이 있는 것이다.

음기 · 양기 두 기(氣)는 인(絪) · 온(縕)의 작용을 하며 때에 맞게 응취했다 흩어졌다 하기 때문에 그 상(象)이 한결같지 않다. 그리고 헤아릴 수 있게 드러난 수(數)들도 다르다. 그러나 이를 음 · 양의 본체로써 말하면 1 · 2일 따름이다. 전일(專一)하며 곧기만 하니 '1'이라고 명명할 수 있고, 닫혔다 열렸다 하기 때문에 '2'라 명명할 수 있는 것이다.[1124] 그리고 양은 속이 꽉 차 있고 음은 텅 비어 있다. 그래서 양의 '1'은 셋을 함유하고 있고, 음은 그중의 둘만을 얻는 것이다. 비어 있는 것은 맑아서 경계 안에 있는 전체를 다 얻고, 흐린 것은 엉기기 때문에 경계 안에 있는 것을 축약해서 얻는다. 이는 자연현상들에 환히 드러나 있다. '변화를 일으키고 귀신의 영험함을 행함'은 그 작용을 말한 것인데, 작용하면 흩어진다. 양이 흩어져서는 반드시 '그대로 집중함'과 '곧게 뻗쳐 나아감'으로써 음의 속에서 유행한다. 그러므로 음은 흩어져 4가 되고 6이 되고 8이 되고 10이 되지만, 양은 늘 그 속의 빈 곳을 꿰매주기 때문에 3이 되고 5가 되고 7이 되고 9가 된다. 그런데 '1'이라 하여 결코 적은 것이 아니며 '10'이라 하여 결코 많은 것이 아니다. 응취함이 심하면 '1' · '2'가 되고 흩어짐이 심하면 '9' · '10'이 되는 것이다. 이는 사람의

1124) 이는 「계사상전」 제6장의 "대저 건(乾)은 고요함에서는 전일(專一)하고, 그 움직임에서는 굽힘이 없이 곧다. 그래서 크게 낳는다. 곤(坤)은 그 고요함에서는 거두어들여 저장하고 있고, 그 움직임에서는 받아들이기 위해 활짝 연다. 그래서 넓게 낳는다.(夫乾, 其靜也專, 其動也直, 是以大生焉; 夫坤, 其靜也翕, 其動也闢, 是以廣生焉.)"라는 말을 근거로 한 것이다. 건(乾)이 고요함[靜]의 상태에서는 그대로 집중하고 움직임[動]의 상태에서는 곧게 쭉 뻗쳐 나아간다는 것, 곤(坤)이 고요함의 상태에서는 닫고 움직임의 상태에서는 받아들이기 위해 연다는 것이 그 의미다.

지력으로는 미칠 수 있는 것이 아니지만 음・양이 응취하였다 흩어졌다 함에서 실제로 이러하다. 1・2는 숫자로는 적지만 포함하고 있는 것은 두텁다. 그리고 점점 흩어져서 9・10에 이르는데, 이에 따라 기(氣)도 감쇄(減殺)하는 것이다.
'변화를 일으키고 귀신의 영험함을 행함'은 하늘・땅・우레・바람・물・불・산・연못 등의 작용을 의미하기도 한다. 그것들이 더러는 1이 됨으로부터 더러는 10이 됨에 이르는 것은 때에 맞게 응취했다 흩어졌다 하는 것이어서 알 수가 있다. 그러나 그 수의 많음・적음에는 사람의 인식 능력으로써는 알 수 없는 것이 있다. 그래서 어째서 1에서 9가 되고, 어째서 2에서 10이 되는지를 사람으로서는 가늠할 수가 없다.

天垂象於「河圖」, 人乃見其數之有五十有五: 陽二十五而陰三十, 各以類聚而分五位. 聖人乃以知陰陽聚散之用, 雖無心於斟酌, 而分合之妙, 必定於五位之類聚, 不溢不缺以不亂; 遂於其相得而有合者, 以類相從, 以幾相應, 而知其爲天・地・雷・風・水・火・山・澤之象, 則八卦之畫興焉. 因七・五・一而畫'乾', 因六・十・二而畫'坤'. 天道下施, 爲五・爲七以行於地中; 地道上行, 爲十・爲六以交於天位. '乾'止於一, 不至於極北; '坤'止於二, 不至於極南, 上下之分, 所謂"天地定位"也. 陽氣散布於上, 至下而聚, 所謂"其動也直"也; 陰氣聚於上, 方與陽交於中而極其散, 所謂"其動也闢"也. 因左八・三・十而畫'坎', 因右九・四・五而畫'離'. '離'位乎東, 不至乎西; '坎'位乎西, 不至於東: 五與十相函以止, 而不相踰, 所謂"水火不相射"也. 因一・三・二而畫爲'兌', 因二・四・一而畫爲'艮'. 一・二互用, 參三・四而成'艮'・'兌', 所謂"山澤通氣"也. 山澤者, 於天地之中最爲聚而見少者也. 少者, 少也, 甫散而非其氣之周布者也. 少者在內, 雷・風・水・火之所保也. 因九・六・八而畫爲'震', 因八・七・九而畫爲'巽'. 八・九互用, 參六・七而成'震'・'巽', 所謂"雷風相薄"也, 馳逐於外也. 雷風者, 陰陽之氣, 動極而欲散者也, 故因其散而見多也. 多者, 老也, 氣之不復聚而且散以無餘者也. 老者居外, 以周營於天地之間也. 八卦畫而六十四卦皆繇此以配合焉. 其陰陽之互相用以成象者, 變化也. 其一屈一伸, 爲聚爲散, 或見盈而或見絀者, 鬼神也. 此天地之所以行其大用而妙於不測也.

하늘이 「하도」에서 상(象)을 드리우고 있으니 사람들은 그 수가 55임을 안다. 이를 분석해보면, 양은 그 수의 합이 25이고 음은 그 수의 합이 30인데, 각기 부류대로 모여 있으면서 다섯 위(位)로 나뉘어 있다. 이를 통해 성인은 음・양의 응취했다 흩어졌다 하는 작용이 비록 아무런 사심이 없이 각기 알맞은 양을 헤아려서 하는 것이지만, 그 나누고 합함의 신묘함은 반드시 다섯 위(位)에서 부류대로 응취하는 것으로 정해져 있으며, 넘치지도 않고 모자라지도 않아서 혼란스럽지 않다는 것을 알았다. 그리고 마침내 그들끼리 서로 얻어 합을 이루고 있는 것들이 같은 부류라는 점에서 서로 좇고 기미[幾]로써 서로 응한다는 사실을 통해, 그것들이 하늘・땅・우레・바람・물・불・산・연못 등이 되고 팔괘의 획(畫)은 바로 여기서 일어난다는 것을 알았다. 이를 자세히 분석해보면 다음과 같다.

7・5・1로 말미암아 건괘☰가 이루어지고, 6・10・2로 말미암아 곤괘☷가 이루어진다. 하늘의 도(道)는 아래로 베풀기 때문에 5가 되고 7이 되어서 땅속에서 행하고, 땅의 도는 위로 행하기 때문에 10이 되고 6이 되어서 하늘의 위(位)에서 교접한다. 그런데 건괘는 1에서 그치지

극북(極北)에까지 이르지는 않고, 곤괘는 2에서 그치지 극남(極南)에까지 이르지는 않는다. 이는 위 · 아래의 나뉨으로서 이른바 "하늘과 땅이 위치를 정하다."고 함이다. 그리고 양기는 위로 흩어지며 펼치다가 아래에 이르러서는 응취한다. 이것이 이른바 "그 움직임에서는 굽힘이 없이 곧다."고 함이다. 이에 비해 음기는 위에서 응취하였다가 바야흐로 중앙에서 양과 교접하게 되어서는 그 흩어짐을 극대화한다. 이것이 이른바 "그 움직임에서는 받아들이기 위해 활짝 연다."고 함이다.

왼쪽의 8 · 3 · 10으로 말미암아 감괘☵를 그리고, 오른쪽의 9 · 4 · 5로 말미암아 이괘☲를 그린다. 그래서 이괘는 동쪽에 자리 잡고 있으며 서쪽에는 이르지 않는다. 그리고 감괘는 서쪽에 자리 잡고 있으며 동쪽에는 이르지 않는다. 이는 5와 10이 서로 함유한 채 멈추어 있으면서 서로를 타고 넘지 않음이다. 이른바 "물과 불은 서로 침범하지 않는다."고 함이다.

1 · 3 · 2로 말미암아 태괘☱를 그리고, 2 · 4 · 1로 말미암아 간괘☶를 그린다. 여기서 1 · 2를 서로 이용하고 3 · 4를 참작하여 간괘 · 태괘를 그린 것은 이른바 "산과 연못이 기(氣)를 통한다."고 함이다. 산과 연못은 하늘과 땅 사이에서 가장 짙게 응취해 있기 때문에 적어 보이는 것들이다. '적다[少]'라는 것은 앳되다[少]는 의미로, 흩어지자마자 그것은 벌써 기(氣)의 두루 산포(散布)하고 있음이 아니다. 이 적은 것들이 안에 있을 수 있는 것은 우레 · 바람 · 물 · 불 등이 보호하고 있기 때문이다.

9 · 6 · 8로 말미암아 진괘☳를 그리고 8 · 7 · 9로 말미암아 손괘☴를 그린다. 여기서 8 · 9를 서로 이용하고 6 · 7을 참작하여 진괘 · 손괘를 그린 것은 이른바 "우레와 바람은 서로 바싹 덤벼들어 몰아친다."고 함이다. 이는 밖으로 몰아가며 내쫓는 것이다. 우레와 바람이라는 것은 음 · 양의 기(氣)가 움직임이 극에 이르러 흩어지려 하는 것들이다. 그러

므로 그 흩어짐 때문에 많아 보인다. '많다[多]'는 것은 늙었다는 의미로, 기(氣)가 다시는 응취하지 않고 남김없이 흩어져버리고 마는 것들이다. 늙은 것은 밖에 거주하면서 하늘과 땅 사이에서 두루 경영한다. 이렇게 하여 팔괘가 그려지게 되고 육십사괘는 모두 이를 바탕으로 배합한다. 여기서 음과 양이 서로 사용하며 상(象)을 이루는 것이 변화다. 한 번은 굽혔다 한 번은 폈다 하며 응취했다 흩어졌다 하되, 어떤 것은 꽉 찬 것으로 드러나기도 하고 어떤 것은 부족한 것으로 드러나기도 하는 것이 귀신의 영험함이다. 이것이 바로 하늘이 위대한 작용을 실행하지만 가늠할 수 없이 신묘한 까닭이다.

聖人始因「河圖」之象而數其數, 乃因其數之合而相得, 以成三爻之位者著其象, 故八卦畫而『易』之體立焉. 陰陽自相類聚者爲合, 陰與陽應・陽與陰感爲相得. 聖人比其合, 通其相得, 分之爲八卦, 而五位五十有五之各著其用於屈伸推盪之中, 天道備而人事存乎其間. 然則「河圖」者, 八卦之所自出, 燦然眉列;『易』有明文,「圖」有顯象. 乃自漢以後, 皆以五位五十有五爲五行生成之序者, 舍八卦而別言五行, 既與『易』相叛離; 其云, "天一生水而地六成, 地二生火而天七成, 天三生木而地八成, 地四生金而天九成, 天五生土而地十成", 不知其多少相配之何所徵, 一生一成之何所驗?「圖」無其理,『易』無其象, 六經之所不及, 聖人之所不語, 說不知其所自出, 而蔓延於二千餘年者, 人莫敢以爲非. 夫天生地成, 自然之理, '乾'知始而'坤'成物,『易』著其一定之義. 今以火・金爲地生而天成, 亂'乾'・'坤'之德, 逆倡隨之分, 而不知火與金之生獨不繇天也. 何道使然, 雖欲不謂之邪說也可乎!

성인[伏犧氏]께서 맨 처음 「하도」의 상(象)을 바탕으로 그 수를 헤아렸다. 이리하여 그 수가 합하며 서로 얻고 있는 것들끼리 3효를 이루어 위치를 잡고서 그 상(象)을 드러내게 되었다. 그러므로 팔괘가 그려지자 『주역』의 체(體)가 세워지게 된 것이다. 여기서 음은 음끼리 양은 양끼리 서로 같은 부류로 모이는 것은 '합함'이고, 음이 양에 응하고 양이 음에 느낌을 주는 것은 '얻음'이다. 성인께서는 그 '합함'들을 견주어보고 또 그 서로 간에 '얻음'들을 통달하여 팔괘로 나누었다. 그래서 다섯 위(位)의 55에 이르는 수들이 굽혔다 폈다 함과 서로 밀치며 격탕함 속에서 각기 그 용(用)을 드러내게 되었다. 여기에 하늘의 도(道)가 갖추어져 있고 사람의 일이 존재한다. 그렇다면 「하도」로부터 팔괘가 나왔다는 것이 찬연하다 할 것이다. 이에 관해서는 『주역』에서도 분명하게 밝히고 있고[1125], 「하도」에도 그 뚜렷한 상(象)이 있다.

그런데 한대 이후에는 모두들 다섯 위(位)의 '55'에 이르는 수를 오행 생성의 순서로 여긴다. 그리고 팔괘를 제쳐 두고 따로 오행을 말하니, 이는 벌써 『주역』과는 서로 어긋난다. 그래서 "하늘1은 수(水)를 낳고 땅6은 그것을 이룬다. 땅2는 화(火)를 낳고 하늘7은 그것을 이룬다. 하늘3은 목(木)을 낳고 땅8은 그것을 이룬다. 땅4는 금(金)을 낳고 하늘9는 그것을 이룬다. 하늘5는 토(土)를 낳고 땅10은 그것을 이룬다."[1126] 고

1125) 「계사상전」 제11장의 "그러므로 하늘이 신령한 것을 낳으니 성인께서는 이를 본뜨고, 하늘과 땅이 변하고 화하니 성인께서는 이를 본받으며, 하늘이 상(象)을 드리워 길·흉을 드러내자 성인께서는 이를 괘·효상으로 그려냈다. 황하에서 「도(圖)」가 나오고 낙수(洛水)에서 「서(書)」가 나오자 성인께서 이를 본떴다.(是故天生神物, 聖人則之; 天地變化, 聖人效之; 天垂象見吉凶, 聖人象之; 河出圖, 洛出書, 聖人則之.)"는 구절을 지적하는 것으로 보인다.

하는데, 도대체 이들 가운데 얼마나 서로 짝이 맞는지를 어떻게 징험하였으며, 하나는 낳고 하나는 이룬다고 함을 또 어떻게 징험하였단 말인가? 「하도」에도 이러한 이치가 없고, 『주역』에도 이러한 상(象)이 없으며, 육경(六經)에도 이에 대해서 언급한 곳이 없다. 성인들께서도 이렇게 말씀하지를 않았다. 그런데 이러한 설이 어디에서 나왔는지 모르는 채로 2천 년 이상 이어져 오다 보니, 사람들은 이제 이것을 감히 그르다고 말할 수가 없게 되어버렸다. 하늘은 낳고 땅은 이룬다는 것은 자연의 이치다. 그리고 건(乾)은 비롯함을 알고 곤(坤)은 물(物)을 이룬다는 것에 대해 『주역』에서는 딱 정해진 의미로 드러내고 있다. 그런데 이들은 화(火)・금(金)은 땅이 낳고 하늘이 이룬 것이라 하여, 건괘・곤괘의 덕을 어지럽히고 있고 앞장섬・뒤따라감의 구분을 거스르고 있으면서도, 왜 화(火)와 금(金)의 생겨남만이 유독 하늘로부터 말미암지 않는지를 알지 못한다. 도대체 어떤 도(道)가 그러하겠는가? 그러니 비록 자신들의 주장이 사설(邪說)이 아니라 하고자 한들 가능하겠는가!

且五行之目, 始見於「洪範」. '洪範'者, 大法也; 人事也, 非天道也, 故謂之疇. 行, 用也, 謂民生所必用之資, 水・火・木・金・土缺一而民用不行也. 故『尚書』或又加以穀, 而爲六府. 若以天化言, 則金者砂也, 礦也, 皆土也, 人汰之煉之而始成金, 亦泥之可陶而爲瓦・石之可煅而爲灰類耳, 土生之, 人成之, 何能與木・水・火・土相匹也? 四時之

1126) 정확한 구절은 원대(元代)의 학경(郝經)이 지은 『속후한서(續後漢書)』 권8의 「오행(五行)」에 관한 설명 조(條)에 보인다.

氣, 春木・夏火・冬水仿佛似之矣, 秋氣爲金, 亦不知其何說. 若以肅殺之氣言金, 則金爲刃, 而殺者人也, 與挺無別也, 金氣何嘗殺而應秋乎? 五行非天之行, 於「河圖」奚取焉? 其"一六生水"云云, 乃戰國技術之士私智穿鑿之所爲, 而以加諸成變化, 行鬼神之大用, 其爲邪說, 決矣. 「河圖」著其象, 聖人紀其數, 八卦因其合, 六十四卦窮其變, 要以著一陰一陽之妙用, 而天化物理人事之消長屈伸, 順逆得失, 皆有固然一定之則, 所謂"卦之德方以知"也. 而筮策之事, 以人迓天之用, 繇此而起矣.

'오행'이라는 말은 『서경』의 「홍범(洪範)」 편에 처음으로 나온다. '홍범'이라는 것은 위대한 법이라는 의미다. 그런데 이것은 사람의 일에 관한 것이지 하늘의 도(道)에 관한 것이 아니다. 그래서 '주(疇)'라고 한 것이다.[1127] 그리고 오행의 '행(行)'은 쓰임을 의미한다. 그래서 오행은 백성들이 살아가는 데에 필수적으로 쓰이는 자료들을 말한다. 수(水)・화(火)・목(木)・금(金)・토(土) 가운데 어느 것 하나라도 없으면 백성들의 쓰임은 행해지지 않는 것이다. 그러므로 『서경』에서는 더러 이들에다 '곡(穀)'을 더하여 '육부(六府)'라 하고 있다.

하늘의 지어냄[造化]을 가지고 말하면, 금(金)은 모레요 광물질이다. 그래서 모두 토(土)다. 이것을 사람이 일고[汰] 제련하여야 비로소 금(金)이 되는 것이다. 마찬가지로 진흙도 빚어서 기와가 될 수 있고 돌도 태워서 석회(石灰)가 될 수 있다. 이들은 같은 부류일 따름이다. 이는 토(土)가 낳고 사람이 이룬 것이다. 그러니 이것들이 어찌 목(木)・수(水)・

1127) 모두 9개여서 '구주(九疇)'라고 한다. 그래서 '홍범구주'라는 말에서 '범주(範疇)'라는 말이 나왔다.

화(火)・토(土)와 서로 맞먹을 수 있겠는가? 사계절의 기(氣)를 보더라도, 봄은 목(木)과, 여름은 화(火)와, 겨울은 수(水)와 비슷하기는 하다. 그러나 가을의 기(氣)를 금(金)으로 여기는 것은 또한 무슨 설인지 모르겠다. 숙살(肅殺)의 기(氣)를 가지고 금(金)이라 하는데, 금(金)은 날카로움일 뿐 정작 이 날카로움으로써 죽이는 것은 사람이다. 그렇다면 이것은 몽둥이와도 다를 바가 없다. 금(金)이 어찌 일찍이 한 번이라도 사람을 죽여 가을에 상응하겠는가? 이렇듯 오행은 하늘의 운행과 관련된 것이 아니거늘 「하도」에서 무엇을 취하겠는가? "1・6이 수(水)를 낳는다."고 한 것은 전국시대의 술수가들이 자기들끼리 통하는 식견으로 천착해낸 것인데, 거기에다 변화를 이룸과 귀신의 영험함을 행하는 위대한 작용을 갖다 붙인 것이다. 그러니 그것이 사악한 설임은 틀림없다.
「하도」에서 그 상(象)을 드러내고 있고 성인은 그 수(數)를 법칙으로 삼았다. 팔괘는 그 합으로 말미암아 이루어졌고 육십사괘는 그 변함의 경우들을 다하고 있다. 요컨대 이들은 '한 번은 음이었다 한 번은 양이었다 함(一陰一陽)'의 신묘한 작용을 드러내는 것들이다. 그리고 하늘의 지어냄[造化]・물(物)들의 이치・사람의 일 등이 사라졌다 자라났다 함이나 굽혔다 폈다 함, 따름(順)・거스름(逆) 및 득・실에는 모두 고유하게 딱 정해진 법칙이 있다. 이른바 "괘의 덕은 방정하여서 훤히 안다."라고 하는 말이 이 말이다. 시책을 헤아려 시초점을 치는 것은 사람이 하늘의 작용을 맞이하는 것인데, 바로 이로 말미암아 일어난 것이다.

大衍之數五十, 其用四十有九.

대연지수는 50인데, 거기에서 사용되는 것은 49개다.

自此以下, 皆言筮策之數與其制數之理, 蓋以人求合於天之道也. '衍'者, 流行之謂. '大衍'者, 盡天下之理事, 皆其所流行而起用者也. 天下之物與事莫非一陰一陽交錯所成, 受'乾'・'坤'六子之撰以爲形象, 而以其德與位之宜不宜爲理事之得失. 凡五十有五, 成變化而行鬼神者, 皆流行之大用也. 然天地不與聖人同憂, 故其用廣, 而無踰量之疑. 聖人能合天地以爲德, 而不能全肖天地無擇之大用, 是以其於筮也. 於五位之中各虛其一, 聽之不可測, 而立五十以爲人用之全體. 天道有餘, 而人用不足, 行法以俟命者, 非可窮造化之藏也. 故極乎衍之大, 而五十盡之矣. '其用四十有九'者, 其一, 體也. 所占之事之體也. 蓍之待問也無不衍, 而人筮以稽疑者一事爾. 置一策以象所占之成事, 人謀定而後用其餘以審得失吉凶之變也. 事雖一而變無窮, 故四十有九動而不已, 以應靜俟之一. 一無常主, 因時而立, 其始固大衍五十之中同可效用之一也.

이 이하에서는 모두 시책의 수(數)와 그 수를 제어하는 이치에 대해 말하고 있다. 아마 이는 사람으로서 하늘에 합치함을 구하는 원리요 방법이라 할 수 있을 것이다. '衍(연)'이란 널리 운용한다는 의미다. 그리고 '大衍(대연)'은 이 세상의 이치와 일들을 다 드러낸다는 의미인데, 이것들은 모두 대연지수가 운용하며 작용을 일으킨 것들이다. 이 세상의 물(物)과 사(事) 치고 '한 번은 음이었다 한 번은 양이었다 함(一陰一陽)'이 교접하고 뒤섞이며 이루어내지 않은 것이 없다. 그리고 건괘・곤괘 두 괘와 그 여섯 자식괘들의 작용을 받아들여서 형(形)과 상(象)을 이루고 있는데, 그 괘의 덕(德)과 효(爻)의 위(位)의 알맞음・알맞지 않음이 이치와 일의 득・실이 된다.[1128)]

무릇 대연지수 55는 변화를 이루고 귀신의 영험함을 행하는 것인데,

모두 두루 운용함의 거대한 작용이다. 그러나 천지는 성인과 함께 근심하지 않기 때문에 그 작용이 광범위하며 정해진 양을 뛰어넘는다는 의심조차 낼 수 없다. 성인은 천지와 합치할 수 있는 능력으로 덕을 이루고는 있다. 그러나 이것저것 가리지 않고 무차별의 보편으로 행하는 천지의 거대한 작용을 완전히 닮을 수는 없다. 그래서 시초점을 치는 데서 5위(位) 가운데 각기 하나씩을 비움으로써 자신도 가늠할 수 없다는 것을 받아들이며 이를 표시하고 있다. 그리고 남은 50개로 사람이 사용하는 전체를 삼는다. 그런데 하늘의 도(道)에는 남음이 있고, 사람의 사용함에는 부족함이 있다. 원칙대로 행하며 자신의 운명을 기다리는 이는 하늘의 지어냄[造化] 속에 담겨 있는 것들을 다 궁구할 수가 없다. 그러므로 아무리 운용함을 극대화한다 하더라도 50이면 다 되는 것이다. "거기서 사용하는 것은 49개다."라고 하는데, 50개 중 남은 하나의 시책은 체(體)로서 점치는 일의 체에 해당한다. 시초는 우리들이 궁금하여 점을 치는 것 모두에 운용하여 답을 주지만, 사람이 점을 통해 의문을 해소하고자 하는 것은 단지 하나의 일[事]일 따름이다. 그래서 하나의 시책을 놓아두고 사용하지 않음으로써 점치는 일이 이루어짐을 상징한다. 그리고 인모(人謀)가 정해진 뒤에 그 나머지 49개의 시책들을 사용하고서는 드러난 득·실과 길·흉의 변함을 살핀다. 점치는 일은 비록 하나지만 그 변(變)은 무궁하다. 그러므로 49개의 시책이 끊임없이 움직임으로써

1128) 『주역』의 64괘는 모두 음·양효로 이루어져 있다는 것, 6획괘는 건괘·곤괘 두 괘와 그 여섯 자식괘들의 중첩으로 이루어져 있다는 것, 그리고 우리가 시초점을 쳐서 얻은 득·실은 그 괘의 덕(德), 즉 의미와 해당 효(爻)의 위(位)가 가진 알맞음 또는 알맞지 않음에 의해 결정된다는 것이다.

고요히 기다리고 있는 1개의 시책(50개중 사용하지 않는 1개의 시책)에 응한다. 그런데 그 1개의 시책으로는 특별하게 정해진 것이 없고 점칠 때 마다 아무 시책이나 하나를 세운다. 그것이 애초에는 대연지수 50개의 시책 속에 있던 것 중의 하나였으니, 이들은 모두 동일하게 효용을 드러낼 수 있다.

分而爲二以象兩, 掛一以象三, 揲之以四以象四時, 歸奇於扐以象閏. 五歲再閏, 故再扐而後掛.

49개의 시책을 나누어 둘로 한 것은 양의를 상징하고, 오른손 무더기의 시책 하나를 걸어서는 천 · 지 · 인 삼극(三極)을 상징하며, 넷씩 헤아리는 것은 사계절을 상징한다. 그리고 나머지 시책들을 우수리로 돌린 것은 윤년을 상징한다. 5년 만에 다시 윤년이 되기 때문에 다시 우수리로 돌리고 그 뒤에 건다.

揲蓍法詳朱子筮儀. '兩', 兩儀; '三', 三極也. '歸奇', 歸之無用之地, 反諸靜存也. '奇', 畸零也. 不足於四之偶, 而合之爲十三・十七・二十一・二十五, 皆不成數, 爲奇零也. '扐'猶『禮記』云, "祭用數之仂"之仂, 餘也. 舊說以爲左手中三指之兩間, 未是. 古者蓍長三尺, 非指間所可持也. 筮禮就地爲席, 掛・扐皆委之席前, 掛橫而扐直. '五歲再閏', 大略然耳. 以實則十九歲而七閏有奇. 凡言'象兩'・'象三'・'象四時'・'象閏'・'象期'・'象萬物', 皆仿佛其大略耳. 人之合天, 肖其大者, 非可察察以求毫忽之不差. 「壬遁」・「奇乙」・「超符」・「接氣」, 細碎分合之爲小術破道, 『易』不然也. '再扐''後掛', 再扐則斂其扐以合於掛, 以待次揲之又掛.

시초를 헤아려 점을 치는 법은 주자(朱子)가 쓴 「서의(筮儀)」에 자세히 나와 있다. '兩(양)'은 양의(兩儀)를 의미하고 '三(삼)'은 하늘·땅·사람의 삼극(三極)을 의미한다. '나머지 시책들을 우수리로 돌림'은 '사용하지 않는 곳으로 돌려 고요히 있게 한다'는 의미다. '奇(기)'는 넷씩 헤아리고 남은 것이라는 의미다. 넷씩 묶기에는 부족한 것으로서, 남은 이 시책들을 합한 수는 13·17·21·25가 된다.[1129] 이것들은 모두 수(數)를 이루지

1129) 여기서 시초점을 치는 절차에 대해 잠깐 언급할 필요가 있다. 주희의 「서의(筮儀)」에 의하면, 우선 49개의 시책을 무심히 둘로 나눈다. 왕부지는 이를 '귀모(鬼謀)'라 칭한다. 사람이 간여하는 것이 아니라 귀신의 영험함이 간여하는 것이라는 의미에서다. 괘·효를 가름하는 것은 이 귀모에 의한다. 그리고 이후에는 기계적으로 정해진 절차를 수행하면 된다. 왕부지는 이를 '인모(人謀)'라 칭한다. 둘로 나뉜 것 중의 오른쪽 무더기에서 한 개의 시초를 임의로 뽑아 왼손의 넷째·다섯째 손가락 사이에 끼운다. 그런데 이것을 '걺[掛]'이라고 하여 '끼움[扐]'과는 구별한다. '끼움'은 1개를 걸고 남은 오른쪽 무더기의 시책을 넷씩 헤아린 뒤 그 남은 시책(1·2·3·4개 중의 하나임)을 왼손의 셋째·넷째 손가락 사이에 끼우는 것과 왼쪽 무더기의 시책을 넷씩 헤아리고 남은 시책(역시 1·2·3·4개 중의 하나임. 그런데 왼쪽 무더기에서는 1개를 먼저 걸지 않고 바로 넷씩 헤아린다.)을 왼손의 둘째·셋째 손가락 사이에 끼우는 것을 말한다. 그래서 건[掛] 것은 1번이고 끼운[扐] 것은 2번이 된다. 이렇게 해서 1번의 절차가 끝난다. 이것을 '변(變)'이라 한다. 이제 '걸고 끼운 나머지 시책들[掛扐之策]'을 제외한 시책들만으로 제2변을 수행한다. 그리고 여기서 또 '걸고 끼운 나머지 시책들'을 얻고, 이들을 제외한 시책들만으로 제3변을 수행한다. 이 2변·3변은 1변과 동일하다. 즉 무심히 둘로 나누고, 오른쪽 무더기에서 1개를 갖다가 왼손에 걸고, 오른쪽 무더기를 넷씩 헤아리고 남은 시책들을 왼손에 갖다 끼우고, 왼쪽 무더기를 넷씩 헤아리고 남은 시책들을 왼손에 또 끼우고 하는 것이다. 이 세 변(變)을 통해 하나의 효(爻)를 얻는다. 여기서 얻은 '걸고 끼운 나머지 시책들'의 총수가 13·17·21·25가 된다는 것이다. 그런데 이것은 주희의 「서의(筮儀)」

못하고 남은 것들이다. '扐(륵)'은 『예기』에서 "제사에서는 1년 경비의 우수리를 쓴다."고 할 적의 '仂(륵)'에 해당하니,[1130] 이는 우수리를 의미한다. 그런데 이전의 설들에서는 이 나머지 시책들을 왼손의 가운데 세 손가락의 두 틈에 끼운다고 하였는데 이는 옳지 않다. 옛날에 사용하던 시초의 길이는 3척(尺)이나 된다. 그래서 손가락 사이에 끼울 수 있는 것이 아니었다. 시초점을 치는 예(禮)를 보면 땅에다 돗자리를 깔고 친다. 그래서 건 것[掛]이든 우수리로 돌린 것[扐]이든 모두 돗자리 앞에다 놓는다. 다만 건 것은 가로로 놓고 우수리로 돌린 것은 세로로 놓아서 구별할 뿐이다.

'5년 만에 다시 윤년이 됨'이라 한 것은 대략 그렇다는 것일 뿐이지 사실은 19년에 7번 윤년이 되고도 날수가 약간 남는다. 그리고 무릇 '양의를 상징함'·'삼극을 상징함'·'사계절을 상징함'·'윤년을 상징함'·'주기를 상징함'·'만물을 상징함'이라 한 것들은 모두 대략 흡사하다는 것일 따름이다. 이처럼 사람이 하늘에 합치함은 그 대략을 본뜬다는 것이지 시시콜콜한 것까지 자세하게 살펴 조금도 차이가 나지 않게 한다는 것이 아니다. 그런데도 「육임」[1131]과 「둔갑」[1132], 「기을(奇乙)」[1133]·

에 나오는 시초점 치는 법이다. 왕부지는 이 중에서 '걺[掛]'과 '끼움[扐]'을 왼손의 손가락 사이에 걸고 끼운다는 것이 아니라 깔고 앉아 점을 치는 돗자리 앞에 가로·세로로 놓아둠을 의미한다고 하고 있다. 그러나 이것은 단순한 차이일 뿐, 절차나 나머지 시책들의 수는 모두 동일하다.

1130) 『예기』, 「왕제(王制)」 편에 나오는 내용이다. 이 '륵(仂)'은 1/10이나 ⅓을 의미한다고 한다.

1131) 「임둔」은 「육임(六壬)」과 「둔갑(遁甲)」을 아우르는 말이다. 먼저 「육임」은 음양오행으로 길·흉을 점치는 방법 중의 하나다. 기문둔갑(奇門遁甲)·태을신수(太乙神數)와 합해서 '삼식(三式)'이라 부른다. 오행 가운데 '수(水)'를

머리[首]로 한다. 천간(天干) 10개 가운데서는 임(壬)・계(癸)가 수(水)에 속한다. 임(壬)은 양수(陽水), 계(癸)는 음수(陰水)다. 그런데 이 점법에서는 양을 취하고 음을 버리기 때문에 '임(壬)'이라 하는 것이다. 그 까닭은, 「하도」의 오행 가운데 수(水)가 그 머리에 해당하며, '천일생수(天一生水)'로서 수(數)의 시작이기 때문이다. 또 임(壬)은 해(亥)에 궁(宮)을 두고 있는데, 이 해(亥)는 건궁(乾宮)에 속하고 건괘는 『주역』의 머리이기 때문이다. 60갑자에는 천간에 이 임(壬)을 가진 것이 6개가 있다(壬申・壬午・壬辰・壬寅・壬子・壬戌). 그래서 '육임(六壬)'이라고 부른다. 이 육임에는 모두 720개의 과(課)가 있는데, 이를 일반적으로 64개의 과(課)로 총괄한다. 점치는 방법에서는 두 개의 둥근 나무 소반(小盤)을 사용한다. 위 소반에는 하늘의 12진(辰) 분야(分野)를 표시한다. 그래서 '천반(天盤)'이라 부른다. 그리고 아래 소반에는 땅의 12진(辰)의 방위를 표시한다. 그래서 '지반(地盤)'이라 부른다. 이 두 소반을 서로 중첩한 뒤 지반은 고정한 채 천반을 돌리게 되면, 점을 친 간지(干支)와 시진(時辰)의 부위를 얻을 수 있다. 이를 가지고 길・흉을 판단한다. 이 육임 점법은 그 유래가 상당히 오래되었다. 벌써 『수서(隋書)』, 「경적지(經籍志)」 편의 「오행」 조에서 「육임석조(六壬釋兆)」・「육임식경잡점(六壬式經雜占)」 등을 수록하고 있을 정도다.

1132) 「둔갑」은 「기문둔갑(奇門遁甲)」을 말한다. 「기문둔갑」의 '기문(奇門)'은 천간(天干) 가운데 '을(乙)・병(丙)・정(丁)'을 '삼기(三奇)'라 하고, 팔괘의 변상(變相)인 '휴(休)・생(生)・상(傷)・두(杜)・경(景)・사(死)・경(驚)・개(開)' 등을 '팔문(八門)'이라 한 데서 붙여진 이름이다. 그리고 「둔갑(遁甲)」은 천간(天干) 가운데 '갑(甲)'이 가장 중요하기 때문에 드러내지 않고 6갑(甲)을 늘 무(戊)・기(己)・경(庚)・신(辛)・임(壬)・계(癸) 등의 '6의(儀)' 속에 감추기 때문에 붙여진 이름이다. 그래서 3기(奇)・6의(儀)를 9궁(宮)에 분포하고 '갑(甲)'을 특정한 하나의 궁(宮)에 독점시키지 않는다. 이는 「낙서」의 궤적을 이용하는 것인데, 구궁(九宮)・팔괘와 오행의 상생・상극의 원리에 의해 지리 방향의 좋고 나쁨을 예측하고, 자신이 어디로 가야할지를 결정하여 자신에게 가장 유리한 목적을 이루고자 하는 일종의 술수다. 특히 군사 방면에 많이 활용되었다.

「초부(超符)」·「접기(接氣)」 등과 같은 것들은 시시콜콜하게 쪼갠 뒤 나누어서 보고 합해서 보는 따위의 작은 기술로 도(道)를 파괴해버리고 있다. 그러나 『주역』은 그렇지 않다. '다시 우수리로 돌림'·'뒤에 겳'이라 한 것은 다시 우수리로 돌렸으면 그 우수리 시책들을 이제 거두어들여서 건 것과 합하여 다음번에 헤아리고 또 거는 데 사용한다는 것이다.

이 둔갑법은 『역위』, 「건착도(乾鑿度)」 편의 '태을행구궁법(太乙行九宮法)'에서 유래하였다. 그리고 남북조시기에 매우 성행하였다. 그런데 그 기원을 황제(黃帝)·풍후(風后)·구천현녀(九天玄女) 등에 가탁하여 신비화하였으나, 모두 허황한 설에 불과하다. 「기문둔갑」은 옛날에는 제왕들의 손에 장악되어 있었다. 그리고 군사(軍師)·흠천감(欽天監)·국사(國師) 등과 같은 주요한 대신들만이 이에 접근하여 이해하고 운용할 수 있었다. 일반 백성들은 이를 터득하여 반역을 일으킬지 모른다는 우려에서 철저하게 접근을 금하였다. 그래서 보통 사람들에게는 이 「기문둔갑」이 늘 베일에 싸여 있었기 때문에, 이해가 불가능하여 대단히 신비한 술(術)로 비쳤다. 그리하여 마침내 이야기를 지어내는 사람들이 「기문둔갑」을 익히면 마치 하늘을 날 수 있고 자신의 모습을 감쪽같이 숨길 수 있는 것인 양 과장하기에 이르렀다. 그러나 이는 맹랑한 소설일 뿐이다.

1133) 「기을」은 '태을신수(太乙神數)'를 말한다. 또는 '태을수(太乙數)'라고도 한다. '삼식(三式)' 가운데 으뜸이다. 이 '삼식'은 모두 고대 제왕의 학(學)으로서 일반 백성들로서는 접근이 금지되어 있었다. '태을(太乙)'은 '태일(太一)'이라고도 하는데, 종극(終極)과 시원(始原)을 동시에 의미하는 말이다. '태을신수(太乙神數)'는 천지가 처음으로 열리던 즈음의 가장 원시적이며 가장 기본적인 수치를 의미한다. 이 수치에 의거하여 천재(天災)를 예측하는 것이다. 그렇기 때문에 '삼식' 가운데 '태을신수'는 천시(天時)를 예측하는 것이고, '기문둔갑'은 지리(地利)를 판단하는 것이며, '육임'은 사람의 운명을 예측하는 것이라 한다. 그래서 이 '삼식' 가운데 이 '태을신수'를 으뜸이라 한다.

'乾'之策二百一十有六, '坤'之策百四十有四, 凡三百有六十, 當期之日.

건괘☰의 시책은 216개이고, 곤괘☷의 시책은 144개다. 이 둘을 합하면 360개여서 1년의 날수에 해당한다.

此老陽・老陰過揲之數也. 『易』言九・六, 不言七・八, 故以二老紀數, 過揲者所用也. 事理之所閱歷而待成者, 歸奇者所不用也, 非事理之所效也. 故六乘其三十六・二十四, 而數定焉. 抑以二少積之, 少陽過揲二十八, 六乘之爲百六十有八; 少陰過揲三十二, 六乘之爲百九十有二, 亦三百六十. '當期之日', 去其氣盈, 補其朔虛, 亦大畧也.

이는 노양・노음의 과설지책의 수(數)[1134]를 가지고 말한 것이다. 『주역』에서는 효(爻)를 지칭하면서 '구(九)'・'육(六)'이라 하지 '칠(七)'・'팔(八)'이라 하지 않는다. 그러므로 두 노(老)로서 수(數)를 통괄하는데 이는 시책을 헤아릴 적에 쓰인 것들이다. 이것들은 일을 이루는 이치[事理]가 시초를 헤아리는 과정을 거치면서 이루어지기를 기다린 것들이고, 우수

1134) 시초점을 치는 데서 4개씩 헤아린 시책을 말한다. 이는 49개의 시책에서 걸고[掛] 우수리로 돌린[扐] 시책을 뺀 시책들이다. 이에 비해 걸고 우수리로 돌린 시책들은 '괘륵지책(掛扐之策)'이라 한다. 효(爻)가 노양이 되려면 괘륵지책은 13개여야 하니 과설지책은 36개가 되고, 노음이 되려면 괘륵지책은 25개여야 하니 과설지책은 24개가 된다. 또 소음이 되려면 괘륵지책은 17개여야 하니 과설지책은 32개이고, 소양이 되려면 괘륵지책은 21개여야 하니 과설지책은 28개가 된다.

리로 돌린 괘륵지책들은 쓰이지 않은 것들이니 이것들에서는 일을 이루는 이치[事理]가 드러나지 않는다. 그러므로 6×36과 6×24로 수가 정해지는 것이다.[1135] 이와는 달리 두 개의 소(少)로써 누적하면, 소양은 과설지책이 28개니 거기에 6을 곱하면 168이 되며, 소음은 과설지책이 32개니 거기에 6을 곱하면 192가 된다. 이것들을 합해도 역시 360이 된다. '1년의 날수에 해당함'이란 양력의 1년 날수에서 남는 것은 제거하고 음력의 1년 날수에서 부족한 것은 보충한 것으로서 역시 대략적인 숫자다.[1136]

二篇之策, 萬有一千五百二十, 當萬物之數也.

『주역』 상 · 하 두 편의 과설지책 수는 11,520개다. 이는 만물의 숫자에 해당한다.

'二篇', 六十四卦之爻也. 陰陽之爻各百九十二, 以二老積之, 陽爻得六千九百一十二, 陰爻得四千六百八; 以二少積之, 陽爻得五千三百七十六, 陰爻得六千一百四十四; 皆萬一千五百二十. 物以萬爲盈數, 至於萬, 而人之用物以成事之得失, 物之效於人以爲事之吉凶者, 大略備矣. 過此以往, 物變雖無可紀極, 而無與於人事也.

1135) 6을 곱하는 까닭은 한 괘의 효가 6개이기 때문이다.

1136) 1년을 360일 기준으로 할 적에 태양의 주기(366일)는 6일이 남고 달의 주기(354일)는 6일이 모자란다. 태양의 주기, 즉 양력의 날수가 남는 것을 '기영(氣盈)'이라 하고, 달의 주기, 즉 음력의 날수가 부족한 것을 '삭허(朔虛)'라고 한다.

'두 편'은 64괘의 효들을 의미한다. 64괘의 음·양효들은 각기 192개다. 이들을 노양·노음의 시책으로써 누적하면, 양효들은 6,912개가 되고 음효들은 4,608개가 된다. 그리고 소양·소음의 시책으로써 누적하면, 양효들은 5,376개가 되고 음효들은 6,144개가 된다. 두 경우 다 그 합은 모두 11,520이 된다. 물(物)들은 만(萬)을 꽉 찬 수로 여기니, 만에 이르러서는 사람이 물(物)들을 사용하여 일을 이룬 것들의 득·실이 대략 갖추어진다. 그리고 물(物)들이 사람에게 효력을 발휘하여 일의 길·흉이 된 것들도 대략 갖추어진다. 이 이상으로 넘어가게 되면, 물(物)들의 변함이 비록 걷잡을 수 없을 만큼 무한히 진행되기는 하지만 사람의 일과는 관련이 없다.

是故四營而成易, 十有八變而成卦.

그러므로 4영(營)을 통해 역(易)을 이루고 18변함을 통해 괘를 이룬다.

'易', 變也. 分二, 掛一, 揲四, 歸奇, 四營之始成一變. 再合之, 三分之, 而成一爻. 凡三變. 六其三變, 而卦乃成. 四營, 亦取四時運行之義. 十有八, 亦兩陽之九, 參陰之六, 陰陽互乘之象.

여기서 '역(易)'이라 한 것은 변(變)을 의미한다. 둘로 나눔, 1개를 걺, 넷씩 헤아림, 우수리로 돌림 등 4영(營)을 통해 비로소 1변(變)을 이룬다. 두 번 합하고 세 번 나누어서 하나의 효(爻)를 이룬다.[1137] 한 효를 이루는 데 무릇 3변(變)을 거치니, 이 3변을 여섯 번 하여 하나의 괘가 이루어진다. 4영(營) 역시 사계절의 운행에서 의미를 취한 것이다. 그리고 18이란 숫자도 양의 9를 두 배한 것, 음의 6을 세 배한 것이다. 이 역시 음·양이 서로 상승(相乘)한 상(象)을 드러낸다.

八卦而小成, 引而伸之, 觸類而長之, 天下之能事畢矣.

팔괘가 되어서는 작게 이룸이 된다.[小成] 이를 거듭 끌고 나아가 펼치며 부류가 같은 것에 접촉하여 늘리면, 천하의 할 수 있는 일이란 이것으로 다 포괄할 수 있다.

筮者九變而三畫定, 八卦之象見, 小成矣. 乃又九變而六畫之卦乃成, 六十四之大象・三百八十四之動象見焉. 自筮而言, 數自下積, 則小成乎貞, 而引伸以成悔, 故八卦相因之理在焉. 是以'屯'言'雲雷', '蒙'言'山泉', '坎'言'洊至', '離'言'兩作'. 自始畫而言, 三畫各重而六, 增一爲二, 以天之有陰必有陽・地之有柔必有剛・人之有仁必有義, 觸其所與類合者, 以長三爲六, 則三極六位之道在焉. 凡占者之所擬議, 在己而有爲得爲失之能事, 在物而有以吉凶加己之能事, 皆畢於此, 則亦止此而可畢矣. 焦贛演爲四千九十六, 伸之於無所引, 長之於非所類, 天下無此賾而可惡・動而可亂之能事, 故但有吉凶之說而無得失之理,

1137) 4영의 과정은 49개의 시책을 나누는 것이라 할 수 있다. 이 4영을 거쳐서 1변(變)을 이루고 나면, 이제 시책들을 다시 합하여 또 4영을 통해 제2변을 이루게 된다. 그리고는 다시 또 시책들을 합하여 4영을 통해 제3변을 이루게 된다. 그러므로 3변을 거쳐 1효를 이루는 과정에서 시책을 합하는 것은 두 번이고, 나누는 것은 세 번이다.

則其言吉凶者亦非吉凶矣.

시초점을 치는 데서 9변(變)을 거치면 3획이 결정된다. 여기서 팔괘의 상(象)이 드러난다. 이는 작게 이룬 것이다.[小成] 그리고 또 9변(變)을 거치면 3획이 결정되어, 이제 모두 6획의 괘들이 이루어진다. 여기서는 64괘의 큰 상(象)과 384효(爻)의 움직임의 상(象)이 드러난다.
이를 시초점의 관점에서 보자면, 수(數)들이 아래로부터 누적되어 '정(貞)'[1138]에서 작게 이루어지고, 이를 인신(引伸)하게 되면 '회(悔)'[1139]에서 완성된다. 그러므로 여기에는 팔괘가 서로 말미암는 이치가 존재한다. 그러하기 때문에 준괘(屯卦)䷂에서는 '구름과 우레'를 말하고, 몽괘(蒙卦)䷃에서는 '산과 샘'을 말하고, 감괘(坎卦)䷜에서는 '연이어서 이름'을 말하고, 이괘(離卦)䷝에서는 '둘이 일어남'을 말한다.
그리고 획을 그려 나아가는 관점에서 보자면, 3획을 각각 중첩하면 6획이 된다. 이는 3획 하나하나를 한 개씩 늘려 두 개가 되게 한 것이다. 여기에는 하늘에는 음이 있으면 반드시 양이 있고, 땅에는 부드러움[柔]이 있으면 반드시 굳셈[剛]이 있으며, 사람에게는 어짊[仁]이 있으면 반드시 의로움[義]이 있다는 원리가 반영되어 있다. 이렇게 부류가 합치하는 것들에 접촉하여 3획을 6획으로 늘린 것이니, 3극(極)・6위(位)의 도(道)가 여기에 존재한다.
무릇 점을 치는 이가 견주어 보고 또 부연하여 이리저리 의미를 따져보면, 자기에게서는 득(得)도 되고 실(實)도 되는 능사(能事)가 있고

1138) 그래서 정괘(貞卦)는 아래 소성괘를 가리킨다.
1139) 그래서 회괘(悔卦)는 위 소성괘를 가리킨다.

물(物)들에게는 길함과 흉함으로써 자기에게 영향을 주는 능사(能事)가 있는데, 이것들 모두가 이 6획괘에서 끝난다. 그래서 또한 여기에 그치더라도 다 끝낼 수가 있는 것이다. 그런데도 초공(焦贛)은 이것을 연역하여 4,096개로 하고 있다.[1140] 그렇지만 초공의 이것들은 얼토당토않게 인신(引伸)하지 않아야 할 것을 인신하고 같은 부류가 아닌 것들을 늘리고 있다. 천하에는 이처럼 잡다하여 혐오스럽고 움직여서는 혼란만 가중시킬 수 있는 일이 없다. 그러므로 초공의 『역림』에는 단지 길·흉을 알리는 것만 있고 득·실의 이치는 없으니, 그 길·흉도 진정한 길·흉이 아니다.

顯道神德行, 是故可與酬酢, 可與佑神矣.

도를 드러내고 덕행을 신묘히 한다. 그러므로 더불어 주고받을 수 있고 더불어 신(神)을 도울 수 있다.

'酬', 受物之感而行之也. '酢', 物交己而應之也. '佑神', 助神化之功能也. 此亦合卦與蓍而言. 天道之流行於事物者, 卦象備著, 而其當然之理皆顯於所畫之象; 健順以生六子, 皆「河圖」之天道也. 蓍策用大衍, 四營而變化盡, 則所以修德而制行者因時以合道, 而仁不愚·智不蕩,

---

1140) 초공의 『역림(易林)』을 말한다. 『역림』에서는 『주역』의 64괘가 다시 64괘로 변하는 것으로 하여 모두 4,096괘를 말한다.(64×64=4,096) 그리고 이들 모두 해당하는 점사(占辭)를 붙여 놓고 있는데, 이것이 네 글자로 된 운문(韻文)이다.

無所據非德之執滯, 則其德亦非人之所易測矣. 酬酢以盡人, 而立德佑神以合天而體道; 卦方而顯, 蓍圓而神, 『易』之所以廣大而切於人用也.

'酬(수)'는 내가 외물(外物)이 주는 느낌을 받아서 행함을 의미하고, '酢(작)'은 외물이 나와 교감하여 응함을 의미한다. '신을 돕는다'는 것은 신묘한 지어냄[造化]의 기능을 돕는다는 말이다. 이 구절 또한 괘와 시초를 합하여 말한 것이다. 천도(天道)가 사(事)와 물(物)에 유행함을 64괘의 상이 갖추어서 드러내고 있고, 그 당연함의 이치는 모두 시초점을 통해 얻은 상에 환히 드러나 있다. 그리고 건(乾)䷀의 씩씩함과 곤(坤)䷁의 순종함이 낳은 여섯 자식괘들은 모두 「하도」에서 드러내고 있는 천도(天道)의 소산이다. 시초점을 치는 데는 대연지수를 이용한다. 그런데 여기서는 4영(營)을 거쳐 변화가 다 드러나니, 덕을 닦아 자신의 행동을 다잡는 이는 때에 맞추어 도(道)에 합치하게 행동을 한다. 그래서 어질면서도 어리석지 않고 지혜로우면서도 방탕하지 않으며 덕이 아닌 것에 의거하여 고집하거나 응체함이 없으니, 그 덕을 보통사람들로서는 쉽게 가늠할 수가 없다. 점치는 사람이 신묘한 시초점과 주고받으면서 사람의 도리를 다하고 덕을 수립하여 하늘의 신(神)을 도움으로써, 하늘에 합치하며 도(道)를 체현하는 것이다. 괘는 방정하게 환히 드러내고 시초는 원만하게 신묘함을 다한다.[1141] 그래서 『주역』은 광대(廣大)하면서도

1141) 시초점을 통해 얻은 괘는 이미 확정된 것이다. 이것은 그 괘에 닫힌 것이라 할 수 있다. 그래서 '방정하다'고 한 것이다. 이에 비해 점을 치는 과정에서 시초는 무슨 괘든 끌어낼 수 있으니, 열려 있다고 할 수 있다. 그래서 '원만하다'고 한 것이다. 그리고 이 열림 속에서 무슨 괘를 끌어내는지는 오직 신(神)의

사람의 쓰임에 딱 들어맞는 것이다.

子曰, 知變化之道者, 其知神之所爲乎!

공자께서 말씀하시기를, "변화의 도를 아는 이는 신(神)이 행하는 바를 아는도다!"라 하였다.

上言卦之所自畫與蓍之所用, 皆準於天地之理數; 而卦象雖立, 成數雖在, 其十有八變, 分二之無心, 而七・八・九・六妙合於軌則者, 非可以意計測度, 則神之所爲也. 夫不測之謂神, 而神者豈別有不可測者哉? 誠而已矣. 分之合之, 錯之綜之, 進之退之, 盈虛屈伸一因乎時, 而行其健順之良能以不匱於充實至足之理數, 則功未著・效未見之先, 固非人耳目有盡之見聞, 心思未徹之知慮所能測, 而一陰一陽不測之神可體其妙用. 故夫子終歎之, 以爲法象昭垂, 而神非誠不喩; 成數雖在, 固非筮史所能知. 君子之於『易』, 終身焉耳矣.

위에서는 괘의 그려짐과 시초의 운용이 모두 천지의 법칙에 근거한 것임을 말하였다. 그러나 괘상이 비록 이루어지고 그것을 이룬 수(數)가 비록 존재한다고 해도, 그것을 얻게 한 18변(變)과 아무런 사심이 없이 둘로 나눔, 7・8・9・6 등이 신묘하게 궤칙에 딱 들어맞는 것들은 의도적으로 계산하거나 미리 추측하고 헤아릴 수 있는 것이 아니다.

영역이고 차원이다. 그래서 '신묘하다'고 한 것이다.

이는 신(神)이 행한 바다. 가늠할 수 없음(不測)을 일컬어 '신(神)'이라 하는데, 그렇다고 해서 '신'이라는 것이 어찌 따로 존재하는 '가늠할 수 없는 존재'이겠는가? 하늘의 성실함[誠]일 뿐이다. 나뉘었다 합쳐졌다 함, '밝음의 측면[明]'과 '어둠의 측면[幽]'으로 드러났다 숨었다 함[錯]과 위·아래로 도치되어 드러나기도 함[綜], 나아갔다[進] 물러났다[退] 함, 가득 채웠다[盈] 텅 비웠다[虛] 함, 굽혔다[屈] 폈다[伸] 함 등이 한결같이 때[時]로 말미암는데, 그 '씩씩함'·'순종함'의 양능(良能)을 행하면서도 충실하고 지족한 이치에 전혀 부족함이 없다. 그리하여 공(功)이 드러나거나 효(效)가 나타나기 전에는 본디 사람의 감각능력으로 다 지각해 낸다거나, 심사(心思)가 투철하지 못한 사람의 지려(知慮)로써 결코 헤아릴 수 있는 바가 아니기는 하다.
그러나 한 번은 음이었다 한 번은 양이었다 하는, 전혀 가늠할 수 없는 '신'은 그 신묘한 작용들을 다 체현할 수 있다. 그러므로 공자도 이처럼 끝내 찬탄해 마지않으며 자연현상에 드리운 만고불변의 교훈으로 여겼던 것이니, '신'은 '성실함'이 아니면 비유할 수가 없다. 비록 괘를 이룬 수(數)들이 있다고는 해도 이것이 본디 점을 치는 전문가인 서사(筮史)들이 알 수 있는 바가 아니다. 군자들이 『주역』에 평생을 바쳐야 할 따름이다.

●●●

第十章
제10장

此章目言聖人之道四. 夫子闡『易』之大用以詔後世, 皎如日星, 而說『易』者或徒究其辭與變以汎論事功學術, 而不詳筮者之占, 固爲未達; 又或專取象占, 而謂『易』之爲書止以前知吉凶, 又惡足以與聖人垂敎之精意! 占也, 言也, 動也, 制器也, 用四而道合於一也. 道合於一, 而必備四者之用以言『易』, 則愚不敢多讓. 非敢矯先儒之偏也, 篤信聖人之明訓也.

이 장에서는 성인의 도(道)가 넷이라는 것을 지목하여 말하고 있다. 공자께서는 『주역』의 위대한 쓰임을 드러내어 후세 사람들에게 알려주고 있다. 이것은 해와 별처럼 밝다. 그런데 『주역』을 말하는 이들 가운데 어떤 사람들은 단지 그 사(辭)와 변(變)만을 연구하여서 사공(事功)과 학술을 범연히 논할 뿐, 시초점의 의미에 대해서는 상세히 파고들지 않는다. 그래서 이에 대해서는 진실로 통달하지 못한다. 그리고 또 다른 사람들은 오로지 점치는 측면만을 취하여 『주역』이라는 책은 일을 벌이기에 앞서 길 · 흉을 아는 것에 그친다고 말한다. 그러니 이러한 사람들 또한 어찌 성인들께서 가르침을 드리우고 있는 정심한 뜻을 족히 알겠는가! 점(占)이다, 말이다, 행동함이다, 기물을 제작함이다 하여 네 가지를 쓰지만 도(道)는 하나로 합일한다. 도가 하나로 합일하지만 반드시 네 가지 쓰임을 갖추고 있다는 것으로써 『주역』을 말한다면, 내가 감히 이러쿵저러쿵 따지려 들지 않을 것이다. 그러나 내가 하려고 하는 것은 감히 선유들의 치우침을 교정하자는 것이 아니라 성인들의 밝은 가르침을 독실하게 믿는다는 것이다.

『易』有聖人之道四焉, 以言者尚其辭, 以動者尚其變, 以制器者尚其象, 以卜筮者尚其占.

『주역』에는 성인의 도(道)가 네 가지가 있다. 말을 일삼는 사람들은 그 괘·효사를 높이 치고, 행동을 하는 사람들은 그 변함을 높이 치고, 기물을 제작하는 사람들은 그 상(象)을 높이 치고, 점을 치는 사람들은 그 점(占)을 높이 친다.

'聖人之道', 聖人通志成務, 而示天下以共繇者也. '尙', 謂所宜崇奉以爲法也. '言', 講習討論, 以究理之得失. '辭', 其立言之義也. '動'謂行也. '變', 以卦體言, 則陰陽之往來消長; 以爻象言, 則發動之時位也. '制器尙象', 非徒上古之聖作爲然, 凡天下後世所制之器, 亦皆暗合於陰陽剛柔·虛實錯綜之象; 其不合於象者, 雖一時之俗尙, 必不利於用而速敝, 人特未之察耳.

'성인의 도'라는 것은 성인들께서 뜻함을 통하고 임무를 성취하여 세상 사람들에게 다함께 말미암도록 제시하였다는 의미다. '尙(상)'은 높이 받들어 모시며 본보기로 삼기에 알맞다는 의미다. '言(언)'은 강습과 토론을 통해 이치의 득·실을 탐구한다는 의미다. '사(辭)'는 괘·효사들에 담긴 뜻을 가리킨다. '動(동)'은 행동함을 의미한다. '變(변)'은 괘들의 몸을 가지고 말하면 음·양이 왔다 갔다 함과 사라졌다 자라났다 함이고, 효들의 상을 가지고 말하면 발동한 시(時)와 위(位)를 말한다. '기물을 제작하는 사람들은 그 상(象)을 높이 침'이란 꼭 아득한 옛날의 성인들께서 제작하신 것들만이 그러하였다는 것이 아니라 무릇 후세의 사람들이 제작한 기물들도 모두 은연중에 『주역』의 음·양과 굳셈[剛]·부드러움[柔] 및 텅 빔[虛]·꽉 참[實]과 착(錯)·종(綜)의 상(象)에 합치한다는 말이다. 그런데 『주역』의 이러한 상들에 부합하지 않는 것들은 비록 한때는 세속에서 숭상을 받았다 할지라도 틀림없이 사용함에 이롭지 않아서 속히 폐기되고 말았던 것인데, 다만 사람들이 이를 살피지 못할 따름이다.

是以君子將有爲也, 將有行也, 問焉而以言, 其受命也如嚮, 无有遠近幽深, 遂知來物. 非天下之至精, 其孰能與於此!

그렇기 때문에 군자가 장차 제 몸과 마음을 닦으려 하고 장차 행동하려고 할 적에는, 시초점을 치고서 괘·효사의 의미 속에 담긴 이치를 살폈다. 그것으로부터 명(命)을 받음이 마치 메아리와도 같아서, 먼일이든 가까운 일이든 아무리 그윽하고 심오한 일이라 할지라도 곧장 다가올 일을 알려준다. 천하에 지극히 정심(精深)한 것이 아니고서 그 어떤 것이 이것과 함께할 수 있으리오!

'爲', 修己之事. '行', 應物也. '問'謂卜筮. '以言', 推其辭之義以論理也. '受命', 不違其所問所言之理. '嚮', 與響通. '如響', 應聲而出, 無所差而應之速也. '遂', 即也. '來物', 將來之事. '精'者, 硏究得失吉凶之故於剛柔動靜根柢之由, 極其順逆消長之微而無不審, 以要言之, 義而已矣. 義利之分極於微芒, 而吉凶之差於此而判. 有時有位, 或剛或柔, 因其固然而行乎其不容已, 則得正而吉, 反此者凶. 或徇意以忘道, 或執道以强物, 則不足以察其精微之辨. 『易』原天理之自然, 析理於毫髮之間, 而吉凶著於未見之先, 此其所以爲天下之至精, 而君子之所必尙也. 此節言尙辭·尙占之道.

'爲(위)'는 제 몸과 마음을 닦는 일을 말한다. '行(행)'은 외물에 응함을 말한다. '問(문)'은 시초점을 통해 점을 친다는 의미다. '以言(이언)'은 괘·효사의 의미 속에 담긴 이치를 밝힌다는 것이다. '명을 받음(受命)'이란 그 점쳐 물었던 것과 괘·효사에 담긴 이치가 어긋나지 않는다는 의미다. '嚮(향)'은 '響(향)'과 통한다. 그리고 '마치 메아리와도 같음'이란 메아리가 소리에 응하여 나오는 것처럼 전혀 차이가 없이 신속히 응한다는 의미다. '遂(수)'는 '곧바로'라는 의미다. '來物(래물)'이란 다가올 일을 말한다. '정심함'이란 득·실과 길·흉의 까닭을 괘·효의 굳셈[剛]·부드러움[柔]이 왜 움직이고 왜 고요한지 뿌리까지 파고 들어가 연구하는 것인데, 그것들이 따르기도 하고[順] 거스르기도 하며[逆], 꺼졌다[消] 자라났다[長] 하는 은미함을 끝까지 캐며 어느 것 하나 놓치지 않고 살핌을 말한다.

여기서 핵심이 되는 것을 가지고 말하면, 의로움[義]일 따름이다. 의로움과 이로움은 극히 미세함에서 갈리는데 길·흉의 차이는 바로 여기서 판가름 난다. 시(時)도 있고 위(位)도 있고, 굳세기도 하고 부드럽기도 한 것들이 그 '본디 그러함[本然]'으로 말미암아 '그만두지 못함[不容已]'의 필연 차원에서 행하면 올바름을 얻어서 길하다. 그리고 이에 반하는 것은 흉하다. 더러는 제 의욕을 따르다 도(道)를 잃어버리는 경우라든지, 더러는 도(道)에 집착하여 물(物)들을 강요하는 경우에는, 그 정심하고 은미한 변별점을 살필 수 없다.

『주역』은 천리(天理)의 저절로 그러함에 궁극적 근원을 둔 것으로서, 털끝만한 틈새에서 이치를 분석하여 아직 눈으로 보기 이전에 벌써 길·흉을 드러낸다. 바로 이러하기 때문에 『주역』은 천하에 가장 정심하고 은미한 것이며, 군자들이 반드시 받들어야만 하는 것이다. 이 절에서는 괘·효사와 시초점을 높이 치는 원리에 대해 말하고 있다.

參伍以變, 錯綜其數. 通其變, 遂成天下之文; 極其數, 遂定天下之象. 非天下之至變, 其孰能與於此!

끼어들고 대오(隊伍)를 이루면서 변하고, 착(錯)으로 종(綜)으로 그 수를 체현한다. 그 변함에 통하여 이 세상의 아름다움을 이루어내고, 그 수(數)를 궁극까지 살펴서 천하의 상(象)을 정한다. 천하의 지극한 변함이 아니고서 그 어떤 것이 이것과 함께할 수 있으리오!

'參'如"離坐離立, 勿往參焉"之參. '伍'如『史』"生與噲伍"之伍. 參者, 異而相入, 陰入陽中, 陽入陰中之謂也. 伍者, 同而相偶, 陰陽自爲行列之謂也. 奇耦之變爲八卦, 八卦之變爲六十四卦, 其象或參或伍, 相爲往來, 而象各成矣. '錯', 治金之器, 交相違拂之謂. '綜', 以繩維經, 使上下而交織者, 互相升降之謂也. 卦之錯而不綜者八, '乾'・'坤'・'坎'・'離'・'頤'・'大過'・'中孚'・'小過'. 綜之象二十八, 而成五十六卦, '屯'・'蒙'以下皆是. 錯而兼綜者, '泰'・'否'・'隨'・'蠱'・'漸'・'歸妹'・'既濟'・'未濟'. 其錯則不綜者, '屯'・'蒙'之錯'鼎'・'革', 凡四十八卦. 通陰陽十二位而交相易, 則六十四卦相錯而成三十二對. 以於所發見之六位而相爲易, 則五十六卦上下顚倒於二十八象之中. 此象也, 而謂之數者, 象之陰陽, 因乎數之七・八・九・六也. '通其變', 謂卦有定體, 而所參所伍者異則道異, 如'震'遇澤而陽隨陰, 遇山而陰養陽, 三陽連類而'損'爲損下・'益'爲損上, 陰陽各得而'家人'之利在女貞・'蹇'之利見大人是已; 爻有定位, 而參之伍之也異則道異, 如陽居初而在'乾'則潛以靜而爲龍德・在'震'則虩虩以動而致福, 陰居二而在'同人'則爲于宗之吝・在'明夷'則爲馬壯之拯是已. 天下之動萬變不齊, 而止此剛柔之屈伸因時位而異其用, 不爲典要而周流於六虛以通之, 則天地之剛柔交入以成文者在是, 而君子之動, 行藏文質, 進反勸威, 極典禮之節文以無不著其大美者, 唯尙此而能通也. '極其數', 謂因數以得象也. 其錯也, 一嚮一背, 而嬴於此者詘於彼; 其綜也, 一升一降, 而往以順者來以逆. 天下之器, 其象各異, 而用亦異, 要其形質之宜, 或仰而承, 或俯而覆, 或微而至, 或大而容, 或進而利, 或退而安, 要唯酌數之多寡以善剛柔之用, 合異以爲同, 分同以爲異, 皆此一往一來・一嬴一詘以成之象, 象成體定, 而用以利矣. '變'者, 盡乎萬殊之理而無所滯也. '至變', 則天下之事無不可爲, 天下之物無不可用, 動而咸宜, 創制立法而永爲物利矣. 此節言尙變・尙象之道.

'參(참)'은 "두 사람이 앉아 있고 두 사람이 서 있는 데는 가서 끼어들지 마라!"[1142] 고 함에서의 '끼어듦'과 같다. '伍(오)'는『사기』에서 한신이 "내가 번쾌(樊噲)와 똑같은 대오에 섰구나!"[1143] 라고 탄식하던 것과 같은

1142)『예기』,「곡례(曲禮)」편에 나오는 구절이다. 사사로움에는 간여하지 말라는 의미다.

1143)『사기(史記)』,「회음후열전(淮陰侯列傳)」편에 나오는 말이다. 원문에는 "내가 마침내 번쾌와 똑같은 대오가 되었구나!(生乃與噲等為伍)"로 되어 있다. 한신(韓信)에 관한 이야기다. 한신은 유방(劉邦)이 천하를 통일하는 데 결정적인 공을 세웠고, 유방도 이를 높이 평가하였다. 그런데 한신의 능력이 두려웠던 유방은 오히려 한신의 병권을 박탈하고 그를 회음후(淮陰侯)로 강등시켰다. 그리고 자신을 그림자처럼 따라 다니며 비호하였던 번쾌(樊噲)는 무양후(舞陽侯)에 봉했다. 번쾌는 유방을 만나기 전에는 개백정을 하던 인물이다. 어느 날 한신이 번쾌의 군문(軍門)을 지나게 되었는데 번쾌는 무릎을 꿇고 한신을 맞이하였다. 번쾌와의 만남을 마치고 문을 나서던 한신이 한 말이 바로 이 말이다. 여기서 '치여쾌오(恥與噲伍)'라는 사자성어가 나오게

'대오'를 의미한다. '참(參)'은 다른 것들 속으로 들어감을 의미한다. 즉 음효가 양효들 속으로 들어가거나 양효가 음효들 속으로 들어가는 것이다. 그리고 '오(伍)'는 같은 것들끼리 서로 짝을 이루는 것을 말한다. 즉 음효는 음효끼리, 양효는 양효끼리 스스로 행렬을 이룸이다. 홀수·짝수가 변하여 팔괘가 되고, 또 팔괘가 변하여 육십사괘가 되는데, 그 상(象)이 어떤 것은 '참'의 방식으로 어떤 것은 '오'의 방식으로 서로 왔다 갔다 하면서 각기 상을 이루는 것이다.

'錯(착)'은 쇠붙이를 쓸거나 깎는 데 쓰는 강철로 된 연장, 즉 줄로서 쇠붙이를 엇갈리게 갈아댐을 의미한다. '綜(종)'은 잉아로 날실들을 매어 놓고 위·아래로 오르내리며 베를 짜는 것을 의미한다. 『주역』의 육십사괘에서 착의 관계만 이룰 뿐 종의 관계를 이루지 못하는 괘들이 여덟 개가 있다. 즉 건괘(乾卦)䷀·곤괘(坤卦)䷁, 감괘(坎卦)䷜·이괘(離卦)䷝, 이괘(頤卦)䷚·대과괘(大過卦)䷛, 중부괘(中孚卦)䷼·소과괘(小過卦)䷽ 등이 그것이다. 이들을 제외한 것으로서 종(綜)의 상(象)은 모두 28개다. 괘로는 56괘다.[1144] 준괘(屯卦)䷂·몽괘(蒙卦)䷃ 이하의 괘들이 모두 그러하다. 그리고 착(錯)이면서 종(綜)을 겸하고 있는 괘들이 있다. 태괘(泰卦)䷊·비괘(否卦)䷋, 수괘(隨卦)䷐·고괘(蠱卦)䷑, 점괘(漸卦)䷴·귀매괘(歸妹卦)䷵, 기제괘(既濟卦)䷾·미제괘(未濟卦)䷿ 등이 그러하다. 그리고 착(錯)의 관계가 되면 종(綜)은 되지 않는 것들이 있다. 준괘(屯卦)䷂·몽괘(蒙卦)䷃의 착으로서 정괘(鼎卦)䷱·혁괘(革卦)䷰

되었다. 뜻은 '원치 않게 비루한 사람과 같은 반열·대오가 됨'이다.

1144) 종(綜)은 하나의 상(象)이다. 도치의 관계에 있기 때문이다. 위·아래를 전도하면 동일한 상이 되기 때문이다. 예컨대 준괘䷂와 몽괘䷃가 그러하다. 그래서 상으로는 28개이고, 여기에 해당하는 괘들은 56괘가 되는 것이다.

와 같은 것들이 그러하다. 여기에 해당하는 괘들은 모두 48괘다. 그런데 음·양의 앞면·뒷면 12위(位)를 통틀어 서로 엇갈리게 교접시키면 64괘가 서로 착(錯)의 관계로서 32짝[對]을 이룬다. 그렇지만 앞면의 발현한 쪽의 6위(位)에 한정하여 서로 교역시키면 56괘가 28상(象) 속에서 위·아래로 전도된다. 그런데 이것이 상(象)인데도 '수(數)'라고 하는 까닭은, 이 상을 이루고 있는 음·양효들이 모두 7·8·9·6이라는 수로 말미암은 것들이기 때문이다.
'그 변함에 통함'이란 괘들에게 각기 정해진 몸이 있지만 끼어든 것과 대오를 이룬 것들이 다르면 원리도 달라진다는 것이다. 예컨대 진괘☳가 연못을 만나면[1145] 양이 음을 따르고, 산을 만나면[1146] 음이 양을 길러냄이 그러하다. 그리고 세 양효가 연대하여 부류를 이루고 있으면(䷨·䷩) 손괘䷨가 아랫것을 덜어내고, 익괘䷩가 위의 것을 덜어낸다. 아울러 음·양이 각기 제자리를 얻고 있지만 가인괘(家人卦)䷤에서는 이로움이 여자가 올곧음에 있고, 건괘(蹇卦)䷦에서는 대인을 만남이 이로운 것[1147] 등이 이러하다. 이것뿐만이 아니다. 효(爻)에는 정해진 위(位)가 있는데 끼어든 것, 대오를 이룬 것 등이 다르면 원리도 달라진다. 예컨대 양효가

1145) 이것은 귀매괘(歸妹卦)䷵를 의미한다. 귀매괘가 진괘☳와 연못을 상징하는 태괘☱의 조합으로 이루어졌기 때문이다.

1146) 이것은 소과괘(小過卦)䷽를 의미한다. 소과괘가 진괘☳와 산을 상징하는 간괘☶의 조합으로 이루어졌기 때문이다.

1147) 가인괘(家人卦)䷤와 건괘(蹇卦)䷦는 2·3·4·5효가 모두 제자리를 차지하고 있다. 즉 음효는 음의 자리인 2·4효에, 양효는 양의 자리인 3·5효에 각기 자리 잡고 있다. 그런데 이들을 둘러싸고 있는 것에 해당하는 초효와 상효가 가인괘는 모두 양효로 되어 있음에 비해, 건괘는 모두 음효로 되어 있다. 그래서 그 원리가 이렇게 달라진다는 것이다.

초효에 자리 잡고 있는 경우에 이것이 건괘(乾卦)☰에 있으면 잠복한 채 고요하게 있어서 용(龍)의 덕이 되고, 진괘(震卦)☳에 있으면 두려움에 떨며 움직여서 복을 이룬다. 그리고 음효가 2효에 자리 잡고 있는 경우에 동인괘(同人卦)䷌에 있으면 종족(宗族)의 사람들하고만 한마음이 되어 어울림에서 오는 아쉬워함이 있게 되고, 명이괘(明夷卦)䷣에 있으면 말들이 건장하여 발호하는 것을 구함이 된다. 천하의 움직임들은 만 가지로 변하여 죽 고르지 않다. 그러나 이렇듯 굳셈[剛]·부드러움[柔]의 굽혔다 폈다 함은 시(時)와 위(位)로 말미암아 그 작용을 달리하니, 일정불변한 틀이 되지 않고 비어 있는 여섯 위(位)에 두루 유행하면서[周流六虛] 통한다. 그래서 하늘과 땅의 굳셈[剛]·부드러움[柔]이 교접하며 들어가서 문채를 이루는 까닭이 바로 여기에 있다. 군자의 움직임이 전례(典禮)의 절문(節文)을 극진히 하여 그 크게 아름다움을 드러내지 않음이 없는 까닭은, 오직 이러함을 숭상하며 능통하기 때문이다. 즉 행동하거나 은둔하고 있거나, 또 문채를 내거나 바탕을 이룸에 주력하거나, 나아감과 거스름, 권면(勸勉)과 위의(威儀) 등이 모두 그러하다. '그 수(數)를 궁극까지 살핌'이란 수(數)로 말미암아 상(象)을 얻는다는 말이다. 착(錯)의 경우에는 앞면으로 왔다 뒷면으로 갔다 하면서 여기서는 남음이 저기에서는 부족하다. 그리고 종(綜)의 경우에는 오르락내리락 하면서 순종하며 갔던 것이 거슬러서 온다. 이 세상의 기물들은 그 상(象)이 각기 다르고 쓰임새도 다르다. 그 형질의 마땅함에 맞추어 어떤 것들은 우러러보며 받아들이기도 하고 어떤 것들은 굽어서 덮기도 하며, 어떤 것들은 은미하게 이르고 어떤 것들은 커서 많은 것을 받아들이기도 한다. 그리고 어떤 것들은 나아가 이롭게도 하고 어떤 것들은 물러나 평안해 하기도 한다. 요컨대 그 수의 많고 적음에 맞추어 굳셈[剛]·부드러움[柔]을 잘 활용하여 다름을 합쳐 같게도 하고 같음을 나누어 다르게도 한다. 이 모두가 왔다 갔다 하고[綜] 남았다 부족했다 하며[錯] 이루는 상(象)들이다.

'변함'이란 온갖 특수한 이치들을 다 실현하며 전혀 막힘이 없음을 말한다. '지극한 변함[至變]'은 이 세상의 어떤 일이든 할 수 없는 것이 없고, 이 세상의 어떤 물(物)이든 사용할 수 없는 것이 없다. 움직이는 것마다 다 알맞으며, 제도를 만들고 법을 만들어서 영원히 물(物)들에게 이로움을 준다. 이 절에서는 변함과 상(象)을 숭상하는 원리에 대해 말하고 있다.

『易』, 无思也, 无爲也, 寂然不動, 感而遂通天下之故. 非天下之至神, 其孰能與於此!

『주역』은 생각하는 것이 없고, 행함이 없다. 고요히 움직이지 않다가 감응하여서는 이 세상의 모든 까닭에 통한다. 이 세상의 지극한 신(神)이 아니고서 그 어떤 것이 이것에 함께할 수 있으리오!

『易』統象·占·辭·變而言. "无思无爲", 謂於事幾未形·物理未著之先, 未嘗取事物之理, 思焉而求其義之精, 爲焉而營其用之變也; 設其象變, 繫以辭占而已. '寂然不動', 具其理以該四者之道, 無適動而爲一時一事兆也. '感'者, 學『易』者以心遇之, 筮者以謀求通焉. '通天下之故', 謂言·動·器·占皆於此而得也, 此則至精至變, 而括之於一理之渾然, 以隨感必通, 非智計之所能測, 唯'天下之至神'乃能與也. 天下之至神, 誠之至也. 健而誠乎健, 順而誠乎順, 絪緼而太和, 裕於至足之原, 精粗·本末·常變皆備於易簡之中, 故相感者觸之, 而即與以應得之象數, 非待籌量調劑以曲赴乎事物, 此則神之所以妙萬物而不測也. 周子曰, "誠幾神". 謂誠則幾, 誠之幾則神也. 朱子曰, "人心之妙, 其動静亦如此." 人心者, 性之具於虛靈者; 静而無不實, 故動而無不靈, 靈斯神矣.

여기서 말하는 『주역』은 상(象) · 점(占) · 사(辭) · 변(變)을 통괄해서 말하는 것이다. "생각하는 것이 없고, 하는 것이 없다"는 것은, 일의 기미[幾]가 아직 형체를 드러내지 않고 물(物)들의 이치가 드러나기에 앞서 사(事)와 물(物)의 이치를 취하지 않은 채, 생각하는 것은 그저 그 의미의 정심(精深)함을 구하리라는 것이고, 하는 것은 그저 50개의 시책 가운데 49개를 사용하여 변(變)을 경영한다는 것이다.[1148] 그리고 그 상(象)의 변(變)에 대해 사(辭)를 매달아 점을 치는 것일 따름이다. '고요히 움직이지 않다가'라는 것은 이 넷[象 · 占 · 辭 · 變]의 원리를 갖춤으로써 그 이치를 구비하고 있을 뿐 아직 움직여 가서 하나의 시(時) · 하나의 사(事)의 조짐도 되지 않음을 의미한다. '감응'이란 『주역』으로 배움을 삼는 이가 마음으로 만남이요, 시초점을 치는 이가 통하고자 도모함을 일컫는다. '이 세상의 모든 까닭에 통함'은 말하기 · 행동하기 · 기물 · 점 등을 모두 이것에서 얻는데, 이것은 지극히 정심하고 지극히 변하는 것으로서 전체 이치의 혼연함에 포괄되어 있다가 감응하는 것마다 반드시 통하니, 인간의 알음알이와 계산으로써 가늠할 수 있는 것이 아니라 오직 '이 세상의 지극한 신(神)'만이 함께할 수 있다는 것이다. 이 세상에서 가장 신묘한 존재[天]는 성실함이 지극하다. 그래서 씩씩함으

1148) 이는 시초점을 치는 것에 대해 말하는 것이다. 49개의 시책을 가지고 4영을 하여 한 효를 얻는 데는 3변이 필요하고, 한 괘를 얻는 데는 18변이 필요하다. 이는 앞에서 다 나온 내용이다.

로서는 씩씩함에 성실하고 순종함으로서는 순종함에 성실하여, 인(絪)・온(縕) 운동을 통해 거대한 조화[太和]를 이룬다. 그리고 근원이 지극한 충족[至足]으로 넉넉하여 이 세상의 정밀함[精]과 거침[粗], 근본과 말단, 상(常)과 변(變) 등을 평이하고 간단함 속에 다 갖추고 있다. 그러므로 감응하는 이들이 여기에 접촉하여서는 곧 상(象)과 수(數)를 응당하게 얻어 함께한다. 그런데 이는 결코 꼭 양(量)을 헤아려보고 조제(調劑)함에 의거하여 사물 구석구석까지 다다르는 것이 아니다. 이것이 바로 신(神)이 만물을 신묘하게 하면서도 가늠할 수 없는 까닭이다.

주자(周子)는 '성(誠)・기(幾)・신(神)'을 말하며[1149], 성실함이 기미[幾]고, 성실함의 기미는 신묘함이라 하고 있다. 그리고 주자(朱子)는 이 구절을 풀이하면서 "사람 마음의 오묘함으로서 그것의 움직임・고요함도 이러하다."[1150]라고 하였다. 사람의 마음은 그 텅 비고 총명함 속에 성(性)을 갖추고 있는 것인데, 고요함에서 실답지 않음이 없기 때문에 움직여서도 총명하지 않음이 없다. 총명함이 바로 신묘함이다.

1149) 주돈이(周敦頤)가 지은 『통서(通書)』에 나온다. 『통서』의 제1・2장에서는 '성(誠)'에 대해서, 제3장에서는 '성(誠)・기(幾)・덕(德)'에 대해서, 그리고 제4장에서는 '성(聖)'에 대해서 논하고 있다. 제1・2장에서는 '성(誠)'이 건괘(乾卦)䷀의 덕으로서 성(性)・명(命)의 근원이고 이것이 성인의 근본이라 하고 있다. 제2장에서는 성인의 성스러움[聖]이 곧 성실함[誠]이라 전제한 뒤, 이것이 오상(五常)과 인간의 모든 행위의 근본으로서 사람의 움직임・고요함을 관류한다고 하고 있다. 제4장에서는 고요히 움직이지 않음을 '성(誠)', 감응하여 통함을 '신(神)'이라 하고서는, 움직였으나 아직 형체가 드러나지 않고 있는 듯 없는 듯하여 있음과 없음의 사이에 있는 것을 기미[幾]라 하였다. (寂然不動者, 誠也; 感而遂通者, 神也; 動而未形・有無之閒者, 幾也)

1150) 『주역본의』에 나온다.

夫『易』, 聖人之所以極深而硏幾也.

『주역』은 성인들께서 심오함을 궁극까지 밝히고 발동하는 기미[幾]를 연찬한 것이다.

'深'者精之藏; '幾'者變之微也. 極而至之, 硏而察之者, 神也. 聖人之神合乎天地, 而無深不至, 無幾不察矣. 故於『易』著之, 以待天下之感, 而予之以通.

'심오함'이란 정(精)이 저장되어 있음이고, '기미[幾]'는 변함의 은미함이다. 궁극에까지 이르고 연찬하여 살피는 것은 사람의 신묘함이다. 그런데 성인의 신묘함은 천지에 합치하여 아무리 심오하더라도 이르지 않음이 없고, 아무리 은미한 기미[幾]라도 살피지 않음이 없다. 그러므로 『주역』에서 이를 드러냄으로써 온 세상 사람들이 감통하는 데서 의거하게 하였고, 통하게 하였다.

唯深也, 故能通天下之志; 唯幾也, 故能成天下之務; 唯神也, 故不疾而速, 不行而至.

오직 심오하기에 온 세상 사람들의 뜻함을 통하게 할 수 있고, 오직 기미[幾]이기 때문에 온 세상 사람들이 애쓰는 것을 이루어줄 수 있다. 그리고 오직 신묘하기 때문에 빠르게 하지 않아도 신속하고 가지 않아도 이른다.

以言·以占者, 謀理之得失, 審事之吉凶, 必於天下智愚淳頑之志, 皆通其順逆之繇, 乃能予以理之宜而不違其情. 唯極乎深, 而察其剛柔消長之萌在一念之隱微, 而萬變不出於此, 故無不可通也. 以動・以制器者, 求事之成能, 求物之利用, 必因天下之務, 有所缺則有所需, 有所爲則有所成能, 因而節之文之, 以善其爲. 唯硏其幾, 而知體用相因之際, 同異互成, 其微難見, 而靜有其體, 動必有其用, 則庶務合而歸諸道, 無不可成也. 乃其所以極之硏之者, 无思无爲於寂然不動之中, 易簡而該剛柔摩盪之大用, 則問之卽應, 用之卽效, 妙用而不測; 其功之速成也, 則一皆神之爲也. 非大明於全『易』渾然之體, 以得其至變大常之誠, 固未足以知此也. 要諸其實, 則與第一章易簡而理得, 同爲一理. 唯純乎健順, 以知大始而作成物, 故無深非其深, 無幾非其幾, 以速於應而妙萬物. 若何晏・夏侯湛之徒, 以老莊之浮明, 售其權謀機智, 而自謂極深而入神, 則足以殺其軀而已. 無他, 誠與妄之分也.

『주역』을 바탕으로 말하거나 점을 치는 사람들은 이치의 득・실을 도모하고 일의 길・흉을 살핀다. 『주역』은 이 세상의 지혜로운 이나 어리석은 이, 순박한 사람이나 완고한 사람의 뜻함에 대해, 반드시 어떻게 순종하고 어떻게 거스르는지를 통하게 하여 이치에 알맞게 해줄 뿐, 그들의 실정을 위배하지 않는다. 『주역』은 오직 심오함을 궁극까지 살펴 굳셈[剛]・부드러움[柔]이 사라졌다 자라났다 함이 한 생각의 은미함에서 싹트고 온갖 변함들도 이러함에서 벗어나지 않음을 관찰한다. 그러므로 통할 수 없는 것이란 없다.

그리고 『주역』을 바탕으로 하여 행동하거나 기물을 제작하는 이들은, 어떻게 하면 일이 이루어질 수 있는지, 또 어떻게 하면 물(物)들을 이롭게 사용할 수 있는지를 추구(追求)한다. 그런데 『주역』은 반드시 세상 사람들이 애씀을 바탕으로 하여, 그들에게 결여된 것이 있으면 공급해주고,

그들이 행하는 바가 있으면 능함을 이루어준다. 이로 말미암아 절도에 맞게 하고 아름답게 가꿔서 그 행함을 잘하도록 한다.

『주역』은 오직 그 기미를 정심히 연구한 것이기에 체(體)와 용(用)이 서로 말미암고 있는 즈음에 같음과 다름이 상호 이루어진다는 것을 안다. 그리고 그 은미함을 인간의 감각으로서는 인지하기 어렵지만 고요함 속에 그 체(體)가 있다가 움직임에 반드시 그 용(用)이 드러나게 되니, 다양한 애씀들이 함께 도(道)로 귀결되기 때문에 이루어질 수 없는 것이란 없음을 안다. 뿐만아니라 그 궁극까지 밝히고 연찬한 것이기 때문에 『주역』은 고요히 움직이지 않는 속에서는 아무런 생각도 아무런 행함도 없지만, 쉽고 간단함을 통해 굳셈[剛]·부드러움[柔]이 서로 비비대며 격탕하는 위대한 작용들을 다갖추고 있다. 그래서 물어보면 즉각 응하고 사용하면 즉각 효력을 발생하는데, 그 오묘한 작용을 사람으로서는 가늠하지 못한다. 그리고 그 과정이 속히 이루어짐은 한결같이 모두 신(神)이 행함이다. 그러므로 『주역』 전체의 혼연한 본체에 크게 밝아서 그 극도로 변함[至變]과 위대한 항상됨[大常]의 성실함을 깨닫지 못한다면, 진실로 이에 대해서 알 수 없을 것이다.

그런데 그 실질을 요약한다면, 이 「계사전」 제1장의 쉽고 간단히 이치를 터득한다고 함과 똑같은 하나의 이치다. 『주역』의 원리는 오직 씩씩함[健]·순종함[順]에 순수하기 때문에 위대한 시작을 알고 만물을 이룸을 지어낸다. 그러므로 어떤 심오함도 그 심오함이 아닌 것이 없고, 어떤 기미도 그 기미가 아닌 것이 없다. 그리하여 응함에 신속하고, 만물을 신묘하게 하는 것이다. 그런데 하안(何晏)이나 하우잠(夏侯湛)[1151]과

1151) 하우잠(243?~291?)은 서진(西晉) 시기의 문학가로서 패국(沛國) 초현(譙縣)

같은 무리는 노장(老莊)의 부박(浮薄)한 밝음을 가지고 그 권모(權謀)와 기지(機智)를 팔면서도 스스로는 심오함을 극진히 연구하여 신(神)이 경지에 들었다고 하였으니, 이는 자기들 몸이나 죽이기에 족할 따름이다. 이들을 구분하는 것은 다른 것이 아니라, 오직 성실함을 근거로 하였는지 아니면 망령됨을 근거로 하였는지 하는 것이다.

출신이다. 오늘날에는 이 지역이 안휘성(安徽省)에 속한다. 조위(曹魏)의 명장 가문의 후예로서 하우잠은 서진의 무제(武帝) 태시(泰始) 연간에 현량(賢良)으로 등용되어 대책(對策)으로 급제하였다. 나중에는 중서시랑(中書侍郞)·남양상(南陽相)이 되었고, 얼마 되지 않아 태자복(太子仆)으로 승진하였으나 미쳐 직위에 오르지도 않았는데 임명권자인 무제가 죽음으로써 취임이 무산되고 말았다. 혜제(惠帝)가 즉위하여서는 산기상시(散騎常侍)가 되었다. 그리고 하우잠은 49세에 병사하였다.
하우잠은 소년 시절부터 문학적인 재질이 뛰어나서 세상에 이름을 날렸다. 그리고 하우잠은 자기의 조상과 조조(曹操)를 기리기 위해 『위서(魏書)』를 짓다가 진수(陳壽)가 지은 『삼국지』를 보고서는 자신이 집필하던 것을 없애버리고 짓기를 멈추었다고 한다. 그는 30여 편의 논(論)을 지었는데 이 분야에서 자못 일가를 이루었다고 한다. 『위서』는 오늘날 전하지 않는다. 그의 가족은 귀족 성향이 심해서 매우 호화스럽고 사치스러운 생활을 즐겼는데, 죽기 전 그는 그의 가족들에게 자신이 죽으면 작은 관을 쓰고 박장(薄葬)을 할 것을 유언으로 남기기도 하였다. 그래서 사람들은 그가 죽으면서야 비로소 존망(存亡)의 이치를 깨달았다고 평가하였다. 『수서(隋書)』, 「경적지(經籍志)」 편에 의하면, 그의 유작으로 『집(集)』 10권, 『신론(新論)』 10권 등이 있다고 하는데, 오늘날 전하지는 않는다.

子曰: “『易』有聖人之道四焉”者, 此之謂也.

공자께서 “『주역』에는 성인의 도(道)가 네 가지가 있다.”고 하신 것은 바로 이를 두고 하신 말씀이다.

立誠以盡神之謂也.

성실함을 수립하여 신묘함을 다한다는 말이다.

第十一章
제11장

此章專言筮『易』之理, 然法聖人藏密之德, 凡民齋戒之誠, 則學『易』者亦可以得敬修俟命之理矣.

이 장에서는 오로지 점치는 것으로서의 『주역』의 이치만을 말하고 있다. 그러나 성인들이 은밀함 속으로 물러나 자신을 드러내지 않던[退藏於密] 덕과 일반 백성들이 몸과 마음을 깨끗이 하고 부정한 것을 멀리하던[齋戒] 정성을 본받는다면, 『주역』으로 공부하는 이들도 경건하게 수양하며 자신의 운명을 기다리는 이치를 얻을 수 있을 것이다.

子曰: 夫『易』何爲者也? 夫『易』, 開物成務, 冒天下之道, 如斯而已者也. 是故聖人以通天下之志, 以定天下之業, 以斷天下

之疑.

공자께서 말씀하시기를, "『주역』은 무엇을 위해 만들어진 것일까. 『주역』은 만물 모두에게 존재의 지평을 열어주고 애쓰는 것을 이루어 주며, 온 세상의 도(道)를 포괄하는 것, 바로 이와 같은 것일 따름이다. 그러므로 성인들께서는 세상 사람들의 뜻함을 통달하게 하고 천하의 사업을 결정하게 하였으며, 세상 사람들의 의심을 결단하게 해 주었다."라고 하셨다.

'開物'謂一陰一陽之道, 爲萬事萬物之所始; '成務'謂事物之成自人爲者, 亦此理成之也. '冒'者, 始終覆冒之謂. '如斯而已'者, 夏・商之世, 『易』道中衰, 或多爲繁說, 侈於吉凶, 而不要歸於道, 文王乃作『周易』, 一本諸天人之至理, 止其誣冗, 唯君子謀道乃得占以稽疑, 理定於一而義嚴矣. 以此立教, 後世之竊『易』者, 或濫於符命, 如『乾鑿度』; 或淫於導引, 如『參同契』; 或假以飾浮屠之邪妄, 如李通玄之注『華嚴』; 又其下則地術星命之小人皆爭託焉; 惡知『易』之爲用但如斯而已乎? '通天下之志'以陰陽之情, '定天下之業'以健順之德, '斷天下之疑'以得失之理, 非是三者, 『易』之所不謀也.

'開物(개물)'은 '한 번은 음이었다 한 번은 양이었다 함(一陰一陽)'의 도(道)가 만사・만물의 비롯함이 된다는 의미다. 그리고 '成務(성무)'는 사(事)와 물(物)이 사람이 행함에 의해 이루어지지만, 이것 역시 이 이치가 이룬다는 의미다. '冒(모)'는 처음부터 끝까지 포괄한다는 의미다. '이와 같은 것일 따름'이라는 것은, 하나라・상나라 시대에는 『역』의 도(道)가 중간에 쇠미해지고 더러는 번다한 설을 이루며 지나치게 길・흉에 치우친 나머지 도(道)로 돌아오지 않았는데, 이러한 상황에서 문왕이 『주역』

을 만들어 한결같이 하늘과 사람의 지극한 이치를 근본으로 삼고 그 혹세무민하는 군더더기들을 종식시키니, 오직 군자만이 도(道)를 도모하며 점(占)을 통해 의심스러움을 풀게 되었다는 것이다. 그래서 이치는 하나로 정해지고 의로움[義]은 엄정해졌다는 것이다.

이러함으로써 가르침을 세워 놓으니 이제 후세에서는 『주역』을 표절하는 부류들이 생겨났다. 그래서 어떤 이들은 『주역』을 표절하여 부명(符命)으로 치달렸는데 『건착도(乾鑿度)』[1152]와 같은 것이 그러하고, 어떤 이들은 『주역』을 표절하여 도인(導引)으로 흘렀는데 『참동계(參同契)』[1153]와

1152) 『건착도』는 『역위(易緯)』 가운데 하나다. 서한 시기에는 위서(緯書)가 유행하였다. 이는 경서(經書)를 보조하는 것이라 할 수 있다. 유가의 오경(五經)에는 모두 각각의 위서가 있다. 그 가운데 『역경』의 위서를 '『역위』'라 한다. 모두 8가지가 있는데, 『건곤착도(乾坤鑿度)』·『건착도(乾鑿度)』·『계람도(稽覽圖)』·『통괘험(通卦驗)』·『변종비(辨終備)』·『시류모(是類謀)』·『건원서제기(乾元序制記)』, 『곤령도(坤靈圖)』 등이 그것이다. 그런데 이들 대부분은 온전하게 전하지 않고 있다. 단지 이 『건착도』 상·하 두 권만이 비교적 완정한 형태로 전해지고 있다. 『건착도』의 주요 내용은 기화(氣化)에 의해 우주가 형성되는 패턴을 제시하고 있고, 괘기설(卦氣說), 효진설(爻辰說) 등 한대 상수역학의 기본 이론을 서술하고 있다.

1153) 『주역참동계(周易參同契)』라고도 한다. 동한(東漢)의 위백양(魏伯陽)이 지었다. 연단술(煉丹術)에 관한 것으로서 '만고 단경의 왕(萬古丹經王)'이라고 일컬어진다. 책 이름 속의 '參(삼)'은 『주역』·황로(黃老)·노화(爐火) 등 셋을 가리킨다. 상·중·하 세 편으로 이루어져 있으며, 「주역참동계 정기가(鼎器歌)」 1수(首)가 더 붙어 있다. 책 전체가 약 6천 자로 이루어져 있는데, 4글자씩 1구를 이루거나 5글자씩 1구를 이루는 체제로 서술하고 있다. 내용은 『주역』의 효상(爻象)을 가지고 연단(煉丹)·성선(成仙)의 수련 방법을 소개하는 것이다. 그래서 도교의 내단파(內丹派)나 외단파(外丹派) 모두에게서 이것을 중요한 저작으로 간주되고 있다. 매우 난해한 서적으로 정평이 나

같은 것이 그러하며, 어떤 이들은 『주역』을 빌려다 불교의 사악하고 망령됨을 치장하였는데 이통현(李通玄)[1154]의 『화엄경(華嚴經)』에 대한 주석들이 그러하다. 그런데 또 이보다 수준이 못한 이들로서 지술(地術)과 성명(星命)에 종사하는 소인배들도 모두 앞을 다투어 『주역』에 가탁해대고 있다. 그러나 이들이 어찌 『주역』을 겨우 이 따위에나 쓰고 있다는 것을 알리요! 음·양의 실정으로써 '세상 사람들의 뜻함을 통달하게 하고', 씩씩함[健]·순종함[順]의 덕으로써 '천하의 사업을 결정하게 하며', 득·실의 이치로써 '세상 사람들의 의심을 결단하게 해 주는', 이 세 가지가 아니고서는 『주역』을 도모하지 못한다.

是故蓍之德圓而神, 卦之德方以知, 六爻之義易以貢. 聖人以此洗心退藏於密, 吉凶與民同患. 神以知來, 知以藏往, 其孰能與此哉! 古之聰明叡知神武而不殺者夫!

있지만 후세에 미친 영향은 대단히 크다.

1154) 이통현(635~730)은 당나라 때의 화엄경 학자다. 그는 유교와 불교의 경전들에 두루 정통하였다. 그의 나이 85세 되던 현종의 개원(開元) 7년(719)부터 태원부(太原府) 수양방산(壽陽方山)의 토감(土龕) 속에 은거하며 『화엄경』을 연구하였다. 그런데 매일 밥 대신 대추와 잣나무 이파리를 가루내어 떡으로 만들어 먹었으므로 '조백대사(棗柏大士)'라고 불렸다. 이렇게 11년을 지내다 개원(開元) 18년 세상을 떠났다. 거의 100세에 가까운 장수를 누렸다. 나중에 송나라의 휘종(徽宗)은 그에게 '현교묘엄장자(顯教妙嚴長者)'라는 호를 내렸다. 저서로 『화엄경론(華嚴經論)』, 『화엄경회석론(華嚴經會釋論)』, 『약석신화엄경수행차제결의론(略釋新華嚴經修行次第決疑論)』 등이 있다.

그러므로 시초(蓍草)의 덕은 원만하게 신묘함을 다하고 괘의 덕은 방정하게 환히 알며, 육효의 의미는 바뀌어 가며 숨김없이 알려준다. 이러하기 때문에 성인은 마음을 깨끗이 하고 은밀한 곳으로 물러나 몸을 감춘 채 시초점을 쳐서 얻은 길 · 흉에 대해 백성들과 한마음으로 근심한다. 신묘함으로써 올 일을 알고 지혜로움으로써 지나간 일들을 저장하니, 그 어떤 것이 이것에 함께할 수 있으리오! 옛날의 총명하고 슬기로운 지혜를 가진 이들은 『주역』의 신묘한 도(道)로 백성들을 굴복시켰지 결코 형벌로 살육하지는 않았도다!

此節言聖人畫卦・繫辭・設筮, 以自驗其德也. '德'謂其性情功效. '義'者, 理著於辭也. '圓'者, 運而不滯, 謂七・八・九・六, 揲無定則, 唯其所成而恰合也. '神', 盡其變也. '方'者, 卦之有定體也. '知', 明於理之大全也. '易', 變易也; 陰陽麗於六位, 而因時位以殊也. '貢', 明告無隱也. '洗心退藏於密'者, 聖人之爲莫非理義, 可以唯其所行, 而洗滌自信之心, 以不決於行止, 必退而藏其用於天道之不測, 以筮決之. 蓋天道至精至密, 吉凶得失, 纖毫皆至理之所察, 而非可以道義之大綱定者. 故聖人自恐其疏, 而稽疑於陰陽之繁變, 以極致其謹愼周詳而後動也. '吉凶'者, 凡民之所患, 聖人有天佑人助之德, 可以不患, 而不輕自恃, 有憂其未當之情, 以決於蓍而免於患. 資蓍之神, 以窮其變而'知來'; 資卦之知, 以明所守於古今不易之理而'藏往', 非聖人之至虛無我・畏天而俟命者不能也. 聰明叡知神武矣, 而智不自用, 勇不自恃, 雖道盛功興, 可以生殺唯己, 而猶以吉凶爲患, 聽天而待時. 文王演『易』, 道已大行, 而不興弔伐之師, 用此道也, 而德以至矣. 此聖人之用『易』以厚其德之藏者也.

이 절에서는 성인들께서 괘를 그리고 괘・효사를 붙이며 시초점을 침으로써 스스로 그 덕을 징험하고 있다는 것을 말하고 있다. '덕'은 성인들의 성(性)과 정(情) 및 공효를 말한다. '義(의)'는 이치가 괘・효사에 드러난 것이다. '圓(원)'이란 운행하며 정체함이 없는 것인데, 시초를 헤아려 7・8・9・6이 되는 데 특별히 정해진 규칙이 없고 오직 그 이루어진 그대로 딱 들어맞는다는 의미다. '神(신)'은 모든 변(變)을 다 드러낸다는 의미다. '方(방)'은 64괘가 각각 정해진 몸이 있음을 의미한다. '知(지)'는 이치의 크게 온전함에 대해서 환하다는 말이다. '易(역)'은 변하고 바뀜으로서, 음・양이 여섯 위(位)에 걸려 있는 것이 시(時)・위(位)로 말미암아 특수해짐을 의미한다. '貢(공)'은 숨김없이 모든 것을 다 분명하게 알려준다는 말이다.

'마음을 깨끗이 씻고 은밀한 곳으로 물러나 몸을 감춘 채'라는 것은, 성인들의 행위는 이치와 의로움이 아닌 것이 없어서 오직 그대로 행할 수가 있는 것인데, 스스로가 믿는 마음을 말끔히 씻고 행동할지 그만둘지를 그냥 결정하지 않은 채 반드시 물러나 천도(天道)의 가늠할 수 없음에 그 사용함을 저장하여[천도의 가늠할 수 없음을 이용하여] 시초점을 쳐서 결정한다는 것이다. 천도는 지극히 정심하고 은밀하다. 그리고 길・흉 및 득・실과 관련해서는 털끝만한 데에도 모두 지극한 이치를 담고 있어서 모두 살펴야 하니, 도의의 대강만으로 확정할 수 있는 것이 아니다. 그러므로 성인들께서는 혹시라도 빠뜨리지나 않을까 염려하며 의심스러움을 음・양의 다양한 변(變)에 물어 결단하였다. 이렇게 함으로써 성인들은 근신(謹愼)함과 두루두루 상세히 함을 극진히 한 뒤에 행동에 옮겼던 것이다. 물론 길・흉이란 백성들이 두려워하는 바요, 성인들께는 하늘이 보우(保佑)하고 사람이 돕는 덕이 있어 그것을 두려워하지 않아도 될 법하지만, 성인들도 경솔하게 자신만을 믿지 않는 것이다. 그래서 아직 마주치지 않은 상황에 대해 염려스러움이 있을 적에는 시초점에 물어 결단함으로써 근심함으로부터 벗어났던 것이다.
이렇듯 시초점의 신묘함으로부터 도움을 받아 변(變)을 다 살펴 다가올 일을 알게 되고, 괘의 지혜로움에 의거함으로써 예나 지금이나 바뀌지 않는 이치에서 지켜야 할 바가 무엇인지 분명해졌으니, '지나간 일들을 저장'해두게 되었던 것이다. 그러나 이는 성인의 '지극한 텅 빔(至虛)', '자기라 함이 없음(無我)', '하늘을 두려워하며 명을 기다림(畏天而俟命)'이 아니고서는 할 수 있는 일이 아니다. 총명하고 슬기로운 지혜가 『주역』의 신묘한 도(道)로써 백성들을 굴복시킨 것이다. 이렇듯 성인들께서는 그 지혜로움을 결코 자신을 위해 쓰지 않고 용맹스러움에 스스로 으스대지 않았다. 비록 도(道)가 융성하고 공(功)이 있어서 생하고 죽이는 것을 제 기준에 따라 할 수 있었지만, 오히려 길・흉을 근심하면서 하늘에 귀 기울이고 때의 알맞음에 의거하였던 것이다. 문왕께서는 『주역』을 연역(演繹)하였고 그의 치세동안에는 도(道)가 이미 크게 행해졌다. 그러나 문왕께서는 고통 받고 있는 백성들을 위문하였고, 죄 있는 이들을 정벌하기 위해 군사를 일으키지 않았다. 이러한 원리와 방법을 사용하였으니, 그의 덕이 지극한 것이다. 이는 바로 성인들께서 『주역』을 사용하는 데서 그 덕이 저장되어 있음을 두터이 한 것이다.

是以明於天之道而察於民之故, 是興神物, 以前民用. 聖人以此齋戒, 以神明其德夫!

이렇게 하여 하늘의 도(道)에 대해 환히 알고 백성들의 실정을 살피고는 신령스러운

물(物)을 숭상하며 백성들이 사용함에 앞세웠다. 성인들께서는 이러한 까닭에 몸과 마음을 깨끗이 하고 부정한 일을 멀리함으로써, 그 덕을 신령스럽게 밝혔도다!

此節明聖人以『易』使天下後世人得用之以筮, 而迪之以吉也. '興'猶尙也. '神物', 蓍也. '齋戒', 使人齊一其心, 戒筮者, 戒有司, 使恪共涖筮也. '以神明其德'者, 以蓍之神靈爲民示所從, 俾無失德也. 衆人之齋戒雖不足與於聖人之洗心, 而收斂傲僻, 以待明於神, 則亦可以與於陰陽不測之神知. 唯聖人於『易』盡天人之理, 爲吉凶得失之原, 而察之精, 故能使天下後世信而從之, 此聖人用『易』以納民於敬愼而寡其過也.

이 절에서는 성인들께서 후세 사람들에게 『주역』을 시초점 치는 데 사용할 수 있도록 함으로써 그들을 길함으로 인도하였음에 대해 밝히고 있다. '興(흥)'은 숭상한다는 것과 비슷한 의미다. '신령스러운 물(物)'은 시초를 말한다. '齋戒(재계)'는 사람들이 그 마음을 가지런히 바로잡게 하는 것인데, 점치는 사람들에게 경계하고 일을 맡은 사람들에게 경계하여 그들로 하여금 정성스러운 마음으로 함께 시초점에 임하게 하였다는 의미다. '그 덕을 신령스럽게 밝혔음'이란 백성들에게 시초의 신령스러움을 따르도록 제시하고 백성들로 하여금 덕을 잃어버리지 않게 하였다는 의미다. 물론 보통 사람들이 몸과 마음을 깨끗이 하고 부정한 일을 멀리함은 성인들의 '마음을 씻음[洗心]'보다는 못하다. 비록 그렇다고 하더라도 보통사람들이 무너지고 흐트러진 마음을 이 재계(齋戒)를 통해 거두어들인 뒤 『주역』의 신묘함에 의해 명철해진다면, 역시 음・양의 가늠할 수 없는 신묘한 앎에 함께할 수 있는 것이다. 오직 성인들만이 하늘과 사람의 이치를 다하여 『주역』에서 길・흉과 득・실의 근원을 이루어놓았고 살핌이 정심하다. 그러므로 후세 사람들로 하여금 믿고 따를 수 있게 한 것이다. 이것이 바로 성인들께서 『주역』을 이용해 백성들로 하여금 경건함 · 신중함을 이루고 허물을 줄일 수 있도록 함이다.

是故闔戶謂之坤, 闢戶謂之乾, 一闔一闢謂之變, 往來不窮謂之通, 見乃謂之象, 形乃謂之器, 制而用之謂之法, 利用出入, 民咸用之謂之神.

그러므로 문을 닫음을 곤(坤)이라 하고, 문을 엶을 건(乾)이라 하며, 한 번은 닫혔다 한 번은 열렸다 하며 이를 지속함을 '변함'이라 한다. 왔다 갔다 하며 궁함이 없음을 '통함'이라 한다. 드러나는 것을 '상(象)'이라 하고, 형체를 지닌 것을 '기(器)'라고 하며, 만들어서 사용함을 '법(法)'이라 한다. 드나듦에 이롭게 사용하며 백성들 모두가 사용함을 '신(神)'이라 한다.

此節明'六爻之義易以貢'而'前民用'之理也. 唯其易, 故能明天道, 而察於民用萬變之故; 唯其貢, 故民皆得與, 而以神所告者明其德. 蓋卦與蓍神知之妙, 非民之所與知, 而爻義之顯陳, 則民咸可用. 原本於神者同, 而所用有大小淺深之異, 『易』所以冒天下之道也.

이 절에서는 '육효의 의미가 바뀌어 가며 숨김없이 알려줌'의 이치와 '백성들이 사용하기에 앞서서 만들어 놓음'의 이치를 밝히고 있다. 오직 그것이 바뀌어 가기 때문에 하늘의 도를 밝힐 수 있고, 백성들이 사용함과 온갖 변함의 까닭에 대해 살필 수가 있다. 그리고 오직 숨김없이 알려주기 때문에 백성들 모두 함께할 수 있으며, 신묘함이 알려준 것으로써 그 덕을 밝게 한다. 괘와 시초에 깃들어 있는 것은 신(神)만이 알 수 있는 오묘함으로, 백성들로서는 더불어 알 수 있는 것이 아니다. 그런데 효에서는 의미를 환히 펼쳐 보이고 있으니, 백성들 모두가 다 사용할 수 있는 것이다. 원래 신묘함에 근본을 두고 있다는 점에서는 같지만, 사용함에는 크고 작음과 얕고 깊음의 차이가 있다. 그러므로 『주역』은 천하의 도를 모두 포괄할 수 있는 것이다.

'乾'·'坤'謂陰陽也. 凡卦之陰爻皆'坤'順之體, 陽爻皆'乾'健之體; 散見於六十二卦者, 雖'乾'·'坤'之象不全, 而體固具也. '闔戶'·'闢戶', 以功用言. 陰受陽施, 斂以爲實, 闔之象也. 陽行乎陰, 盪陰而啓之, 闢之象也. 取象於戶之闔闢者, 使人易喩, 亦所謂'易以貢'也. 已闔而静, 方闔則動; 闢之也動, 既闢而静; 静以成體, 動以發用; 故六爻之有陰陽, 皆具'乾'·'坤'之德, 而用不窮也. 夫闔則必闢, 闢則必闔, 萬象體'乾'·'坤'而各自爲體, 陰陽有畸勝而無偏廢, 其一陰一陽之相間者, 純之必變也. 上生之謂'往', 下生之謂'來', 上下相連而陰陽以類聚者, 變之必通也. '既濟'·'未濟', 變之極; '夬'·'姤'·'剝'·'復', 通之盛也. 陰陽之變, 通行乎六位而卦成, 其見也象之所著也. 萬物之形, 皆以此爲虛實·質文·同異之制, 成乎器矣. 象立器成, 乃因其剛柔之得失, 裁成而用之, 則事之法也. 此闔闢往來互變以使六爻之失得, 爻自有義, 昭著呈見, 以聽民之貴賤智愚, 隨其日用, 考從違於陰陽不測之中, 極其所感而無不通, 神抑行乎其中矣. 故使天下之人齋戒而求以明其德者, 不測其所以然, 而莫不敬信以從乎筮策也.

여기서 말하는 건(乾)·곤(坤)은 음·양을 의미한다. 무릇 괘들의 음효는 모두 곤괘(坤卦)☷의 순종함을 체현하고 있고, 양효들은 모두 건괘(乾卦)

䷀의 씩씩함을 체현하고 있다. 그리고 62괘에 흩어져 드러나 있는 것들이 비록 건괘·곤괘의 상(象)의 온전함은 아니지만, 이 두 괘의 체(體)는 이들 속에 본디 갖추어져 있다.

'문을 닫음'·'문을 엶'은 공용(功用)의 측면에서 말한 것이다. 음은 양의 베풂을 받고 거두어들여서 실질로 삼으니, 이는 닫힘의 상(象)이다. 그리고 양은 음에게 행하며 음을 격탕하여 열게 하니, 이는 열림의 상이다. 그런데 이처럼 문을 열고 닫음에서 상을 취한 까닭은 사람들로 하여금 쉽게 깨닫도록 하기 위한 것이다. 역시 '바뀌어 가며 숨김없이 알려줌'이다.

이미 닫혀 있다보면 고요하고, 한창 닫혀 있다 보면 움직인다. 그리고 열면 움직이고 이미 열려 있으면 고요하다. 고요함은 체(體; 몸)를 이루고, 움직임은 용(用; 작용)을 발휘한다. 그러므로 각 괘의 여섯 효에 음·양이 있음은 모두 건괘·곤괘의 덕을 갖추고 있는 것이며 그 작용은 궁색하지 않다. 그래서 닫혔으면 반드시 열리고 열렸으면 반드시 닫히니, 온갖 다양한 상들[萬象]은 건(乾)·곤(坤)을 체현하며 각기 스스로 몸을 이룬다. 아울러 여섯 효에서 음·양이 죽 고르지 않고 어느 한쪽이 이상할 정도로 많은 경우는 있어도, 음·양 가운데 어느 한쪽이 완전히 폐기되는 경우는 없다. 그래서 각 괘의 여섯 효들이 하나는 음, 하나는 양으로 서로 엇갈리게 서로 사이를 이루고 있음은 건(乾)·곤(坤)의 순수함이 필연적으로 변한 것이다.[1155]

1155) 이 구절을 이해하기 위해서는 왕부지의 건곤병건설('乾''坤'竝建說)을 상기할 필요가 있다. 왕부지는 64괘가 보이는 쪽, 즉 앞쪽[嚮]에 여섯 효를 드러내고 있는 것이고, 그 뒤쪽[背]에 앞쪽의 효(爻)들과 착(錯)의 관계를 이루고 있는

상괘[悔卦]에서 생겨남을 '감[往]'이라 하고 하괘[貞卦]에서 생겨남을 '옴[來]'이라 한다.1156) 그런데 위·아래로 서로 연결되어 음·양효들이 서로 무리를 이루고 있음은 변함이 필연코 통함이다. 62괘 가운데서 기제괘(既濟卦)䷾·미제괘(未濟卦)䷿는 변함이 극에 이른 것들이고, 쾌괘(夬卦)䷪·구괘(姤卦)䷫·박괘(剝卦)䷖·복괘(復卦)䷗는 통함이 융성한 것들이다.1157)

여섯 효들이 있다고 본다. 그리고 이것들은 물론 보이지 않는다. 그래서 이들 양쪽을 다 고려할 적에 64괘 각각은 여섯 위(位)로 이루어진 것이 아니라 12위(位)로 이루어졌다고 여기는 것이다. 이 12위(位)의 음·양효를 합하면 정확하게 음효 여섯 개와 양효 여섯 개가 된다. 즉 건괘·곤괘 두 괘가 되는 것이다. 이것은 거꾸로 말하면, 건괘·곤괘 두 괘가 어떤 방식으로 조합되느냐에 따라서 나머지 62괘가 된다는 의미다. 따라서 건괘·곤괘 두 괘는 체(體)요, 나머지 62괘는 그 용(用)이라 하는 것이다. 이것이 왕부지의 건곤병건설의 골자다. 왕부지는 「계사전」의 이 구절을 풀이하면서 바로 이 건곤병건설을 적용하고 있다. 그래서 건괘는 양을 상징하는 것으로서 '열림[闢]'을 맡고 곤괘는 음을 상징하는 것으로서 '닫힘[闔]'을 맡아, 이들이 열고 닫고 하는 속에서 여러 가지 방식으로 조합하여 62괘가 출현한다는 것이다. 그리고 건괘·곤괘를 제외한 나머지 괘들은 여섯 위(位)에서 음·양효 가운데 어느 한쪽이 특별히 많고 상대방은 상대적으로 그만큼 적은 경우는 있어도(예컨대 5음1양이나 1음5양의 괘들), 어느 한쪽이 완전히 폐기되는 경우는 없다고 하고 있다. '여섯 효들이 하나는 음 하나는 양으로 서로 엇갈리게 서로 사이를 이루고 있음'이란 이를 의미한다. 아울러 62괘의 이러한 상(象)은 모두 건괘·곤괘 두 괘의 변함이라 하고 있다. 이는 순수한 것으로서의 건괘·곤괘 두 괘[體]가 62괘[用]로 변함이 필연이라 하는 것이다.

1156) 여기서 '상괘[悔卦]'·'하괘[貞卦]'라 한 것은 소성괘를 가리킨다. 즉 3획의 괘들로서 위에 있는 것을 '상괘', 아래에 있는 것을 '하괘'라 한 것이다.

1157) 건괘䷀·곤괘䷁ 두 괘의 순수함이 62괘로 변했고, 이제 이 변한 것들이 변한 채로 음·양이 무리를 이루어서는 통한다는 것이다. 그런데 왕부지는

음·양이 변하고 여섯 위(位)에서 통행하는 것인데, 이것이 보임은 상(象)이 드러난 것이다. 만물의 형태는 모두 이것을 가지고 빔[虛]과 참[實], 바탕[質]과 문채[文], 같음[同]과 다름[異]을 이루어서 기(器)가 되는 것이다. 이렇게 하여 상(象)이 세워지고 기(器)가 이루어지면, 이제 그 굳셈[剛]·부드러움[柔]의 득·실을 잘 살피고 그것을 바탕으로 재량껏 사용하게 된다. 이것은 인간이 일을 하는 법칙이다. 이렇게 열렸다 닫혔다 하고, 왔다 갔다 하며 서로 변함으로써 여섯 효의 득·실을 이루니, 효들이 스스로 의미를 지닌 채 환히 우리들 눈앞에 드러나는 것이다. 이렇게 하여 백성들의 신분상의 귀함과 천함, 재질상의 지혜로움과 어리석음을 떠나 모두 일상생활에서 활용하도록 한다. 그리고 음·양의 가늠할 수 없는 속에서 따라야 할 것과 피해야 할 것을 고찰하되 그 느낀 바를 극진히 하여 통하지 않음이 없으면, 신(神)의 신묘함도 그 속에서 행하는 것이다. 그러므로 세상 사람들로 하여금 재계(齋戒)를 하고 그 덕을 밝히도록 하는 것인데, 그 결과 세상 사람들은 근본 까닭은 알지 못하면서도 공경하고 신봉하며 시초점을 따르지 않음이 없게 된다.

이를 모두 필연으로 설명하고 있다. 62괘 가운데 기제괘䷾·미제괘䷿는 음·양효가 하나씩 하나씩 서로 엇갈려 있어서 전혀 통함이 없다. 이 괘들은 건괘·곤괘 두 괘의 변함이 극에 이른 것들이고, 쾌괘䷪·구괘䷫·박괘䷖·복괘䷗는 1음5양, 또는 5음1양으로서 변함 속에서도 통함의 극치를 보여주고 있다. 5양과 5음이 서로 무리를 이루고 있기 때문이다.

是故『易』有太極, 是生兩儀, 兩儀生四象, 四象生八卦, 八卦定吉凶, 吉凶生大業.

그러므로 『주역』에는 태극이 있고, 이것이 양의(兩儀)를 낳으며, 양의는 사상(四象)을 낳고, 사상은 팔괘를 낳는다. 팔괘로써 길 · 흉을 판정하는데, 이렇게 해서 드러난 길 · 흉은 위대한 사업을 낳는다.

此明蓍與卦之德, 方圓之所取法, 神知之所自知, 而聖人藏密以與民同患, 唯有其至足之原, 冒天下之道也.

이 구절은 시초점과 괘의 덕을 밝힌 것이다. 시초(蓍草)의 원만(圓滿)한 덕과 육십사괘의 방정(方正)한 덕이 본보기를 취한 것, 시초의 신령스러움과 육십사괘의 지혜로움이 스스로 안다는 것을 밝힌 것이다. 아울러 성인들께서 물러나 모습을 감춘 채 은밀히 시초점을 통해 백성들과 근심스러움을 함께한다는 것이다. 오직 지극한 충족[至足]의 근원이기 때문에 이 세상의 모든 도를 포괄한다.[1158]

1158) 이는 앞의 "시초(蓍草)의 덕은 원만하게 신묘함을 다하고 괘의 덕은 방정하게 환히 알며, 육효의 의미는 바뀌어 가며 숨김없이 알려준다. 이러하기 때문에 성인은 마음을 깨끗이 씻고 은밀한 곳으로 물러나 몸을 감춘 채 시초점을 쳐서 얻은 길·흉에 대해 백성들과 한마음으로 근심한다. 신묘함으로써 올 일을 알고 지혜로움으로써 지나간 일들을 저장하니, 그 어떤 것이 이것에 함께하리오!(是故蓍之德圓而神, 卦之德方以知, 六爻之義易以貢. 聖人以此洗心退藏於密, 吉凶與民同患. 神以知來, 知以藏往, 其孰能與此哉!)"라고 하였던 것을 다시 서술한 것이다. 그리고 여기서 "지극한 충족의 근원이기 때문에 이 세상의 모든 도를 포괄한다."고 함이 지칭하는 것은 태극을 가리킨

'太極'之名, 始見於此, 抑僅見於此, 聖人之所難言也. '太'者極其大而無尙之辭. '極', 至也, 語道至此而盡也; 其實陰陽之渾合者而已, 而不可名之爲陰陽, 則但贊其極至而無以加, 曰太極. 太極者, 無有不極也. 無有一極也. 唯無有一極, 則無所不極. 故周子又從而贊之曰, "無極而太極". 陰陽之本體, 絪縕相得, 合同而化, 充塞於兩間, 此所謂太極也, 張子謂之'太和'. 中也, 和也, 誠也, 則就人之德言之, 其實一也. 在『易』則'乾''坤'竝建, 六位交函, 而六十四卦之爻象該而存焉. 蓍運其間, 而方聽乎圓, 圓不失方, 交相成以任其摩盪, 静以攝動, 無不浹焉. 故曰, "『易』有太極", 言『易』之爲書備有此理也.

'태극'이라는 명칭은 이곳에서 처음 보이는데, 그것도 이곳에서 겨우 한 번만 보이고 있다. 아마 성인들께서도 이에 대해서는 말하기 어려웠던 것으로 보인다. '太(태)'라는 것은 극히 커서 그보다 더 큰 것이 없다는 말이다. '極(극)'이란 이르다는 의미인데, 도가 여기에 이르러서는 다하여 더 이상 갈 곳이 없다는 의미다. 그러나 태극은 실제로는 음・양이 나뉘지 않은 채 뒤섞여 있는 것일 따름이다. 그런데 그것을 '음・양'이라 이름 붙일 수는 없기 때문에 단지 극에 이르러 더 이상 보탤 것이 없다는 점을 찬양하여 '태극'이라 한 것이다. 태극이란 어느 것에 대해서든 극 아님이 없고, 어느 하나만의 극임도 없다. 그래서 오직 어느 하나만의 극이 아니기 때문에, 어느 것에 대해서든 모두 극이 되지 않음이 없는 것이다. 그러므로 주자(周子; 周敦頤)는 또한 "무극이면서도 태극이다." 라고 찬양하였다. 음・양의 본체가 인(絪)・온(縕) 운동을 하면서 서로

다. 따라서 왕부지의 주역철학에서는 제3의 세계를 요청하지 않는다.

함께 어울려 합동으로 지어내고[造化] 하늘과 땅 둘 사이를 가득 채우고 있는 것, 이것이 이른바 '태극'이다. 장자(張子; 張載)는 이를 '거대한 조화[太和]'라고 하였다. 그리고 '중(中)'이라고도 하고, '화(和)'라고도 하고, '성(誠)'이라고도 하는데, 이는 사람의 덕의 관점에서 말한 것으로, 사실은 똑같다.

『주역』에서는 이것이 건괘・곤괘 두 괘가 아울러 세움에 해당한다. 이들 두 괘가 여섯 위(位)에서 교접하며 서로 함유하니, 64괘의 효상은 이들 두 괘에 다 갖추어져 있다. 시초를 이들 사이에서 운용하는데, 방정함[괘의 덕]은 원만함[시초점의 덕]에 의해 이루어지고 원만함[시초점의 덕]은 방정함[괘의 덕]을 잃어버리지 않는다. 그래서 이들이 교접하며 서로 비비대고 자극함에 내맡기는 방식으로 서로를 이루어 내는데, 고요함[1159]이 움직임[1160]을 통섭(統攝)하여 이들 두 괘가 어떤 괘들로든 사무쳐 들어가지 않음이 없다. 그러므로 "역에 태극이 있다(『易』有太極)."는 말은 『주역』이라는 책이 이 이치를 갖추고 있다는 말이다.

'兩儀', 太極中所具足之陰陽也. '儀'者, 自有其恆度, 自成其規範, 秩然表見之謂. '兩'者, 自各爲一物, 森然迥別而不紊. 爲氣爲質, 爲神爲精, 體異矣. 爲淸爲濁, 爲明爲暗, 爲生爲殺, 用異矣. 爲盈爲虛, 爲奇爲偶, 數異矣. '是生'者, 從易而言, 以數求象於寂然不動者, 感而通焉. 自一

1159) 체(體)를 말한다. 건괘・곤괘 두 괘다.

1160) 용(用)을 말한다. 건괘・곤괘 두 괘가 아울러 작동하면서 다른 괘들을 세워 나아감[竝建]을 말한다.

畫以至於三, 自三以至於六, 奇偶著陰陽之儀, 皆即至足渾淪之'乾'·'坤'所篤降, 有生起之義焉, 非太極爲父·兩儀爲子之謂也. 陰陽, 無始者也, 太極非孤立於陰陽之上者也.

양의는 태극 속에 충족하게 갖추어져 있는 음·양이다. '의(儀)'란 자체에 항상된 법도(法度)가 있고 자체의 패턴을 이루어 질서정연하게 드러남을 일컫는다. '양(兩)'이란 이들 둘이 각자 하나의 물(物)이 되어 엄연하고 뚜렷이 구별되며 문란하지 않음을 의미한다. 그래서 기(氣)가 되는 것과 질(質)이 되는 것, 신(神)이 되는 것과 정(精)이 되는 것으로서 체(體)가 다르다.[1161] 또 맑은 것이 되는 것과 흐린 것이 되는 것, 밝음이 되는 것과 어둠이 되는 것, 살리는 것과 죽이는 것으로서 용(用)이 다르다.[1162] '이것이 ~을 낳음[是生]'이란, 『주역』의 관점에서 말하자면, '움직임이 없이 고요함(寂然不動)' 속에서 수로써 상(象)을 구하고[1163], 그렇게 하는 데서 감응하여 통함이다. 즉 1획으로부터 3획에 이르기까지, 또 3획으로부터 6획에 이르기까지, 홀수(—)·짝수(--)가 음·양의 의용(儀容)을 드러내는데, 이는 모두 지극히 충족한 것이면서 아직 이것저것으로 나뉘지 않은 그대로인 건괘·곤괘 두 괘가 돈독하게 강림한 바이다. 그래서 거기에 '생기다'는 뜻이 있을 뿐, 결코 태극이 부모, 양의가 자식이라고 하는 말이 아니다. 음·양은 둘 가운데 어느 것이 먼저라 할 수

1161) 기(氣)가 되고 신(神)이 되는 것은 양이고, 질(質)이 되고 정(精)이 되는 것은 음이다.

1162) 맑은 것이 되는 것, 밝음이 되는 것, 살리는 것은 양이고, 흐린 것이 되는 것, 어둠이 되는 것, 죽이는 것은 음이다.

1163) 시책(蓍策)을 헤아려 괘를 뽑아냄을 의미한다.

없으며, 태극은 이러한 음·양 위에 고립되어 있는 것이 아니다.

'四象': 純陽純陰, 通之二象也; 陰錯陽, 陽錯陰, 變之二象也. 陰陽之種性分, 而合同於太極者, 以時而爲通爲變, 人得而著其象, 四者具矣, 體之所以互成, 用之所以交得. 其在於『易』, 則'乾'一象, '坤'一象, '震'·'坎'·'艮'一象, '巽'·'兌'·'離'一象, 皆即兩儀所因而生者也.

사상(四象), 즉 4개의 상에서 순수한 양, 순수한 음으로 된 것들은 통함의 두 상이다. 그리고 음이 양과 교착한 것, 양이 음과 교착한 것은 변함의 두 상이다. 음과 양은 종(種)과 성(性)이 나뉜 채 태극 속에서 합동하고 있는데, 때에 따라 통하기도 하고 변하기도 한다. 사람들이 그 상(象)을 드러낼 수 있으니, 네 가지가 갖추어진다. 이들의 몸은 이렇게 서로 이루어주고, 작용함은 이렇게 교접할 수 있다. 이것이 『주역』에서는 건괘☰가 1상, 곤괘☷가 1상, 진괘☳·감괘☵·간괘☶가 1상, 손괘☴·태괘☱·이괘☲가 1상, 그래서 모두 4상이다. 이들은 모두 양의(兩儀)를 바탕으로 하여 생겨난 것들이다.

四象成而變通往來進退之幾著焉. 成乎六子之異撰, 與二純而八矣, 卦之體所繇立也. 截然爲兩·爲四·爲八, 各成其體, 所謂卦之德方也. 其在於蓍, 則大衍五十, 陰陽具其中, 而七·八·九·六不出於此, 太極也; 分而爲兩, 奇耦無定, 而必各成乎奇耦, 兩儀也; 三變之策, 或純奇, 或純耦, 或奇間耦, 或耦間奇, 四象具焉; 進退無恆, 九變之中, 八卦成焉, 繇是而十有八變, 要不離乎八卦也; 無心隨感以通, 而皆合於卦體, 所謂蓍之德圓也. 乃自一畫以至八卦, 自八卦以至六十四卦, 極於三百八十四爻, 無一非太極之全體, 乘時而利用其出入. 其爲儀・爲象・爲卦者顯矣; 其原於太極至足之和以起變化者密也, 非聖人莫能洗心而與者也.

이렇게 네 개의 상[四象]이 이루어져서는 변함과 통함, 왔다 갔다 함 및 나아갔다 물러났다 함의 기미[幾]가 현저해진다. 여기서 여섯 자식괘가 각기 다르게 작용함을 이루는데, 두 순수함의 괘들과 더불어 여덟 개가 된다. 괘의 몸은 이렇게 하여 성립된다. 그런데 마치 두부모를 칼로 자른 듯 가지런한 모습으로 양의가 되고 사상이 되고 팔괘가 되어 각기 그 몸을 이루는 것이 이른바 "괘의 덕이 방정하다."고 함이다.
시초점에서 보자면, 대연지수 50 속에 음・양이 갖추어져 있고, 7・8・9・6이 이것으로부터 벗어나지 않는데 이것이 바로 태극이다. 이것이 나뉘어 둘이 되는데 홀수・짝수가 특정되어 있지 않은 상태에서 필연코 각기 홀수・짝수를 이룸이 양의(兩儀)다. 그리고 3변(變)을 거친 시책들이 홀・홀・홀, 짝・짝・짝, 홀・짝・홀, 짝・홀・짝이 되어 사상(四象)이 갖추어진다. 또 나아감과 물러남이 항상 일정하지 않게 9변(變)을 거치는 동안 팔괘가 이루어진다. 이를 바탕으로 하여 18변을 하더라도 팔괘로부터 벗어나지 않는다. 그런데 아무런 사심이 없이 감(感)하는 대로 통하여 모두 괘체(卦體)에 합치하니, 이것이 이른바 "시초의 덕이 원만하다."고 함이다.
1획부터 팔괘에 이르기까지, 또 팔괘로부터 육십사괘에 이르기까지, 나아가 384효의 궁극에 이르더라도 어느 것 하나 태극의 전체가 아닌 것이 없다. 이 태극이 때를 타고 드나듦을 이용하는 것이다. 여기서 양의가 되고, 사상이 되며, 팔괘가 되는 것들이 현저해지는 것이다.

그런데 태극의 지극히 충족된 조화(調和)에 근원을 두고 변화를 일으키는 것은 은밀하다. 그래서 성인이 아니면 마음을 깨끗이 하여 함께할 수가 없다.

八卦立而時位之得失·剛柔之應違, 吉凶定矣. '定'者, 體之方也, 可知而不可亂者也. 乃聖人於此, 既已具卦德於聰明神武, 而不恃之以忘民之患, 或凝其吉, 或違其凶, 或吉而有所不受, 或凶而有所不避, 以自遠於患而弭民之患, 唯洗心以聽於神之所告, 極深研幾, 而察於圓運不窮之神, 則大業之利用而無畸·分劑而不亂, 開物成務, 而道無不冒矣. 蓋唯聖人即顯知密, 上溯之太極之理, 至健而不息, 至順而无疆, 即圓以求方, 爲不踰之矩, 爲能與於其深, 而下此者, 日用而不知也.

팔괘가 세워지면 시(時)·위(位)가 득(得)이냐 실(失)이냐에 따라, 또 효(爻)들에 드러난 굳셈[剛]과 부드러움[柔]이 응하느냐 거스르느냐에 따라, 길·흉이 정해진다. '정해짐'이란 괘의 몸[卦體]이 특수하게 정해졌다는 것이다. 그래서 알 수는 있지만 어지럽힐 수는 없는 것이다. 그런데 성인(聖人)들은 이렇게 세워진 팔괘를 통해 그들이 매우 슬기롭다는 것과 『주역』의 도(道)와 권위로써 백성들을 굴복시킴이 들어났으니, 괘의 덕을 이미 갖추고 있다고 할 수 있다. 그러나 그들은 결코 이것만 믿고서 백성들의 우환을 잊어버리거나 하지 않았다. 그래서 어떤 경우에는 길함이 엉겨서 풀어지지 않게도 하고 어떤 경우에는 흉함을 피하기도 하였다. 또 경우에 따라서는 길하더라도 받아들이지 않거나 흉하더라도 피하지 않았다. 이렇게 함으로써 그들은 스스로 우환으로부터 멀어짐과 동시에 백성들의 우환을 그치게 하였다. 성인들은 오직 마음을 깨끗이 한 채 신(神)이 알려주는 것을 듣는데, 시초점에 드러난 심오함을 궁극까지 고찰하고 그 기미를 정성 들여 해득한다. 즉 원만한 덕을 발휘하며 결코 궁함이 없이 운행하는 시초점의 신묘함을 살피는 것이다. 그 결과, 위대한 사업을 이루는 데 이 팔괘를 이용하며, 기이함이란 없이 나누어서 맡아 하는 가운데 서로 조절하며 전체적으로 조화를 이룰 뿐 혼란스럽지 않다. 그리고 성인들은 이 팔괘를 통해 물(物)들의 존재 지평을 열어주고 백성들이 애씀을 이루어주며, 어떠한 도(道)든 포괄하지 않음이 없다. 생각건대 오직 성인들만이 팔괘의 현저함 속에 드러난 하늘의 은밀한 메시지를 알고 위로 태극의 이치에까지 거슬러 올라간다. 그리고 지극히 씩씩하면서도 쉼이 없고, 지극히 순종하면서도 한계가 없다. 아울러 성인들은 원만함의 덕을 발휘하는 시초(蓍草)의 운용에서 괘들의 방정함을 구하여 뛰어넘을 수 없는 준칙이 되고, 『주역』의 심오함에 함께할 수 있다. 이에 미치지 못하는 사람들은 그저 날마다 사용하면서도 알지 못할 따름이다.

是故法象莫大乎天地; 變通莫大乎四時; 縣象著明, 莫大乎日月; 崇高莫大乎富貴; 備物致用, 立成器以爲天下利, 莫大乎聖人; 探賾索隱, 鉤深致遠, 以定天下之吉凶, 成天下之亹亹者, 莫大乎蓍龜.

그러므로 자연의 현상 가운데는 하늘 · 땅보다 큰 것이 없고, 변하고 통함에서는 사계절보다 더 큰 것이 없다. 상을 드리운 채 밝게 빛나는 것으로는 해 · 달보다 큰 것이 없고, 높기로는 부귀한 것보다 더 큰 것이 없다. 물(物)들을 미리 갖추어서 일상생활에 잘 활용하고 기물을 만들어서 천하에 이로움을 주는 점에서는 성인보다 더 위대한 존재가 없다. 널리 다양한 것들을 대상으로 하여 숨어 있는 의미를 찾아내고 깊숙이 있는 것들을 끌어내어 멀리까지 확산시킴으로써, 이 세상의 길 · 흉을 판정하여 세상 사람들이 부지런히 매진하는 가운데 이 세상이 무궁하게 존속하도록 하는 것으로서는 시초점 · 거북점보다 더 큰 것이 없다.

此總承上, 而明'冒天下之道'之意. '變通'謂秋變夏, 春變冬, 夏通春, 冬通秋. '富貴'謂有天下, 履帝位, 崇高作君師, 而志無不行也. '隱'者, 吉凶之未見. '深', 其所以然之理. '遠', 推之天下而準也. '亹亹', 大業之無窮也. 在天而爲天地, 爲日月, 爲四時, 吉凶之所自出者, 蓍龜皆準之; 在人而帝王承天以行刑賞, 聖人法天以制事, 而大業之亹亹者, 蓍龜皆備著其道: 『易』之所以冒天下之道, 而聖人與民之交資以去患者也.

이 구절은 위 구절을 총괄 계승하여 『주역』이 '천하의 모든 도를 포괄함'의 의미를 밝히고 있다. '변하고 통함'은 가을이 여름으로 변함, 봄이 겨울로 변함과 여름이 봄과 통함, 겨울이 가을과 통함을 말한다. '부귀'는 천하를 소유함을 말하는데, 제왕의 지위를 차지하고서 높이 임금이자 스승이 되어 있으니 뜻함을 행하지 못함이 없는 것이다.
'숨어있음[隱]'이란 길 · 흉이 아직 드러나지 않음을 말한다. '깊숙이 있는 것[深]'은 근본 까닭으로서의 이치를 의미한다. '멀리까지[遠]'는 온 세상에 미루어 준칙으로 삼음을 의미한다. '亹亹(미미)'는 위대한 사업의 무궁함을 일컫는다. 하늘에서는 하늘 · 땅이 되고 해 · 달이 되며 사계절이 되는데, 길 · 흉은 이로부터 나온다. 그래서 시초점이든 거북점이든 모두 이를 준거로 삼는다. 그리고 사람 세상에서는 제왕이 하늘을 계승하여 형(刑)과 상(賞)을 시행하는 것, 성인이 하늘을 본받아 일을 제정(制定)하여 세상 사람들이 부지런히 매진하는 가운데 위대한 사업이 무궁하게 이어지도록 하는 것 등에 대해 시초점·거북점이 모두 그 원리를 갖추어서 드러내고 있다. 그래서 『주역』이 천하의 도(道)를 모두 포괄할 수 있고, 성인들은 백성들과 교접하면서 그들이 우환을 제거하도록 도움을 준다.

乃其所以然者, 天地日月四時, 皆太極之緼所凝聚而流行. 帝王·聖人受命於太極以立人極, 非聖人之洗心藏密, 不足以見其渾淪變化之全體大用. 而以名象比擬之私智窺測者, 不知其道之如斯而已. 不貞於一而雜以妄, 則竊『易』而流於邪, 固君子之所必黜已.

이렇게 되는 까닭은, 하늘과 땅, 해와 달, 사계절 등이 모두 태극 속에 쌓여 있는 음·양의 기(氣)들이 응취하여 두루 행해지는 것들이기 때문이다. 제왕이나 성인은 태극에서 명(命)을 받아 인극(人極; 사람 세상의 표준)을 세우는데, 마음을 깨끗이 씻고 몸을 감춘 채 은밀히 하는 성인이 아니고서는 태극의 혼론(渾淪)[1164] 및 그것이 변화하는 전체(全體)와 대용(大用)을 알 수가 없다. 사사로운 지혜로 엿보아 이끌어낸 것에 명칭과 상수를 갖다 대고 규정하는 자들은 그 도(道)가 이와 같음을 알지 못할 따름이다. 이들의 소행은 한결같음에 올곧지 않고 망령됨을 너저분하게 뒤섞은 것이니, 『주역』을 표절하여 사악함으로 흘러간 것이다. 이는 진실로 군자라면 필연코 축출해야 할 따름이다.

1164) '혼론(渾淪)'은 이것저것이 구분되지 않은 채 하나로 있음을 말한다.

是故天生神物, 聖人則之; 天地變化, 聖人效之; 天垂象見吉凶, 聖人象之; 河出圖, 洛出書, 聖人則之. 『易』有四象, 所以示也. 繫辭焉, 所以告也. 定之以吉凶, 所以斷也.

그러므로 하늘이 신령한 것을 낳으니 성인께서는 이를 본뜨고, 하늘과 땅이 변하고 화하니 성인께서는 이를 본받으며, 하늘이 상(象)을 드리워 길 · 흉을 드러내니 성인께서는 이를 괘 · 효상으로 그려냈다. 황하에서 「도(圖)」가 나오고 낙수(洛水)에서 「서(書)」가 나오자 성인께서 이를 본떴다. 『주역』에는 사상(四象)이 있어서 이를 제시하고 있고, 괘 · 효사를 매서 알려주고 있다. 이를 길 · 흉으로써 결정하여 판단한다.

'神物', 蓍龜也. '則'者, 取以爲法也. '變化', 陰陽交動而生成萬物也. '垂象見吉凶'者 七政 · 雨暘之災祥, 一陰陽時位之得失爲之也. 「洛書」於『易』無取. 上兼言蓍龜, 「洛書」本龜背之文, 古者龜卜或法之以爲兆, 而今不傳. 說者欲曲相附會於『周易』, 則誣矣. 此承上而言蓍龜之用, 合天人之理, 極乎其大, 故聖人法天而制爲象占, 以盡其神用, 以示 · 以告 · 以斷, 民得與焉, 而開物成務之道備矣.

'신령스러운 것'이란 시초와 거북이를 말한다. '則(칙)'이란 취하여 본보기로 삼았다는 의미다. '變化(변화)'는 음 · 양이 교접하며 움직여 만물을 낳고 이룸을 의미한다. '하늘이 상(象)을 드리워 길 · 흉을 드러냄'이란 칠정(七政)[1165]과 비가 내림 · 날이 갬 등 천문 현상이 드러내는 재이(災

1165) 동아시아의 고대 천문학 용어다. 가리키는 것이 똑같지는 않지만 여기서는

異)와 상서(祥瑞)를 가리킨다. 그런데 이것은 음・양의 지어냄[造化]이 하나의 시(時)와 위(位)에서 드러내는 득・실 때문에 일어난다. 여기서 언급하는 「낙서」를 『주역』에서는 취하지 않고 있다. 그런데도 위에서 시초와 거북이를 겸해서 말한 까닭은, 「낙서」가 본래 거북이의 등의 문양을 근본으로 하기 때문이다. 옛날의 거북점도 어쩌면 이를 본받아 그 조짐으로 점을 쳤을 테지만 오늘날에는 전하지 않는다. 그런데 어떤 사람들은 에둘러 이를 『주역』에다 갖다 붙이는데, 이는 허무맹랑할 뿐이다.

여기서는 위 구절들의 말을 이어받아 시초와 거북이의 쓰임에 대해 말하고 있다. 즉 그것들이 하늘과 사람의 이치에 합치하고 극히 크기 때문에 성인들께서 하늘을 본떠 점치는 법을 제정하여 그 신묘한 쓰임을 다 드러냈다는 것이다. 그래서 이것을 통해 보여주고 알려주고 판단하니, 백성들도 이에 함께할 수 있게 되었다는 것이다. 이렇게 하여 물(物)들에게 존재의 지평을 열어주고 세상 사람들의 애씀을 이루어주는 도(道)가 갖추어졌다는 것이다.

按此言『易』有四象, 以示『易』之全體, 則自八卦而六十四卦, 皆四象也. 乃邵子立二畫之卦, 以爲四象, 因而於三畫之上, 增四畫之卦十六・五畫之卦三十二, 委曲煩瑣, 以就其加一倍之法; 乃所畫之卦, 無名無義, 無象無占, 而徒爲虛設, 抑不合於參兩天地・兼三才而統陰陽柔剛仁義之理, 且使一倍屢加, 則七畫而百二十八, 八畫而二百五十

해, 달과 수성, 금성, 화성, 목성, 토성 등 오성(五星)을 의미한다.

六, 至於無窮無極而不可止, 亦奚不可! 守先聖之道者, 所不敢信. 『易』固曰, "如斯而已", 何容以筭法之小術亂之哉!

여기서 『주역』에 사상(四象)이 있고 이것으로써 『주역』의 온전한 체(體)를 제시하고 있다는 말을 고찰해보니, 팔괘로부터 육십사괘가 모두 사상(四象)이다. 그런데 소자(邵子; 邵雍)는 2획의 괘를 만들어 사상(四象)으로 여기고는[1166] 이로 말미암아 3획의 위에 4획의 괘 16개와 5획의 괘 32개를 더하고 있으니, 지나치게 자세하고 소상하며 번쇄하다. 그런데 그는 이를 가일배법[1167]으로 연결시키고 있다. 그러나 이렇게 그린 괘들에 이름도 없고, 의미도 없다. 또 『주역』에는 이러한 상(象)도 없고 점(占)도 없다. 단지 공허하게 배열된 것일 뿐이다. 게다가 소자(邵子)의 이러한 설은 '하늘은 셋, 땅은 둘[參天兩地]'이라는 설 및 삼재(三才)를 겸하여 음·양, 굳셈[剛]·부드러움[柔], 어짊[仁]·의로움[義]을 통괄한다는 이치에도 부합하지 않는다. 뿐만 아니라 1배씩 계속해서 더하다 보면 7획이 되어서는 128개, 8획이 되어서는 256개가 되는 등 끝이 없이 계속되며 그치지 않을 것이다. 어찌 그렇지 않겠는가! 그래서 옛 성인들의 도(道)를 고수하는 입장에서는 이 설을 감히 믿을 수가 없다. 『주역』에서도 본디 "이와 같을 따름이다."라고 하였으니, 어찌 계산법에 지나지 않는 작은 술수로써 이를 어지럽힐 수 있으리오!

1166) 2획괘는 ⚌·⚍·⚎·⚏을 가리킨다. 소옹은 이를 각기 '태양(太陽; 또는 老陽)'·'少陰'·'少陽'·'태음(太陰; 또는 老陰)'으로 불렀다. 주희와 채원정(蔡元定)이 공저(共著)한 『역학계몽』에서 이를 받아들여 제시함으로써 동아시아에서는 이것이 주류 학설이 되었다.

1167) 가일배법에 대해서는 주1049)를 참고하라.

第十二章
제12장

此章專言學『易』之事, 然『占』易者亦必於化裁推行之妙, 考得失而審吉凶之故; 不然, 則亦泥辭而不驗矣. 存乎人之德行, 則唯君子可以筮而小人不與之理也.

이 장에서는 오로지 『주역』을 공부함의 일만을 말하고 있다. 그러나 『주역』으로 점을 치는 사람도 반드시 지어내면서[造化] 딱딱 들어맞게 마름질함과 밀고 나아가 행함의 오묘함에서 득 · 실을 고찰하고 길 · 흉의 까닭을 살펴야 한다. 그렇지 않으면 또한 괘 · 효사에 빠져 들어가 허우적대며 효험을 내지 못한다. 이것을 할 수 있느냐는 사람의 덕행에 달려 있으니 오직 군자만이 점을 칠 수 있고 소인들은 함께하지 못하는 이치다.

『易』曰: "自天祐之, 吉无不利." 子曰: 祐者助也, 天之所助者順也, 人之所助者信也; 履信思乎順, 又以尙賢也, 是以"自天祐之, 吉无不利"也.

『주역』에서는 "하늘이 복을 줌이니 길하며 이롭지 않음이 없다."[1168]고 한다. 이에 대해 공자께서는 "복은 도움이다. 하늘이 돕는 바는 순조로움이고 사람이

1168) 대유괘(大有卦)䷍의 상구효사에 나오는 말이다.

돕는 바는 믿음이다. 믿음을 실천하고 순조롭기를 생각하니 어진 사람을 숭상하는 것이다. 그래서 '하늘이 복을 줌이니 길하며 이롭지 않음이 없다.'고 한 것이다."라고 하였다.

'助'者, 己用力而人輔益之之謂, 明非不勞而得福也. '順'者, 順乎理. '信', 循物無違也. '大有'上九在上, 而爲五所有, 以助乎五; 唯五虛中以下受群陽, 而人助之, 居尊位而以柔承上九, 故天助之. 天助之, 則理得而事宜, 吉无不利矣. 陽剛者, 君子之道, 故又爲'賢'. '尙'謂五上承之也. 夫子引伸爻辭, 明天祐不可倖徼, 唯信順以爲本, 尙賢以求益, 乃可以獲祐也. 『本義』云, "恐是錯簡, 宜在第八章之末."

'도움'이란 자신이 힘껏 노력하는데 남이 도와서 보탬을 준다는 말이다. 그래서 자신은 아무런 노력도 기울이지 않는데 복을 얻는 것이 결코 아님을 밝히고 있다. '순조로움'이란 이치대로 따라서 한다는 의미다. 그리고 '믿음'이란 외물을 거스름 없이 좇는다는 의미다. 대유괘䷍의 상구효는 맨 위에 자리 잡고 있지만, 육오효에게 소유되어 있으면서 육오효에게 도움을 주고 있다. 그런데 육오효는 오직 자신을 비운 채 아래로 뭇 양(陽)들을 받아들이고 있고 남들이 그를 돕고 있다. 그리고 육오효는 존귀한 지위를 차지하고 있지만 부드러움[柔]으로써 상구효를 받들고 있다. 그러므로 하늘이 돕는 것이다. 하늘이 돕기 때문에 이치대로 하며 일이 알맞게 되어, 길하고 이롭지 않음이 없는 것이다.
양의 굳셈[1169]은 군자의 도(道)이기 때문에 또한 '현명한 사람'이 된다.

1169) 대유괘䷍의 상구효를 지칭하는 말이다.

'숭상함'이란 육오효가 이러한 상구효를 받든다는 의미다. 공자께서는 이 효사를 인용하여, 하늘의 도움은 요행으로 바랄 수 있는 것이 아니라 오직 믿음과 순종함이 기본이 된 위에 현명한 사람을 숭상함으로써 보태줌을 구해야 복을 얻을 수 있다는 것을 밝히고 있다. 그런데 『주역본의』에서는 "아마 이 구절은 착간(錯簡)인 듯하다. 마땅히 제8장의 끝에 두어야 할 것 같다."라 하고 있다.

子曰: 書不盡言, 言不盡意, 然則聖人之意其不可見乎? 子曰: 聖人立象以盡意, 設卦以盡情僞, 繫辭焉以盡其言, 變而通之以盡利, 鼓之舞之以盡神.

공자께서는 "글로는 말을 다하지 못하고, 말로는 뜻을 다하지 못한다. 그렇다면 성인들의 뜻을 알 수 없을까?"라고 하였다. 그리고 공자께서는 "성인들께서는 상(象)을 세워서 뜻을 다 드러냈고, 괘를 만들어서 진정과 허위를 다 드러냈으며, 괘·효사를 붙여서 말을 다하였다. 변함과 통함을 통해 이로움을 다 드러내었고, 북돋으며 신묘함을 다 드러냈다."라고 하였다.

'書'謂文字. '言', 口所言. 言有抑揚輕重之節, 在聲與氣之間, 而文字不能別之. 言可以著其當然, 而不能曲盡其所以然; 能傳其所知, 而不能傳其所覺. 故設問以示占者·學者, 當合卦象鼓舞變通之妙, 以徵繫辭之所示, 而不但求之於辭也. '象', 陰陽奇耦之畫, 道之所自出, 則『易』之大指不踰於此也. 六畫配合而成卦, 則物情之得失, 見於剛柔時位矣. 繫辭則以盡情意之可言者也. 利, 義之合也. 卦象雖具, 而變通參伍之,然後所合之義顯焉. 辭雖有盡, 而卦象通變之切於人事者, 聖人達其意於辭中, 以勸善懲惡, 歆動而警戒之, 則鼓舞天下之權, 於辭而著, 是利用出入・使民咸用之神所寓也. 如是以玩索於『易』, 然後繫辭之得失吉凶, 皆藏密之實理, 而無不可盡之於書矣. 夫子示人讀『易』之法, 於此至爲著明. 自王弼有'得言忘象'之說, 而後之言『易』者以己意測一端之義, 不揆諸象, 不以象而徵辭, 不會通於六爻, 不合符於彖象, 不上推於陰陽十二位之往來, 六十四卦・三十六象之錯綜, 求以見聖人之意, 難矣.

여기서 말한 '글'은 문자를 의미한다. 그리고 '말'이란 입으로 한 것이다. 말에는 억양과 경중의 마디가 있는데, 소리와 기(氣)를 통해 이를 드러낸다. 그러나 문자로는 이를 구별할 수 없다. 그런데 말은 마땅히 그러하다는 것을 드러낼 수는 있지만, 그 근본 까닭까지를 속속들이 다 드러낼 수가 없다. 그리고 아는 바를 전달할 수는 있지만, 그 깨달은 바를 전달하지는 못한다. 그러므로 물음의 형식을 빌려 점치는 이들이나 배우는 이들에게 괘의 상들이 고무하고 변통하는 오묘함에 딱 들어맞게 제시하였다. 이렇게 함으로써 괘・효사를 붙여 제시하고 있는 것을 징험하는 것이지, 단지 괘・효사에서만 구하는 것이 결코 아니다.
여기서 말하는 '상(象)'은 음・양의 홀・짝을 획으로 나타낸 것인데, 도는 여기서 저절로 나온다. 『주역』의 큰 뜻도 이것을 넘어서지 않는다. 즉 여섯 획이 배합하여 괘를 이루는 것인데, 물(物)들이 처한 상황의 득과 실이 그 획(爻)들의 굳셈[剛]・부드러움[柔] 및 시(時)와 위(位)에서 드러난다. 여기에 붙인 말[괘・효사]들은 물(物)들이 처한 상황과 의미에 대해 말로 할 수 있는 것들을 다 드러낸 것이다. 이로움은 의로움이 합쳐진 것이다. 그런데 괘의 상이 비록 갖추어져 있다 하더라도 그 변함과 통함, 끼어듦[參]과 대오를 이룸[伍] 등을 다 고려한 뒤에라야 부합하는 의로움이 드러난다. 즉 괘·효사가 비록 다 드러내고는 있다 하더라도, 괘의 상이 변하고 통하며 사람의 일에 딱 들어맞음에 대해서는 성인들께서 괘·효사 속에 담긴 그 의미를 통달하여서 권선징악(勸善懲惡)하고, 행동을 불러일으키며 경계하고 있다. 이렇듯 세상 사람들을 고무하는 시의적절(時宜適切)함이 괘·효사에 드러나 있다. 다름 아니라 괘·효사에는 드나듦에서 이롭게 사용하고 백성들 모두가 사용하게 하는 신묘함이 깃들어 있는 것이다. 이와 같이 『주역』의 의미를 음미하여 깊이 탐구한 뒤에라야 괘·효사의 득·실과 길·흉이 모두 성인들께서 은밀함 속으로 물러나 자신을 드러내지 않은 채 함양하던 실제 이치로 다가오니 『주역』은 괘·효사 속에서 다 드러내지 못할 것이 없는 서적이다. 공자께서 사람들에게 제시한 『주역』 읽는 법이 이러함에서 가장 밝게 드러난다.

왕필이 '말을 얻었으면 상은 잊어라(得言忘象)'고 하는 설을 주창한 이후, 『주역』을 말하는 이들이 자신들의 생각으로써 의미의 한 꼬투리(一端)만을 가늠할 뿐, 상에서는 그 의미를 탐구하지 않게 되었다. 이렇듯 상을 가지고 괘·효사를 징험하지 않으니, 6효에 회통하지 못하고 『단전』·『상전』에도 부합하지 않는다. 더 깊이 있게는 음·양이 12위(位)에서 왔다 갔다(往·來) 한다는 것과 64괘 및 36상의 착(錯)·종(綜)에까지[1170]

1170) 왕부지는 64괘의 6획이 앞·뒤 두 측면으로 이루어졌다고 보았다. 앞은 드러나는 쪽이고 뒤는 이면의 드러나지 않는 쪽이다. 그래서 앞면에 陽爻(—)가 있으면 뒷면에는 陰爻(--)가 있고, 거꾸로 앞면에 음효가 있으면 뒷면에는 양효가 있다고 보았다. 이 두 측면을 아울러 고려하면 1괘는 6획이지만 12위(位)가 된다. 그리고 왕부지는 뒷면에 있는 것을 '왕(往)'이라 하고 앞면에

거슬러 올라가 탐구하지 않는다. 이래서는 성인들의 뜻을 파악하기가 어렵다

'乾'·'坤'其『易』之蘊邪! '乾'·'坤'成列而『易』立乎其中矣. '乾'·'坤'毁則无以見『易』;『易』不可見, 則'乾'·'坤'或幾乎息矣.

건괘·곤괘 두 괘는 『주역』의 속을 꽉 채우고 있는 것이로다! 건괘·곤괘 두 괘가 열을 이루자 『주역』은 그 속에서 성립한다. 건괘·곤괘가 허물어지면 『주역』을 볼 수가 없고, 『주역』을 볼 수 없으면 건괘·곤괘 두 괘도 기필코 사라질 것이다.

있는 것을 '래(來)'라 하였다. 64괘의 32짝을 분석해보면 이웃하고 있는 짝들끼리 도치(倒置)의 관계를 이루고 있는 것이 28짝 56괘이고, 역치(易置)의 관계를 이루고 있는 것이 4짝 8괘다. 도치의 관계에 있는 것들은 상으로서는 동일하다. 거꾸로 보면 같기 때문이다. 그래서 이들은 56괘지만 드러내고 있는 상은 28상이 된다. 왕부지는 이들의 관계를 '종(綜)'이라는 말로 표현하였다. 그러나 역치의 관계에 있는 것들은 8괘가 각기 1상을 드러내고 있다고 보아야 한다. 거꾸로 보더라도 역시 제 상을 드러낼 뿐 결코 짝의 상을 드러내지 않기 때문이다. 따라서 이들 여덟 괘는 8상을 드러내고 있다고 보아야 한다. 건괘䷀와 곤괘䷁, 감괘䷜와 이괘(離卦)䷝, 이괘(頤卦)䷚와 대과괘䷛, 중부괘䷼와 소과괘䷽ 등이 그것이다. 왕부지는 이들의 관계를 '착(錯)'이라는 말로 표현하였다. 이렇게 보면 64괘가 36상(28상+8상)을 드러내고 있다는 것이 왕부지의 이론이다.

'縕', 衣內絮著也, 充實於中之謂. '成列', 二卦竝建, 而陰陽十二全備也. '毁', 滅裂之也, 謂人滅裂'乾''坤'竝建之義也. '幾', 期也. '息'者, 道不行不明也. '乾'·'坤'各具六爻之全體大用, 而卦唯六位, 乃六位之中所錯綜互見者, 無非此健順之德所彌綸以爲其實. 六位不足以容陰陽之十二, 則納兩儀於六位之中, 必有變有通, 而成乎六十四象. 明者以知來, 幽者以藏往; 來者以立體, 往者以待用. 體其全, 而後知時之所趣, 皆道之所麗. 學『易』者不明於此, 而滅裂'乾''坤'竝建之理, 以詭遇於所變之象, 則'姤'之一陰何自而生? '復'之一陽何自而來? '剝'之五陽歸於何所? '夬'之五陰反於何地? 變通無本而禍福無端, 无以見『易』矣. 抑不知陰陽之盈虛往來, 有變易而无生滅, 有幽明而無有無, 則且疑二卦之外, 皆非'乾'·'坤'之所固有, 而'乾'·'坤'有息滅之時, 於是而邀利於一時·幸功於一得, 則自强不息之學可廢以從時, 承天時行之德可逆之以自便, 德不崇而業不廣, 苟且趨避於吉凶之塗, 道之所以不明而不行也. 『易』始於伏羲, 而大明於文王. 夏·商之世, 『易』道中衰. 「連山」·「歸藏」, 孔子之世猶有存者, 而聖人不論, 以其毁'乾'·'坤'而欲見『易』也. 知此, 則京房八宮世應迭相爲主, 獎六子以與'乾'·'坤'竝列; 秦玠'復'·'姤'爲小父母之說, 皆所謂毁'乾'·'坤'而不見『易』者也.

'縕(온)'은 옷 속에 붙여 놓은 솜으로서, 속을 꽉 채우고 있음을 말한다. '열을 이룸'은 건괘䷀·곤괘䷁ 두 괘가 나란히 서자 음·양효 12개 전체가 갖추어진다는 의미다. '毁(훼)'는 허물어짐을 의미한다. 즉 사람들이 『주역』의 64괘는 건괘·곤괘가 아울러 세운 것이라는 의미를 허물어버림이다. '幾(기)'는 기필코 그렇게 된다는 것을 말한다. '息(식)'은 도(道)가 행해지지도 않고 환하지도 않음을 의미한다.

건괘·곤괘는 각기 6효의 전체(全體)·대용(大用)을 갖추고 있다. 그런데 괘들은 오직 여섯 위(位)만을 드러내지만, 그 여섯 위(位) 속에 착・종으로 서로 드러내는 것들은 모두 이 씩씩함[健]・순종함[順]의 덕이 포괄하여 그 실질을 이루고 있다. 그리고 여섯 위(位)로는 음・양효 12개를 수용하기에 부족하니, 여섯 위(位) 속에 양의(兩儀)를 받아들이게 되어서는 필연코 변함・통함이 있게 되어 64개의(象)을 이룬다. 드러난 앞면을 통해서는 온 것들을 알고, 드러나지 않는 뒷면으로는 간 것들을 저장한다. 그리고 온 것들은 괘를 체현하고 있고, 간 것들은 쓰임을 기다리고 있다. 그 온전함을 체현한 뒤에 시(時)가 다다름이 모두 도(道)가 걸려 있는 것임을 안다.

『주역』을 공부하는 이로서 이 점을 분명하게 이해하지 못하고 건곤병건의 이치를 허물어버린 채 옳지 않은 방법과 해석 틀을 사용하여 변한 상들의 의미를 추구하게 되면, 구괘(姤卦)䷫의 한 음효가 어디에서 생겨났는지, 복괘(復卦)䷗의 한 양효는 어디로부터 왔는지, 박괘(剝卦)䷖의 다섯 양효들은 어디로 돌아간 것인지, 쾌괘(夬卦)䷪의 다섯 음효들은 어디로 돌아간 것인지 등을 도통 알 수가 없을 것이다. 변함과 통함에 대한 단서를 알 수가 없으니 도대체 『주역』을 알 수가 없는 것이다. 뿐만 아니다. 음・양의 찼다 비었다 함[盈・虛]과 왔다 갔다 함[往・來]에는 변역(變易)은 있어도 생멸(生滅)은 없고 유(幽)・명(明)은 있어도 있음[有]・없음[無]은 없다는 것을 모르면, 건괘䷀・곤괘䷁ 두 괘를 제외한 나머지 괘들이 모두 이들 두 괘에 본디 있는 것들이 아니라고 의심하게 된다. 그리고 건괘・곤괘가 사라지고 없을 때에는 이때다 싶어 한때에서나마 이로움을 바라고 한 가지라도 공(功)을 얻어 보려고 한다. 이렇게 함에서는 쉬지 않고 스스로를 튼튼히 하는 배움이 폐기될 수도 있다고 여기며 시류를 좇고, 하늘을 받들며 시대에 알맞게 행동하는 덕조차 거스를 수 있다고 보아 자기 편한 대로 할 것이다. 그 결과 덕은 높아지지 않을 것이고 사업은 넓어지지 않을 것이니, 이러한 사람은 구차하게 길(吉)한 길로만 내달리고 흉(凶)한 길은 피하게 될 것이다. 이렇게 해서는 도(道)가 밝게 드러나지도 않고 행해지지도 않는다.

『주역』은 복희씨에게서 비롯되었지만 문왕에게서 크게 밝아졌다. 하나라·상나라 때에 『역』의 도(道)가 쇠미해졌지만 「연산」·「귀장」은 공자의 시대에도 오히려 존재하고 있었다. 그런데 성인들께서 이에 대해 논하지 않은 까닭은, 이것들이 건괘·곤괘를 허물어버린 채 『역』을 보려 하였기 때문이다. 이러한 사실을 안다면, 경방이 팔궁에서 세(世)마다 그에 응해 서로 번갈아 주(主)가 된다고 하며 육자괘(六子卦)를 장려하여 건괘·곤괘와 나란히 세운 것[1171]이라든지, 진개(秦玠)가 복괘(復卦)

1171) 이를 이해하기 위해서는 경방의 팔궁괘설에 대해 이해할 필요가 있다. 팔궁괘설은 경방(京房)이 주창한 것으로서 64괘 배열의 순서와 관련되어 있다. '팔궁(八宮)'괘는 여덟 경괘(經卦), 즉 건괘☰·태괘☱·이괘☲·진괘☳·손괘☴·감괘☵·간괘☶·곤괘☷의 중괘(重卦)를 지칭한다. 이들을 또 '팔순괘(八純卦)', '상세괘(上世卦)'라고도 한다. 경방은 「설괘전」에서 제시하고 있는 배열 순서에 따라, 건괘와 곤괘가 부모괘로서 육자괘(六子卦) 가운데 각각 3괘씩을 통솔한다고 하였다. 이 가운데 건괘와 그것이 통솔하는 진괘, 감괘, 간괘는 양괘(陽卦)에 속하고, 곤괘와 그것이 통솔하는 손괘, 이괘, 태괘는 음괘(陰卦)에 속한다. 그런데 이들 팔궁괘는 다시 7개의 괘를 거느린다고 한다. 1세(世), 2세, 3세, 4세, 5세, 유혼(游魂), 귀혼(歸魂) 등이 그것이다. 따라서 낱낱의 궁(宮)마다 8괘가 있고, 전체로는 64괘가 된다. 1세괘는 그 궁괘(宮卦)의 초효가 변한 것이고, 2세괘는 초·2효가 변한 것이며, 3세괘는 초·2·3효가 변한 것이다. 4세괘는 초·2·3·4효가 변한 것이고, 5세괘는 초·2·3·4·5효가 모두 변한 것이다. 그리고 유혼괘는 5세괘에서 다시 4효가 변한 것이고, 귀혼괘는 유혼괘에서 아래괘, 즉 초·2·3효가 모두 변한 것이다. 그리고 초효를 원사(元士), 2효를 대부(大夫), 3효를 삼공(三公), 4효를 제후(諸侯), 5효를 천자(天子), 상효를 종묘라 칭한다. 경방은 이를

䷗・구괘(姤卦)䷫가 작은 부모라고 하였던 설은[1172] 모두 건괘・곤괘를 허물어버려 『주역』을 보지 못한 것들이라 할 수 있다.

바탕으로 하여 한 괘의 길・흉은 그중의 한 효에 의해 결정된다고 여기며, 낱낱의 괘들에는 모두 주(主)가 되는 하나의 효가 있다고 보았다. 그리고 각 세(世)에는 해당 인물의 효가 주가 된다고 하였다. 그래서 초효 원사가 세상의 주(主)일 적에는 4효 제후와 서로 응하고, 2효 대부가 주(主)일 적에는 5효 천자와 서로 응하며, 3효 삼공이 주(主)일 적에는 상효 종묘와 서로 응한다고 하였다. 거꾸로 5효 천자가 주(主)일 적에는 2효 대부와 서로 응한다고 하였다. 나머지도 마찬가지다. 이것이 바로 세응(世應)설이다.

1172) 진개(秦玠)는 송나라 말기의 인물이다. 자(字)가 백진(伯鎮)이며 회주(懷州) 지사를 지냈다. 호방평(胡方平; 玉齋胡氏)보다 1년 연장인데 호방평에게서 배웠다. 그래서 진개 스스로는 호방평의 제자라고 칭했다. 그런데 복괘(復卦)・구괘(姤卦)가 작은 부모라고 하는 설을 주창한 사람은 사실 소옹이다. 이에 대해서는 주1052)를 참고하기 바란다. 그러므로 왕부지의 이곳 주장은 잘못된 것이라 할 수 있다. 다만 호방평은 소옹→채원정(蔡元定)・주희(朱熹)로 이어지는 상수역학의 결정판 『역학계몽』을 신봉하였다. 그리고 20여 년 동안 온 정열을 바쳐 깊이 연구한 끝에 그 의미를 밝혀내고는 『역학계몽통석(易學啓蒙通釋)』이라는 이름으로 발표하였다. 사실 『역학계몽』이라는 책이 후세에 알려지는 데 결정적인 역할을 한 것은 소방평의 이 저작이다. 그리고 이 책 속에 복괘(復卦)・구괘(姤卦)가 작은 부모라고 하는 설이 실려 있다. 그러므로 호방평의 제자를 자처하였던 진개(秦玠)를 통해서 이 설이 알려진 나머지, 왕부지는 이 설의 주창자가 진개라고 여기게 되었을 개연성이 있다.

此節與上下文義不相屬, 蓋亦錯簡, 疑在第六章之末.

이 구절은 앞뒤의 문장과 뜻이 연결되지 않는다. 아마 역시 착간이 있었던 것으로 보인다. 이 구절은 제6장의 끝에 두어야 하지 않을까 한다.

是故形而上者謂之道, 形而下者謂之器.

그러므로 형이상자를 '도(道)'라 하고 형이하자를 '기(器)'라 한다.

'形而上'者, 當其未形而隱然有不可踰之天則, 天以之化, 而人以爲心之作用, 形之所自生, 隱而未見者也. 及其形之旣成而形可見, 形之所可用以效其當然之能者, 如車之所以可載・器之所以可盛, 乃至父子之有孝慈・君臣之有忠禮, 皆隱於形之中而不顯. 二者則所謂當然之道也, 形而上者也. '形而下', 卽形之已成乎物而可見可循者也. 形而上之道隱矣, 乃必有其形, 而後前乎所以成之者之良能著, 後乎所以用之者之功效定, 故謂之'形而上', 而不離乎形. 道與器不相離, 故卦也・辭也・象也, 皆書之所著也, 器也; 變通以成象辭者, 道也. 民用, 器也; 鼓舞以興事業者, 道也, 聖人之意所藏也. 合道・器而盡上下之理, 則聖人之意可見矣.

형이상자는 아직 형체(形)를 이루지 아니하였을 적에는 드러나지 않는다. 그러나 뛰어넘을 수 없는 하늘의 법칙[天則]이 있으니, 하늘은 그것으로써 지어내고[造化] 사람은 그것으로써 마음의 작용으로 삼는다. 그리고 형(形)이 그것으로부터 생겨나는데, 은미하여 보이지 않는다. 형체가 이미 이루어진 뒤에 이르러서야 형(形)은 볼 수가 있다. 그런데 형체의 쓰일 수 있음으로서 그 당연한 양능(良能)을 공효로 드러내고 있는 것들, 예컨대 수레의 실을 수 있음과 그릇의 담을 수 있음 및 아버지와 아들 사이의 효성과 자애로움, 군주와 신하 사이의 충성과 예(禮) 등은 모두 형체 속에 숨어서 드러나지 않는다. 이 두 가지는 이른바 당연지도(當然之道)이며 형이상자다. 이에 비해 형이하자는 바로 형(形)이 이미 물(物)을 이루고 있는 것으로서, 볼 수도 있고 만질 수도 있다. 그런데 형이상의 도는 은미(隱微)하다. 그러나 반드시 그 형(形)이 있은 뒤에는, 앞서서 '그것이 이루어지게 한 근본 까닭으로서의 양능'이 드러나고, 나중에 '그것이 쓰이게 하는 것으로서의 공효'가 정해진다. 그러므로 '형이상'이라 일컫지만 형(形)으로부터 분리되지 않는다.

이렇듯 도(道)와 기(器)는 서로 분리되지 않는다. 그러므로 괘든, 사(辭)든, 상(象)이든 모두 드러나고 있는 바를 표현한 것으로서 기(器)다. 이에 비해 변하고 통함으로써 이들 상(象)과 사(辭)를 이루는 것은 도(道)다. 백성들이 사용하는 것은 기(器)이며, 이들을 고무하여 사업을 일으키는 것은 도(道)다. 그리고 이 도에는 성인의 뜻이 담겨 있다. 그러므로 도와 기를 합하여 형이상과 형이하의 이치를 다 터득한다면 성인의 뜻을 알 수 있을 것이다.

化而裁之謂之變, 推而行之謂之通, 擧而錯之天下之民謂之事業.

지어내면서[造化] 딱딱 들어맞게 마름질하는 것을 '변함'이라 하고, 밀고 나아가 행하는 것을 '통함'이라 한다. 이것을 가져다 천하의 백성에게 두는 것을 '사업'이라 한다.

此言『易』之功用, 盡於象・辭變通之中也. '化'・'裁'者, 陰陽之迭相變易以裁其過, 而使剛柔之相劑. '推'・'行'者, 陰陽之以類聚相長而相屬, 即已著之剛柔更推而進, 盡其材用也. 此以形而上之道, 爲形之所自殊, 可於器而見道者也. 以其變通之義合於已成之象, 而玩其所繫之爻辭, 舉是而措之於民用, 觀其進退合離之節, 以擇得失而審吉凶, 則事業生焉. 此以形而發生乎用之利, 可即器以遇道者也. 聖人作『易』之意, 合上下於一貫, 豈有不可見之秘藏乎!

이 구절에서는 『주역』의 공효와 쓰임이 상(象)과 사(辭)의 변함・통함 속에 다 있다고 하고 있다. '化(화)'・'裁(재)'란 음과 양이 번갈아 서로 변역하면서 그 지나친 것들을 마름질하여 굳셈[剛]・부드러움[柔]이 서로 잘 배합・조절되도록 함이다. '推(추)'・'行(행)'이란 음과 양이 자기네 부류끼리 모여 서로 길러주고 서로 한 붙이가 됨인데, 이미 드러난 굳셈[剛]・부드러움[柔]을 더욱 밀고 나아가 재질과 쓰임을 다하도록 함이다. 이것은 형이상의 도(道)이기는 하지만 형(形)에 의해 저절로 특수해진 것으로서, 기(器)에서 도(道)를 볼 수 있음이다.
그 변함・통함의 의미를 이미 이루어진 상(象)에 합하여 보고 붙들어 맨 효사를 완미하며 가져다 백성들이 사용하는 데 적용한다. 아울러 괘의 상에서 그 나아감과 물러남 및 합침과 떨어짐의 마디를 관찰하여 득・실을 가리고 길・흉을 살피면, 여기서 사업(事業)이 생겨난다. 이는 형(形)으로서 쓰임의 이로움에서 활짝 피어나고 생겨난 것인데, 바로 기(器)에서 도(道)를 만날 수 있음이다. 성인들께서 『주역』을 지으신 의도는 이처럼 형이상과 형이하를 합하여 일관시킨 것이니, 어찌 여기에 알아볼 수 없는 비밀이 감추어져 있겠는가!

是故夫象, 聖人有以見天下之賾而擬諸其形容, 象其物宜, 是故謂之象; 聖人有以見天下之動而觀其會通, 以行其典禮, 繫辭焉以斷其吉凶, 是故謂之爻.

그러므로 상(象)은 성인들께서 이 세상의 다양한 것들을 보고 그 생김새에서 의미를 끌어내어 물(物)들의 알맞음을 상(象)으로 드러내었다. 그래서 '상(象)'이라 한다. 성인들께서는 이 세상의 움직임을 보고 회통함을 살펴 전례(典禮)를 행하였으며, 거기에 사(辭)를 붙여 길 · 흉을 단정하였다. 그래서 '효(爻)'라 한다.

承上文申言之. 象・辭之中, 變通在焉, 事業興焉. 辭以顯象, 象以生辭. 兩者互成, 而聖人作『易』之意無不達矣.

앞에서 나왔던 구절들을 이어받아 거듭 말하고 있다. 괘들의 상(象)과 사(辭) 속에 변함・통함이 존재하고 사업이 거기에서 일어난다는 것이다. 그래서 괘・효사로써 상을 드러내고, 상으로써 괘・효사를 낳는다. 괘・효사와 괘・효상 둘은 서로 이루어 주니 이것들을 통해 성인께서 『주역』을 만드신 뜻을 달성하지 못함이 없다.

極天下之賾者存乎卦, 鼓天下之動者存乎辭, 化而裁之存乎變, 推而行之存乎通.

천하의 다양한 것들을 궁극까지 다 밝혀 괘들 속에 담았고, 천하 사람들의 행동을 고무하는 것을 사(辭) 속에 담았다. 지어내면서[造化] 딱딱 들어맞게 마름질한 것을 변함에다 담았고, 밀고 나아가 행하는 것을 통함에다 담았다.

此言學『易』者即卦象爻辭變通而盡聖人之意, 以利其用也. '存', 在也, 在即此以知其理也. '極', 盡也, 具知事物小大險易之情狀也. 六十四卦, 天道・人事・物理備矣, 可因是以極其賾也. '動', 興起於善也, 玩其辭而勸戒之情自不容已也. '化而裁之'者, 人之於事業有所太過, 則剛以節柔, 柔以節剛, 於卦之變而得其不滯之理. '推而行之'者, 苟其所宜然, 則剛益剛而不屈, 柔益柔而不違, 即已然之志行而進之, 於卦之通而得其不窮之用也. 如此, 則可以盡聖人之意矣.

이 구절에서는 『주역』을 공부하는 이들이 괘의 상(象)・사(辭)・변함・통함에서 바로 성인의 뜻을 다 알아서 그 쓰임에 이롭게 할 수 있다고 말하고 있다. '存(존)'이란 있다는 의미로, 바로 이것에 있기 때문에 그 이치를 알 수 있다는 뜻이다. '極(극)'은 궁극까지 다 밝혔다는 의미로, 사(事)와 물(物)의 크고 작음과 험난함・평이함의 있는 그대로의 실상을 함께 안다는 뜻이다. 64괘는 하늘의 도(道), 사람의 일, 물(物)들의 이치를 갖추고 있으니, 이로 말미암아 그 다양한 것들을 궁극까지 다 알 수 있는 것이다. '動(동)'은 선함에서 일어난다는 것인데, 성인들께서 그 효사들을 완미하며 백성들에게 권면하고 경계하는 정(情)을 스스로도 억누르지 못하고 있다. '지어내면서[造化] 딱딱 들어맞게 마름질함'이란 사람이 하는 사업에 너무 지나침이 있을 경우, 굳셈[剛]이 부드러움[柔]을 조절하고 부드러움[柔]이 굳셈[剛]을 조절한다는 뜻이니, 괘들의 변함에서 막히거나 걸리지 않는 이치를 얻는다는 의미다. '밀고 나아가 행함'이란 의당 그렇게 해야 함에 구애됨이 있을 경우, 굳셈이 굳셈을 더해서 굴하지 않고 부드러움이 부드러움을 더해서 위배하지 않으면서, 바로 이미 진행해왔던 뜻함과 행함을 더욱 밀고 나아간다는 뜻이다. 괘들의 통함에서 이렇게 궁하지 않은 쓰임을 얻고, 이와 같이 할 것 같으면 성인의 뜻을 다할 수 있다.

神而明之, 存乎其人. 默而成之, 不言而信, 存乎德行.

그것을 신명스럽게 밝혀낼 수 있느냐는 그 사람의 됨됨이에 달려 있다. 묵묵히 그것을 이루어내고 말하지 않으면서 믿음을 줄 수 있느냐는 덕행에 달려 있다.

承上而推言之. 欲見聖人之意以盡『易』之理, 又存乎人之德行, 而非徒於象・辭求之, 或不驗於民用, 則歸咎於書也. 『易』本天道不測之神; 神, 幽矣, 而欲明著之於事業以徵其定理, 唯君子能之, 非小人竊窺陰陽以謀利計功者所知也. 若默喩其理, 而健順之德有成象於心, 不待『易』言之已及而無不實體其道, 唯修德砥行者體仁合義, 自與『易』契合, 而信『易』言之不誣也.

위 구절을 이어받아 부연해서 말하고 있다. 다름 아니라 성인들의 뜻을 알아서 『주역』의 이치를 다 통달하느냐의 여부는 그 사람의 덕행에 달려 있다는 것이다. 단지 괘・효의 상(象)과 사(辭)에서만 구해서는 안 되며, 혹시라도 백성들의 쓰임에서 효험을 내지 않으면 허물이 이 『주역』이라는 책으로 돌아간다는 것이다. 『주역』은 천도(天道)의 가늠할 수 없는 신묘함을 근본으로 한 것이다. 그리고 신묘함은 그윽한 것이다. 그러므로 사업에서 이를 밝게 드러내 정해진 이치를 징험하고자 하더라도, 그것은 오직 군자에게나 가능한 일이다. 결코 소인이 음·양을 남모르게 엿보아 이익을 도모하고 공(功)를 다투는 데서 알 수 있는 것이 아니다. 만약에 그 이치를 묵묵히 깨달아 씩씩함[健]·순종함[順]의 덕이 마음에 상(象)을 이루고 있다면, 꼭 『주역』에서 이미 언급하고 있는 말에 의거하지 않더라도 그 도(道)를 실제로 체현해내지 못할 것이 없다. 오직 덕을 닦고 행동을 지주산처럼 하는 사람만이[1173] 어짊[仁]을 체현하고 의로움[義]에 합치하여 저절로 『주역』과 딱 맞아떨어진다. 이러한 사람은 『주역』에서 하는 말이 속이는 것이 아님을 믿는다.

1173) 지주산(砥柱山)은 황하의 급류 속에 우뚝 솟아서 온몸으로 그 흐름을 막아내고 있는 것처럼 보이는 산이다. 여기서 의미를 취하여 '지주(砥柱)'는 중임을 맡아 위태로운 국면을 헤쳐 나아갈 수 있는 역량을 지닌 인재를 가리키는 말이 되었다. 다 갖추어서 '지주중류(砥柱中流)'라고도 한다. 이에 관해서는 앞에서도 여러 번 나왔다.

계사하전 繫辭下傳(제1장~제12장)

第一章

제1장

此章約天下之動於爻象變動之中, 而又推原立本之乃以趣時, 擧而歸之於'乾'·'坤'之易簡; 抑且約之於貞一, 以見『易』之大用, 極於博而約, 極於變而常. 至足, 則六位三才之道也; 至實, 則健順也; 至一, 則太極也. 其文顯, 其義微, 聖人作『易』之大指, 盡於此矣.

이 장에서는 효상(爻象)이 변하고 움직이는 속에다 이 세계의 움직임을 요약하고 또 근원에까지 미루어서 근본을 세우고는 낱낱의 시(時)에로 나아가는 것들을 건(乾)·곤(坤)의 쉽게 함[易]·간단히 함[簡]으로 귀결시키고 있다. 아울러 올곧음의 한결같음으로 요약하여 『주역』의 위대한 쓰임을 드러내고 있는데, 극히 광범위한 대상들을 바탕으로 하여 요약하고 있고, 극히 변화하는 대상들 속에 항상됨을 제시하고 있다. 지극히 충족함은 6위 삼재(三才)의 도(道)이고, 지극히 실다움은 씩씩함[健]·순종함[順]이다. 그리고 지극한 하나는 태극이다. 그래서 그 문장은 현저하면서도 그 의미는 은미하니, 성인들께서 『주역』을 지은 큰 뜻이 이러함 속에 다 포괄되어 있다.

八卦成列, 象在其中矣. 因而重之, 爻在其中矣.

팔괘가 열을 이룸에 상이 그 속에 있다. 이를 중첩하니 효가 그 속에 있다.

'成列'謂三畫具而已成乎卦體, '乾'·'坤'·'震'·'巽'·'坎'·'離'·'艮'·'兌'交錯以竝列也. '象'者, 天·地·雷·風·水·火·山·澤之法象; 八卦具而天地之化迹具其中矣. '因而重之'者, 因八卦之體, 仍而不改, 每畫演而爲二, 以具陰陽·柔剛·仁義之道也. '爻'者, 效也. 重三爲六, 則天地之化理·人物之情事, 所以成萬變而酬酢之道皆呈效於其中矣. 三畫者, 固然之體; 六畫者, 當然而必然之用. 人之所以法天而應物者, 非三百八十四爻莫盡其用. 陰陽具而後天效其神, 柔剛具而後地效其化, 仁義具而後人效其德. 重一爲二, 合二於一也. 故'屯'·'蒙'以下五十六卦, 類以事理立名, 明其切於用也. 舊說以三畫之上復加三畫爲重, 此據「彖傳」"動乎險中"·「大象」"雲雷屯"之類, 以成卦而後內貞外悔, 因其現成之象而言, 自別爲一義. 若以伏羲畫卦及筮者積次上生而成六爻者言之, 則非內三畫遽成乎八卦, 而別起外三畫以層累之. 故「傳」言參三才而兩之, 合二爻而爲一位. '重'者, 一爻立而又重一爻也. 故此於八卦言象, 於重卦言爻. 而'屯'·'蒙'以下之卦, 皆性情功效之動幾, 非象也, 則非一象列而又增三畫爲一象. 今遵夫子參兩因重之義, 爲重卦圖如右:

因乾☰而重

䷀乾　䷌同人　䷈小畜　䷪夬
䷤家人　䷰革　䷄需　䷾既濟

因坤☷而重

䷁坤　䷆師　䷏豫　䷖剝
䷧解　䷃蒙　䷢晉　䷿未濟

因震☳而重

䷥睽　䷔噬嗑　䷨損　䷵歸妹
䷚頤　䷲震　䷒臨　䷗復

因巽☴而重

䷦蹇　䷯井　䷞咸　䷴漸
䷛大過　䷸巽　䷠遯　䷫姤

因坎☵而重

䷱鼎 ䷷旅 ䷑蠱 ䷟恆
䷳艮 ䷽小過 ䷭升 ䷎謙

因離☲而重

䷂屯 ䷻節 ䷐隨 ䷩益
䷹兌 ䷼中孚 ䷘无妄 ䷉履

因艮☶而重

䷅訟 ䷋否 ䷺渙 ䷮困
䷓觀 ䷬萃 ䷜坎 ䷇比

因兌☱而重

䷣明夷 ䷊泰 ䷶豐 ䷕賁
䷡大壯 ䷙大畜 ䷝離 ䷍大有

'열을 이룸'이란 3획이 갖추어지자 이미 괘의 몸을 이루어 건괘(乾卦)☰·곤괘(坤卦)☷·진괘(震卦)☳·손괘(巽卦)☴·감괘(坎卦)☵·이괘(離卦)☲·간괘(艮卦)☶·태괘(兌卦)☱ 등이 뒤섞인 채 나란히 열 지어 있음을 말한다. '상'이란 하늘, 땅, 우레, 바람, 물, 불, 산, 연못 등의 자연 현상을 말하는데, 팔괘가 갖추어지자 하늘과 땅이 조화함의 자취들도 그 속에 갖추어지는 것이다. '이를 중첩함[因而重之]'이란 팔괘의 괘체들을 바꾸지 않고 그대로 둔 채 낱낱의 획들을 연역하여 둘로 함으로써 음·양, 부드러움·굳셈, 어짊[仁]·의로움[義]의 도(道)를 갖춤을 의미한다.

'효(爻)'란 공효를 드러내고 있는 것들이다. 3획의 낱낱 획을 중첩하면 6획이 되는데, 하늘과 땅이 조화하는 이치 및 사람과 만물의 실정과 사태 등 온갖 변함을 이루며 서로 간에 주고받는 까닭으로서의 도(道)가 모두 그 6획괘들 속에서 공효를 드러낸다. 3획은 '본디 그러함[固然]'의 몸을 이룬 것이고, 6획은 '마땅히 그러하며 반드시 그러함[當然而必然]'의 쓰임을 드러내고 있는 것이다. 사람이 하늘을 본받아 물(物)들에 응함에서 384효가 아니면 그 쓰임을 다할 수가 없다. 음·양이 갖추어진 뒤에 하늘은 그 신묘함을 드러내고, 부드러움·굳셈이 갖추어진 뒤에 땅은 그 조화함을 드러내며, 어짊[仁]·의로움[義]이 갖추어진 뒤에 사람은 그 덕을 드러내는 것이다. 하나를 중첩하여서 둘이 되고, 그 둘은 하나에서 합일한다. 그러므로 준괘(屯卦)䷂·몽괘(蒙卦)䷃ 이하의 56괘는 대부분 사리(事理)로써 이름을 붙여 그 쓰임에 들어맞음을 밝히고 있다.

그런데 이전의 설에서는 3획의 위에 다시 3획을 더한 것을 중첩의 의미로 보았다. 이는 「단전」의 "험난함 속에 움직인다."는 말이나 「대상전」의 "구름과 우레로 이루어진 괘가 준괘다."라는 말 따위를 근거로 한 것으로서, 6획의 괘가 이루어진 뒤에 내괘를 정괘(貞卦)로 여기고 외괘를 회괘(悔卦)로 여기는 등 현재 이루고 있는 상을 근거로 하여 말한 것이다. 이는 자체로 다른 의미를 이룬다.

그런데 복희씨가 괘를 그린 것이나 점을 치면서 괘를 뽑아낼 적에 위로 차례차례 누적해 올라가 여섯 효를 이룬다는 관점에서 말한다면, 안의 3획이 급작스럽게 팔괘를 이루고 이와는 별도로 밖에 3획을 일으켜 한 층을 더 누적하는 것이 아니다. 그러므로 「설괘전」에서는 "삼재를 아우르며 둘로 하고 있다(兼三才而兩之)."1174)고 하니, 이는 두 효를 합해 하나의 위(位)로 여기는 것이다. '중첩'이라는 말은 한 효가 세워진 데다가 또 한 효를 겹치는 것을 의미한다. 그러므로 이 구절에서는, 팔괘에서는 상(象)을 말하고 중괘에서는 효를 말한 것이다. 준괘(屯卦)䷂ · 몽괘(蒙卦)䷃ 이하의 괘들은 모두 성정(性情)과 공효(功效)의 움직이는 기미[動幾]를 드러내고 있는 것들로서, 상(象)이 아니다. 그래서 하나의 상이 열지어 있는 것에 또 3획을 더하여 전체로 하나의 상을 이루는 것이 아니다.

공자께서 삼재를 아울러 둘로 하고 있다고 한 것과 3획을 중첩하였다고 한 의미에 따라 「중괘도(重卦圖)」를 그리면 다음과 같다.

1174) 「설괘전」 제2장의 "하늘의 도를 세우는 것을 '음 · 양'이라 하고, 땅의 도를 세우는 것을 '부드러움 · 굳셈'이라 하며, 사람의 도를 세우는 것을 '어짊[仁] · 의로움[義]'이라 한다. 삼재를 아우르며 둘로 하고 있다. 그러므로 『주역』은 획을 여섯 개로 하여 괘를 이룬다.(立天之道曰陰與陽, 立地之道曰柔與剛, 立人之道曰仁與義. 兼三才而兩之, 故『易』六畫而成卦.)"라 한 구절을 가리킨다.

건괘☰를 바탕으로 중첩한 괘들

䷀건괘(乾卦) ䷌동인괘(同人卦) ䷈소축괘(小畜卦) ䷪쾌괘(夬卦)
䷤가인괘(家人卦) ䷰혁괘(革卦) ䷄수괘(需卦) ䷾기제괘(旣濟卦)

곤괘☷를 바탕으로 중첩한 괘들

䷁곤괘(坤卦) ䷆사괘(師卦) ䷏예괘(豫卦) ䷖박괘(剝卦)
䷧해괘(解卦) ䷃몽괘(蒙卦) ䷢진괘(晉卦) ䷿미제괘(未濟卦)

진괘☳를 바탕으로 중첩한 괘들

䷥규괘(睽卦) ䷔서합괘(噬嗑卦) ䷨손괘(損卦) ䷵귀매괘(歸妹卦)
䷚이괘(頤卦) ䷲진괘(震卦) ䷒임괘(臨卦) ䷗복괘(復卦)

손괘☴를 바탕으로 중첩한 괘들

䷦건괘(蹇卦) ䷯정괘(井卦) ䷞함괘(咸卦) ䷴점괘(漸卦)
䷛대과괘(大過卦) ䷸손괘(巽卦) ䷠둔괘(遯卦) ䷫구괘(姤卦)

감괘☵를 바탕으로 중첩한 괘들

䷱정괘(鼎卦) ䷷여괘(旅卦) ䷑고괘(蠱卦) ䷟항괘(恒卦)
䷳간괘(艮卦) ䷽소과괘(小過卦) ䷭승괘(升卦) ䷎겸괘(謙卦)

이괘☲를 바탕으로 중첩한 괘들

䷂준괘(屯卦) ䷻절괘(節卦) ䷐수괘(隨卦) ䷩익괘(益卦)
䷹태괘(兌卦) ䷼중부괘(中孚卦) ䷘무망괘(无妄卦) ䷉이괘(履卦)

간괘☶를 바탕으로 중첩한 괘들

䷅송괘(訟卦) ䷋비괘(否卦) ䷺환괘(渙卦) ䷮곤괘(困卦)
䷓관괘(觀卦) ䷬췌괘(萃卦) ䷜감괘(坎卦) ䷇비괘(比卦)

태괘☱를 바탕으로 중첩한 괘들

䷣명이괘(明夷卦) ䷊태괘(泰卦) ䷶풍괘(豐卦) ䷕비괘(賁卦)
䷡대장괘(大壯卦) ䷙대축괘(大畜卦) ䷝이괘(離卦) ䷍대유괘(大有卦)

初・三・五, 八卦之本位, 二・四・上, 其重也. 所重之次, 陽卦先陽, 而陰自下變; 陰卦先陰, 而陽自下變; 故交錯而成列. 重卦次序, 於義不必有取. '坎'重'艮', '離'重'兌', '艮'重'坎', '兌'重'離', 皆陰陽偶合之條理, 自然之變化, 不可以意爲推求. 蓋象成而後義見, 此方在經營成象之初, 未嘗先立一義以命爻. 『易』之所以以天治人, 而非以人測天也. 故於八卦言象, 而於重言爻. 重卦但備爻以該三才之道, 初不因象而設. 爻備而復有象, 象在爻後, 則「彖傳」・「大象」之說, 取二體之德與象以立義, 自別爲一理, 不可强通之於因重. 若京房'乾'生'姤'・'震'生'豫'之說, 則又下文剛柔相推之餘義, 非伏羲重三爲六之本旨, 其說又別, 所謂『易』之爲道屢遷也.

이 중괘도(重卦圖)의 괘들에서 초・3・5효는 팔괘의 본래 위(位)고, 2・4・상효는 그것을 중첩한 것이다. 그 중첩한 차례는, 양괘의 경우 먼저 양효 셋을 한꺼번에 늘린 뒤 음효들이 밑에서부터 변해가고, 음괘의 경우는 이와 상반되게 먼저 음효 셋을 한꺼번에 늘린 뒤 양효들이 밑에서부터 변해간다. 그러므로 엇갈리게 뒤섞여 열(列)을 이룬다. 괘를 중첩하는 차례를 괘의 의미에서 꼭 취하지는 않는다. 예컨대 감괘(坎卦)☵를 중첩하여 간괘(艮卦)䷳가 되는 것, 이괘(離卦)☲를 중첩하여 태괘(兌卦)䷹가 되는 것, 간괘(艮卦)☶를 중첩하여 감괘(坎卦)䷜가 되는 것, 태괘(兌卦)☱를 중첩하여 이괘(離卦)䷝가 되는 것들은 모두 음과 양이 우연히 합치한 조리(條理)로서 저절로 변화한 것이지 어떤 의도를 가지고 추구한 결과가 결코 아니다. 상(象)이 이루어진 뒤에 의미는 드러나기 때문에, 이것들이 괘를 뽑아내기 위해 막 경영하여 상(象)을 이루어가는 시초에 일찍이 먼저 하나의 의미를 세워서 효(爻)를 얻어내는 것이 아니다.
『주역』은 하늘을 가지고 사람을 다스리는 것이지 사람의 관점을 가지고 하늘을 가늠하는 것이 아니다. 그러므로 팔괘에서는 상(象)을 말하고, 이들을 중첩한 중괘(重卦)에서는 효(爻)를 말하는 것이다. 중괘는 단지 효를 갖추어서 삼재(三才)의 도를 함유하고 있는 것일 뿐, 처음부터 상(象)에 기인하여 이루어진 것이 아니다. 효들이 갖추어지고 나서도 다시 상(象)이 있다. 이렇게 상이 효의 뒤에 있으니, 「단전」・「대상전」의 설들은 두 괘체[1175]의 덕과 상을 취하여 의미를 세우고 있는 것이다. 그런데 이들은 따로 하나의 이론 체계를 이룬 것들이기 때문에, 이들을 3획을 중첩하였다는 틀에 억지로 갖다 맞추고 통하게 하려 해서는 안 된다.

경방의 "건괘(乾卦)䷀가 구괘(姤卦)䷫를 낳고 진괘(震卦)䷲가 예괘(豫卦)䷏를 낳는다"고 한 설은 또한 아래 구절의 '굳셈[剛]・부드러움[柔]이 서로 밂'이라고 하는 것과 같은 맥락에 있는 것일 뿐, 복희씨가 3획을 중첩하여 6획괘를 만들었다고 함의 본뜻은 아니다. 그래서 이 설은 또 구별된다. 이러한 현상은 모두 『주역』의 도(道)를 이룸이 자주 바뀐다고 함을 보여준다고 할 것이다.

剛柔相推, 變在其中矣. 繫辭焉而命之, 動在其中矣.

굳셈[剛]・부드러움[柔]이 서로 미는데, 변함은 그 속에 있다. 사(辭)를 매달아 명(命)을 드러내니, 움직임은 그 속에 있다.

1175) 6획 중괘(重卦)의 정괘(貞卦; 內卦)・회괘(悔卦; 外卦) 두 소성괘(小成卦)의 괘체를 가리킨다.

'推'即所謂相摩相盪也. 剛以承剛, 柔以繼柔, 常也. 其摩盪而相間者, 天之化, 人之事變所繇生也. 六十四卦具, 而中有陰陽互雜之爻, 則物理人事之變, 皆其所備著矣. '命', 以告占者也. 因爻之動, 而繫之以辭, 則人之進退作止, 所以善其動者, 皆其中所蘊之理矣.

'밂'은 서로 비비대고 서로 자극함을 의미한다. 대개 굳셈으로서 굳셈을 이어받고, 부드러움으로서 부드러움을 이어받는 것이 정상이다. 그런데 서로 비비대며 자극하고 서로 끼어듦은 하늘의 지어냄[造化]을 상징한다. 사람 일의 변함은 바로 이러함에서 생겨난다. 64괘가 갖추어지고 그 속에 음·양이 서로 뒤섞인 효들이 있으니, 물(物)들의 이치와 사람의 일은 모두 이들에 갖추어져서 드러난다. '命(명)'은 점침에 대해 알려줌이다. 효에 드러난 움직임에 사(辭)를 매달면, 사람이 나아가야 할지 물러나야 할지, 또 무슨 일을 해야 할지 그만두어야 할지를 두고 어떻게 행동하는 것이 잘 하는 것인지를 모두 괘·효사 속에 담긴 이치가 알려주는 것이다.

此上二節, 言『易』理之利用於人者.

이상의 두 구절은 『주역』의 이치가 사람들에게 이롭게 쓰임에 대해 말한 것이다.

吉凶悔吝者, 生乎動者也.

길함과 흉함, 후회함과 아쉬워함은 움직임에서 생겨나는 것들이다.

吉凶悔吝, 辭之所著也. 爻動, 則時位與事相值, 而四者之占應之. 此以申明'動在其中'之意, 而言發動之爻, 爲所動之得失. 昧者不察, 乃謂因動而生四者, 吉一而凶三, 欲人之一於静以遠害, 此老莊之餘瀋, 毁健順以戕生理, 而賊名教者也.

길함과 흉함, 후회함과 아쉬워함은 사(辭)가 드러내고 있는 것들이다. 효가 드러내고 있는 움직임은 시(時)・위(位) 및 사(事)와 서로 맞아떨어지는데, 이 네 가지의 점(占; 吉・凶, 悔・吝)으로 응한다. 이 구절은 '움직임은 그 속에 있음'의 의미를 거듭 밝힌 것이다. 그래서 발동한 효가 점친 사람에게 행동함의 득・실이 됨을 말하고 있다.
그런데 모르는 이들은 이를 살피지 못하고, 그저 "효의 움직임으로 말미암아 이들 네 가지[吉・凶, 悔・吝]를 낳는데, 그중에 길함은 하나요 흉함은 셋이나 된다."고 하며, 사람이 행동하지 말고 한결같이 고요하게 있음으로써 해로움을 멀리하고자 한다. 그러나 이는 노장(老莊)의 전해 내려오는 찌꺼기가 씩씩함[健]・순종함[順]을 허물어버리면서 생하는 이치의 숨통을 조이는 것일 뿐이다. 그리고 사람으로서 지켜야 할 명분을 강조하는 우리 유가의 가르침을 훼손한 것이다.

剛柔者, 立本者也. 變通者, 趣時者也.

굳셈[剛]・부드러움[柔]은 근본을 세우는 것이고, 변함・통함은 시(時)에 나아간 것이다.

言'剛柔'者, 以爻有成形, 依地道而言之, 天之陰陽・人之仁義皆在其中, 其象數則統於奇耦也. 以健順之全體, 起仁義之大用, 而合九・六之定數, 爲爻之實・卦之本也, 即三才合德之本也. 其'變'・其 '通', 則剛柔有必動之時, 而成乎交錯; 當其時, 立其義, 人之乘時速應而不滯以效此者也. 時雖必趣, 而本之已立, 乃可以乘時而趣之, 故下言貞一之理, 以歸其德於健順, 急立本也.

여기에서 말하는 '굳셈[剛]・부드러움[柔]'은 효가 형체를 이루고 있음을 가지고 땅의 도(道)에 의거하여 말한 것으로서, 하늘의 음・양 및 사람의 어짊[仁]・의로움[義] 등이 모두 그 속에 존재한다. 그리고 그 상(象)과 수(數)는 시초(蓍草)의 홀수・짝수에 의해 결정된다. 괘의 효들에 드러난 씩씩함[健]・순종함[順]의 전체로써 사람들에게서 어짊[仁]・의로움[義]의 큰 작용을 일으키는데, 이것이 '구(九)'・'육(六)'이라는 정해진 수(數)에 부합하며, 효의 실질이고 괘의 근본이다. 이는 다름 아니라 하늘과 땅과 사람이라는 삼재가 덕을 합일하는 근본이다.
그 변함과 통함은, 효가 드러내고 있는 굳셈[剛]・부드러움[柔]에 필연코 움직임의 때가 있어 이것들이 교접하며 뒤섞이는 데서 이루진 것인데, 모두들 그 시(時)에 맞게 그 의미를 세운 것이다. 이는 사람이 시(時)를 타고서 속히 응하며 지체하지 않고 공효로 드러내야 할 것이다. 그런데 시(時)가 되면 비록 반드시 나아가기는 하지만, 이는 근본이 벌써 서 있기 때문에 때를 타고서 나아갈 수 있는 것이다. 그러므로 아래 구절에서는 '올곧게 한결같이 함[貞一]'의 이치를 말하여서 그 덕을 씩씩함[健]・순종함[順]에로 돌리고, 근본을 세움에 서둘고 있다.

吉凶者, 貞勝者也. 天地之道, 貞觀者也. 日月之道, 貞明者也. 天下之動, 貞夫一者也.

길·흉이란 올곧음이 이겨내는 것이다. 하늘과 땅의 도는 올곧음이 보여주는 것이다. 해와 달의 도는 올곧음이 밝게 빛나는 것이다. 천하의 움직임은 올곧음이 한결같음이다.

'貞', 正也, 常也; 剛柔之定體, 健順之至德, 所以立本, 變而不易其常者也. 吉凶之勝, 天地之觀, 日月之明, 人事之動, 皆趨時以效其變, 而必以其至正而大常者爲之本也. '勝'者, 道足以任之謂. 吉而不靡, 凶而不憂, 足以勝吉凶而德業不替者, 此貞也. 天之七政有隱見·四時有推移, 地之榮枯殊候·融結殊質, 而一唯其健順之至足, 以具大觀於迭運者, 此貞也. 日月有發斂·有盈縮, 而陽明外施, 陰虛內涵, 一剛柔至足之德者, 此貞也. 天下之動, 雖極乎萬變之至賾, 而非善則無惡, 非得則無失; 仁義之流, 至於充塞仁義, 而唯趣時之變所至, 若其所自來, 則皆二氣絪縕, 迭相摩盪, 分而爲兩儀者, 同函於太極之中, 莫非此貞也. 陰陽之外無太極, 得失順逆不越於陰陽之推盪, 則皆太極渾淪之固有, 至不一而無不一者, 此貞也. 是以'乾'·'坤'立本, 而象爻交動以趣時, 莫不出於其中也.

'올곧음'은 올바름이고 항상됨이다. 굳셈[剛]·부드러움[柔]의 정해진 몸들과 씩씩함[健]·순종함[順]의 지극한 덕이 근본을 세우고, 변하면서도 그 항상됨을 바꾸지 않는 것은 바로 이것 때문이다. 길·흉의 이겨냄, 하늘과 땅의 보여줌, 해와 달의 밝음, 사람 일의 움직임 등은 모두 때에 맞게 나아가며 그 변함을 드러내는데, 반드시 그 지극히 올바르고 거대하게 항상됨[至正而大常]을 근본으로 삼는다.

'이겨냄'이란 도(道)로써 충분히 맡을 만함을 일컫는다. 길하더라도 그에 휩쓸리지 않고 흉하더라도 우려함에만 빠지지 않아, 덕행과 사업에서 쇠퇴하지 않음이 이 올곧음이다.

하늘에서는 칠정(七政)[1176]이 숨었다 나타났다 하고 사계절이 순환한다. 그리고 땅에서는 초목들이 피어났다 시들었다 하며 절기를 달리하고, 어느 곳에서는 하천으로 흐르고 어느 곳에서는 산악으로 융기하여서 질을 달리하고 있다. 한결같이 오직 씩씩함[健]·순종함이 지극한 충족[至足] 속에서 번갈아 운행하면서 거대한 볼거리를 연출하는 것이다. 이것을 가능하게 하는 덕이 바로 올곧음이다. 해에는 발산과 수렴이 있고 달에는 채웠다 움츠렸다 함이 있는데, 양은 밝게 밖으로 베풀고 음은 텅 비운 채 안으로 받아들인다. 이것 또한 이 올곧음이 굳셈[剛]·부드러움[柔]의 지극히 충족한 덕을 한결같이 하며 이루는 것이다. 이 세상의 움직임들이 비록 만변(萬變)의 지극히 다양함으로 끝없이 전개된다 하더라도, 결국은 선(善)이 아니면 악(惡)이 없고 득(得)이 아니면 실(失)도 없다. 그리고 어짊[仁]·의로움[義]이 펴져 나아가 어짊[仁]·의로움[義]을 꽉 채움에까지 이르더라도, 이것은 오직 때에 맞게 나아간 변함이 이른 결과인데, 이들이 궁극적으로 어디에서 온 것인지를 탐구해 보면 모두 음기·양기 두 기(氣)의 인(絪)·온(縕)이 번갈아가며 서로 비비대고 자극함에서 온 것들이다. 이를 나누어 구분하면 양의(兩儀)가 되는데, 이것들은 함께 태극 속에 싸여 있다. 그런데 이 또한 이 올곧음이

1176) 해와 달 및 수·금·화·목·토성을 가리킨다.

아님이 없다.

음·양의 밖에는 태극이 없다. 그리고 득(得)·실(失)과 순(順)·역(逆)은 음·양이 밀고 흔들어댐으로부터 벗어나지를 않는데, 이들은 모두 태극의 이것저것으로 나눠지 않은 하나 속에 고유한 것들이다. 그런데 이 태극이 특정한 어느 하나가 아니면서 어느 하나도 아닌 것이 없게 하는 것 역시 이 올곧음이다. 이러하기 때문에 건괘·곤괘 두 괘가 근본을 이루고 있음에 상(象)과 효(爻)들이 교접하고 움직이며 때에 맞게 나아가더라도 어느 것 하나 그 속에서 벗어나지 않는 것이다.

夫'乾'確然示人易矣. 夫'坤'隤然示人簡矣. 爻也者, 效此者也. 象也者, 像此者也.

건(乾)은 확연(確然)하게 사람들에게 쉬움을 보여주고, 곤(坤)은 퇴연(隤然)하게 사람들에게 간단함을 보여준다. 효들은 바로 이러함을 드러내고 있고, 상(象)들은 바로 이러함을 보여주고 있다.

'確然', 至健而不虛之謂. '隤然', 至順而不競之謂. '乾'·'坤'二純, 立體於至足而不雜, 則易簡之至也. 此指'乾'·'坤'易簡. 爻之吉凶悔吝, 卦象之大小險易, 趣時以變通者各異, 而無非此'乾'·'坤'易簡, 一實至足之理; 則剛柔之德, 以立本而貞天下之動者, 皆函於兩儀合一之原. 知太極之藏, 唯兩儀之絪縕不息, 而易簡以得天下之理; 爻象效而像之, 豈越此哉!

'確然(확연)'은 지극히 씩씩하며 전혀 빈틈이 없음을 말한다. '隤然(퇴연)'

은 지극히 순종적이면서 전혀 다툼이 없음을 일컫는다. 건괘・곤괘 두 괘는 순수함의 괘들이다. 이들은 지극한 충족[至足]에서 체(體)를 세우고 있고 전혀 잡됨이 없다. 그래서 쉬움과 간단함이 지극하다. 이 구절은 건괘・곤괘 두 괘의 쉽고 간단함의 덕을 가리키고 있다. 효들에 드러나 있는 길・흉과 후회함[悔]・아쉬워함[吝] 및 괘상들이 보여주고 있는 거대함・왜소함과 험난함・평이함들은 때에 맞게 나아가 변하고 통한 것들로서 각기 다 다르다. 그런데 이러함 가운데 그 어느 것도 이 건(乾)・곤(坤)의 쉬움과 간단함이 아닌 것이 없고, 하나로 실질을 이루고 있는 지극한 충족[至足]의 이치 아닌 것이 없다. 그래서 굳셈[剛]・부드러움[柔]의 덕이 근본을 세운 채 이 세상의 모든 움직임들을 올곧게 하고 있는데, 이들은 모두 양의가 합일하고 있는 근원[太極]에 함유되어 있다. 즉 태극에 저장되어 있는 것들은 오직 이들 양의가 쉼 없이 인(絪)・온(縕) 운동을 하는 것이며, 이들은 쉽고 간단하게 천하의 이치대로 한다. 『주역』의 효들은 이를 드러내고 있고 상들은 이를 보여주고 있다. 우리가 이러한 사실을 알고 있으니, 어찌 이를 뛰어넘겠는가!

爻象動乎內, 吉凶見乎外, 功業見乎變, 聖人之情見乎辭.

효의 상은 안에서 움직이고, 길・흉은 밖에서 드러난다. 공(功)과 사업은 변함에서 드러나고, 성인들의 백성들에 대한 정(情)은 사(辭)에 드러나 있다.

幾之初動者曰'內', 事應之生起者曰'外'. 立本以趣時, 則隨爻象之所動, 而吉凶之理著. 因其變而以行乎吉凶之塗, 得其貞勝, 則無往而不可成功業. 聖人之繫辭, 無非以此鼓舞天下, 使因時務本, 以善其動, 合於貞一之道而已.

기미[幾]가 처음으로 막 움직임을 '안'이라 하고, 일이 이에 응하여 생겨남을 '밖'이라 한다. 근본을 세운 채 때에 맞추어 나아가면 효의 상이 움직이는 바에 따라서 길・흉의 이치가 드러난다. 그러면 그 변함을 바탕으로 삼아 길・흉의 길을 가며 그 올곧음이 이겨냄을 실현하게 되면, 어느 경우에든 공(功)과 사업을 이루지 못할 수가 없다. 성인들께서 매단 괘・효사들도 이것으로써 세상 사람들을 북돋고 부추기지 않는 것이 없다. 그래서 세상 사람들로 하여금 때를 잘 살피고 근본에 힘쓰며 그 행동을 잘하여 올곧고 한결같음의 도(道)에 합치하도록 할 따름이다.

天地之大德曰生. 聖人之大寶曰位. 何以守位曰仁. 何以聚人曰財. 理財正辭, 禁民爲非曰義.

천지의 위대한 덕을 '생(生)'이라 한다. 성인의 위대한 보배를 '위(位)'라 한다. 이 위(位)를 지키게 하는 것을 '어짊[仁]'이라 하고, 사람을 모이게 하는 것을 '재화'라 한다. 재화를 다스리고 사(辭)를 바르게 하며 백성들이 잘못된 짓을 못하게 하는 것을 '의로움[義]'이라 한다.

此節上下疑有脫誤. 大要以明重三畫而六之, 陰陽・柔剛・仁義, 合二以立極之理, 蓍爻之所效也. "天地之大德曰生", 統陰陽柔剛而言之. 萬物之生, 天之陰陽具而噓吸以通, 地之柔剛具而融結以成; 陰以斂之而使固, 陽以發之而使靈, 剛以幹之而使立, 柔以濡之而使動. 天地之爲德, 即立天立地之本德, 於其生見之矣. 位也, 財也, 仁也, 義也, 聖人之立人極不偏廢者也, 所以裁成輔相乎天地, 而貞天下之動者也. 卦中三・四二爻, 三爲人之正位, 於聖人爲位; 四爲出治之道, 於聖人爲財; 仁以守位, 義以理財, 則人位二爻之德也. 君道止於仁, 唯爲民父母, 而後可爲元后, 仁所以守位也. 仁者, 位中所有之德也. 義者, 取舍而已. 非義而取, 則上有匿情, 雖責民以善而辭不昌, 民乃不服. 財散民聚, 而令下如流水矣. 義者, 於財而著者也. 仁義之藏生於人心一陰一陽之成性, 而此於守位聚人言之者, 自其效天下之動以利用者言也. 仁義竝行, 而後聖人之盡人道者, 配天地之德以善天下之動, 則六位以盡三才, 其效益著明矣.

이 구절에는 위 아래로 무엇인가 빠진 구절들이 있는 것처럼 보인다. 이 구절의 대요(大要)는 3획 각각을 중첩하여 6획으로 하였음을 밝히는 것이다. 이렇게 6획으로 함으로써 음・양, 굳셈[剛]・부드러움[柔], 어짊[仁]・의로움[義] 등 각각 둘을 합하여 3극[1177]의 이치를 세우고 효들이 드러내고 있는 것을 현저하게 하였다는 것이다.
"천지의 위대한 덕을 '생(生)'이라 한다."는 말은 음・양과 굳셈[剛]・부드러움[柔]을 통괄하여 말한 것이다. 만물의 생겨남은 하늘의 음・양이 갖추어져서 숨을 내쉬고 들이쉼[噓吸]으로써 통하고, 땅의 부드러움・굳셈이 갖추어져서 녹고 맺힘[融結]으로써 이루어진다. 이러함 속에서 음은 거두어들여서 견고하게 하고 양은 발산하여서 영특하게 한다. 그리고 굳셈은 말려서 서게 하고 부드러움은 적셔서 움직이게 한다.

1177) 천・지・인의 3극을 의미한다.

하늘과 땅이 덕을 이룸이란 곧 하늘을 세우고 땅을 세우는 근본 덕인데, 이러함이 만물의 생겨남에서 드러나는 것이다.
이 구절에서 위(位)다, 재화다, 어짊[仁]이다, 의로움[義]이다 하는 것들은 성인들께서 인류공동체의 표준을 세운 것들로서 딱히 어느 것 하나만을 폐기할 수 없는 것들이다. 그렇기 때문에 인간들의 행위를 마름질하고 이루어서 하늘과 땅이 하는 일을 돕는 것이며, 이 세상의 움직임들을 올곧게 하는 것이다. 6획괘에서 3·4효 두 효가 이에 해당한다. 이 중에서도 3효는 사람의 정위(正位)로서 이것이 성인에게서는 위(位)가 된다. 그리고 4효는 세상에 나아가 활동을 하는 도(道)를 드러내는데, 이것이 성인에게서는 재화가 된다. 그래서 성인은 어짊[仁]으로써 위(位)를 지키고 의로움[義]으로써 재화를 다스리는 것이니, 이것들이 사람의 위(位)를 상징하는 두 효의 덕이다.
임금의 도는 어짊에서 지극하니, 오직 백성들에게서 부모가 된 뒤에라야 훌륭한 제후가 될 수 있다. 그렇기 때문에 어짊이 위(位)를 지키게 하는 것이다. 어짊은 바로 위(位) 속에 있는 덕이다. 이에 비해 의로움은 취사선택하는 것일 따름이다. 의롭지 않은데도 취하면 윗사람으로서 실정(實情)을 숨김이 있게 된다. 이러한 경우에는 비록 백성들에게 선(善)을 행하라고 강제로 요구한다고 하더라도 하는 말이 화창하게 전달되지 않고 백성들도 굴복하지 않는다. 재화가 흩어져야 백성들이 모이는데, 아랫사람들에게 명령을 내리는 것은 흐르는 물과 같다. 의로움이란 재화에서 환히 드러나는 것이다.
어짊과 의로움은 사람의 마음속에 저장된 채 생겨나는데, 한 번은 음이었다 한 번은 양이었다 함이 성(性)을 이룬다. 그런데 이것은 지위를 보전하며 사람을 끌어모으는 관점에서 말한 것으로서, 세상 사람들을 움직이게 하는 효과를 내서 이롭게 쓰인다는 관점에서 말한 것이다. 어짊·의로움이 함께 행해진 뒤에라야 성인들께서 사람의 도리를 다함이 천지의 덕과 짝을 이루게 되고, 이렇게 함으로써 천하의 움직임을 잘 이루어지게 한다. 그래서 여섯 위(位)에서 삼재를 다 드러내서 그 효과를 더욱 분명하게 하는 것이다.

第二章
제2장

略擧十三卦以言'制器尙象'之義. 凡聖人之制器而利民用者, 蓋無不合於陰陽奇耦錯綜之理數, 類如此. 聖人非必因卦而制器, 而自與卦相合, 故可經久行遠, 而人不能爲. 卽在後世, 損益古法以從服食居處修事之便, 其能與陰陽象數吻合者, 則行之永而與聖人同功; 其師心妄作奇巧, 無象可法者, 旋興而旋敝. 且如蒙恬作筆, 下剛長而上柔短, 亦'夬'之象. 洪武初, 始制網巾, 上下束合, 而中目繁多, 亦'頤'之象. 舟之有帆, 本末奇而中耦, 乘風以行於澤, 亦大過之象. 故曰, "以制器者尙其象." 況制器者皆當取法, 非徒古聖然也.

이 장에서는 대략 13괘를 열거하여 '기물을 제작하는 이는 상을 높이 침'의 의미를 설명하고 있다. 무릇 성인들께서 기물을 제작하여 백성들의 쓰임에 이롭게 한 것들은 음 · 양, 홀 · 짝, 착 · 종의 이치에 부합하지 않는 것들이 없는데, 그 예가 이와 같다. 그러나 성인들께서는 꼭 괘를 근거로 하여 기물을 만들지 않더라도 그 결과가 저절로 괘와 서로 합치하였다. 그러므로 오래도록 유지할 수 있었고 멀리까지 파급될 수 있었다. 이는 보통 사람들로서는 할 수 없는 것이다. 후세에서는 입고, 먹고, 거처하고, 일처리하는 데서의 편리함을 도모하며 이러한 옛 법에 약간의 손질을 가했는데, 이 가운데 음 · 양과 상 · 수에 완전히 딱 들어맞을 수 있는 것들은 영원토록 행해졌다. 이는 공(功)을 이룬 것이 성인들과 같다. 이에 비해 주관적인 선입관에 빠져 자신만 옳다고 하는 것이나 망령된 행동을 하는 것, 또 기이한 기교를 부리는 것 등은 상(象)에서 전혀 근거를 찾을 수가 없으니, 이러한 것들은 일어나면 일어날수록 곧 무너져서 없어져버렸다.

몽념(蒙恬)이 만든 붓은 아래가 빳빳하고 길며 위는 부드럽고 짧았다.[1178] 이것은 쾌괘(夬卦)䷪의 상이다. 홍무(洪武)[1179] 초년에 처음으로 망건을 만들었는데 위 · 아래를 묶어서 합치고 중간에 눈들이 촘촘히 많았다. 이는 이괘(頤卦)䷚의 상이다. 돛이 배와의 연결부위[本] 및 그 끝[末]은 홀수로 되어 있고 중간부위는 짝수로 되어 있는 것, 그리고 이 돛을 달고서 배가 바람을 타고 연못을 다니는 것은 또한 대과괘(大過卦)䷛의 상이다. 그러므로 "기물을 제작하는 사람은 그 상을 높이 친다."고 한 것이다. 이처럼 무릇 기물을 만드는 사람들이라면 모두 당연히 괘상에서 본보기를 취하였으니, 꼭 옛 성인만 그러한 것은 아니다.

1178) 몽념(?~B.C.210)은 진(秦)나라의 명장이다. 그는 사법 문서를 관장하던 관리로부터 시작하였는데, B.C.224년 초나라와의 전투에 참여하여 전공을 세우면서부터 차츰 무인으로서의 능력을 발휘하였다. 진시황에 의해 장군 가문의 후예라는 이유로 장군에 발탁된 뒤, 제(齊)나라와의 전쟁에서 대승을 거두었다. 진나라가 중원을 통일한 뒤에는 30만 대군을 이끌고 북방으로 흉노 정벌에 나섰다. 몽념은 모두 10년이 넘는 기간 동안 전선에서 흉노를 막는 데 진력하였고, 이 과정에서 만리장성을 쌓아 방어선을 구축하였다. 몽념은 진시황의 장남인 부소(扶蘇)와 긴밀한 관계를 맺고 있었다. 그런데 진시황이 죽은 뒤 이사(李斯)와 결탁한 환관 조고(趙高)에 의해 차남인 호해(胡亥)가 등극하고, 부소는 자결하게 되었다. 그리고 조고와 원한 관계에 있던 몽념 · 몽의(蒙毅) 형제는 조고에 의해 처형되었다.
사마천의 『사기』에서는 이 몽념이 최초로 토끼털로 붓을 만든 것으로 기록하고 있다. 그러나 이에 대해서는 의문이 제기되고 있는데, 몽념이 만든 것을

古者包犧氏之王天下也, 仰則觀象於天, 俯則觀法於地, 觀鳥獸之文與地之宜, 近取諸身, 遠取諸物, 於是始作八卦, 以通神明之德, 以類萬物之情.

옛날에 포희[伏犧]씨께서 천하의 왕 노릇을 할 적에 우러러 하늘에서 현상을 관찰하고 굽어 땅에서 현상을 살피며, 날짐승 · 들짐승의 문채와 땅의 알맞음을 관찰하였다. 그리고 가까이는 사람 몸에서 취하고 멀리는 외물(外物)에서 취하여 비로소 팔괘를 그렸다. 이렇게 함으로써 신명한 덕에 통하고 만물의 실정에 적용하였다.

'王'猶君也. '文'謂羽毛齒革之可登於用者. '地之宜', 地產所宜, 艸木金石之利, 若'秦宜禾'是也. '明', 神之著也. 通其德者, 達天地神化之理於事物也. '類', 分之合之以成用. '情', 實也. 將言制器尙象之理, 而先推八卦之所自作, 已盡天地人物之性情功效, 而一陰一陽神明之德寓焉, 故可因其象以制器也. 六十四卦皆伏羲所作, 但言八卦者, 八卦立而

단지 진(秦)나라의 붓에 한정하기도 한다.(崔豹, 『古今注』) 그리고 1954년에 중국의 호남성 장사(長沙)에서 전국시대 붓을 발견함으로써 몽념 이전에도 중국에는 벌써 붓이 존재하였음이 입증되었다.

1179) 홍무(1368~1398)는 명나라의 첫째 연호로서 태조 주원장(朱元璋)의 연호다. 주원장이 이 하나의 연호만을 사용하였기 때문에 이후 명나라 황제들은 하나의 연호만을 사용하였다. 물론 영종(英宗)이 퇴위하였다가 복벽(復辟)하여 두 개의 연호를 사용한 것은 예외다. 이 홍무 연간에 명나라 사회는 비교적 평화롭고 안정되었으며 경제는 지속적으로 발전하였다고 한다. 그래서 '홍무지치(洪武之治)'라고 부른다. 가문이 명나라 개국공신의 하나였던 왕부지로서는 이 명나라에 대해 굉장한 자부심을 갖고 있었다.

貞悔二體上下交互, 皆不出八卦之成象也.

여기서 말하는 '王(왕)'은 임금과 같다. '文(문)'은 날짐승의 깃털과 들짐승의 털, 치아와 가죽 등 사람들이 사용할 수 있는 것들을 가리킨다. '땅의 알맞음'은 초목과 금석의 이로움을 의미한다. 예컨대 '진(秦)나라에는 벼농사가 알맞음'과 같은 것이 이것이다. '明(명)'은 신(神)의 현저함이다. 그 덕에 통한다는 것은 하늘과 땅의 신명한 지어냄[造化]의 이치를 사물에서 통달한다는 의미다. '類(류)'는 나누기도 하고 합하기도 하여 쓰임을 이룬다는 의미다. '情(정)'은 실정을 의미한다.
앞으로 기물을 제작할 사람은 괘상의 이치를 높이 친다는 말을 하기 위해, 먼저 이 구절에서 팔괘가 어떻게 해서 만들어졌는지를 미루어서 설명하고 있다. 그래서 이 팔괘의 이루어짐 속에는 하늘과 땅, 사람과 물(物)들의 성정(性情) 및 공효(功效)가 다 망라되어 있고, 한 번은 음이었다 한 번은 양이었다 함의 신명한 덕이 깃들어 있으니, 그 상을 바탕으로 하여 기물을 제작할 수 있다는 것이다. 육십사괘는 모두 복희가 그린 것이다. 그런데도 여기서는 단지 팔괘만을 말한 까닭은, 팔괘가 성립하면 정괘(貞卦)와 회괘(悔卦)의 두 괘체가 위·아래로 서로 교접하는 것들이 모두 팔괘의 상 이룸으로부터 벗어나지 않기 때문이다.

作結繩而爲罔罟, 以佃以漁, 蓋取諸'離'.

끈을 꼬아 그물을 만들어서 짐승을 잡고 물고기를 잡았다. 이것은 이괘(離卦)에서 취한 것이다.

'網', 獸網. '罟', 漁罟. '離'爲目象, 外爲輪郭而中虛. 目目相承, 網罟之象, 禽魚自罹其中.

'網(망; 罔)'은 짐승을 잡는 그물을 가리키고, '罟(고)'는 물고기를 잡는 그물을 가리킨다. 이괘(離卦)☲는 그물눈의 상을 띠고 있는데, 밖은 윤곽을 이루고 가운데는 텅 비어 있다. 이렇게 그물눈들이 서로서로 이어져서 그물의 상을 이루어서는 날짐승과 물고기가 저절로 그 속에 걸리게 되어 있다.

包犧氏沒, 神農氏作, 斲木爲耜, 揉木爲耒, 耒耨之利以敎天下, 蓋取諸'益'.

포희씨가 죽자 신농(神農)씨가 일어나서 나무를 깎아 보습을 만들고 또 나무를 휘어서 쟁기를 만들어서, 쟁기와 보습의 이로움으로써 세상 사람들을 가르쳤다. 이것은 익괘(益卦)에서 취하였다.

'耜', 今之犂頭. '耒', 犂轅. 古者耜端無鐵, 削木銳而用之. '耨'應'耜'字之譌. '益'卦一陽下入爲耜, 陽剛之銳也; 中三陰爲耒之曲, 陰柔曲也; 上二陽爲耒柄, 動而入土. '益'之象也, 舊說以卦名而略其義. 按經云"制器者尙其象", 則義在象而不在卦名. 若此節以耒耜爲益於天下, 則凡器皆益, 不獨耒耜, 故所不取. 餘放此.

'耜(사)'는 오늘날의 보습을 가리키고, '耒(뢰)'는 쟁기를 가리킨다. 옛날에는 보습의 끝에 쇠붙이가 없었는데, 나무를 날카롭게 깎아서 사용하였다.

'耨(누)'는 '耜(사)' 자의 잘못된 글자임이 분명하다. 익괘䷩는 하나의 양효가 밑으로 들어가 보습을 상징하고 있다. 이는 양의 굳셈의 날카로움이다. 가운데 세 음효는 쟁기의 휨을 상징하니, 음의 부드러움이 휜 것이다. 위의 두 양효는 쟁기의 자루를 상징하는데, 이것들이 움직이며 땅속으로 들어가 갈아 엎는다.
익괘의 상에 대해 옛 주석들은 괘의 이름만을 취하고 그 의미는 생략하였다. 그러나 『주역』을 보면 "기물을 제작하는 이는 그 상(象)을 높이 친다."고 하니, 의미는 상(象)에 있지 괘명에 있는 것이 아니다. 만약에 이 구절이 쟁기와 보습이 천하에 이익을 주는 것으로 여기는 것이라 할 것 같으면, 무릇 기물은 모두 이익을 주는 것이고 꼭 쟁기와 보습만 그러한 것이 아니기 때문에, 꼭 쟁기와 보습을 예로 취하지는 않았을 것이다. 이 점은 아래의 것들에서도 마찬가지다.

日中爲市, 致天下之民, 聚天下之貨, 交易而退, 各得其所, 蓋取諸'噬嗑'.

해가 중천에 뜨면 시장이 서서 온 세상 백성들을 불러 모으고 재화를 불러들였다. 교역을 한 뒤에는 물러나는데 각기 원하는 것을 얻었다. 이는 서합괘에서 취한 것이다.

'得其所', 得其所欲也. '離'在上, 爲'日中'. '噬嗑'之象, 上下二陽, 設爲闤肆; 陰爲民爲利; 九四象有司治市者, 譏察於中, 使三陰各退, 不終合, 以免黷貨無厭也.

'得其所(득기소)'는 그 원하는 바를 얻었다는 의미다. 서합괘䷔에서는 이괘☲가 위에 자리 잡고 있어서 '일중(日中)'을 의미한다. 서합괘의 상을 분석해보면, 위·아래 두 양효는 관문과 점포가 줄지어 있음을 상징한다. 그리고 음효들은 백성과 이로움을 상징한다. 아울러 구사효는 시장의 기율을 담당하는 직책에 있는 사람을 상징하는데, 가운데서 기찰하여 세 음효들로 하여금 물러나게 하며 끝내 합하지 못하도록 하고 있다. 그래서 이들이 싫증냄이 없이 재화를 모독함을 면하게 하고 있다.

神農氏沒, 黃帝·堯·舜氏作, 通其變, 使民不倦, 神而化之, 使民宜之.『易』窮則變, 變則通, 通則久, 是以自天祐之, 吉无不利. 黃帝·堯·舜垂衣裳而天下治, 蓋取諸'乾'·'坤'.

신농씨가 죽자, 황제(黃帝)·요(堯)·순(舜)임금 등이 일어나 그 변함을 통하게 하여 백성들을 게으르지 않게 하였고, 신명스럽게 교화하여 백성들로 하여금 딱딱 들어맞게 하였다.『주역』에서는 궁하면 변하고, 변하면 통하며, 통하면 오래간다. 이렇게 함으로써 하늘이 도와서 이롭지 않음이 없다. 황제·요·순임금 등이 제위(帝位)에 올라 의상(衣裳)을 드리우자 온 세상이 다스려졌다. 이는 건괘·곤괘 두 괘에서 취한 것이다.

兼言三聖者, 上古之世, 人道初開, 法制未立, 三聖相因, 乃以全體'乾'·'坤'之道而創制立法, 以奠人極, 參天地而遠於禽狄. 所以治天下者, 無非健順之至理, 而衣裳尤其大者也. '不倦'者, '乾'之健行. '宜民'者'坤'

之順德. '通其變'者, 卦體陰陽, 互爲參伍, 而'乾'無不行於其間, 法其健以獎民而興於行, 民乃去其噓噓于于之怠氣而不倦. '神而化之'者, 陰主形, 陽主神, 陰性凝滯而承天時行, 以天之神, 化地之形, '坤'之所以行地而无疆, 法其順以使民因嗜欲之情而率由乎道, 以化其質, 民乃安於日用飮食, 而帝則自順, 無不宜也. 『易』之爲位爲爻, '乾'·'坤'之變通而已. 窮極則陰陽互易以相變; 變不可久居, 則又順而通之, 使陰陽各利其用. 變通合, 而出入於萬變者皆貞其道, 乃可萬世而無敝, 此三聖之創制立法所以利百姓之用而上承天祐也. 法制之興, 衣裳, 人道之尤大者, 所以別尊卑之等, 則天尊地卑之象; 所以別男女之嫌, 則陰陽分建而不相雜之象; 而上玄以法天, 下纁以法地, 衣九章以陽之文, 裳十二幅以兩陰之質, 無不取則焉. 蓋衣裳之盡制, 若無益於民用, 而裁制苟且, 但便於馳驅輾轉, 則民氣怠於簡束而健德泯, 生其鷙戾而順理亡. 故'乾'·'坤'毁而『易』道不立, 衣裳亂而人禽無別, 三聖之立人紀而參天地者在焉, 故他卦不足以擬其大, 而取諸'乾'·'坤'.

세 성인들을 아울러서 말한 까닭은, 아득한 옛날 사람의 길이 처음으로 열렸으나 아직 법과 제도는 수립되지 않았을 적에, 이들 세 성인께서 서로를 바탕으로 삼아 다스림을 펼쳤기 때문이다. 이들은 전체 건괘·곤괘 두 괘의 도(道)로써 제도를 처음으로 만들고 법을 수립함으로써 인류 공동체의 표준을 정했고, 하늘과 땅에 또하나의 재(才)로서 참여하며 사람이 짐승이나 야만인과 같은 모습으로부터 멀어지게 하였다. 그러므로 천하를 다스리는 것은 어느 것 하나 씩씩함[健]·순종함[順]의 지극한 이치가 아닌 것이 없는데, 의상(衣裳)은 그 가운데서도 더욱 큰 것이다.
'게으르지 않음'이란 건괘(乾卦)의 씩씩하게 행함을 의미한다. '백성들을 딱딱 들어맞게 함'이란 곤괘(坤卦)의 순종함의 덕을 의미한다. '변을 통함'이란, 괘체를 이루고 있는 음·양효들이 서로 끼어들기도 하고 대오를 이루기도 하는데, 건괘의 덕이 그 사이에 속속들이 행하면서 그 씩씩함을 드러내어 백성들을 장려하고 행하도록 부추기니, 백성들은 이에 넋 놓고 우두커니 있는 태만한 기(氣)를 제거하여 게으르지 않다는 의미다.

'신명스럽게 교화함'이란 말 속에는 다음과 같은 의미가 담겨 있다. 만물을 이루는 데서 음은 형(形)을 맡아서 이루고 양은 신(神)을 맡아서 이룬다. 그런데 음의 본성은 엉기고 굳게 하며 하늘을 받들어 때에 맞게 행한다. 하늘의 신묘함으로써 땅의 형체를 지어내기[造化] 때문에 곤(坤)은 땅을 주행하는 데서 끝이 없다. 그리고 곤괘는 순종함을 드러냄으로써 백성들로 하여금 기욕(嗜慾)에 대한 마음쏠림으로 말미암아서 올바른 길을 따라가도록 한다. 이렇게 하여 그 기질을 교화하니 백성들은 일상생활의 먹고 마심에서 평안하고 제왕들은 저절로 순종하여, 딱딱 들어맞지 않음이 없다.

『주역』의 위(位)와 효(爻)들은 모두 건괘·곤괘 두 괘의 변함과 통함일 따름이다. 궁함이 극에 이르면 음·양이 서로 바뀜으로써 변하는데, 변하여 오래 머물 수 없으면 또한 순응하여 통하게 하니, 음·양으로 하여금 각기 그 쓰임을 이롭게 하도록 한다. 변함과 통함이 합하여 온갖 변함들에 드나들면서 모두 그 도(道)를 올곧게 한다. 이에 영원토록 닳아 없어지지 않을 수 있다. 이것이 바로 세 성인들께서 처음으로 제도를 만들고 법을 수립하여 백성들이 사용함에 이롭게 하며 위로 하늘이 도움을 받듦이다.

법과 제도가 흥기함에서 의상은 인도(人道) 가운데서도 더욱 큰 것이다. 이것으로써 존비의 등급을 구별함은, 하늘은 높고 땅은 낮음을 상징하는 것이다. 또 이것으로써 남녀의 꺼림을 분별해줌은 음·양이 나누어 세우면서도 서로 뒤섞이지 않음을 상징하는 것이다. 위에 입는 옷[衣]이 검은색인 것은 하늘을 드러내고, 아래 입는 치마[裳]가 분홍색인 것은 땅을 드러낸다. 그리고 윗옷은 9장(章)으로써 양의 문채 남[文]을 상징하고, 아래 치마는 12폭으로써 두 음의 바탕[質]을 상징한다. 그래서 모두 구별됨을 취하고 있다.1180) 그런데 이러한 의상 제도가 만약에 백성들이 사용하는 데 아무런 도움이 되지 않고 마름질하는 제도가 구차하며, 단지 말을 타는 데나 몸을 놀리는 데만 편리하다고 할 것 같으면, 백성들의 기상은 태만에 젖어 간략하고 대강대강 입는 쪽으로 흘러갈 것이니, 씩씩함의 덕은 사라지고 말 것이다. 그리고 사납고 상스러움을 낳아 순종함의 이치는 없어질 것이다. 그러므로 건괘·곤괘가 허물어지면 『주역』의 도(道)는 수립되지 못하고, 의상이 어지러워지면 사람과 짐승이 구별됨이 없다. 세 성인들께서 사람 세상의 기강을 세우고 하늘과 땅에 또 하나의 재(才)로서 참여한 까닭이 여기에 있는 것이다. 그러므로 다른 괘들로는 그 위대함을 비유할 수 없으니, 건괘·곤괘에서 취한 것이다.

1180) 이 구절의 의미를 정확하게 이해하기 위해서는 곤괘(坤卦) 육오효의 "노란 치마니 원래 길하다.(黃裳元吉.)"는 효사에 대한 왕부지의 풀이를 주목할 필요가 있다. 왕부지는 여기서, "옷은 위에서 환히 드러난다. 그리고 치마는 아래에 걸치는 것인데 거기에 슬갑과 차고 있는 것들이 가리고 있다. 그래서 가운데(안)에 있는 것[치마]을 꾸며주고 있어서 옷과는 '문(文; 겉으로 나타난 문채의 아름다움)'과 '질(質; 실상의 바탕)'로써 서로 짝을 이룬다."라고 하고 있다.

刳木爲舟, 剡木爲楫, 舟楫之利, 以濟不通, 致遠以利天下, 蓋取諸'渙'.

나무를 도려내어 배를 만들고 나무의 끝을 날카롭게 깎아 노를 만들어서, 배와 노의 이로움으로써 물 때문에 소통이 안되던 곳을 건넜으며 멀리까지 다니게 하여 천하를 이롭게 하였다. 이는 환괘(渙卦)에서 취하였다.

爲舟之始, 剖大木而刳其中, 今嶺南猶有獨木船, 其遺制也. '剡', 削其末使銳, 以刺入於岸也. '渙'卦三・四二陰爲中虛, 五・二二陽爲兩舷, 上一陽象篙楫, 初陰則浮於水之象也. 又'巽'木浮'坎'水之上, 水以濟, 風能致遠, 皆舟象也.

배를 만들던 시초에는 큰 나무를 패서 그 속을 파내어 배를 만들었다. 지금도 영남 지방에서는 나무 줄기 하나로 만든 배를 사용하는데, 이는 그 제도가 남아 있음이다. '剡(섬)'은 그 끝을 날카롭게 깎아서 강 언덕에 찔러 넣음을 의미한다. 환괘(渙卦)䷺의 육삼・육사 두 음효는 배의 가운데가 빈 것을 상징하고, 구오・상구 두 양효는 배의 앞・뒤 머리를 상징한다. 그리고 상구효의 한 양효는 상앗대나 노를 상징하고, 초육효의 음효는 배가 물에 뜸을 상징한다. 한편 이 환괘는 회괘(悔卦)인 손괘☴가 나무로서 정괘(貞卦)인 감괘☵의 물 위에 떠 있음을 상징하고 있다. 그리고 물을 건너가는데 바람이 멀리까지 가게 할 수 있음을 드러내고 있다. 이들 모두는 배를 상징한다고 할 것이다.

唯此卦'巽'爲木, 見於「象傳」. 而'睽'亦言弦木剡木, 卦無'巽'體, 不可疑木之必於爲'巽'. 若舊說謂'益'兩言斲木揉木, 爲'震'·'巽'皆木, 其說亦出於「火珠林」之牽合. 唯'巽'一陰下入, 象木之根入土中, 二陽在上, 象木之枝條舒暢, 故有木象. '震'體反是, 非木審矣.

오직 이 환괘䷺에서만 손괘☴를 나무라 하는데, 이는 「단전」에 나와 있다.[1181] 그런데 규괘(睽卦)䷥에서도 나무를 휨·나무를 날카롭게 깎음을 말하고 있지만[1182] 규괘䷥에는 손괘의 괘체가 없다. 이렇게 보면 나무가 반드시 손괘에서 왔다는 것을 의심할 수가 없다. 그리고 익괘(益卦)䷩에서 두 번씩 나무를 깎음(斲木)·나무를 휨(揉木)을 말하는 것에 대해 이전의 설에서는 익괘의 소성괘들인 진괘☳·손괘☴를 나무라 여기고 있는데, 이러한 설들은 모두 「화주림」의 견강부회에서 왔다. 오직 손괘에서만은 하나의 음이 밑으로 들어가니 나무의 뿌리가 흙 속으로 들어감을 상징하고, 두 양효가 그 위에 있음은 나무의 가지들이 활짝 펼침을 상징한다. 그러므로 손괘에는 나무의 상이 있다. 그런데 진괘는 이와 반대다. 그래서 나무가 아님이 분명한 것이다.

服牛乘馬, 引重致遠, 以利天下, 蓋取諸'隨'.

소를 길들이고 말을 탐으로써 무거운 것을 끌게 하고 멀리까지 갈 수 있게 되었으니, 이렇게 하여 천하를 이롭게 하였다. 이는 수괘(隨卦)에서 취한 것이다.

1181) 환괘의 「단전」에서 괘사의 '큰 하천을 건넘에 이롭다(利涉大川)'를 풀이하여 '나무를 타고서 공(功)을 세움(乘木有功也)'이라 한 것을 가리킨다.
1182) 이는 규괘(睽卦)를 다루는 데서 다시 나온다.

'隨'上一陰引二陽, 牛曳二輈大車以載重之象; 二・三二陰引一陽, 四馬竝駕引輕車之象.

수괘(隨卦)䷐의 상괘인 태괘☱에서는 하나의 음효가 두 개의 양효를 끌고 있다. 이는 소가 큰 수레에 두 개의 끌채를 매달고서 무거운 짐을 싣고 가고 있는 상이다. 그리고 하괘인 진괘☳에서는 육이・육삼 두 음효가 하나의 양효를 끌고 있다. 이는 네 필의 말이 굴레를 아울러 쓰고서 가벼운 수레를 끌고 있는 상이다.

重門擊柝, 以待暴客, 蓋取諸'豫'.

중첩된 문에서 딱따기를 쳐댐으로써 포악한 손님을 막았다. 이는 예괘(豫卦)에서 취한 것이다.

陰爻象門之兩扉. 內三陰, 外二陰爲'重門'. 九四陽亘其中, 象抱關擊柝者. 又'震'爲雷, 柝以象雷而驚衆. '暴客', 客之爲暴者. 古者假道之客, 或包藏禍心, 故必防之, 舊說取豫備之意. 乃豫本張大逸樂之義, 無先事豫備意. 凡此類, 違失本旨, 故不取.

음효는 문의 두 사립짝을 상징한다. 그런데 예괘(豫卦)䷏에는 내괘[貞卦]에 세 음효가 있고, 외괘[悔卦]에도 두 음효가 있다. 이것이 '중첩된 문'을 상징한다. 그리고 구사효의 양(陽)이 그 속에서 쫙 뻗쳐 있으니 이는 문지기가 딱따기를 두드리고 있음을 상징한다. 또 이 예괘의 상괘인 진괘☳에는 우레의 의미가 있다. 그래서 여기서는 딱따기로써 우레를 상징하며 뭇 사람들을 놀라게 함을 의미한다. '포악한 손님'이란 손님이 포악한 짓을 하는 것을 말한다. 옛날에 길을 빌린 손님들 가운데 더러는 화를 입힐 마음을 속에 숨기고 있고는 하였다. 그러므로 반드시 방비해야 한다고 하여 이전의 설에서는 예비함의 뜻을 취하였다. 그러나 '豫(예)'에는 본래 편안히 즐김을 늘이고 키운다는 뜻이 있지, 일이 벌어지기 전에 먼저 예비한다는 뜻은 없다. 그러므로 무릇 이렇게 풀이하는 것들은[1183] 본래의 뜻을 잃은 것이다. 그러므로 나는 취하지 않았다.

斷木爲杵, 掘地爲臼, 臼杵之利, 萬民以濟, 蓋取諸'小過'.

나무를 잘라 공이를 만들고 땅을 파서 절구를 만들어 절구와 공이의 이로움으로써 만백성(萬百姓)을 구제하였다. 이는 소과괘(小過卦)에서 취한 것이다.

古之爲臼者, 掘地作坎, 爇之使堅; 後世易之以石. '小過'上下四陰, 象臼之稜; '坎'中二陽, 象杵入其中. 又下止上動, '震'·'艮'之象.

옛날에 절구를 만들 적에는 땅을 파 구덩이를 만들고서는 불을 질러 그 벽을 단단하게 하였다. 그러나 뒤에는 이것이 돌로 바꾸었다. 소과괘䷽의 위·아래 네 음효는 절구의 모서리를 상징한다. 그리고 감괘의 가운데 두 양효[1184]는 공이가 절구 속으로 들어갔음을 상징한다. 또 소과괘

1183) 대표적으로 주희가 『주역본의』에서 '예비의 뜻(豫備之意)'이라고 풀이하고 있다.

1184) 소과괘䷽의 초·2, 3·4, 5·상 두 효를 각기 하나로 묶으면 전체적으로 감괘☵가 된다. 그래서 감괘라 한 것으로 보인다. 이 중에서 3·4 두 양효는

전체적으로 하괘는 간괘☶로서 멈춤을 상징하고, 상괘는 진괘☳로서 움직임을 상징한다.

弦木爲弧, 剡木爲矢, 弧矢之利, 以威天下, 蓋取諸'睽'.

나무를 휘어 활을 만들고 나무를 날카롭게 깎아 화살을 만들어서는 활과 화살의 이로움으로써 천하에 위엄을 떨쳤다. 이는 규괘(睽卦)에서 취한 것이다.

二與上爲弓幹; 五與三, 其曲也; 四象弦; 初, 其矢也.

규괘䷥에서 구이 · 상구 두 양효는 활의 뼈대를 상징한다. 육오 · 육삼 두 음효는 이것이 휘었음을 상징한다. 구사효는 활의 시위를 상징하고 초구효는 그 화살을 상징한다.

上古穴居而野處, 後世聖人易之以宮室, 上棟下宇, 以待風雨, 蓋取諸'大壯'.

아득한 옛날에는 혈거하면서 들판에서 그대로 살았다. 후세에 성인이 이를 궁실(宮室)로 바꾸었는데, 위로 마룻대를 치고 아래로 처마를 얹어서 비바람을 막았다. 이는 대장괘(大壯卦)에서 취한 것이다.

그 가운데 효가 된다.

'上棟', 豎棟而上之也. '下宇', 從上垂下也. 四陽象棟柱上升. 二陰象苫蓋下垂. 下明象陽, 上暗象陰.

'위로 마룻대를 침'이란 마룻대를 세워서 위로 올린 것을 의미한다. '아래로 처마를 얹음'이란 위로부터 아래로 드리우다는 의미다. 대장괘䷡의 네 양효는 마룻대와 기둥이 위로 올라간 것을 상징하고 두 음효는 이엉을 덮어서 아래로 드리운 것을 말한다. 아래의 밝음은 양을 상징하고 위의 어둠은 음을 상징한다.

古之葬者, 厚衣之以薪, 葬之中野, 不封不樹, 喪期无數, 後世聖人易之以棺槨, 蓋取諸'大過'.

옛날에 장례를 지낼 적에는 시체를 섶으로 두텁게 입혀서 들판 가운데 그대로 묻었다. 봉분도 하지 않고 주변에 나무도 심지 않았으며, 장례 기간에도 정해진 수(數)가 없었다. 후세에 성인께서 이를 관과 덧관으로 바꾸었다. 이는 대과괘(大過卦)에서 취한 것이다.

'中野', 謂不必墓域也. '无數', 厚薄久近唯人之意也. 棺槨具而喪制備矣. '大過'中四陽, 重固堅實之象, 藏於初・上二陰之中. 古者天子之棺四重, 擧其極厚者而言也.

'들판 가운데 그대로 묻었음'은 꼭 묘역을 조성하지 않았다는 의미다. '정해진 수가 없음'은 장례를 두텁게 하든 박하게 하든, 또 그 기일을 길게 하든 짧게 하든 제각각 사람들 마음대로 했다는 의미다. 관과 덧관이 갖추어지고서야 상례의 제도가 완비되었다. 대과괘䷛의 가운데 네 양효는 겹쳐져 견고하며 견실한 상으로서 초육·상육 두 음효들 가운데 묻혀 있다. 옛날에 천자의 관은 네 겹으로 되어 있었는데, 이는 그 극히 두터움을 예로 들어서 말한 것이다.

上古結繩而治, 後世聖人易之以書契, 百官以治, 萬民以察, 蓋取諸'夬'.

아득한 옛날에는 새끼로 매듭을 지어 다스렸는데, 후세에 성인께서는 이를 서계(書契)로 바꾸었다. 많은 관료들을 두어 다스리고 만백성을 살폈다. 이는 쾌괘(夬卦)에서 취한 것이다.

'書契', 書木版各分其一以爲約, 左以取, 右以與, 若今之合同文書然. '治'謂分理衆事之期會. '察', 辨白取與之義也. '夬'五陽連合, 上一陰有分剖之象, 離而固可合也.

'서계'는 나무판자에 글자를 쓰고 그것을 쪼개 각기 한쪽씩을 나누어 가짐으로써 계약을 맺는 것을 말한다. 왼쪽 것은 자기가 갖고 오른쪽 것은 상대방에게 주었다. 이는 오늘날의 합동문서와 같은 것이다. '다스림'은 뭇 일들을 정해진 기일 내에 나누어서 처리함을 의미한다. '살폈다'는 것은 분명하게 가린다는 것과 취하기도 하고 주기도 한다는 뜻이다. 쾌괘䷪에서는 다섯 양효가 연합하고 있고, 상육효의 한 음효에는 나누고 쪼개는 상이 있다. 그래서 분리하더라도 본디 합할 수가 있다.

第三章
제3장

此章示人讀『易』之法，以卦畫爲主.

이 장에서는 사람들에게 『주역』 읽는 법을 제시하고 있는데, 괘의 획을 위주로 하고 있다.

是故『易』者象也.

그러므로 『주역』은 상(象)이다.

繇理之固然者而言，則陰陽交易之理而成象，象成而數之以得數. 繇人之占『易』者而言，則積數以成象，象成而陰陽交易之理在焉. 象者，理之所自著也. 故卦也，爻也，變也，辭也，皆象之所生也，非象則無以見『易』. 然則舍六畫奇耦往來應違之象以言『易』，其失明矣.

이치의 '본디 그러함' 측면에서 말하면, 음・양이 교역하는 이치에 의해 상(象)이 이루어지고, 상이 이루어져서는 그것을 헤아려 수를 알 수 있다. 이에 비해 사람이 『주역』을 통해 점(占)를 치는 측면에서 말하면, 수를 누적하여 상이 이루어지고, 상이 이루어진 속에 음・양이 교역하는 이치가 존재한다. 상은 이치가 저절로 드러냄이다. 그러므로 괘든, 효든, 변함이든, 사(辭)든 모두 상(象)이 낳은 것들이며, 상이 아니면 『주역』을 볼 수가 없다. 그렇다면 여섯 획에서 드러나는 홀·짝, 왕(往)·래(來), 응함[應]·어김[違]의 상을 제쳐두고 『주역』을 말한다는 것이 잘못된 것임은 분명하리라.

象也者, 像也.

상이란 본떠서 그렸다는 의미다.

此'象'謂卦之大象. 像者, 因其已然之形狀而寫之. 象以成乎可像, 故因而想像其道之如此. 此'自彊不息'以下諸義之所自生, 因乎象之已成也.

여기에서 말하는 '象(상)'은 괘 전체의 상을 말한다. 그리고 '像(상)'은 이미 그렇게 되어 있는 형상을 그대로 그렸다는 의미다. 상은 본떠서 그릴 수 있는 모습을 이루고 있기 때문에, 그것으로 말미암아 도(道)가 이러하다는 것을 상상할 수가 있다. 이 '쉬지 않고 스스로를 튼튼히 함[自彊不息]' 이하의 여러 뜻이 저절로 생겨나는 것은 상이 이미 이루어져 있음에 기인한다.

象者材也. 爻也者, 效天下之動者也. 是故吉凶生而悔吝著也.

괘는 재질이다. 효는 천하의 움직임을 드러내는 것이다. 그러므로 이 효에서 길·흉이 생기고 후회함[悔]·아쉬워함[吝]이 드러난다.

'材'者體質之謂, '效天下之動'卽其用也. 有此體乃有此用; 用者, 用其體, 唯隨時而異動爾. 吉凶自外至, 故曰'生'; 悔吝存乎心而見乎事, 故曰'著'. 吉凶悔吝, 辭之所生所著也, 因爻而呈, 而爻亦本乎象所固有之材. 材者, 畫象之材也. 非象無彖, 非彖無爻, 非彖與爻無辭, 則大象・彖・爻・辭・占, 皆不離乎所畫之象. 『易』之全體在象, 明矣. 邵子曰, "畫前有『易』", 不知指何者爲畫前也? 有太極卽有兩儀, 兩儀卽可畫之象矣.

'재질[材]'이란 괘의 체(體)를 이루는 바탕[質]을 말하는데, '천하의 움직임을 드러냄'은 바로 이것의 용(用)이다. 이 체(體)가 있어야 비로소 이 용(用)이 있는 것이니, 용이란 그 체를 사용하는 것으로서 오직 때에 맞추어 움직임을 달리하는 것일 따름이다. 길・흉이란 밖에서 이른다. 그러므로 '생기다'라고 한 것이다. 후회함[悔]・아쉬워함[吝]은 마음속에 있는 것이 일에서 드러난 것이다. 그러므로 '드러나다'라고 한 것이다. 이 길・흉과 후회함[悔]・아쉬워함[吝]은 괘・효사가 생기게 하고 또 드러내게 하는 것인데, 효(爻)로 말미암아 드러난다. 그리고 효도 괘에 고유한 재질에 근본을 두고 있다.
'재질[材]'이란 상(象)으로 그려내게 하는 재료를 말한다. 그 상이 아니면 괘가 없고, 또 괘가 아니면 효가 없으며, 괘와 효가 아니면 괘・효사도 없다. 그래서 괘 전체의 상, 괘, 효, 괘・효사, 점(占) 등은 모두 그려진 상(象)으로부터 벗어나지 않는다. 그러므로 『주역』의 전체가 상에 있음은 분명한 것이다. 그럼에도 불구하고 소자(邵子)께서는 "괘들을 그리기 이전에 『주역』은 있다."[1185]고 하는데, 도대체 무엇을 가리켜 '괘들을 그리기 이전(畫前)'이라 하는지 모르겠다. 태극이 있으면 곧 양의(兩儀)도 있는 것이고, 양의는 곧 그릴 수 있는 상이다.

第四章
제4장

1185) 이 말이 소옹(邵雍)이 한 말이라는 점에 대해 이전의 유학자들 대부분 인정하고 있지만, 오늘날 전하는 소옹의 『황극경세서(皇極經世書)』에서는 이 말을 찾을 수가 없다. 어떤 이들은 이 말이 소옹의 아들 소백온(邵伯溫)이 아버지의 역학을 전하면서 한 말이라고 한다. 그런데 이 말을 애용한 사람은 주희다. 주희는 이 말이 소옹이 한 말이라고 명시하며, 자신의 태극론과 '일이분수(一而分殊)'론에 입각하여 이 말을 사용하고 있다. 즉 우주 만물의 존재 근거로서의 리(理)는 혼일체(渾一體)로서의 태극 속에 이것저것 구별되지 않는 혼연(渾然)함으로 존재하는 바, 주희는 이것이 '괘획을 그리기 전에 『주역』이 있음'이라 하고 있다. 그래서 태극 속의 리(理)가 기(氣)와 결합하여 천지 만물로 현현(顯現)하듯이, 괘의 획을 그리기 전에 있는 『주역』이 양의, 사상, 팔괘, 육십사괘로 드러난다고 하고 있다. 그리고는 이것들이 본디 태극의 혼연함 속에 벌써 갖추어져 있던 것들이니, 이렇게 전개되는 데서도 털끝만큼도 사람의 사려나 작위(作爲)를 허용하지 않는다고 한다. 그는 이를 '전혀 망령됨이 없이 참다운 것[眞實无妄]'이라는 말로도 표현하고 있다. 그래서 정작 우리가 시초(蓍草)를 헤아려서 괘를 얻기는 하지만, 이것들은 이미 태극 속에 있는 것을 기계적인 절차를 통해 얻는 것일 뿐이라 한다.(朱熹, 『易學啓蒙』, 「原卦畫」) 주희는 그의 관련 저작 여러 곳에서 이를 강조하고 있다. 그런데 왕부지는 주희의 이러한 태극설, 즉 리(理)가 논리적으로 선재(先在)한다는 설을 부정한다. 왕부지는 형이상자(形而上者)인 도(道)와 형이하자(形而下者)인 기(器)의 관계에 대해서도, 기(器)가 도(道)의 기(器)가 아니라 도(道)가 기(器)의 도(道)라 하여 정주(程朱) 이후의 도기관(道器觀)을 전환(轉換)해 버렸다. 왕부지는 이러한 관점에서 "『주역』의 전체가 상에 있다."는 것을 강조하고 있는 것이다.

此章言學『易』之道

이 장에서는 『주역』으로 배움을 삼는 원리에 대해 말하고 있다.

陽卦多陰, 陰卦多陽. 其故何也? 陽卦奇, 陰卦耦.

양의 괘에는 음이 많고 음의 괘에는 양이 많다. 그 까닭은 무엇인가. 양의 괘는 홀수로 되어 있고, 음의 괘는 짝수로 되어 있기 때문이다.

此據三畫之卦而言. 陰爻三分陽爻而缺其一. 一函三, 陽爲九, 陰爲六. '震'·'坎'·'艮'之數二十一, 三乘七, 陽數也. '巽'·'離'·'兌'之數二十四, 三乘八, 陰數也. 三復函三, '震'·'坎'·'艮'之數六十三, 七乘九, 陽數也. '巽'·'離'·'兌'之數七十二, 八承九, 陰數也. 六畫之卦, 一陰之卦六, 其數五十一; 一陽之卦六, 其數三十九; 三陰三陽之卦二十, 其數四十五; 凡三十二卦皆奇. 六陽之卦一, 其數五十四; 六陰之卦一, 其數三十六; 二陰之卦十五, 其數四十八; 二陽之卦十五, 其數四十二; 凡三十二卦皆偶. 一陰一陽·三陰三陽之卦爲陽卦. 六陰六陽·二陰二陽之卦爲陰卦. 抑必有說, 先聖未言, 以俟知者.

이 구절은 3획괘를 근거로 해서 말하는 것이다. 음효는 양효를 3등분한 것에서 하나가 빠져 있다. 그리고 3등분한 하나들은 각기 3을 함유하고 있다. 그래서 양효는 '9'가 되고 음효는 '6'이 되는 것이다. 양의 괘인 진괘☳·감괘☵·간괘☶의 수(數)는 21로서 이는 3×7인데, 양의 수다. 이에 비해 음의 괘인 손괘☴·이괘☲·태괘☱의 수는 24로서 이는 3×8인데, 음의 수다.[1186] 그런데 3은 다시 3을 함유하고 있으니, 진괘☳・감괘☵・간괘☶의 수(數)는 63이며, 이는 7×9로서 양의 수다. 이에 비해 손괘☴・이괘☲・태괘☱의 수는 72며, 이는 8×9로서 음의 수다.

6획의 괘 가운데 음효가 하나인 괘는 6개가 있다. 이들의 수는 51이다. 그리고 양효가 하나인 괘도 6개가 있는데, 이들의 수는 39다. 3음3양의 괘는 20개인데 이들의 수는 45다.[1187] 그래서 64괘 가운데 이들 32괘는 모두 홀수로 되어 있다. 6양의 괘는 하나며 그 수는 54다. 그리고 6음의 괘도 하나며 그 수는 36이다. 2음(4양)의 괘는 15개인데 그 수는 48이다. 2양(4음)의 괘도 15개인데 그 수는 42다.[1188] 이들 32괘는 모두 짝수로 되어 있다.

이렇게 음이 하나이거나 양이 하나인 괘, 음이 셋이고 양이 셋인 괘들은 양괘다. 그리고 음이 여섯이거나 양이 여섯인 괘, 음이 둘이거나 양이

1186) 양효(⚊)는 숫자의 의미가 '9'로서 이는 3이 셋, 즉 3×3이다. 그리고 음효(⚋)는 양효에서 ⅓만큼이 부족하다. 그래서 그 숫자의 의미는 6이다. 즉 3×2로서 3이 둘인 것이다. 그런데 양의 괘인 진괘☳・감괘☵・간괘☶는 양효 1개(1×3×3)에 음효가 둘(2×3×2)이다. 그래서 3×7로서 21이 되는 것이다. 즉 3이 7개인 것이다. 그리고 음의 괘인 손괘☴・이괘☲・태괘☱는 양효 2개(2×3×3)에 음효가 1개(1×3×2)다. 그래서 3×8로서 24가 되는 것이다. 즉 3이 8개인 것이다.

1187) 음효가 하나인 괘는 1음5양의 괘다. 그래서 그 수는 1×6+5×9로서 51이 된다. 그리고 양효가 하나인 괘는 5음1양의 괘다. 그래서 그 수는 5×6+1×9로서 39가 된다. 그리고 3음3양의 괘는 3×6+3×9로서 45가 된다.

1188) 6음의 괘는 곤괘䷁다. 이 곤괘는 6효가 모두 음효(⚋)로 되어 있으니 그 숫자는 6×6으로서 36이다. 그리고 6양의 괘는 건괘䷀다. 이 건괘는 6효가 모두 양효(⚊)로 되어 있으니 그 숫자는 6×9로서 54다. 2음4양의 괘는 2×6+4×9로서 48이다. 4음2양의 괘는 4×6+2×9로서 42다.

둘인 괘들은 음괘다. 이에 대해서도 반드시 언급이 있어야 하지만 이전의 성인들께서는 말하지 않았다. 이후 지혜로운 이들의 명쾌한 설명을 기다리겠다.

其德行何也? 陽一君而二民, 君子之道也; 陰二君而一民, 小人之道也.

그 덕과 행은 어떠한가. 양효 하나가 임금이고 음효 둘이 백성인 것이 군자의 도(道)다. 음효 둘이 임금이고 양효 하나가 백성인 것은 소인의 도다.

據以爲道者曰'德', 奉之爲行者曰'行'. 卦之體用如是, 而人之用之以成體者, 亦如是也. 奇謂之'一', 偶謂之'二'. '君'者, 立以爲主; '民'者, 使從所主而行也. '一'者, 九之全體, 名不足而實有餘; '二'者, 三分九而得其六, 名有餘而實不足. 君子之道, 主一以統萬行, 以循乎天理, 極其變而行之皆順, 充實於內也. 小人之道, 義利・理欲兩端交戰, 挾兩可之心以幸曲全, 而旣不足於義, 必失其利, 所歉於中者多矣. '震'以動於善, '艮'以止其惡, '坎'雖陷而有維心之亨, 皆以陽爲君也. '巽'求入而情隱, '兌'求說而外飾, '離'雖明而必麗陽以求明, 外明而內實暗, 皆以陰爲君也. 用陰陽者不在多寡, 而在主輔之分, 故君子以小體從大體, 而聲色臭味皆受役於宰制之心, 小人以大體從小體, 而心隨所交之物變遷而無恆, 所遵之道異也.

의거하여 자신의 삶의 원리[道]로 삼고 있는 것을 '덕(德)'이라 하고, 그것을 받들며 실행하는 것을 '행(行)'이라 한다. 괘의 체(體)와 용(用)이 이와 같고, 사람이 사용하면서[用] 몸을 이루고 있는[體] 것도 이와 같다. [德體行用] 여기서는 홀수를 '하나'라 하였고 짝수를 '둘'이라 하고 있다. '임금'이라 한 것은 세워서 주체로 삼고 있음을 의미하고, '백성'이라 한 것은 주체로 삼고 있는 것을 따르며 실행함을 의미한다. '하나'라는 것은 9의 전체를 의미하는데, '하나'라 부르기 때문에 명목에서는 부족하지만 실제로는 여유가 있다. 이에 비해 '둘'은 9를 셋으로 나눈 것에서 둘을 얻은 것인데, '둘'이라 부르기 때문에 명목에서는 여유가 있지만 실제로는 부족한 것이다.

군자의 도(道)는 '하나'를 주체로 삼아 모든 행위를 다잡음으로써 천리(天理)를 좇으니, 온갖 변화의 상황에서도 행위를 함이 모두 순조롭고 속에서 충실하다. 이에 비해 소인의 도는 의로움[義]과 이로움[利], 천리(理)와 인욕(欲) 등 양단(兩端)이 서로 맞부딪히며 싸움을 벌이는데, '둘 다 괜찮다[이래도 좋고 저래도 좋다]'는 마음을 가지고서 곡전(曲全)을[1189] 바라니 이미 의리라 하기에 부족할 뿐만 아니라 그 이익조차도 반드시

1189) '곡전'은 『노자』 제22장(曲則全, 枉則直)과 『장자』, 「천하」 편(人皆求福, 己獨曲全. 曰苟免於咎)에 그 출전이 있다. 『장자』의 구절은 노자에 대해 평가하며 서술하는 것이다. 이렇듯 '곡전'의 의미는 자신을 굽힘으로써 생명을 보전할 수 있다는 것이고, 노자가 그렇게 하였다는 것이다. 그러나 왕부지의 눈에는 이 '곡전'의 태도가 주체적으로 자기를 세우기보다는 외부의 흐름[勢]을 좇고 거기에 영합하며 자신의 보전(保全)만을 추구하는 모습으로 비쳤다. 그래서 이를 소인(小人)의 태도로 여기고 있다. 현대 중국어에서도 이 '곡전'을 '委曲求全'이라 하여, 왕부지의 관점에서처럼 별로 좋지 않은 의미로 쓰고 있다. 이 '委曲求全'에 대해 『네이버 중국어사전』에서는 '아쉬운 대로 참고 견디며 보전을 꾀하다.'라 하고 있고, 『교학사 중한사전』(박영종 저)에서는 '자기 의견을 굽혀 일을 성사시키려하다.'라 하고 있다.

잃어버리게 된다. 그래서 마음속으로 성에 차지 않는 바가 많다. 진괘☳는 선(善)으로 움직이고, 간괘☶는 그 악을 멈추게 하며, 감괘☵는 비록 곤고한 상황에 빠져 있으면서도 마음을 붙들어 맴에서 오는 형통함이 있다. 이들은 모두 양(陽)을 임금으로 삼는 괘들이다. 이에 비해 손괘☴는 들어감을 추구하여 실정이 숨겨지고, 태괘☱는 기쁨을 추구하여 겉으로 꾸미며, 이괘☲는 비록 밝기는 하지만 반드시 양(陽)에 붙어서 밝음을 구하니 겉으로는 밝더라도 속은 실로 어둡다. 이들은 모두 음(陰)을 임금으로 삼는 괘들이다. 이렇듯 음과 양을 쓰는 것은 많고 적음에 있는 것이 아니라 주(主)와 보(輔)의 구분됨에 있다.[1190] 그러므로 군자는 소체(小體; 몸)로써 대체(大體; 마음)를 따르니, 소리를 들음, 색깔을 봄, 냄새를 맡음, 맛을 봄 등의 기능이 모두 주재하고 있는 마음의 부림을 좇아서 기능을 발휘한다. 이에 비해 소인은 대체로써 소체를 좇으니, 마음이 주인 노릇을 하기는커녕 교접하는 바의 외물(外物)을 좇아 옮겨 다니며 항심(恒心)이 없다. 이처럼 군자와 소인은 좇는 원리와 길이 다르다.

1190) 진괘☳, 간괘☶, 감괘☵ 등 양의 괘들은 '하나'를 사용한다. 그리고 이것이 주(主)이고 음효들은 그 보(輔)가 된다. 이에 비해 손괘☴, 태괘☱, 이괘☲ 등 음의 괘들은 '둘'을 사용한다. 이것이 이 괘들에서 주(主)다. 그리고 양효들은 보(輔)가 된다. 왕부지는 바로 이러하기 때문에, 양의 괘들은 긍정적인 작용을 하지만 음의 괘들은 부정적인 작용을 한다고 하고 있다.

第五章
제5장

此章與「上傳」第八章旨趣畧同, 蓋亦示人擬議之法, 而分屬「上·下傳」者, 二「傳」皆聖人居恒學『易』有會而言, 初未嘗自定爲全書; 迨其爲「傳」, 隨彙集而詮次之, 因簡策之繁, 分爲上下爾. 子曰: "學『易』可以無大過." 亦略見於此矣. 極天人之理, 盡性命之蘊, 而著之於庸言庸行之間, 無所不用其極, 聖人作『易』也如此, 豈但知盈虛消息之數, 而效老莊之以退爲道哉! 聖人作『易』, 俾學聖者引伸盡致, 以爲修己治人之龜鑑, 非徒爲蓍者示吉凶, 亦可見矣.

이 장은 「계사상전」의 제8장과 취지가 대략 같다. 이 또한 '견주어 보고 이리저리 연역하여 따져 봄'[擬議]의 방법을 제시하고 있다. 그런데 이렇게 취지가 같은 것을 「계사전」의 「상전」과 「하전」으로 나누어 놓은 까닭은 이러하다. 우선 두 「전(傳)」이 모두 성인께서 평소에 늘 『주역』을 통해 배운 것에서 터득함이 있는 것을 말하고 있는 점에서는 같다. 그런데 이것이 처음부터 온전한 책의 체재로 정해진 것이 아니었고, 「전(傳)」으로 엮으면서 모이는 대로 차례차례 엮은 것인데, 이렇게 하다 보니 간책(簡策)이 많아져서 번쇄하기 때문에 상·하로 나눈 것일 따름이다. 공자께서 "『주역』을 공부하다 보니 큰 잘못을 저지르지 않을 수 있었다."라고 한 것을 대략이나마 여기서 확인하게 된다. 『주역』은 하늘과 사람의 이치 및 성(性)과 명(命)의 깊은 이치를 궁극까지 망라하여 우리들이 일상생활에서 말하고 행동하는 데서 드러내고 있는데, 어느 한 가지라도 그 궁극까지 사용하지 않는 것이 없다. 성인께서 『주역』을 지으신 것이 이와 같다. 이것이 어찌 저 노장(老莊)의 무리처럼 단순히 이 세상의 찼다 비었다 함과 사라졌다 살아났다 함의 수(數)만을 알아가지고 '물러남'을 도(道)로 여기는 것에 비기리오! 성인들께서 『주역』을 지으신 까닭은 우리 성학(聖學)을 공부하는 이들로 하여금 이것을 이끌어내어 극진히 이루고 수기 · 치인의 귀감으로 삼도록 하는 것이지, 꼭 시초점을 치는 이들에게 길 · 흉을 제시하고자 한 것만은 아니었다. 이러함을 여기서 또한 알 수가 있는 것이다.

『易』曰, "憧憧往來, 朋從爾思." 子曰: 天下何思何慮! 天下同歸而殊塗, 一致而百慮, 天下何思何慮!

『주역』에서 말하기를, "마음을 정하지 못한 채 생각이 끊임없이 왔다 갔다 하거들랑 벗들까지 너의 생각함을 따른다."라 하고 있는데, 공자께서는 이에 대해 "천하 만물에 대해 무엇을 생각하고 무엇을 고려하리오! 천하 만물은 같은 곳으로 돌아가면서도 각기 가는 길을 달리하고, 한곳으로 이르면서도 갖가지로 다르게 고려하니, 천하 만물에 대해 무엇을 생각하고 무엇을 고려하리오!"라고 하였다.

'天下', 謂事物之與我相感, 而我應之受之, 以成乎吉凶得失者也. 君子之思, 以思德之何以崇; 其慮也, 以慮義之未能精. 故曰, "君子有九思", 又曰, "慮而後能得". 此咸之九四所以貞吉而悔亡也. 若天下之殊塗百致, 一往一來之無定, 爲逆爲順, 爲得爲喪, 爲利爲害, 爲生爲死, 則本無所容其思慮者. 蓋天下之物, 爲造化一本之竝育; 天下之事, 爲天運時行之進退. 貧賤・富貴・夷狄・患難, 莫非命也則一致, 皆道之所行也則同歸. 窮理以盡性, 修身以俟命, 君子之盡心唯日不足, 而何暇爲天下思慮也? 思其得, 慮其不得, 吉來則驚, 往則憂, 凶往則幸, 來則患, 事物百變於前, 與之交馳而內喪其志, 物交而引, 朋從之所以失其貞也. '咸'四當心與物感之位, 故戒之.

여기에서 말하는 '천하'란, 세상에 존재하는 사(事)와 물(物)들이 나와 서로 느낌을 주고받고 내가 그에 응하여 그것을 받아들임으로써, 길함과 흉함, 득・실 가운데 어느 하나의 결과를 초래함을 의미한다. 그런데 군자가 생각하는 것은 어떻게 하면 자신의 덕을 높일 수 있는가 하는 것이고, 또 우려하는 것은 왜 아직 자신이 의로움에 대해 자세하고 깊게 파악하지 못할까 하는 것이다. 그러므로 "군자에게는 생각하는 것에 아홉 가지가 있다."[1191]고 하였고, 또 "사려한 뒤에라야 터득할 수 있다."[1192]고 하였다. 이것이 바로 함괘䷞ 구사효사가 "올곧아서 길하

1191) 공자가 한 말이다. 공자는, "군자에게는 생각해야 할 아홉 가지가 있다. 무엇을 볼 적에는 내가 본 것을 분명하게 인식하였는가를 생각해야 한다. 무엇을 들을 적에는 내가 들은 것을 분명하게 알아들었는가를 생각해야 한다. 자신의 얼굴 표정에 대해서는 그것이 남들에게 온화하게 비치고 있을까를 생각해야 한다. 자신의 용모(태도)에 대해서는 그것이 남들에게 공손하게 보일까를 생각해야 한다. 말하는 데서는 그것이 자신의 속마음을 제대로 반영하고 있는지를 생각해야 한다. 일하는 데서는 지금 내가 이 일을 경건하게 수행하고 있는지를 생각해야 한다. 무엇인가 의문되는 것을 만나면 누구에겐가 물어서 이 의문을 해소해야 된다는 것을 생각해야 한다. 화가 나는 경우에는 내가 이렇게 화를 낸다면 그 뒷감당이 얼마나 어려울지를 생각해야 한다. 무엇인가 손에 넣을 것이 있을 경우에는 그것이 과연 의로운지를 생각해야 한다."라고 하였다.(『論語』, 「季氏」: 孔子曰, "君子有九思. 視思明, 聽思聰, 色思溫, 貌思恭, 言思忠, 事思敬, 疑思問, 忿思難, 見得思義.") 모두 신중하고 사려 깊은 삶을 살라는 의미를 담고 있다.

1192) 『대학』에 나오는 말이다. 거기에서는 "어디에서 그쳐야 할지를 안 뒤에라야 나아갈 방향을 정할 수가 있고, 그렇게 정한 뒤에라야 마음이 고요하여질 수 있으며, 마음이 고요해진 뒤에라야 지금 있는 곳에서 평안해질 수 있다.

며 후회함이 없다"인 까닭이다.

그런데 천하의 모든 것들은 각기 나름대로 길을 감으로써, 서로 다른 길로 가며 각기 다르게 귀결된다. 그리고 왔다 갔다 함에도 딱히 정해진 것이 없다. 그래서 우리 자신에게 거스름이 되기도 하고 순종함이 되기도 하며, 얻음이 되기도 하고 잃음이 되기도 한다. 또 이익이 되기도 하고 손해가 되기도 하며, 생함이 되기도 하고 죽임이 되기도 한다. 그래서 근본적으로 우리들의 사려 자체를 허용하지 않는다.

그러나 천하에 존재하는 것들은 하나의 근본인 하늘의 지어냄[造化]이 아울러 함께 길러낸 것들이고, 천하의 모든 일들은 하늘의 운행이 때에 맞게 행하며 나아갔다 물러났다 함이다. 그래서 빈천하든 부귀하든, 이적(夷狄)으로 살든, 환난에 처해 있든, 어느 것 하나 자신의 명(命)이 아닌 것이 없다는 점에서 일치하며, 또 모두 도(道)가 행하는 것이라는 점에서 같은 곳으로 귀결된다. 이에 이치를 궁구하여 제 본성을 다 드러내고, 수신을 하며 자신의 정해진 운명을 기다리는 등, 군자가 제 마음을 다하기에도 오직 주어진 날들이 부족하거늘, 어느 겨를에 길할지 흉할지, 얻을지 잃을지에 사려를 빼앗기겠는가!

그런데 이와는 달리, 보통사람들은 어떻게 하면 얻을까를 생각하고 얻지 못하는 것에 대해서는 우려하며, 길함이 자신에게 오면 뜻밖이라

그리고 그렇게 평안해진 뒤에라야 사려를 할 수 있으며, 사려한 뒤에라야 터득할 수 있다. 물(物)들에는 근본이 되는 것이 있고 말단이 되는 것이 있으며, 우리가 하는 일에는 끝마침에 해당하는 것이 있고 시작에 해당하는 것이 있으니, 어느 것을 먼저하고 어느 것을 나중에 할 줄을 한다면 도에 가까울 것이다.(知止而后有定, 定而后能靜, 靜而后能安, 安而后能慮, 慮而后能得. 物有本末, 事有終始, 知所先後, 則近道矣.)"라 하고 있다.

놀라 기뻐하고 가면 시름에 젖으며, 흉함이 자신에게서 가버리면 다행으로 여기고 오면 걱정한다. 그래서 사(事)・물(物)이 제 앞에서 온갖 방식으로 다양하게 변하는데, 그것과 교접하여 마음을 치달리며 속으로 그 뜻함을 잃어버리고 외물과 교접하여서는 그것에 이끌리고 만다. 그렇기 때문에 벗들이 그러함을 좇게 되면 그 올곧음을 잃어버리게 된다. 함괘의 구사효는 마음과 외물이 교접하는 위(位)다. 그러므로 이렇게 경계하고 있는 것이다.[1193)]

日往則月來, 月往則日來, 日月相推而明生焉. 寒往則暑來, 暑往則寒來, 寒暑相推而歲成焉. 往者屈也, 來者信也, 屈信相感, 而利生焉.

해가 가면 달이 오고, 달이 가면 해가 온다. 이렇듯 해와 달이 서로 밀면서 밝음이 생겨난다. 추위가 가면 더위가 오고, 더위가 가면 추위가 온다. 이렇듯 추위와 더위가 서로 밀면서 한 해가 이루어진다. 가는 것은 굽히는 것이고, 오는 것은 펴는 것이다. 이렇듯 굽힘과 폄이 서로 느낌을 주고받으면서 이로움이 생겨난다.

1193) 전체적으로 사람이 사려 깊은 행동을 해야지 외물의 유혹에 이끌려 마음을 정하지 못하고 오락가락해서는 안 된다는 의미다. 또 자신의 운명을 우주 순환의 일환으로 여겨 달게 받아들여야지, 길・흉과 득・실에 목을 매서는 안 된다는 것이다. 함괘䷞ 구사효사에서 말하는 "올곧아서 길하고 후회함이 없다."는 것을 그 올바른 태도로 취해야 한다는 것이다.

'推'者, 迭運而相成之謂. '日月相推'者, 月推於日往入地之時而來, 則明生; 若竝行於天, 則失其明. '歲成', 謂生成之歲功以登也. '屈信'以指喩, 同此一體, 特用異爾. '屈信相感'者, 達於屈信之理, 而感其心以不凝滯於往來之迹, 而於屈存信・於信存屈也. '利生'者, 信亦利, 屈亦利, 無所不合於義也. 此夫子博觀於天地人物之化・生死得喪之常, 而見一理之循環, 無非可受之命・可行之道, 故極言之, 以見同歸一致之理, 而無事思慮以從其朋, 感物而喪其志也. 往者非果往也, 屈而已矣. 來者非終來也, 信而已矣. 故死此生彼, 非有區畫之報, 而歸於大化之絪縕. 善吾生者所以善吾死, 屈則鬼而信則神, 聽其往來之自致, 而貞一之體不喪, 則淸明和順之德不息於兩間, 形神聚散, 交無所亂矣. 死生且然, 而況於物之順逆・事之得喪乎! 同一指也, 同歸而一致者也. 其殊塗而百慮者, 爲得爲喪, 爲進爲退, 爲利爲害, 聖人視之, 屈信異而指無殊; 若見爲往而戚焉, 見爲來而訢焉, 外徇物而內失己, 屈而不能伸, 伸而不能屈, 指之用喪, 而指之體亦廢矣. 故曰"何思何慮", 爲天下之往來言也. 知其憧憧者不越於一指, 而愛養其指, 全體以待用者不窮, 感以其同歸一致, 而不感以其往來, 不貞之思慮何從而起乎!

'밂'은 번갈아 운행하며 서로 이룸을 의미한다. '해와 달이 서로 밂'이란 달이 해가 땅속으로 들어가는 때에 밀면서 오니 밝음이 생긴다는 것이다. 만약에 달이 해와 함께 나란히 운행한다면 그 밝음을 잃어버릴 것이다. '한 해가 이루어진다'는 것은 낳고 이루는 세공(歲功)[1194]이 성취된다는

1194) 세공(歲功)은 ① 1년의 계절 변화나 그 차례, ② 해마다 철따라 짓는 농사나

의미다.

'굽힘과 폄'은 손가락을 가지고 비유한 것으로서, 똑같이 손이라는 하나의 몸을 이루고 있지만 다만 작용을 달리하는 것들일 따름이다. '굽힘과 폄이 서로 느낌을 주고받음'은 굽힘과 폄의 이치에 통달하고 그 마음을 느끼니 왔다 갔다 함의 현상에서 응체(凝滯)하지 않으며, 굽힘에서 폄을 보존하고 폄에서 굽힘을 보존한다는 의미다. '이로움이 생겨난다'는 것은 폄도 이로움이요 굽힘도 이로움이어서, 굽힘이나 폄이 모두 의로움에 합치하지 않음이 없다는 것이다.

이 구절은 공자께서 하늘과 땅 및 사람과 물(物)들의 변화, 삶과 죽음, 득·실의 항상됨을 광범위하게 관찰한 것을 바탕으로 하고 있다. 그래서 천하의 혼일한 이치의 순환에는 받아들일 수 없는 명(命)이 없고 행할 수 없는 도(道)가 없음을 드러내고 있다. 그러므로 궁극적인 경지에서 말하여 '같은 곳으로 돌아감[同歸]'과 '한곳으로 이름[一致]'의 이치를 드러냄으로써, 사려함과 우려함이 없이 벗들을 좇거나 외물에 느낌을 받은 나머지 그 뜻함을 잃어버림이 없도록 하고 있다.

가는 것이라 하여 끝내 가버리고 마는 것이 아니라 단지 굽힘일 따름이다. 그리고 오는 것이라 하여 끝내 와버리고 마는 것이 아니라 폄일 따름이다. 그러므로 여기서 죽어 저기에서 생겨났다 하더라도, 이들 사이에 확 구획을 짓는 보응(報應)이 있는 것이 아니고 그저 하늘의 거대한 지어냄[造化]의 인(絪)·온(縕) 속으로 돌아간 것이다. 그러므로 나의 생을 잘 가꾸는 것이 결국은 나의 죽음을 잘 가꾸는 것이 되니, 굽히면 귀(鬼)이고 펴면 신(神)이다. 그래서 왔다 갔다 함을 저절로 이루고 있는 우주의

그것으로 얻는 수확을 의미한다.

순환에 잘 따르며 올곧고 한결같음의 체(體)를 잃어버리지 않는다면, 청명(淸明)하고 화순(和順)한 덕이 하늘과 땅 사이에서 쉼이 없으리니, 형(形)과 신(神)이 모였다 흩어졌다 함에서 교접하더라도 혼란됨이 없을 것이다. 삶과 죽음조차도 이러하거늘, 하물며 물(物)들이 우리에게 거스름과 순종함, 우리들 일에서 득·실 따위랴!

동일한 손가락이기에 같은 곳으로 돌아가고[同歸] 한곳으로 이르는[一致] 것이다. 그런데 각기 가는 길을 달리하고[殊塗] 갖가지로 다르게 고려하는[百慮] 것들이, 얻기도 하고 잃기도 하고, 나아가기도 하고 물러나기도 하며, 이로움을 입기도 하고 해로움을 입기도 한다. 성인은 이러함을 보고서 굽힘과 폄의 다름일 뿐 손가락에는 다름이 없는 것으로 여기고 있다. 그런데도 가버린 것을 보고 슬퍼한다거나 오는 것을 보고 기뻐하기만 한다면, 밖으로 물(物)들을 좇으며 안으로는 자기를 잃어버리는 것이다. 그리고 굽히고는 펼 줄을 모르거나 펴고서 굽힐 줄을 모른다면, 이는 손가락의 용(用)을 상실한 것으로서 그러함에서는 체(體)도 덩달아 폐기되고 마는 것이다.

그러므로 "무엇을 생각하고 무엇을 고려하리오!"라고 한 것은 천하의 왔다 갔다 하는 세상 사람들을 위해 말한 것이다. 마음을 정하지 못한 채 생각이 끊임없이 왔다 갔다 함이 결국 한 손가락에 지나지 않음을 알고서 그 손가락을 사랑하고 길러야 한다. 그래서 체(體)를 온전히 하여 용(用)에서 궁색하지 않도록 하고, 같은 곳으로 돌아감[同歸]과 한곳으로 이름[一致]에 느낄 뿐 그 왔다 갔다 함에는 느끼지 않는다면, 올곧지 않은 사려가 어디에서 일어나겠는가!

尺蠖之屈, 以求信也. 龍蛇之蟄, 以存身也.

자벌레가 굽히는 것은 펴기 위해서다. 용과 뱀이 칩거함은 몸을 보존하기 위해서다.

'尺蠖', 小蟲, 聳脊而後行. 古人布手知尺, 以大指中指一屈一信而爲一尺; 此蟲似之, 故名尺蠖. 屈信自然之理勢, 皆無所容其思慮, 而人之朋從其思者, 當其屈, 不安於屈而求信, 而不知屈之所以信, 乃同歸一致之理, 故以尺蠖, 龍蛇爲擬, 而言不能屈則不能信. 故舜唯與木石鹿豕同其屈, 而沛然江河之善, 莫之能禦, 有天下而若固有之, 皆其豫定之誠, 受命以事天, 而不於往來之順逆勞其思慮, 喪其守而不足以行也.

'자벌레'는 작은 벌레인데, 등이 푹 솟게 굽혔다가 간다. 옛날 사람들은 손바닥을 펴서 길이를 쟀는데, 엄지손가락과 가운데손가락을 한 번 굽혔다 펴는 것을 1척(尺)으로 삼았다. 그런데 이 벌레의 가는 모양이 이와 비슷하다. 그래서 '척확(尺蠖)'이라고 이름 지은 것이다. 굽혔다 폈다 함은 저절로 그러함의 이치와 추세로서 이것들은 모두 사람의 사려를 허용하지 않는다. 그런데 사람들은 벗들의 생각을 좇아가다가 굽힘을 당하여서는 굽힘에 불안해 하며 펴려고 하는데, 이들은 굽혀야만 펼 수 있다는 것을 모른다. 돌아감[同歸] · 한곳으로 이름[一致]의 이치 속에 있다는 것을 모른다. 그러므로 이 구절에서는 자벌레와 용, 뱀을 가지고 비유를 들면서 굽힐 줄을 모르면 펼 줄도 모른다고 말하고 있다. 그런데 순임금이 오직 숲속의 돌무더기 사이에서 기거할 적에는 사슴 · 멧돼지들과 똑같이 굽히고 살았는데, 이때에도 그가 훌륭한 말을 듣거나 선행을 보고서는 마치 막혔던 강물이 툭 터진 것처럼 아무도 막을 수 없을 정도로 재빨리 실행에 옮겼다.[1195] 그리고 천하를 소유하고서는 마치 본디부터 천하를 소유하고 있었던 것처럼 자연스럽게 행동하였다.[1196] 이렇듯 순임금은 모든 상황 속에서 미리 정해진 성실함을 발휘하며 명(命)을 받아 하늘을 섬길 뿐이었다. 그는 결코 이 세계의 왔다 갔다 하는 순환이 자신에게 주는 순조로움[順]과 거스름[逆]에 대해 노심초사함으로써 자신이 지켜야 할 것을 상실한 나머지 행동으로 옮기지 못함이 없었다.

精義入神, 以致用也. 利用安身, 以崇德也. 過此以往, 未之或知也.

의로움을 정심히 밝히며 신묘함의 경지에 듦으로써 일상생활에서 잘 활용한다. 이롭게 활용하고 몸을 편안히 함으로써 덕을 높인다. 이 이상 더 나아가는 것은 사람으로서 가지 못하지만 더러는 알기도 한다.

1195) 맹자가 순임금에 대해 묘사한 말이다.(『孟子』, 「盡心上」: 孟子曰, "舜之居深山之中, 與木石居, 與鹿豕遊, 其所以異於深山之野人者, 幾希. 及其聞一善言, 見一善行, 若決江河, 沛然莫之能禦也.")

1196) 역시 맹자가 순임금에 대해 묘사한 말이다. 그가 평민일 적에는 미숫가루나 타서 식사를 때우고 채소나 뜯어 먹고 사는 모습이 마치 그대로 한평생을 마칠 것만 같게 살았다. 그러다가 천자가 되어서는 화려하게 수를 놓은 의복을 입고 주변에서 악단이 연주하는 음악 속에서 살며 요임금의 두 딸이 그 처첩으로서 옆에서 받드는데, 이 또한 본디 그가 그러하였던 모습 같았다고 한다.(『孟子』, 「盡心下」: 孟子曰, "舜之飯糗茹草也, 若將終身焉; 及其為天子也, 被袗衣, 鼓琴, 二女果, 若固有之.")

'致用', '崇德', 君子之所思慮者, 此而已矣, 以其爲同歸一致之本也. 此指上文而言. 過此, 則天下之殊塗而百致者也. '精義'者, 察倫明物, 而審其至善之理, 以合於吾心固有之制, 非但徇義之迹而略其微也. '入神'者, 義之已精, 不但因事物以擇善, 益求之所以然之化理, 而不測之變化皆悉其故, 則不顯之藏昭徹於静存, 而與天載之體用相參也. 此静而致其思慮於學修, 無與於外應之爲, 而致之用者有本而不窮, 張子所謂"事豫吾內, 求利吾外."也. '利用'者, 觀物之變而知之明・處之當, 則天下之物, 順逆美惡, 皆唯吾所自用而無有不利. '安身'者, 隨遇之不一, 而受其正・盡其道, 則素位以行而不憂不惑, 無土而不安; 則動而出應乎天下, 非欲居之以爲德, 而物不能亂, 境不能遷, 則德自崇, 張子所謂"素利吾外, 致養吾內."也. 此內外交養之功, 動爲信, 静爲屈; 静而致用, 則不窮於往; 動而崇德, 則益裕其來; 故朱子謂"推屈伸往來之理以言學". 乃精義入神以立體, 利用安身以起用, 體立而用乃可行, 則屈以求信之理亦在其中, 往來密運於心, 而不朋從於天下. 天下之屈我信我者, 本不可逆億以知, 而一付之不可知之化, 不求知焉, 則聖人所以貞生死・貞得喪, 而終無悔也. 後之學『易』者, 於過此以往不可知之數, 乃至一物之成毁・一事之利鈍, 强以數推而求知, 用思慮於往來殊異之憧憧, 以計瓶花磁枕之興廢, 亦異於聖人之言矣.

'일상생활에서 잘 활용함'・'덕을 높임'은 군자가 사려해야 할 것들인데, 군자가 사려해야 할 것은 이것들뿐이다. 이것들은 같은 곳으로 돌아감[同歸]・한곳으로 이름[一致]을 이룰 수 있는 근본에 해당한다. 이것들은 위 구절을 가리켜서 말한 것이다. 그리고 이 다음 구절부터는 세상 사람들이 제각기 다른 길로 가고 생각을 다 다르게 함에 대해서 말하는 것이다.

'의리를 정심히 살핌'[精義]은 인류 공동체 운용의 규범인 윤서(倫序)를 살피고 만물을 밝히는 것인데, 그 지선(至善)의 이치를 깊이 살펴 우리들 마음의 고유한 통제에 합치되도록 하는 것이다. 그런데 이는 꼭 의로움[義]의 자취만을 좇으며 그 은미함을 생략해버리는 것은 아니다.

'신의 경지에 듦'[入神]은 의리를 이미 정밀히 살핀 바탕 위에 마주치는 사(事)와 물(物)에서 선(善)을 가려 실현할 뿐만 아니라, 그렇게 될 수밖에 없는 필연적 이치에까지 더욱 밝혀 들어가는 것이다. 그래서 일반인들로서는 헤아리기 어려운 변화에 대해 모두 그 까닭을 밝혀낸다는 의미다. 이렇게 함으로써 드러나지 않고 감추어져 있던 것들을 일없이 고요히 있는[靜存] 상태에서 환하게 통철해내고, 아울러 하늘이 하는 일의 체(體)와 용(用)에 함께 참여할 수 있게 된다. 이것은 배움과 수양의 차원에서 고요하게 그 사려를 이루어내는 것이니, 결코 외물에 휩쓸려 응하여 행동함이 없다. 그리고 일상생활에서 사용함에서도 근본이 있어서 궁색하지 않다. 장자(張子; 張載)가 "일이 닥치기 전에 미리 내 속에서 잘 준비하고, 내 밖에서 이로움을 구한다."[1197]고 한 말이 이에 해당한다.

'활용함에 이롭게 함'은 물(物)들의 변함을 잘 살펴 우리들의 앎이 밝아지고 처신함이 마땅해지면, 이 세상에 존재하는 물(物)들이 우리들에게

1197) 『정몽(正蒙)』, 「신화(神化)」 편에 나오는 말이다. 장재는 『주역』의 이 구절을 풀이하며 이렇게 말하고 있다.('精義入神', 事豫吾內, 求利吾外也; '利用安身', 素利吾外, 致養吾內也. '窮神知化', 乃養盛自致, 非思勉之能強, 故崇德而外, 君子未或致知也. 神不可致思, 存焉可也.) 그리고 '事豫(사예)'라는 말은 『중용』에 나온다. 즉 "일이 벌어지기 전에 먼저 미리 잘 준비하여야 성공하며 그렇지 않으면 실패한다.(凡事豫則立, 不豫則廢.)"고 함이 그것이다.

순종하거나 거스르거나, 또는 아름답거나 추악하거나에 관계없이, 모두 다 우리들 스스로에 의해 쓰이며 이롭지 않음이 없다는 것이다. '몸을 편안히 함'은 우리가 마주치는 상황이 다 똑같지 않더라도 그 올바름을 받아들이고 그 상황들에 맞는 도(道)를 다 실현한다면, 본래의 지위 그대로에서 행하더라도 우려가 없고 미혹되지 않으며 어느 곳에서 살아가더라도 평안하지 않음이 없다는 것이다. 그리고 행동하여야 할 경우에는 나가서 세상에 응하지 한가롭게 집안에 거처하며 덕을 쌓으려 하지 않지만, 외물들이 그를 교란할 수 없고 역경(逆境)이라 하여 그의 마음이 바뀌게 할 수 없다는 것이다. 그래서 덕이 저절로 높아진다. 장자(張子)가 "본래의 지위 그대로 이로움을 얻는 것은 우리들 밖에 있고, 덕성을 함양해냄은 우리들 속에 있다."[1198]고 한 말이 바로 이 말이다. 이는 우리들이 안팎으로 교접하며 공(功)을 함양해냄이니, 움직여 행동함은 폄[信]에 해당하고 고요히 있음은 굽힘[屈]에 해당한다. 고요히 있으면서 일상생활에서 잘 활용하면 가버린 것 때문에 궁색해지지 않고, 움직여 행동하며 덕을 높이면 오는 것에 의해 더욱 넉넉해지는 것이다. 그러므로 주자(朱子)는 "굽혔다 폈다 함과 왔다 갔다 함의 이치를 갖다가 배움에 적용하여 말한 것이다."[1199]라고 하였다.

이렇듯 의리를 정심히 밝히고 신(神)의 경지에 듦으로써 자신의 됨됨이의 체(體)를 확립한다. 그리고 활용함에 이롭게 하고 몸을 편안히 하는

1198) 역시 『정몽』의 「신화」 편에 나오는 말이다. 앞 주에서 밝혔다.

1199) 주희가 『주역본의』에서 「계사전」의 이 구절을 풀이하며 한 말이다. 그러나 정확하게는 "굽혔다 폈다 함과 왔다 갔다 함의 이치를 말하는 것을 근거로 하여 배움에도 자체의 자연스러운 체제가 있다는 것에 적용하여 말하고 있다.(因言屈信往來之理, 而又推以言學亦有自然之機也.)"라고 하였다.

방식으로 살아가는 데서의 용(用)을 일으킨다. 그래서 체가 확립되고 용도 행해질 수 있게 되면, 굽힘으로써 폄을 구하는 이치도 그 속에 있고, 왔다 갔다 함이 우리들 마음속에서 면밀히 운행하여 무턱대고 벗들을 따라 세상에 나서지 않게 된다. 이 세상이 나를 굽히게도 하고 펴게도 하는 것에 대해서는, 본래 그것들이 오기 전에 거슬러서 미리 알 수가 없다. 그래서 한결같이 이를 알 수 없는 지어냄[造化]의 차원으로 여기고 이에 대해서는 알려고 들지 않아야 한다. 성인들께서는 이렇게 함으로써 삶과 죽음에 올곧았고, 득・실에 대해서도 올곧아서, 종신토록 후회함이 없었던 것이다.

그런데도 이후 『주역』을 공부한 이들은 여기서 이 이상 더 나아가는 것은 알 수 없다고 한 수(數)들까지 알아내려 하고, 심지어 어느 한 가지 것의 이루어짐[成]・무너짐[毁], 한 가지 일의 길・흉에 대해서까지 억지로 수를 계산하며 알려고 들었다. 그리고 하늘의 왔다 갔다 함 속에서 특수하게 달라지는 것들에 골몰하여 마음을 정하지 못한 채 생각이 오락가락하며 병 속의 꽃이나 자기(磁器) 베개의 흥(興)・폐(廢)까지도 계산하려 든다.[1200] 그러니 또한 성인들의 말과는 다른 것이다.

窮神知化, 德之盛也.

신묘함[神]에 대해 궁구하고 지어냄[化]에 대해 앎은 덕이 융성한 것이다.

1200) 소옹의 「선천관매(先天觀梅)」에 의한 점(占)이나, 「화주림」에 의해 점치는 것을 지칭하는 것으로 보인다.

'神'者化之理, 同歸一致之大原也; '化'者神之迹, 殊塗百慮之變動也. 致用崇德, 而殫思慮以得貞一之理, 行乎不可知之塗而應以順, 則'窮神'. 過此以往, 未或知者付之不知, 而達於屈必伸・伸必屈・屈以善伸之道, 豁然大明, 不以私智爲之思慮, 則'知化'. 此聖人之德所以盛也. 蓋人之思也, 必感於物而動, 雖聖人不能不有所感, 而所感於天人之故者, 在屈信自然之數, 以不爲信喜・不爲屈憂, 乃以大明於陰陽太極, 同歸一致之太和. 不然, 則但據往來之迹以爲從違而起思慮, 則於殊塗百慮之中逐物之情僞, 朋而從之, 是感以亂思, 而其思也, 適以害義而已. 夫子引伸以極推其貞妄之由, 爲聖學盡心之要. 不知者乃謂'何思何慮'爲無心之妙用, 此釋・老賊道之餘瀋, 不可不辨也.

'신묘함'이란 지어냄의 이치로서, 같은 곳으로 돌아가고[同歸] 한곳으로 이르게 하는[一致] 거대한 근원이다. '지어냄'은 신묘함이 이루어내는 자취로서, 각기 다른 길을 걷고[殊塗] 제 각각 다르게 고려하며 도모하는[百慮] 변함과 움직임이다. 그런데 신묘함에 대해 잘 궁구하기 위해서는 『주역』의 원리를 일상생활에 잘 활용하며 덕을 높여야 한다. 그리고 사려 따위는 꺼림으로써 한결같이 올곧음의 이치를 터득하여 알음알이로써는 결코 다가갈 수 없는 길에서 행해야 한다. 그리고 이러한 앎과 행동으로써 신묘함에 응하고 순종해야 한다. 이렇게 하는 것이 바로 '신묘함에 대해 궁구함'이다. 그리고 이 이상 더 나아간 것으로서 더러는 알 수 있지만 인간의 지력으로는 결코 알 수 없는 것들에 대해서는 알 수 없음으로 간주해야 한다. 그리고 이 세계의 순환은 굽히면 반드시 펴고 펴면 반드시 굽히니 굽힘으로써 잘 펴는 원리에 대해 통달하여, 시원하게 툭 터져 모든 것에 환한 수준에 올라 결코 사사로운 알음알이로 사려하지 않아야 한다. 이것이 바로 '지어냄에 대해 앎[知化]'이다. 성인들은 이렇게 하기 때문에 덕이 융성한 것이다.

사람의 사려란 반드시 외물에 느낌을 받아야 움직인다. 비록 성인이라 할지라도 외물에 대한 느낌이 없을 수가 없다. 그렇지만 성인들은 하늘과 사람의 까닭에 대해 느끼는 것이, 이 세상의 굽혔다 폈다 하며 저절로 그러함의 수(數)에 있다. 그래서 폄[信]에 대해 기뻐하지도 않고 굽힘[屈]에 대해 우려하지도 않는다. 그 결과 같은 곳으로 돌아가고[同歸] 한곳으로 이르는[一致] 음·양과 태극의 거대한 조화(調和)에 대해 크게 밝다. 그렇지 않으면 단지 왔다 갔다 함의 자취에만 의거한 채 따라야 할지 어겨야 할지를 결정하며 사려를 일으킬 것이니, 제 각기 다른 길을 걸음[殊塗]과 갖가지로 다르게 고려하며 도모하는[百慮] 속에서 외물의 진실함과 거짓됨을 좇게 되고 그저 벗들을 따라가게 된다. 이는 외물에 대한 느낌이 사려를 혼란스럽게 함이다. 그래서 그 사려는 의로움을 해치기에나 알맞을 따름이다.

이렇듯 공자께서는 그 올곧음과 망령됨이 비롯되는 까닭에 대해 거듭 궁극까지 밀고 나아가며 밝히고 있다. 이는 우리 성학(聖學)에서 마음을 다하는 요체가 된다. 그런데도 이를 알지 못하는 이들은 "천하 만물에 대해 무엇을 생각하고 무엇을 고려하리오!"라는 말을 그저 마음이 없음의 묘용(妙用) 정도로만 여긴다. 이는 불가와 도가에서 우리 유가의 도(道)를 해치며 남기고 있는 찌꺼기니, 잘 변별하지 않으면 안 된다.

『易』曰: "困于石, 據于蒺藜, 入于其宮, 不見其妻, 凶." 子曰: 非所困而困焉, 名必辱; 非所據而據焉, 身必危; 既辱且危, 死期將至, 妻其可得見邪!

『주역』에서 "돌에 의해 곤고함이다. 남가새에 본거지를 두고 있음이며 그 궁궐에 들어감인데, 그 아내를 만나지 못한다. 흉하다."[1201]라고 한다. 이에 대해 공자께서는 "곤고케 할 것이 아닌데도 곤고케 하니 필연코 자신의 이름을 욕되게 하고, 터 잡을 곳이 아닌데도 터를 잡고 있으니 필연코 몸이 위태로워진다. 이렇듯 벌써 욕되고 위태로우니, 죽음이 임박하도록 마누라를 만날 수 있겠는가!"라고 하였다.

欲以困人而敗其名, 淸議自定, 不可揜也. 望援於不可恃之人, 欲以安身, 而人不我應, 徒召侮而已. 小人呼黨以與君子爲難, 自取死亡, 君子弗庸以爲憂, '困'之必亨也.

사람을 곤고하게 하여 명성을 무너뜨리려 하지만, 세상의 여론이 저절로 정해져서 가릴 수가 없다. 믿을 수 없는 사람에게 구원을 바라지만 내 몸을 편안코자 하는 것이니 사람들이 나에게 응해주지 않아 한갓 모욕만 초래할 따름이다. 소인들이 제 당파에 호소하여 군자와 맞서려 하지만 스스로 죽음을 불러옴이니, 군자는 이를 근심거리로도 여기지 않는다. 그래서 곤고함이 반드시 형통함의 결과를 낳는다.

『易』曰: "公用射隼于高墉之上, 獲之无不利." 子曰: 隼者禽也, 弓矢者器也, 射之者人也. 君子藏器于身, 待時而動, 何不

1201) 곤괘(困卦)䷮, 육삼효사다.

利之有! 動而不括, 是以出而有獲, 語成器而動者也.

『주역』에서 "공(公)께서 높은 담장 위에 올라가 활로 송골매를 쏘아서 맞히니 그것을 얻으며 이롭지 않음이 없다."[1202]라고 한다. 공자께서는 이에 대해 "송골매는 날짐승이고, 활과 화살은 기물이며, 쏘는 이는 사람이다. 군자가 제 몸에 기물을 숨겼다가 때를 기다려 움직임이니 무슨 불리함이 있으리오! 움직임이더라도 막지 않기 때문에 나가서 포획하는 것이다. 기물을 이루어 움직임을 말한 것이다."라고 하였다.

'禽'之爲言獲也, 所欲獲之鳥也. '器'者, 君子乘權以治小人之道也. 上六得位, 而柔不急於解, 故曰'藏器'. '待時'者, 六五惑解而後可治三也. '震'之德動, 二陰虛中而'不括'; 志已定, 道已勝, 時已至, 則'成器而動'矣. 所待在時, 而必先有動而不括之道, 乃可以時至而必動. 君子解悖之道, 不與爭以求勝; 時至道行, 則廓然白其志於天下, 小人自孚. 迫於解者, 唯道之不足, 東漢黨人所以愈解而愈紛也.

'날짐승'은 포획하였다는 의미를 지닌 것으로서 포획하고 싶은 새를 가리킨다. '기물'은 군자가 권세를 타고서 소인을 다스리는 도(道)를 의미한다. 해괘(解卦)䷧의 상육효는 부드러움[柔]으로서 제자리를 마땅하게 차지하고 있기 때문에, 자신을 얽어매고 있는 것을 푸는 데 급급하지 않다. 그래서 '기물을 숨김'이라 한 것이다. '때를 기다림'이란 이 해괘의 육오효를 얽어매고 있는 의혹(疑惑)들이 풀린 뒤에야 아래로 육삼효를

1202) 해괘(解卦)䷧, 상육효사다.

다스릴 수 있다는 의미다. 진괘☳의 덕은 움직임인데[1203], 진괘의 두 음효는 자신들의 가운데[마음]를 비우고 있기 때문에 그 움직임을 '막지 않는[不括]'다. 이렇듯 상육효는 뜻함이 이미 정해졌고, 원리로서도 이미 이기며, 때도 이미 이르렀기 때문에, '기물을 이루어 움직인' 것이다. 여기서 기다림의 대상이 때이기는 하지만, 거기에는 움직이더라도 그것을 가로막지 않는 원리가 반드시 먼저 있어야만 한다. 그래야 때가 이르러서는 반드시 움직일 수가 있는 것이다. 여기서 기다림의 대상이 때에 있기는 하지만, 반드시 먼저 움직이고 그것을 가로막지 않는 도가 있어야만 한다. 이에 때가 이르러서는 반드시 움직일 수가 있는 것이다. 군자가 당하는 패악을 푸는 원리와 방법은 이러한 짓을 저지르는 이와 맞부딪혀 싸움을 벌여서 이기는 데 있는 것이 아니다. 때가 이르고 도(道)가 행해지면 그 뜻함이 온 세상에 확연하게 드러나게 되어 있으니, 이에 소인들은 저절로 믿게 된다. 그리고 이를 푸는 데 급박하면 오직 그 원리와 방법이 미치지 못하게 된다. 그렇기 때문에 동한의 당인(黨人)들이 풀려고 하면 할수록 더욱 얽히고 말았던 것이다.[1204]

1203) 여기서 말하는 진괘☳는 해괘(解卦)䷧의 회괘(悔卦), 즉 외괘를 가리킨다.
1204) 동한 말기의 '당고(黨錮)의 화'를 가리킨다. 환제(桓帝)·영제(靈帝) 때에 '십상시(十常侍)'로 불리는 환관들이 정권을 장악하여 국사를 마음대로 하자, 진번(陳蕃)·이응(李膺) 등의 학자와 태학생들이 환관들을 탄핵하였으나, 도리어 환관들이 이들을 종신 금고에 처하여 벼슬길을 막아 버렸다. 첫 번째의 거사(166년)에서는 고향으로 돌려보내지는 것으로 끝났으나, 두 번째의 거사(169년)에서는 잔인하게 죽임을 당한 이가 100명이 넘었고, 유죄(流罪), 금고(禁錮) 등의 처분을 받은 이들은 6백 명이 넘었다. 이 두 번의 당고에 의해서 청류당(淸流黨)은 괴멸하였으며, 중국은 이제 환관들의 세상이 되어버리고 말았다. 진번에 대해서는 주190)을, 이응에 대해서는 주211)을

子曰: 小人不恥不仁, 不畏不義, 不見利不勸, 不威不懲. 小懲而大戒, 此小人之福也. 『易』曰, "屨校滅趾, 无咎." 此之謂也.

공자께서는 말하기를, "소인들은 자신의 불인(不仁)을 부끄러워하지 않고, 불의(不義)를 두려워하지 않는다. 자신에게 이익이 됨을 보여주지 않으면 권면할 수가 없고, 위력(威力)이 아니면 징치할 수가 없다. 작은 것을 징치하여 큰 것을 경계하는 것, 이것이 소인들의 복이다. 『주역』에서는 '발에 차꼬를 씌워 발가락을 가려버림이다. 허물이 없다.'[1205]라고 하니, 바로 이를 두고 하는 말이다."라고 하였다.

'不恥不仁', 故必利以勸之; '不畏不義', 故必威以懲之. '噬嗑'之初, 尙可懲而使誡; 用刑於早, 以免小人於惡, 薄懲焉可也.

'자신의 불인(不仁)을 부끄러워하지 않기' 때문에 그들을 반드시 이로움으로써 권면해야 하고, '불의(不義)를 두려워하지 않기' 때문에 그들을 반드시 위력(威力)으로써 징치해야 한다. 서합괘䷔의 초구효는 아직 징치하여 경계하게 할 수 있다. 그래서 형벌을 일찌감치 사용함으로써 소인들이 악에 빠지는 것을 면하게 하니, 가벼운 징벌로도 된다.

참고하기 바란다.

1205) 서합괘(噬嗑卦)의 초구효사다.

善不積不足以成名, 惡不積不足以滅身. 小人以小善爲无益而弗爲也, 以小惡爲无傷而弗去也, 故惡積而不可掩, 罪大而不可解. 『易』曰, "何校滅耳, 凶."

또 공자께서는 말하기를, "선(善)이 쌓이지 않으면 명성을 이룰 수가 없고, 악(惡)이 쌓이지 않으면 자신을 죽음에까지 이르게는 하지 않는다. 그런데 소인들은 작은 선 따위는 보탬이 되지 않는다고 여겨 하지 않고, 작은 악 따위쯤은 해될 것이 없다고 제거하지 않는다. 그러므로 악이 쌓여서 가릴 수 없게 되고, 죄가 커져서 풀 수가 없게 된다. 그래서 『주역』에서는 '형틀을 목에 뒤집어씌워 귀를 보이지 않게 함이니 흉하다.'고 한 것이다."라고 하였다.

'何校', 猶未誅也, '滅耳'而不聽, 恃罪之小而成乎大. 上九自恃居高而剛愎, 則殺之而必不可赦. 合二爻治獄之輕重, 見君子之用刑, 始於懲誡, 而敎之不改, 則天討必伸. 凶唯小人之自取, 非君子有心於其間也.

'형틀을 씌움'은 오히려 아직 주살한 것은 아니다. '귀를 보이지 않게 하여' 들리지가 않으니, 죄가 작다고 마음을 놓고 저지르다가 키우고 마는 것이다. 서합괘䷔의 상구효는 자신이 높은 자리를 차지하고 있다는 사실에 으스대며 강퍅하다. 그래서 죽여야 할 뿐 결코 사면(赦免)할 수가 없다. 이 서합괘의 초구・상구 두 효에 대한 안건 처리의 경중을 합해서 보면, 군자가 형벌을 사용함이 징계함에서 시작하는데, 교화해서도 고치지 아니하면 하늘이 직접 처벌함이 반드시 펼쳐진다는 것이다. 흉함도 오직 소인들 스스로가 초래하는 결과이지, 군자가 거기에 어떤 마음을 두어서 일어나는 것이 아니다.

子曰: 危者, 安其位者也. 亡者, 保其存者也. 亂者, 有其治者也. 是故君子安而不忘危, 存而不忘亡, 治而不忘亂, 是以身安而國家可保也. 『易』曰, "其亡其亡, 繫于苞桑."

공자께서 말하기를, "위태로움을 염두에 두고 있는 이는 그 지위에서 편안할 것이고, 멸망할 수도 있음을 염두에 두고 있는 이는 그 존속을 지킬 수 있으며, 혼란에 빠질 수도 있음을 염두에 두고 있는 이는 태평한 세상을 유지할 수 있다. 그러므로 군자는 편안한 상황에서도 위태로움을 잊어버리지 않고, 존속하면서도 멸망함을 잊어버리지 않으며, 태평한 세상을 이루고 있으면서도 혼란함을 잊어버리지 않는다. 이렇게 하기 때문에 몸이 평안할 수 있고 국가는 보존될 수 있다. 그래서 『주역』에서는 '그 망할 것이다, 그 망할 것이라고 하여 무성하게 무더기로 자란 뽕나무에 매어놓음이다.'[1206]라고 하는 것이다."라고 하였다.

'亂'謂綱紀廢・上下紊也. 亂者, 危亡之繇; 治, 所以安存之道也. '有其治', 謂方亂之時, 治之道固在, 但能念亂, 則即此土地・人民・政事而治之, 理存其中矣. '否'九五本有休否之德, 而夫子推言之. 雖安静不失其常度, 而中心之競惕, 未嘗忘危亡之戒; 外不妄動, 而內積憂危. "其亡其亡", 非徒其勢然也, 大人操心固如此也.

'혼란함'은 국가 공동체의 기강이 폐기되고 위・아래가 문란한 상황을 말한다. 이 혼란함은 위태로움과 멸망의 원인이 된다. 이에 비해 태평함은 평안함과 존속함을 유지하게 하는 원리요 방법이다. '태평한 세상을

1206) 비괘(否卦)의 구오효사다.

유지함'이란, 한창 혼란스러운 때에도 태평하게 할 수 있는 도(道)는 본디 존재하니, 다만 혼란에 빠질 수도 있음을 염두에 두고 경계할 수 있어야 한다는 것이다. 이렇게 하면 바로 이 땅, 이 백성, 이 정치적 상황을 바탕으로 하여 다스려 나아가는데, 이치가 그 속에 존재하고 있다는 것이다.

비괘(否卦)䷋의 구오효에는 본래 꽉 틀어 막힌 비색함 속에서 편안하게 살아감의 덕이 있다. 그래서 공자께서는 이를 미루어 말한 것이다. 비록 평안하고 고요한 상황이라 할지라도 그 항상된 법도를 잃어버리지 않아야 하니, 늘 마음 한가운데서는 스스로가 혹시라도 잘못을 범하지나 않을까 두려워하며 멸망과 위태로움의 경계의 끈을 놓지 않아야 한다는 것이다. 그리고 밖으로는 망령되게 행동하지 않고 속으로는 위태로움에 대한 우환의식을 쌓아 나아가는 것이다. "그 망할 것이다, 그 망할 것이다!" 라고 하는 것은 꼭 추세가 그렇다는 것만이 아니라 대인들이 마음을 붙잡음이 이렇게 단단하다는 의미다.

子曰: 德薄而位尊, 知小而謀大, 力小而任重, 鮮不及矣.『易』曰, "鼎折足, 覆公餗, 其形渥, 凶." 言不勝其任也.

공자께서 말하기를, "덕은 박한데 지위는 높고, 아는 것은 작은데 꾀하는 것은 크며, 힘은 작은데 임무는 무거우면, 앙화가 미치지 않음이 거의 없다. 그래서 『주역』에서는 '솥의 다리가 부러져서 솥이 뒤집어지니 솥 속의 내용물이 엎질러짐이다. 그 모양이 젖어서 더럽다. 흉하다.'[1207]라고 한다. 이는 그 소임을 이겨내지 못함을 말한 것이다."라고 하였다.

貪以斂怨於下則德薄, 意計不出苞苴牘竿之中則知小, 衆所不與則力小. 小人非無才, 而志汙情柔, 則終於卑陋. '鮮不及'者, 災害竝至也. '不勝其任', 戒有國家者不當任之. 或謂聖人非責人以德厚而知力大, 但戒其勿貪大位, 其說迂矣. 小人之貪大位, 五鼎烹而不恤, 豈能戒之使退者! 『易』不爲小人謀, 示君子處小人之道爾.

탐욕을 부림으로써 아랫사람들에게 원망을 사면 덕이 박한 것이다.[1208) 의도와 심계가 뇌물과 청탁에서 벗어나지 못하면 아는 것이 작은 것이다. 다중이 함께하지 않으면 힘이 약한 것이다. 소인이라고 하여 재주가 없는 것은 아니라, 뜻함이 더럽고 정서가 유약하니 마침내 비루해지는 것이다. '앙화가 미치지 않음이 거의 없다'는 것은 재앙과 해로움이 아울러서 온다는 의미다. '그 임무를 이겨내지 못함'이란 국가를 경영하는 이에게 됨됨이가 직위에 맞지 않는 이를 임명해서는 안 됨을 경계하는 말이다.

어떤 사람들은 이 말이 성인께서 덕이 두텁고 아는 것과 힘이 커야 한다고 책망하는 것이 아니라, 단지 큰 지위를 탐하지 말라고 경계하는 것이라 한다. 이 설은 좀 거리가 멀어 보인다. 소인이 큰 지위를 탐하는 것을 보면 설령 오정(五鼎)[1209) 에 삶아 죽이는 형벌을 당한다 하더라도

1207) 정괘(鼎卦)䷱의 구사효사다.

1208) 『시경』, 「대아(大雅)」 편, 「탕(蕩)」이라는 시에 나오는 구절이다. 문왕이, 은(殷)나라의 왕들이 포악한 정치를 하여 백성들에게 원망을 샀다고 비판하는 내용이다.(文王曰咨, 咨女殷商! 女炰烋於中國. 斂怨以爲德. 不明爾德, 時無背無側. 爾德不明, 以無陪無卿.)

1209) '오정(五鼎)'은 옛날 제사를 지낼 적에 대부가 5개의 솥에 양고기, 돼지고기,

꺼리지 않으니, 어찌 그들에게 경계하여 물러서게 할 수 있으리오! 『주역』은 소인들의 도모함을 위한 것이 아니라, 군자들에게 소인들을 어떻게 처리해야 하는지를 제시하고 있을 따름이다.

子曰: 知幾其神乎! 君子上交不諂, 不交不瀆! 其知幾乎! 幾者動之微, 吉之先見者也. 君子見幾而作, 不俟終日. 『易』曰, "介于石, 不終日, 貞吉." 介如石焉, 寧用終日, 斷可識矣. 君子知微知彰, 知柔知剛, 萬夫之望.

공자께서는 말하기를, 기미[幾]를 앎은 그 신(神)이로다! 군자는 윗사람과 교접하면서 아첨하지 않고 아랫사람들과 교접하면서 모독을 당하지 않는구나! 그 기미[幾]를 아는 것이로다! 기미[幾]란 움직임의 은미한 단계로서 길함이 먼저 드러난 것이다. 군자는 기미[幾]를 보고서 바로 시작하지 결코 하루가 다하도록 기다리지 않는다. 그래서 『주역』에서는 '돌처럼 굳게 지키고 있음이니, 하루가 가지 않는다. 올곧아서 길하다.'[1210]라고 한다. 돌처럼 굳게 지키고 있으니 어찌 하루를 다 쓸 것이며, 판단하여 알 수가 있는 것이다. 군자는 은미함도

저민 고기, 생선, 건어(乾魚) 등을 담아 바치던 것을 말한다.(『儀禮』, 「少牢饋食禮」) 또 '오정식(五鼎食)'은 5개의 솥을 벌여놓고 식사를 한다는 것으로서 고관대작(高官大爵)들의 호화로운 생활을 의미하기도 한다. 그리고 '오정팽(五鼎烹)', 또는 '오정형(五鼎亨)'은 큰 솥에 죄인을 삶아서 죽이는 혹형(酷刑)을 의미한다.

1210) 예괘(豫卦)䷏의 육이효사다.

알고 뚜렷함도 알며, 부드러움[柔]도 알고 굳셈[剛]도 아니, 모든 지아비들의 선망의 대상이다.

'介于石', 静之篤也. '不終日', 動之捷也. '豫'之卦德本動, 而六二静正自守, 嫌於不足以動. 乃天下動而有所滯累者, 皆立心不固, 以利欲累其進退, 持己無本, 則倚於人而隨物以靡, 諂上瀆下, 求濟其欲, 而爲人所掣, 不能自主矣. 唯不諂不瀆, 正己而無求, 則上不能制, 下無所牽, 進退綽有餘裕, 不待事變之著, 吉凶已有成形, 而得失之理決於當念. 從其後而觀之, 何其知幾之早, 同於神化! 而君子所守者至正之理, 黑白之辨顯著於前, 如飢食渴飲之自喩, 不待動念而早覺, 非以機智相測也. 微之必彰, 知之不昧, 而以或柔或剛應天下者不爽, 天下於其出處語默卜治亂焉, 則可謂之至神矣. 周子曰, "無欲故静". 又曰, "静無而動有". 諂·瀆無他, 私欲亂之耳. '介于石', 無欲之至也. 『本義』云, 漢書'吉'·'之'之間有'凶'字.

'돌처럼 굳게 지키고 있음'은 고요함에서 돈독한 것이다. '하루가 가지 않음'은 움직임에서 민첩한 것이다. 예괘(豫卦)䷏의 덕은 본래 '움직임'이다. 그런데 그 육이효는 고요히 올바름을 유지한 채 스스로를 지키고 있으면서 자신이 움직이기에는 부족하다고 꺼리고 있다. 이에 비해 이 세상에서 움직였지만 뭉개며 얽매여 있는 이들은 모두 마음을 세운 것이 굳건하지 않고, 이욕이 그 나아감과 물러남을 옥죄고 있기 때문이다. 그래서 자기 자신을 지탱하는 것에 근본이 없으니 남에게 의지하려 들고 잇속이 있는 쪽으로 휩쓸린다. 그리하여 윗사람들에게는 아첨하고 아랫사람들에게서는 모욕을 당하며 제 욕구를 채우려 드니, 남들에게 끌림을 당하고 제 삶의 주인 노릇을 할 수가 없다.

오직 윗사람들에게 아첨하지도 않고 아랫사람들에게 모욕을 당하지도 않으면서 자기 자신을 올바르게 유지한 채 이욕을 추구하지 않으면, 윗사람들로서도 그를 통제할 수 없고, 아랫사람들에게도 끌려가지 않는다. 이렇게 하면 이 세상에 나아감과 물러남에 넉넉하여 여유가 있으니, 꼭 사변(事變)이 현저하게 드러남에 의거하지 않고, 또 길・흉이 이미 형체를 이룸에 의거하지 않더라도, 득・실의 이치 자체에 따라 마음먹는 데서 곧 결정한다. 그 뒤를 좇아가며 관찰하더라도, 어찌 그다지도 일찌감치 기미[幾]를 알아차려서 신(神)이 지어냄[造化]과 똑같을까! 군자가 지켜야 할 바는 지극히 올바른 이치인데, 그것이 마치 흑과 백처럼 구별되어 눈앞에 환히 드러나 있어서 마치 굶주린 이가 먹고 목마른 이가 마시는 것처럼 스스로 알 수가 있으니, 꼭 생각을 일으키지 않더라도 일찌감치 알아차리는 것이다. 이것은 결코 기지(機智)로써 서로 넘겨다 보는 것이 아니다. 은미한 것은 반드시 환히 드러나게 되어 있고 그가 아는 것도 어둡지 않으니, 혹은 부드러움[柔]으로 혹은 굳셈[剛]으로 이 세상에 응하는 것들이 전혀 어긋나지 않는 것이다. 그래서 천하도 그가 세상에 나아가 참여할지, 아니면 산림에 은거해야 할지에 대해서, 또 사회의 문제에 대해서 발언을 해야 할지 아니면 침묵을 해야 할지에 대해서, '태평함[治]'과 '혼란함(亂)'으로 분명하게 답해 준다. 그래서 "지극히 신묘하다."고 할 수 있는 것이다. 그래서 주자(周子; 周敦頤)는 "욕구가 없기 때문에 고요하다."[1211] 고 하였고, 또 "고요함에서는 없고 움직임에서는 있다."[1212] 고도 하였다. 아첨함・모욕을 당함이란 다른 것이 아니라

1211) 주돈이(周敦頤)의 『태극도설(太極圖說)』의 자주(自註)에 나오는 말이다.
1212) 주돈이의 『통서(通書)』, 「성하(誠下) 제2(第二)」 편에 나오는 말이다. 주돈이

사사로운 욕구 때문에 혼란해지는 것일 따름이다. '돌처럼 굳게 지키고 있음'은 무욕(無欲)의 지극함이다. 『주역본의』에서는 『한서(漢書)』에는 '길(吉)' 자와 '지(之)' 자 사이[1213]에 '흉(凶)' 자가 있다고 하고 있다.

子曰: 顏氏之子, 其殆庶幾乎! 有不善未嘗不知, 知之未嘗復行也. 『易』曰, "不遠復, 无祇悔, 元吉."

공자께서는 "안씨의 아들[顏回]은 거의 가까운지고! 자신이 좋지 않은 점이 있거들랑 일찍이 알아차리지 못함이 없었고, 알게 되어서는 다시는 그 행위를 반복하지 않았다. 그래서 『주역』에서는 '머지않아 곧 돌아옴이니, 후회함에 이르지 않는다. 원래 길하다.'[1214]라고 한다."라고 하였다.

'庶幾', 合於'復'初之德也. 初九一陽起於五陰之下, 至靜之中而動幾興焉, 則知無不明, 而行無所待矣. 蓋靜而存養之功已密, 則天理流行, 而大中至正之則, 炯然不昧, 故一念甫動, 毫釐有差, 則與素志相違而疾喩其非, 隱而莫見, 微而莫顯, 省察之功易而速矣. 故愚嘗謂庸人後念明於前念, 君子初幾決於後幾. 後念之明, 悔之所自生也. 初幾則無事於悔矣. 不睹不聞之中, 萬理森然, 而痛癢自覺, 故拔一髮而心爲之

는 여기서 성인의 성스러움[聖]을 성실함[誠]으로 풀이하면서, 성인의 고요함과 움직임에서의 양상을 각각 이렇게 묘사하고 있다.

1213) '吉之先見者也' 구절의 '길(吉)' 자와 '지(之)' 자 사이를 가리킨다. 그래서 '吉凶之先見者也'(길·흉이 먼저 드러난 것이다.)가 된다는 것이다.

1214) 복괘(復卦)䷗의 초구효사다.

動, 此仁之體也; 於静存之, 於動著之也.

'庶幾(서기)'는 복괘(復卦)䷗ 초구효의 덕에 합치한다는 의미다. 복괘의 초구효는 다섯 음들의 밑에서 하나의 양이 일어나고 있다. 이는 지극히 고요한 속에서 움직임의 기미[幾]가 일어남이다. 그래서 앎에 분명하지 않음이 없고 행동함에도 기다리는 바가 없다. 고요한 가운데 사람다움의 성(性)을 보존하고 함양하는 공(功)이 이미 치밀하니, 하늘의 이치가 널리 퍼져 나아가고 대중지정(大中至正)한 법칙에 대해 환하며 전혀 어둡지 않다. 그러므로 한 생각이 막 움직임에 털끝만큼이라도 잘못이 있으면 평소의 뜻함과 서로 어긋나는 것이어서 그 잘못됨을 금방 알아차린다. 아무리 숨어 있는 것이라 할지라도 드러나지 않는 것이 없고, 아무리 미미한 것이라도 현저하지 않은 것이 없는데, 성찰(省察)의 공부가 있어서 쉽고 신속한 것이다. 그러므로 나는 일찍이, 보통 사람들은 뒤의 생각이 앞의 생각보다 분명하지만, 군자는 나중의 기미[幾]보다는 처음의 기미에서 결정한다고 하였다. 후념의 밝음은 후회함이 절로 생겨남이다. 그런데 처음의 기미에서 결정하고 시작하면 후회할 일을 저지르지 않는 것이다. 보이지 않고 들리지 않는 속에 모든 이치가 빽빽하고, 통증과 가려움을 스스로 느끼니, 털 한 오라기라도 뽑아 그것이 세상에 이로움이 된다면 그렇게 하겠다고 마음이 움직이는 것이다. 이것이 어짊[仁]의 체(體)다. 군자는 이러함이 고요함에서는 보존되고 움직임에서는 드러나는 것이다.

天地絪縕, 萬物化醇; 男女搆精, 萬物化生. 『易』曰, "三人行則損一人, 一人行則得其友." 言致一也.

공자께서는 "하늘과 땅이 인(絪) · 온(縕) 운동을 하는 속에서 만물은 화하며 효능이 더욱 뛰어나게 된다. 남 · 여가 교합하여 정(精)을 나누는 속에 만물은 화하며 생겨난다. 그래서 『주역』에서는 "세 사람이 길을 가면 한 사람을 덜어내고, 한 사람이 길을 가면 그 벗을 얻는다."고 하니, 이는 하나를 이룸을 말하는 것이다."라고 하였다.

'絪縕', 二氣交相入而包孕以運動之貌. '醇'者, 變化其形質而使靈善, 猶酒醴之釀而醇美也. '男女', 兼牝牡雌雄而言. '化醇', 化其氣而使神. '化生', 化其形而使長. 神在氣之中, 天地陰陽之實與男女之精, 互相爲體而不離, 氣生形, 形還生氣, 初無二也. 男女者, 陰陽之成形・天地之具體, 亦非二也, 從其神理形質而別言之耳. 天地之理至足, 故函三而用一. '致'者, 奉而與之之謂. 天致其一於上而成'艮', 地致其一於三而成'兌', 交相致以合同而化, 乃以保泰而通山澤之氣. 若吝於損而不致, 則化不行矣. 故三人同行, 而損一以致之; 與異己者行焉, 則得友而相益. 以善體陰陽之化理, 以取益者不私己以自隘・不怙己而驕物也. 按此言天地化醇, 男女化生, 形氣交資, 而生乃遂, 則'乾'・'坤'稱父母, 而父母一'乾'・'坤'之理, 於此可見. 人不能離生以養醇, 則父母之恩均於天地, 不可專歸生化於天地以遺忘父母. 仁人孝子, 事親以事天, 即此可悟. 而天地之化醇・人物蕃育以迄消萎, 屈伸於絪縕之內, 於天地初無所損; 若父母則劬勞以裕吾之生者, 皆損己以益其子, 故曰, "昊天罔極", 尤爲人子者所不可不深念也.

'인・온'은 두 기가 교접하면서 서로에게 들어가고 받아들여 운동하는 모양이다. '醇(순)'이란 그 형질을 변화시켜 더욱 효능이 뛰어나게 함이다. 마치 술과 단술을 양조하여 더욱 깊고 좋은 맛이 되도록 함과 같다.

'남·여'란 암사슴·수사슴, 암꿩·수꿩과 같은 것들을 포괄하여 말한 것이다. '화하여 더욱 효능이 뛰어나게 함'이란 그 기(氣)를 변화시켜 신묘하게 하는 것이고, '화하여 낳음'이란 그 형(形)을 변화시켜 자라나게 함이다. 신묘함은 기(氣) 속에 있는데, 하늘·땅 및 음·양의 실(實)과 남·여의 정(精)은 서로 한 몸이며 분리되지 않는다. 그래서 기(氣; 陽)는 형(形; 陰)을 낳고 형은 다시 기를 낳으니, 처음부터 이들은 둘이 아니다. 남·여도 음·양이 형체를 이룬 것이고 하늘·땅이 몸을 갖춘 것이니, 역시 둘이 아니다. 다만 그 신리(神理)와 형질(形質)[1215]에 따라서 구별하여 말한 것들일 뿐이다.

하늘·땅의 이치는 지극히 충족하다. 그러므로 셋을 휩싸고 있는데 작용은 하나로 한다. '致(치)'는 받들며 함께함을 일컫는다. 하늘이 그 하나를 위에서 받들며 함께하여 간괘☶를 이루고, 땅은 그 하나를 3위(位)에서 받들며 함께하여 태괘☱를 이룬다. 이렇게 하늘과 땅은 서로 사귀면서 받들고 함께함으로써 합동으로 만물을 지어낸다. 그리하여 태평함을 보존하고 산과 연못의 기(氣)가 통하는 것이다.[1216]

그런데 만약에 이들이 자기 것을 덜어내는 데 인색하여 받들어 함께하지 않는다면 만물을 지어냄이 행해지지 않는다. 그러므로 세 사람이 함께 길을 가면 한 사람을 덜어냄으로써 받들어 함께하고, 자기와는 다른 사람과 길을 가게 되어서는 벗을 얻어 서로 이익이 된다. 그래서 이렇게 음·양이 지어내는 이치를 잘 체득하여 이익을 얻는 이는, 자기의 사사로

1215) 신리(神理)는 정신적인 현상, 또는 활동과 이치를 아우르는 말이다. 왕부지는 이를 양(陽)에 부여한다. 그리고 형질을 음(陰)에 부여한다.

1216) 산은 간괘☶, 연못은 태괘☱가 상징한다.

움에만 빠진 나머지 스스로를 가로막아 좁히는 따위의 짓을 하지 않고, 또 자기 자신만을 믿고 으스대며 다른 이들에게 교만하게 굴지도 않는다. 여기에서는 하늘・땅이 변화시켜 더욱 효능이 뛰어나게 함, 남・여가 화하여 낳음, 형(形)・기(氣)가 사귀며 바탕이 되어 낳고 완수함에 대해 말하고 있다. 이러한 관점에서 건(乾)・곤(坤)을 부모라 칭하는 것이니(張載, 『正蒙』, 「乾稱」) 부・모가 하나의 건(乾)・곤(坤)이라는 이치를 여기서 알 수가 있다. 사람은 생겨남을 떠나서는 길러질 수도 없고 효능이 더욱 뛰어나게 될 수도 없다. 그래서 부모의 은혜는 천지와 균등하다. 그러므로 우리를 낳고 화함을 오로지 천지에로만 돌린 나머지 부모를 잊은 채 버려두어서는 안 된다. 어진 사람과 효자가 부모를 섬김으로써 하늘을 섬긴다는 것을 바로 여기서 깨달을 수 있다. 그런데 하늘과 땅이 변화시켜 더욱 효능이 뛰어나게 함에 사람과 물(物)들은 번다하게 길러졌다가 시들어 사라지기까지 인(絪)・온(縕) 속에서 굽혔다 폈다 하는데, 이러하더라도 하늘과 땅에는 처음부터 전혀 손실이 없다. 그러나 부모의 경우는 이와 다르다. 우리들의 부모가 죽도록 힘쓰며 우리의 생명을 넉넉하게 해주는 것들이 모두 자신을 손상시켜 그 자식에게 보탬을 주는 것이기 때문이다. 그러므로 "어버이의 은혜는 너무나 커서 저 넓고 큰 하늘과도 같이 다함이 없다."고 하는 것이다. 특히 사람의 자식으로서는 더욱 이를 깊이 마음에 새기지 않을 수 없다.

子曰: 君子安其身而後動, 易其心而後語, 定其交而後求, 君子脩此三者, 故全也. 危以動, 則民不與也. 懼以語, 則民不應也. 无交而求, 則民不與也. 莫之與, 則傷之者至矣. 『易』曰,

"莫益之, 或擊之, 立心勿恒, 凶."

공자께서 말하기를 "군자는 몸을 평안히 한 뒤에 행동하고, 마음을 평이하게 한 뒤에 말하며, 사귐이 안정된 뒤에야 구한다. 군자는 이 세 가지를 닦기 때문에 온전하다. 그렇지 않고, 위태롭게 행동하면 백성들이 함께하지 않고, 두려움에 떨면서 말하면 백성들이 응하지 않으며, 사귐이 안정이 되지도 않았는데 구하면 백성들은 함께하지 않는다. 그래서 『주역』에서는 '전혀 보태주지 않고 혹은 후려치기까지 한다. 마음을 세움이 항상스럽지 않다. 흉하다.'[1217] 고 한다." 고 하였다.

'安其身', 自處有道, 而不行險以徼幸也. '易', 平也. '易其心', 不以極喜極憂而迫於言也. 下專言懼者, 懼且不可語, 而況可溢喜以妄言耶! '定交', 道合而情孚也. 三者皆有恆之道, 無損於物, 則物自樂於相益; 反是者, 孤危而害將至矣. '益'之上九, 高危而驕吝, 故決言其凶. 聖人之言, 徹上徹下, 日用之所不能違, 類如此, 尤讀『易』者所宜加警.

'몸을 평안히 함'은 스스로 도(道)에 맞게 처신할 뿐, 위험한 짓을 하며 요행을 바라지 않는 것이다. '易(이)'는 평이하다는 의미다. '마음을 평이하게 함'은 극단적으로 기뻐하거나 극단적으로 근심하며 말하기에 급박하지 않음을 뜻한다. 그런데 아래에서는 오로지 '두려움'만을 말하고 있는 까닭은, "두려워서 말도 할 수가 없는데 하물며 넘치도록 기뻐하며 망령되게 말을 할 수 있겠는가!" 하는 이유에서다. '사귐이 안정됨'이란 서로의 도(道)가 합치하고 정서상으로도 서로 믿는다는 의미다. 이 셋

1217) 익괘(益卦)䷩의 상구효사다.

모두에는 항상됨의 도(道)가 있고, 다른 이들에게 전혀 손해를 입히지 않는다. 그래서 다른 이들도 서로에게 이익을 주는 데 스스로 기뻐하며 함께한다.

그러나 이와 반대일 경우는 외롭고 위태로워서 해로움이 장차 이른다. 익괘(益卦)䷩의 상구효는 높은 자리에 위태롭게 있으면서 교만에 가득 차 베푸는 데 인색하다. 그러므로 결단코 그 흉함을 말하고 있는 것이다. 이처럼 성인들의 말은 위와 아래를 환하게 꿰뚫고 있으므로 우리가 일상생활을 하는 데서 전혀 이길 수가 없다. 그 예를 여기서 본다. 그러니 특히 『주역』을 공부하는 이들이라면 더욱 경계해야 마땅할 것이다.

第六章
제6장

篇內凡三言衰世之意, 以見唯周有『易』, 而『易』理大備於周, 然則雖果有伏犧之『易』, 猶當略之以從周, 況其世遠亡傳, 徒爲後人所冒襲之虛名乎!

이 편 속에서는 무릇 세 번에 걸쳐 쇠미한 세상의 의미에 대해 말하고 있다. 그리하여 오직 주(周)나라에만 『역』이 있었고, 『역』의 이치가 주나라에서 크게 갖추어졌음을 밝히고 있다. 그렇다면 비록 복희씨의 『역』이 있다고 하더라도 오히려 이것을 마땅히 생략하고 주나라의 것을 따라야 할 것이다. 하물며 복희씨의 세상은 시간적으로 너무나 멀고 전해지는 것도 없어서 후대 사람들에게는 그것이 맹목적으로 답습되는 한갓 허명(虛名)임에야!

子曰: '乾'·'坤'其『易』之門邪! '乾', 陽物也; '坤', 陰物也; 陰陽合德而剛柔有體, 以體天地之撰, 以通神明之德.

공자께서 말하기를, "건괘·곤괘는 『주역』의 문이로다! 건괘는 양(陽)의 물(物)이고, 곤괘는 음(陰)의 물(物)이다. 그래서 음과 양이 덕을 합하고 굳셈[剛]과 부드러움[柔]이 체(體)를 이룸으로써, 하늘과 땅의 하는 일을 체현하고 신(神)의 밝은 덕에 통한다."라고 하였다.

『易』統六十四卦而言. 所從出曰'門'. 有形有象而成乎事者, 則可名爲'物', 謂爻也; 言凡陽爻皆'乾'之陽, 凡陰爻皆'坤'之陰也. '合德', 相合以成德. '體', 卦已成之體也. 陰陽合而成六十二卦, 各有性情功效, 而體因定焉. 陽卦體剛, 陰卦體柔, 體立而用因以著也. '撰', 其所作也. 凡物理之不齊, 人事之至賾, 皆天地健順之德所變通而生. '乾'·'坤'之良能, 體物不遺, 而變之通之者. 神明爲之也. 六十四卦具而'乾'·'坤'之能事畢, 變通之動幾盡焉. 要其實, 則一陰一陽之用而已. '神明', 神之明也; 自其流行謂之'神', 自其昭著謂之'明'.

『주역』은 64괘를 통틀어 말한 것이다. 이것들이 좇아 나오는 곳을 '문'이라 한 것이다. 형(形)도 있고 상(象)도 있으며 사(事)를 통해 이루고 있으니 '물(物)'이라 할 수 있는데, 이는 효(爻)를 가리킨다. 말하자면 『주역』의 양효들은 모두 건괘☰의 양이고, 음효들은 모두 곤괘☷의 음이라는 의미다. '덕을 합함'은 이들 둘이 서로 합하여 덕을 이룬다는 뜻이다. '체(體)'는 괘들이 이미 이루고 있는 괘체를 가리킨다. 음·양이 합하여 62괘를 이루고 있으면서 각기 성정(性情)과 공효(功效)를 지니고 있는데, 체(體)는 이로 말미암아 정해지는 것이다. 양의 괘는 체가 굳세고, 음의 괘는 체가 부드럽다. 그래서 체(體)가 수립되면 용(用)은 그로 말미암아 드러난다. '撰(찬)'은 이것들이 하는 일들을 의미한다. 무릇 물(物)들의 이치가 똑같지 않고 사람의 일이 지극히 잡다함은, 모두 하늘과 땅의 씩씩함[健]·순종함[順]의 덕이 변하고 통하여 낳은 것들이다. 건(乾)·곤(坤)의 양능은 어떤 물(物)이든 빠뜨림 없이 체현한다. 그리고 이것들을 변하게 하고 통하게 하는 것은 신(神)의 밝음이 한다. 64괘가 갖추어져서는 건(乾)·곤(坤)의 능사(能事)가 마무리되고, 변하고 통하며 움직이는 기미[幾]도 다 망라된다. 그런데 그 실질을 요약하면 '한 번은 음이었다 한 번은 양이었다 함(一陰一陽)'의 작용일 따름이다. '神明(신명)'은 신의 밝음이다. 다만 그 널리 행한다는 측면에서 '신'이라 하고, 환하게 드러난다는 측면에서는 '밝음'이라 하는 것이다.

其稱名也雜而不越. 於稽其類, 其衰世之意邪!

"그 이름을 붙인 것들이 잡다하지만 이것들이 건괘·곤괘가 덕을 함께하며 유기적으로 작용하는 체제를 벗어나지 않는다. 이 잡다한 괘들이 담고 있는 부류에 대해 자세히 살펴보면, 마치 쇠미한 세상의 뜻이 담겨 있는 듯하구나!"

陰陽變通而成象, 則有體. 體立而事物之理著焉, 則可因其德而爲之名. 自'屯'·'蒙'以下, 物理之化, 人事之幾, 得失良楛, 賅而存焉, 其類不一, 亦至雜矣. 然皆'乾'·'坤'剛柔交感合德之所固有, 不越乎天地之撰也. '衰世', 謂文王之世. '乾'·'坤'之撰, 無所不有, 而因時以著. 在盛治之世, 天之理正, 物之氣順, 而變有所不著. 唯三代之末造, 君昏民亂, 天之變已極, 日月雷風山澤, 有愆有伏, 人情物理, 或逆而成, 或順而敗, 而後陰陽錯綜不測之化乃盡見於象, 『易』之所爲備雜卦吉凶之象而無遺, 然在天者卽爲理, 一消一長, 一盛一衰, 初無損於天地之大德, 特以勞君子之憂患, 而遂見爲不正之變; 乃體其撰, 皆可以盡吾健順之常, 則固不越乎'乾'·'坤'之合德也. 治世無亂象, 而亂世可有治理, 故唯衰世而後雜而不越之道乃著, 而文王體天盡人之意, 見乎彖·象者乃全也.

음·양이 변하고 통하여 상(象)을 이루면 체(體)가 있게 된다. 그리고 체가 수립되면 사(事)·물(物)의 이치는 드러나게 된다. 그래서 그 덕을 근거로 하여 이름을 붙일 수 있다. 준괘(屯卦)䷂·몽괘(蒙卦)䷃ 이하에는[1218] 물(物)들의 이치에 의한 지어냄[造化]과 사람 일의 기미, 득실의 좋고 나쁨 등이 다 갖추어져 있다. 그래서 그 부류가 한결같지 않고 또한 지극히 잡다하다. 그러나 모두 건괘䷀·곤괘䷁ 두 괘의 굳셈[剛]·부드러움[柔]이 교감하고 덕을 합하는 속에 본디 있는 것들이다. 이들은 하늘과 땅이 하는 일에서 벗어나지 않는다.
'衰世(쇠세)'는 문왕의 세상을 말한다. 건괘·곤괘 두 괘의 하는 일에는 있지 않은 것이 없지만 단지 그것들이 때에 맞추어 드러난다. 그래서 융성하고 태평한 세상에서는 하늘의 이치도 올바르고 물(物)들의 기(氣)도 순(順)하며, 변함 가운데서는 드러나지 않는 것이 있다. 오직 하(夏)·은(殷)·주(周) 삼대의 말엽에 이르러서만, 군주는 어둡고 백성들은 혼란 속에 빠져 있었다. 그래서 이때는 하늘의 변함이 이미 극에 이르고, 해와 달, 우레와 바람, 산과 연못에도 정상을 벗어난 이상 현상들이

1218) 64괘에서 건괘·곤괘 두 괘를 제외한 나머지 괘들 모두를 지칭하는 말이다.

발생하였다.[1219] 사람들의 상황과 물(物)들의 이치에서도 더러는 거스르는 것이 이루어지기도 하고 더러는 순종하는 것이 패하기도 하였다. 이러한 뒤에 음·양이 교착하여 뒤섞이며 가늠할 수 없는 변화가 현상으로 다 드러나게 되었다. 『주역』은 이러한 것들을 반영하여 잡다한 괘들 속에 길·흉의 상을 남김없이 갖추고 있다.

그런데 하늘에 있는 것이 바로 이치다. 이에 의해 한 번은 사라졌다 한 번은 자라났다 하고, 한 번은 융성하였다 한 번은 쇠퇴하였다 하는데, 이러하다고 하여 하늘과 땅의 위대한 덕을 손상시킴이 애당초 없다. 다만 이러함이 군자에게는 우환으로 작용하며 수고롭게 하고 마침내 부정(不正)한 변(變)으로 드러난다. 그러나 하늘이 하는 이러한 일들을 우리 인간이 체득하게 되면 모두 우리들의 씩씩함[健]·순종함[順]의 항상됨을 다할 수 있다. 이러함은 본디 건(乾)·곤(坤)의 함께하는 덕으로부터 벗어나지 않는다. 그런데 치세에는 난세의 상이 없지만, 난세에는 치세에로 이끌 이치가 있다. 그러므로 오직 쇠미한 세상이 된 이후에야 잡다하면서도 건괘·곤괘 두 괘의 덕이 함께하는 체제를 벗어나지 않는 도(道)가 드러나는 것이다. 쇠미한 세상의 한가운데 있던 문왕께서 하늘의 이치를 체득하고 사람으로서 해야 할 일을 다해야 한다고 하신 뜻이 바로 『주역』의 효와 괘들 속에 온전히 드러나 있다.

1219) 건(愆)과 복(伏)은 이상 기온을 말한다. 즉 겨울에 너무 덥다든지[愆] 여름에 너무 춥다든지[伏] 하는 것을 의미한다. 그 출전은 『춘추좌씨전』에 있다.(『春秋左氏傳』, 「昭公四年」: 其藏之也周, 其用之也徧, 則冬無愆陽, 夏無伏陰, 春無凄風, 秋無苦雨, 雷出不震, 無菑霜雹, 癘疾不降, 民不夭札.)

夫『易』彰往而察來, 而微顯闡幽. 開而當名辨物, 正言斷辭, 則備矣.

『주역』은 지나간 것을 환히 드러내고 다가올 것을 살피며, 은미한 것을 드러내고 그윽한 것을 밝히고 있다. 우리 인간을 깨우치고 이끌어주면서 딱 들어맞게 이름을 짓고 물(物)들을 변별하고 있다. 아울러 우리 인간들의 말을 바루고 괘·효사로 판단하고 있다. 그래서 완비한 것이다.

『本義』云, "'而微顯', 當作'微顯而闡幽'. '開而'之'而', 疑誤." 此以下皆申明'雜而不越'之義. '往'者已著之理, '來'者必然之應. '微顯'者, 事物之迹, 皆推其所以然, 而示其當然也. '闡幽', 明示其繇來之故, 必見於事應也. '當名', 因象立名, 允當而卦德以著也. '言'者辭之理. '正言', 定其得失應違之常理也. '斷辭', 以辭斷其吉凶也. '備'者統上九者而言, 皆所謂雜也, 推其所從備則不越也.

『주역본의』에서는 이 구절과 관련하여, "'而微顯(이미현)'은 마땅히 '微顯而闡幽(미현이천유)'로 써야 한다. '開而(개이)'의 '而(이)' 자는 아마 잘못 들어간 것 같다."라 하고 있다. 이 구절부터는 모두 '잡다하지만 이것들이 건괘·곤괘가 덕을 함께하며 유기적으로 작용하는 체제를 벗어나지 않는다'고 함의 뜻을 거듭 밝힌 것이다. '지나간 것'이란 이미 드러난 이치를, '다가올 것'이란 꼭 그렇게 될 응함(應)을 의미한다. '은미한 것을 드러냄'은 『주역』이 사(事)와 물(物)의 자취에서 모두 '그렇게 되는 까닭(所以然)'을 미루어내어 '마땅히 그렇게 됨(當然)'을 보여준다는 것이다. '그윽한 것을 밝힘'이란, 『주역』이 그 유래가 되는 까닭을 분명하게 제시하고 있는데, 그것이 반드시 일의 응함에서 드러나게 되어 있다는 것이다. '딱 들어맞게 이름을 지음'은 『주역』에서 상(象)을 근거로 하여 이름을 지은 것이 진실로 딱 들어맞고 괘의 덕을 통해 현저하게 드러내고 있다는 의미다. 여기서 말하는 '言(언)'은 괘・효사의 이치를 의미한다. 그래서 '말을 바룸'이란 득・실과 응함[應]・어김[違]의 항상된 이치를 정해 놓았다는 뜻이다.[1220] '괘・효사로 판단함'은 괘・효사를 통해 그 길・흉을 판단한다는 의미다. '완비함'은 위의 아홉 가지 공자 말들[1221]을 통괄하여 말한 것으로서 모두가 이른바 '잡다함'에 해당하는데, 이것들이 건괘・곤괘로부터 갖추어졌다는 관점에서 미루어 보면 건괘・곤괘가 덕을 함께하며 유기적으로 작용하는 체제를 벗어나지 않는다는 의미다.

其稱名也小, 其取類也大, 其旨遠, 其辭文, 其言曲而中, 其事肆而隱, 因貳以濟民行, 以明失得之報.

『주역』에서 지칭하는 이름들은 작지만, 그것들을 미루어 적용할 수 있는 부류는 방대하다. 함유하고 있는 뜻이 원대하고 괘・효사들은 환히 빛나고 있으며 그 말들이 속속들이 다 파고들어 가면서도 적중하고 있다. 드러내고 있는 사람의 일들이 죽 진열되어 있지만 그 이치는 숨어 있다. 『주역』은 사람의 지력으로써는 쉽게 알 수 없는 의심스러움으로 말미암아 점을 치는 백성들의 행동을 도와주는

1220) 점을 쳐서 얻은 괘・효가 왜 점친 이에게 왜 득(得)이 되고, 왜 실(失)이 되는지, 또 왜 응함이 되거나 어김이 되는지를 올바르게 정해 놓았다는 의미다.

1221) 위의 '자왈(子曰)'로 시작한 구절들을 가리킨다.

것인데, 득 · 실에 대해 정확하게 알려준다.

'名'謂卦名及辭中所擧事物之名也. '小'者, 專以一事一物言也. '取類', 取義而推其類也. '大'如: '屯', 本艸出土之象, 而可推之建侯; '噬嗑', 齧合也, 而可推之用刑. '旨遠', 盡陰陽變化之無窮. '辭文', 依義理以爲文, 則順理而成章也. '曲', 委曲於吉凶悔吝之故. '肆', 陳列也; 所言之事雖陳列分明, 而所以然之理則深隱也. '貳', 疑也, 謂有疑而筮也. '報'者, 失得在人事, 而吉凶之應不爽也. 皆備贊『易』理, 以申'雜而不越'之義. 唯'乾' · '坤'以爲門, 故不可越; 而唯衰世, 其變乃著. 伏羲之『易』待文王而興, 而竝建'乾' · '坤'以統萬象, 『周易』之所以軼夏 · 商而備天人之道也.

'名(명)'이란 괘 이름과 괘 · 효사들 속에서 거론하고 있는 명칭을 말한다. '小(소)'라는 것은 이 명(名)이 오로지 한 가지 일이나 한 가지 물(物)만을 말하고 있다는 의미다. '미루어 적용할 수 있는 부류'라 한 것은 의미를 취하여 그 부류에 미루어 적용한다는 뜻이다. '방대하다'고 한 것은 다음과 같은 의미다. 즉, 준괘䷂는 본래 풀이 땅을 뚫고 돋아난 상(象)이지만 제후를 세움에 이를 미루어 적용할 수 있고, 서합괘䷔는 입으로 음식물을 씹으면서 위 · 아래 턱을 합치는 상이지만 형벌을 주는데다 이를 미루어 적용할 수 있다는 것이다. '함유하고 있는 뜻이 원대함'이란 음 · 양 변화의 무궁함을 다 드러내고 있다는 의미다. '괘 · 효사들은 환히 빛나고 있으며'라 한 것은, 괘 · 효사들이 의미와 이치에 의거하여 아름다움을 이루고 있으니, 이치에 순응하며 나름대로 하나의 짜임새를 이루고 있음을 뜻한다. '曲(곡)'은 길 · 흉과 후회함[悔] · 아쉬워함[吝]의 까닭에 대해 속속들이 밝히고 있다는 의미다. '肆(사)'는 진열하고 있다는 뜻으로서, 언급하고 있는 일들이 비록 분명하게 진열하고 있지만 그렇게 된 근거로서의 이치는 깊이 숨어 있다는 것을 의미한다. '貳(이)'는 의심스럽다는 뜻으로서, 사람의 지력으로서는 알 수가 없는 나머지 의심이 일어 시초점을 친다는 것을 말한다. '報(보)'는 얻고 잃음이 사람의 일에 있지만 길 · 흉의 응함은 결코 어그러짐이 없다는 것이다.

이들 모두는 『주역』의 이치를 갖추어 찬탄하면서 '잡다하지만 이것들이 건괘 · 곤괘가 덕을 함께하며 유기적으로 작용하는 체제를 벗어나지 않는다'고 함의 의미를 거듭 밝히는 것들이다. 그런데 『주역』은 오직 건괘 · 곤괘를 문(門)으로 하고 있기 때문에 나머지 62괘들이 이를 벗어날 수가 없고, 오직 쇠미한 세상에서만 그 변함이 드러난다. 복희씨의 『역』은 문왕에 의해 흥성하게 되었는데, 건괘 · 곤괘 두 괘를 아울러 세움으로써['乾''坤'竝建] 온갖 상(象)들을 통괄하고 있다. 이러하기 때문에 『주역』이 하(夏)나라 · 상(商)나라보다 앞서 출현하였으면서도, 하늘과 사람의 도(道)를 완비하고 있는 것이다.

第七章
제7장

『易』之興也, 其於中古乎! 作『易』者, 其有憂患乎!

『주역』의 흥기함은 중고(中古) 시대에서인지고! 『주역』을 지으신 이에게는 우환이 있었던 것이로다!

'中古', 殷之末・周之初也. '憂患'者, 文王欲弔伐, 則恐失君臣之大義, 欲服事, 則憂民之毒痛, 以健順行乎時位者難, 故憂之. 周公之居東也亦然. 故以硏幾精義者, 仰合於伏羲之卦得其理, 而以垂爲天下後世致用崇德之法. 舊說謂拘羑里爲文王之憂患, 非也. 死生榮辱, 君子之所弗患, 而況聖人乎!

'중고' 시대란 은(殷)나라 말기에서 주나라 초기를 가리킨다. '우환'이란 당시 문왕이 처한 상황과 관련이 있다. 우선 은나라 주왕(紂王)의 학정(虐政) 아래 신음하고 있던 백성들의 고통을 해소해 주자는 차원에서 문왕이 그를 정벌코자 하여도 이것이 군주와 신하 사이의 대의(大義)를 잃어버리게 하는 것임이 두려웠다. 그렇다고 이러한 주왕에게 복종하고 그를 섬기자니 당장 고통 받고 있는 백성들의 상황이 근심이 아니 될 수 없었다. 그러므로 문왕의 입장에서는 시(時)와 위(位)에 맞추어 씩씩함[健]・순종함[順]을 행하기가 어려워서 우환이 되었다는 의미다. 주공이 동쪽에 거처하게 되었던 상황[1222]도 또한 그러하였다. 그러므로 이들은

1222) 무왕이 죽은 뒤에 그의 아들 성왕(成王)이 아직 어렸기 때문에 그 숙부(叔父)인 주공(周公)이 섭정을 하게 되었다. 그런데 관숙(管叔)을 비롯한 그의 형제들이 이것이 어린 왕인 성왕에게 장차 이롭지 않으리라 하면서 마치 주공이 성왕에게 위해를 가하려 하는 것처럼 유언비어를 퍼뜨렸다. 이에 주공은 자신의 결백과 충성을 입증하기 위해 동쪽에 있는 낙양(洛陽)으로 거처를 옮긴 뒤 2년 동안 수도에 들어가지 않았다. 그리고 「치호(鴟號)」라는 시를 지어 성왕에게 보냄으로써 자신의 참담한 심경과 고심을 토로하였다. 그런데 주공에 대한 성왕의 오해는 금등(金縢) 속에서 나온 주공의 글을 보고서 풀렸다. 이 글은 이전에 무왕이 중병이 걸렸을 때, 주공이 하느님과 죽은 조상들에게 형인 무왕을 대신하여 자신이 죽게 해달라고 비는 내용을 적은

기미[幾]에 대해 연구하고 의미에 대해 정심히 탐구한 것들을 가지고 복희씨의 괘들에 맞추어보고서는 그 이치를 터득하였다. 그리고는 일상 생활에서 잘 활용함 · 덕을 높임의 본보기로서 『주역』을 천하 후세에 드리우게 되었던 것이다. 그런데 이전의 설에서는 문왕이 주왕(紂王)에 의해 유리(羑里) 감옥에 구속되어 있던 것을 그의 우환으로 풀이하였다. 이는 잘못된 것이다. 죽고 삶 및 영예와 치욕 따위는 군자들로서도 우환으로 여기지 않거늘 하물며 문왕같은 성인께서야!

是故'履', 德之基也; '謙', 德之柄也; '復', 德之本也; '恒', 德之固也; '損', 德之脩也; '益', 德之裕也; '困', 德之辨也; '井', 德之地也; '巽', 德之制也.

이러한 까닭에 이괘(履卦)☰는 덕의 터전을 드러내고 있고, 겸괘(謙卦)☰는 덕의 칼자루를 드러내고 있으며, 복괘(復卦)☰는 덕의 근본을 드러내고 있다. 항괘(恒卦)☰는 덕의 견고함을 드러내고 있고, 손괘(損卦)☰는 덕의 닦음을 드러내고 있으며, 익괘(益卦)☰는 덕의 넉넉함을 드러내고 있다. 곤괘(困卦)☰는 덕의 변별함을 드러내고 있고, 정괘(井卦)☰는 덕의 기지를 드러내고 있으며, 손괘(巽卦)☰는 덕의 절제함을 드러내고 있다.

것이었다. 이를 통해 주공의 충심을 알게 된 성왕은 주공을 맞아들여 그에게 섭정을 맡겼다. 이에 대한 일련의 사실과 과정이 『서경』의 「금등(金縢)」편에 실려 있다.

文王·周公之志, 於此九卦而見, 以其時位之相若也. '履'·'謙', 陰陽孤而處於憂危之位; '復', 微陽初起, 而重陰居其上; '恒', 陰陽互相入而相持; '損'·'益', 盛衰之始; '困'·'井', 陽皆陷於陰中; '巽', 陰伏於下而干陽, 皆殷末周初憂危不寧之象. 而聖人履其時, 即以九卦爲德, 則德即成於時位之中, 而不他求術以相制勝也. 三陳之旨, 大率與「大象」取義略同, 而參以「彖辭」. '基', 所以自立也; '柄', 持以應物者也; '本', 所自生也; '固', 自持不失也; '修', 裁其情之有餘; '裕', 進其理之未充也. 按下云"'困'以寡怨, '井'以辨義.", 此疑傳寫之誤. 當云, "'困', 德之地也.", 剛雖爲柔揜, 而有地以自處也; "'井', 德之辨也.", 得正而知所擇也. '制', 謂以柔節剛也.

문왕과 주공의 뜻함을 이들 아홉 괘에서 드러내고 있는데, 그 까닭은 그들이 살았던 시(時)와 처한 위(位)가 이들 괘와 서로 비슷하기 때문이다. 이괘(履卦)䷉·겸괘(謙卦)䷎에서는 음·양효(이괘의 육삼효·겸괘의 구삼효)가 각기 고립된 채 우려함과 위태로움이 있는 위(位)에 처해 있다. 복괘(復卦)䷗에서는 미미한 양(초구효)이 처음으로 일어나는데, 중첩된 음들이 그 위에 자리 잡고 있다. 항괘(恒卦)䷟에서는 음·양효(초육효·구사효)가 서로에게 들어가서 버티고 있고, 손괘(損卦)䷨·익괘(益卦)䷩에서는 융성함과 쇠퇴함이 시작됨을 상징하고 있다. 곤괘(困卦)䷮·정괘(井卦)䷯에서는 양(구이·구삼·구오효)들이 모두 음들 속에 함몰해 있고, 손괘(巽卦)䷸에서는 음들(초육·육사효)이 아래에 잠복해 있으면서 양들에게 간여하고 있다. 이렇듯 이들 괘들은 모두 은나라 말기와 주나라 초기에 우환과 위태로움 때문에 평안함이 없던 것을 상징하고 있다. 그런데 성인들은 이러한 세상에 온몸으로 부딪히면서 바로 이들 아홉 개의 괘들을 자신들의 덕으로 삼았다. 그래서 이들의 덕은 다름 아니라 이들이 처했던 시(時)와 위(位) 속에서 이루어진 것이지, 결코 다른 술수를 구하여 서로 제압하고 이겨냈던 것이 아니다. 이들 괘들을 여기서 세 번에 걸쳐 펼치고 있는 취지는, 크게 볼 적에 「대상전」에서 뜻을 취한 것과 대략 같은데, 여기에 괘사를 참고하고 있다.
'基(기)'는 터전으로 삼아서 스스로 섰다는 의미다. '柄(병)'은 가지고서 물(物)들에 응했다는 의미다. '本(본)'은 저절로 생겨나온 바를 의미한다. '固(고)'는 움켜쥐고서 잃어버리지 않는다는 뜻이다. '修(수)'는 그 마음씀의 남아돌아감을 마름질한다는 의미다. '裕(유)'는 그 이치가 아직 채워지지 않았음을 증진시킨다는 의미다.
그런데 아래 구절에서 "곤괘(困卦)는 원망을 적게 함을 드러내 있고, 정괘(井卦)는 의로움을 변별함을 드러내고 있다."고 한 것을 참조해 보니, 이 구절의 것은 아마 베끼는 과정에서 잘못된 것 같다. 마땅히 "곤괘(困卦)는 덕의 기지를 드러내고 있다."고 해야 한다. 이 괘에서는 비록 굳셈[剛]이 부드러움[柔]들에 의해 가려져 있지만 기지가 있어서 스스로 거기에 거처하고 있기 때문이다. 그리고 "정괘(井卦)는 덕의 변별함을 드러내고 있다."고 해야 마땅하다. 이 정괘는 올바름을 얻어서 가릴 줄을 안다는 것을 드러내고 있기 때문이다. '制(제)'는 부드러움[柔]으로써 굳셈[剛]을 조절하고 있다는 말이다.

'履'和而至; '謙'尊而光; '復'小而辨於物; '恒'雜而不厭; '損'先難而後易; '益'長裕而不設; '困'窮而通; '井'居其所而遷; '巽'稱而隱.

이괘(履卦)䷉는 화목하지만 이치에 이름을 드러내고 있고, 겸괘(謙卦)䷎는 존귀한 자리에 있으면서 광채가 남을 드러내고 있으며, 복괘(復卦)䷗는 갓 움직이는 작은 상태이지만 물(物)들에 대해 잘 변별함을 드러내고 있다. 항괘(恒卦)䷟는 잡다하게 뒤섞여 있지만 그것에 싫증을 내지 않음을 드러내고 있고, 손괘(損卦)䷨는 먼저는 어렵지만 나중에는 쉬움을 드러내고 있으며, 익괘(益卦)䷩는 넉넉함을 증장시키지만 무엇을 억지로 설치하지는 않음을 드러내고 있다. 곤괘(困卦)䷮는 처지는 궁색하지만 마음은 통함을 드러내고 있고, 정괘(井卦)䷯는 제자리를 차지하고 있지만 그 혜택은 널리 미침을 드러내고 있으며, 손괘(巽卦)䷸는 남들은 위로 들어 올리면서도 스스로는 은둔하고 있음을 드러내고 있다.

此實陳卦德以申釋上文之意. '履', 說而應乎'乾', 應'乾'則行而不倦, 而能至於理, 所以爲德之基, 雖履虎尾而不傷也. '謙', 稱物平施, 不失其尊, 而物不能揜之, 所以爲德之柄而終吉. '復', 陽初動而察事幾之善惡於早, 所以爲德之本, 而由此以出入皆无疾. '恒', 陰入陽中, 陽動陰內, 陰陽雜矣, 而藏於深密以立主, 則不以雜爲厭患, 故爲德之固, 而立不易方. '損', 懲忿窒欲, 先之遏止也難, 而後說則易, 故爲德之修, 遏欲者欲已淨而自得也. '益', 遷善改過, 日新以進德, 而不先立一止境以自畫, 故爲德之裕, 而其益无疆. '困', 剛爲柔揜, 而能遂其志, 則遇窮而心自通, 所以爲德之地, 而於土皆安. '井', 不改而往來者皆成乎養以不窮, 故爲德之辨, 而因事制宜, 皆利於物. '稱', 擧也. '巽'陰入陽而擧陽於上, 以保中位, 使不失其尊. '隱', 用其順德以求巽入, 所以爲德之制, 而能裁已亢之陽也.

여기에서는 아홉 괘의 덕을 실제로 펼쳐 보임으로써 위 구절의 의미를 풀이하고 있다. 이괘(履卦)䷉는 기뻐하면서 건괘☰에 응하고 있는데[1223],

건괘에 응하고 있기 때문에 행하면서 게으르지 않아서 이치에 이를 수 있다. 이러한 까닭에 이괘는 덕의 터전이 되며, 비록 호랑이 꼬리를 밟더라도 물리는 상해를 입지 않는다.

겸괘(謙卦)䷎는 물(物)들에 알맞도록 균평하게 베풂을 드러내고 있다. 그래서 그 존엄함을 잃지 않으며 물(物)들에 의해 가려지지 않을 수 있는 것이다. 이러한 까닭에 겸괘는 덕의 칼자루가 되며 끝내는 길하다.

복괘(復卦)䷗에서는 양(초구효)이 처음으로 막 움직임을 드러내고 있으니, 이는 일의 기미[幾]에 드러난 선과 악을 일찌감치 살핌을 상징한다. 그래서 덕의 근본이 되며 이로 말미암아 드나듦에 모두 병통이 없다.

항괘(恒卦)䷟에서는 음(초육효)이 양 속으로 들어가고 양(구사효)은 음의 안에서 움직이고 있으니, 음과 양이 잡다하게 뒤섞여 있음을 드러내고 있다. 그러나 이들은 깊숙하고 은밀한 속에 감추어져 있으면서 주체성을 확립하고 있다. 그래서 이 잡다하게 뒤섞여 있음을 싫어하거나 근심거리로 여기지 않기 때문에 덕의 견고함이 되며, 한 번 서 있는 곳에서 방소(方所)를 바꾸지 않는다.

손괘(損卦)䷨는 성냄을 징치하고 욕구를 틀어막음을 드러내고 있는데, 먼저 틀어막고 저지함은 어렵지만 나중에는 기뻐하니 쉽다[1224]. 그러므로 손괘는 덕을 수양함이 되는데, 욕구를 틀어막음에 의해 욕구가 이미 맑아져서 스스로 만족해한다.

1223) 이괘(履卦)䷉가 건괘☰와 태괘☱로 이루어졌음을 근거로 하는 말이다. 정괘(貞卦)인 태괘는 '기쁨'을 상징한다.

1224) 손괘(損卦)䷨가 간괘☶와 태괘☱로 이루어졌음을 근거로 하는 말이다. 회괘(悔卦)인 간괘는 '저지함'을 상징하고, 정괘(貞卦)인 태괘는 '기쁨'을 상징한다.

익괘(益卦)䷩는 과오를 고치고 선으로 옮겨감을 상징하는데, 날마다 자신을 새롭게 하며 덕을 증진시킬 뿐, 먼저 하나의 목적 지점을 세워 놓고 거기에 이르면 스스로 금을 그어서 구획지어 버리지 않는다. 그러므로 익괘는 덕의 넉넉함이 되며 그 이익을 줌에 끝이 없다.

곤괘(困卦)䷮에서는 굳셈[剛; 구이효]이 부드러움[柔; 초육・육삼효]들에 의해 가려지고는 있지만 그 뜻함을 완수할 수 있다. 그래서 이 곤괘는 비록 곤고한 상황에 처해 있기는 하지만 마음은 저절로 통함을 드러내고 있다. 이러한 까닭에 이 곤괘는 덕의 기지가 되며, 어느 곳에서든 모두 평안함을 상징한다.

정괘(井卦)䷯는 자신의 위치를 바꾸지 않은 채 붙박이로 있으면서 오고 가는 사람들 모두에게 마실 물을 제공하되 그것이 끝이 없음을 드러내고 있다. 그러므로 정괘(井卦)는 올바름을 얻어서 변별함의 덕이 되며, 일에 맞추어 알맞음을 절제하니 모두 물(物)들에 이로움을 준다.

손괘(巽卦)䷸에서 언급하고 있는 '稱(칭)'은 들어 올린다는 의미다. 이 손괘에서는 음들(초육・육사효)이 양들(구이・구삼효, 구오・상구효)에게로 들어가서 양들을 위로 들어 올림으로써 이들이 가운데 위(位)를 보전하고 그 존엄함을 잃어버리지 않도록 한다. '隱(은)'은 그 순종함의 덕을 발휘하며 공손하게 들어감을 의미한다. 바로 이러하기 때문에 이 손괘는 절제함의 덕이 된다. 그리고 이미 목을 뻣뻣이 내밀며 오만하게 구는 양들을 제재(制裁)할 수 있다.

'履'以和行; '謙'以制禮; '復'以自知; '恒'以一德; '損'以遠害; '益'以興利; '困'以寡怨; '井'以辨義; '巽'以行權.

이괘(履卦)는 화목하게 행함을 드러내고 있고, 겸괘는 예(禮)를 제정함을 드러내고 있으며, 복괘는 스스로 알아차림을 드러내고 있다. 항괘는 덕을 한결같이 함을 드러내고 있고, 손괘(損卦)는 해로움을 멀리함을 드러내고 있으며, 익괘는 이로움을 일으킴을 드러내고 있다. 곤괘(困卦)는 원망을 적게 함을 드러내 있고, 정괘(井卦)는 의로움을 변별함을 드러내고 있으며, 손괘(巽卦)는 권도(權道)를 행함을 드러내고 있다.

此言聖人當憂患之世, 以此九卦之德, 修己處人, 故上以凝天命, 下以順人情, 文王以之而成其至德, 周公以之而永保冲人, 進以成大業, 而退不傷於道之正, 故九卦時雖危, 而可因之以爲德. 蓋陰陽之化, 雖消長純雜之不一, 而深體之則道皆存焉, 亦所謂"雜而不越"也. '履'以健行和, 和而不流. '謙'非徒自卑屈, 且以制禮而使人不能踰, 所以操天下之柄而制其妄. '自知'者, 獨知之謂, 愼於獨而非幾早絶, 以順帝則而受天命者, 此其本也. '一德'則德固矣. 忿欲損而害自遠, 遷善則道行而物自利. 窮則怨, 怨物者物亦怨之; 安於困, 則於物無侮. '井', 一陰一陽, 上下分而皆成其則, 以之因時制義, 辨而宜矣. '巽'順而隱, 以濟時之變, 則不激於裁制而制自行, 聖人之權也. 以此九卦之德處憂患, 外達物情之變, 而內自居於大正, 聖人之德所以至也. 他卦非無處憂患之道, 而但陳九卦者, 夫子深知二聖人之用心, 非人所易測也. 子曰, "內省不疚, 夫何憂何懼!" 內省者, 自知之謂也. 然則復尤其至者與! 故曰, "'復', 德之本也."

이 구절에서는 성인들께서 우환이 있는 세상을 살아가면서 이들 아홉 괘의 덕으로써 자기 자신을 닦고 남들을 대하였다는 것을 말하고 있다. 그러므로 성인들은 위로 천명을 엉기게 하고 아래로 사람들의 마음씀이 순응하였으니, 문왕은 이러함으로써 그 지극한 덕을 이루었고 주공은 이러함으로써 어린 임금을 영원하도록 보필하였다는 것이다. 그리고 나아가서는 대업을 이루고 물러나더라도 도(道)의 올바름에 손상을 입히지 않았다는 것이다. 이러한 관점에서 볼 때, 이들 아홉 괘는 그 시(時)가 비록 위태로운 시대에 해당하기는 하지만, 이들로 말미암아 덕을 이룰 수가 있는 것이다.

음・양의 지어냄[造化]을 보면, 사라지기도 하고[消] 자라나기도 하며[長] 순수함이 있는가 하면 잡됨이 있어서 일정하지는 않다. 비록 그러하기는 하지만 이를 깊이 체득해보면, 이러함에 도(道)는 모두 존재한다. 이른바 "잡다하지만 이것들이 건괘・곤괘가 덕을 함께하며 유기적으로 작용하는 체제를 벗어나지 않는다."고 함이다.

이괘(履卦)䷉는 씩씩함(상괘인 ☰가 상징)으로써 화목함(하괘인 ☱가 상징)을 행하는데, 화목하면서도 그저 분위기에 휩쓸려들지는 않음을 드러내고 있다. 겸괘䷎는 그저 자기 자신을 비굴하게 낮추는 것이 아닐 뿐만 아니라 또한 예(禮)를 제정하여 남들로 하여금 공동체 운용의 규범을 뛰어넘지 않도록 함을 드러내고 있다. 그래서 이는 천하의 칼자루를 쥐고서 세상 사람들의 망령된 행동을 통제함이 된다. 복괘䷗의 '스스로 알아차림'이란 홀로 안다는 것을 일컫는 말이다. 그래서 홀로 있음에서 몸가짐을 삼가며 만약에 잘못된 행위를 하였으면 얼마 지나지 않은 상태에서 일찌감치 그것을 끊어버리고서 하느님의 법칙에 순종하여[1225]

1225) 『시경』, 「대아(大雅)」 편의 '황의(皇矣)'라는 시에 나오는 구절이다. 이 시는 하느님께서 직접 문왕에게 말하는 형식으로 되어 있다. 그래서 하느님 자신은 밝은 덕을 좋아한다고 하면서, 큰 소리와 노기(怒氣), 회초리라는 외부적

천명을 받는다는 것이다. 이것이 바로 그 근본됨이라 함의 의미다. 항괘䷟의 '덕을 한결같이 함'이란 덕이 견고함을 의미한다. 그리고 손괘(損卦)䷨에서처럼 성냄과 욕구를 덜어내면 해로움은 저절로 멀어진다. 또 익괘(益卦)䷩에서처럼 선함으로 옮겨가고 도가 행해지면 물(物)들은 저절로 이로움을 얻는다.

사람들은 흔히 곤고하면 원망을 한다. 그렇다고 하여 다른 이들을 원망하면 다른 이들도 자신을 원망하게 된다. 그러므로 남을 원망하기보다는 곤괘(困卦)䷮에서 드러내고 있는 것처럼 곤고함 속에서도 평안해 하면 다른 이들에게 업신여김을 받지 않는다. 정괘(井卦)䷯는 하나의 음과 하나의 양이 위・아래로 나뉘어 모두 그 법칙을 이루고 있으니[1226], 이러함을 가지고 때에 맞게 의로움을 통제하면 변별함이 알맞은 것이다.

강제를 사용하지 않고 알음알이라는 분별지(分別智)는 전혀 없는 채 하느님의 법칙을 따른다고 하고 있다.(帝謂文王, 予懷明德, 不大聲以色, 不長夏以革, 不識不知, 順帝之則.) 왕부지는 문왕에게 이러한 덕이 있다고 여기며, 그래서 문왕은 천명을 받았다고 하고 있다.

1226) 앞에서 왕부지는 이 정괘(井卦)䷯를 설명하면서, "이 정괘(井卦)의 위 네 효(구삼・육사・구오・상육효)는 양효와 음효가 하나씩 하나씩 서로 번갈아 가며 비었다가 또 비었다가 한다. 그리고 물이 그 속을 가득 채우고 있다. 이에 비해 초효와 2효는 물이 위에 있고 비어 있음은 아래에 있다. 이는 곧 황천의 구역을 상징한다."라고 하였다. 또 "이 정괘(井卦)에서 양효는 두둑・담장을 상징하고 음효는 경작지인 무(畝)를 상징한다. 그래서 위 네 효는 음・양효가 하나씩 하나씩 교체하여 대외적인 경계의 구분을 명확히 함을 상징하고, 아래 두 효의 음・양효들은 또 대내적인 구획을 상징한다."라고도 하였다. 즉 정괘䷯의 3효부터 상효까지가 음효・양효・음효・양효로 되어 있음과 초효와 3효가 음효・양효로 되어 있음에 대해, 왕부지는 이렇게 위・아래로 구분하여 분석하고 있는 것이다.

손괘(巽卦)☴는 순응하면서 은둔하는 방식으로 시대의 변함을 구제한다. 그래서 재제함에서 격렬하지 않고 스스로의 행동을 통제한다. 이는 성인의 권도(權道)다.

성인들은 이상 아홉 괘의 덕으로써 시대적 우환에 대처하였다. 그래서 밖으로는 물정(物情)의 변함에 통달하고 안으로는 크고 올바름[大正; 사람됨으로서 性을 지칭하는 말임]에 자처하였다. 이러하였기 때문에 성인들의 덕이 지극한 것이다. 물론 다른 괘들에도 우환에 대처하는 원리와 방식이 없는 것은 아니다. 그런데 여기서 단지 이들 아홉 괘들만을 펼쳐 보인 까닭은, 공자께서 이들 두 성인들의 마음씀을 깊이 알아차렸기 때문이다. 이는 보통 사람들로서는 쉽게 가늠할 수 없는 차원이다. 그래서 공자께서는 "안으로 자신을 돌이켜보아 마음에 거리낄 것이 없는데 무엇을 근심하고 무엇을 두려워하리오!"라고 하였던 것이다.[1227] 그렇다면 복괘(復卦)䷗는 더욱 지극한 것이로다! 그러므로 "복괘䷗는 덕의 근본이다."라 하고 있는 것이다.

1227) 사마우(司馬牛)가 공자에게 군자가 무엇인지를 묻자, 공자는 "군자는 근심하지도 않고 두려워하지도 않는다."라고 대답하였다. 그러자 사마우는 공자의 대답이 어쩐지 성에 차지 않는다고 여겨, 근심하지도 두려워하지도 않기만 하면 군자냐고 재차 물었다. 그러자 공자는 그 까닭을 이렇게 힘주어 강조한 것이다.(『論語』, 「顔淵」: 司馬牛問君子'. 子曰, "君子不憂不懼." 曰, "不憂不懼, 斯謂之君子矣乎?" 子曰,"內省不疚, 夫何憂何懼!")

第八章
제8장

此章言學『易』·占『易』之道, 最爲明切. 聖人示人之義, 炳如日星, 後世以數亂之, 非愚所知也. 古之爲筮者, 於事神治人之大事, 內審之心, 求其理之所安而未得, 在天子·諸侯則博謀之卿士以至庶人, 士則切問之師友, 又無折中之定論, 然後筮以決之. 抑或忠臣·孝子處無可如何之時勢而無以自靖, 則筮以邀神告而啓其心, 則變可盡而憂患知所審處. 是知『易』者所以代天詔人, 迪之於寡過之道, 而占與學初無二理. 若夫以射覆之術言『易』, 卽欲辭侮聖言而不畏天命之愆, 其可得乎!

이 장은 학역(學『易』)과 점역(占『易』)의 도(道)를 말한 것 가운데서도 가장 분명하고 절실하다. 성인들께서 사람들에게 보여준 의미는 마치 해와 별처럼 환하다. 그런데 후세의 사람들이 수(數)를 가지고 이를 어지럽히니[1228] 이는 나로서는 알 바가 아니다. 옛날에 시초점을 치던 배경을 보면, 신을 섬김 · 사람을 다스림 등과 같은 큰일에 대해 먼저 속으로 자신의 마음에서 살펴 어떻게 처리하는 것이 가장 이치에 맞는지를 모색하였다. 이렇게 해서 안 되는 경우에 천자나 제후들은 경(卿) · 사(士)로부터 서민들에게 이르기까지 널리 의견을 물어 어떻게 해야 좋을지를 도모하였고, 사(士)들은 스승이나 벗에게 간절히 물었다. 그런데 이렇게 하고서도 딱 들어맞는 정론(定論)을 얻지 못하였을 경우에 시초점을 쳐서 결단하게 되었던 것이다. 그리고 충신이나 효자들이 도무지 어떻게 할 수 없는 상황에 처하여 스스로는 마땅한 방도를 찾을 수 없을 때 시초점을 쳐서 신(神)의 알려줌을 구하였던 것인데, 그래서 그 알려줌을 통해 어떻게 해야 하는지에 대해 마음이 열리게 되면 복잡다단한 변화 양상이 정리되며 우환을 어떻게 처리해야 할지를 알 수 있게 되었던 것이다.

이를 근거로 보면, 『주역』이란 하늘을 대신하여 사람에게 알려주어 허물을 적게 하는 길로 이끄는 것이니, 점역과 학역에 애당초 두 개의 각기 다른 이치가 있는 것이 아니다. 그런데 엎어놓은 그릇 밑에 무엇이 있는지를 알아맞히는 따위의 술수를 가지고 『주역』이라고 한다면, 이는 다름 아니라 성인들의 말씀을 모욕하며 천명조차 두려워하지 않는 허물을 짓는 것이니, 그렇게 해도 되겠는가!

『易』之爲書也不可遠, 爲道也屢遷.

『주역』의 사(辭)들은 멀리할 수가 없고, 그 운용의 원리는 자주 바뀐다.[1229]

'書', 其辭也. '不可遠', 謂當切問而近思之也. '爲道', 辭與象相應之理. '屢遷', 不可執成法以推測之也.

'書(서)'라는 것은 괘・효사를 의미한다. '멀리할 수 없다'는 것은 우리들의 물음에 절실하기 때문에 늘 우리들이 마주치는 일들에서 생각해보아야 한다는 말이다. '도가 됨'이란 사(辭)와 상(象)이 상응하는 원리를 의미한다. '자주 바뀐다'는 어느 하나의 법칙을 만들어 그것에 집착하며 다른

1228) 특히 소옹(邵雍)의 역학(易學)을 지칭한다. 소옹이 수(數)로써 『주역』을 풀이하였기 때문이다. 그런데 소옹의 역학이 주역철학사에서 나름대로의 권위를 인정받고 있기 때문에 왕부지는 여기서 이렇게 유보적인 표현을 한 것으로 보인다.

1229) '자주 바뀜[屢遷]'이란 『주역』의 64괘, 384효를 이루는 원리가 다 똑같지 않고 각각에 따라서 다르다는 의미다.

것들에도 이를 적용하여 가늠하려 해서는 안 된다는 뜻이다.

變動不居, 周流六虛, 上下无常, 剛柔相易, 不可爲典要, 唯變所適.

『주역』의 음 · 양효들은 한 자리만 차지하고 있는 것이 아니라 변하고 움직이며, 비어 있는 여섯 위(位)에 두루 유행한다. 위 · 아래로 일정하게 정해진 것이 없고 굳셈[剛] · 부드러움[柔]이 서로 바뀐다. 그래서 일정불변한 틀을 만들어 다른 괘들에도 일률적으로 적용해서는 안 된다. 오로지 변함이 가는 바대로일 뿐이다.

此言道之屢遷者也. 有定在謂之'居'. '變動不居', 其變動無定在也. 陰陽之氣, 絪縕而化醇, 雖有大成之序, 而實無序. 以天化言之, 寒暑之變有定矣, 而繇寒之暑, 由暑之寒, 風雨陰晴, 遞變其間, 非日日漸寒, 日日漸暑, 刻期不爽也. 以人物言之, 少老之變有定矣, 而修短無期, 衰王無恆, 其間血氣之消長, 非王之中無偶衰, 衰之後不再王, 漸王漸衰, 以趨於消滅, 可刻期而數也. 『易』體此以爲道, 故'乾' · '坤'立而'屯' · '蒙'繼, 陰陽之交也, 無可循之序; 十變而得'泰' · '否', 八變而得'臨' · '觀', 再變而得'剝' · '復', 其消長也無漸次之期. 非如京房之'乾'生'姤', '姤'生'遯', 以漸而上變; 抑非如邵子所指爲伏羲之『易』, '乾'一'兌'二, 以漸而下變, 其變動有定居也. '六虛'者, 六位也. 謂之'虛'者, 位雖設而無可據之實. 既可曰初 · 二爲地, 三 · 四爲人, 五 · 上爲天; 又可曰內三畫爲貞, 外三畫爲悔. 五爲君位, 而有時非君; 初 · 上無位, 而有時爲主; 因剛柔之周流, 而乘權各異也. 上下陰陽之消長升降也无常, 則變動不可測矣. 天化之神妙, 在天即爲理; 人事之推移, 唯人之所造也. "剛柔相易", 謂位雖有內外高卑之分, 而剛柔各有乘權之時, 即以其乘時而居位者爲主輔倡和, 位虛而以陰陽之周流者爲實也. 『易』之爲道本如是, 以體天化, 以盡物理 以日新而富有, 故占者・學者不可執一凝滯之法, 如後世京房・邵子之說, 以爲之典要. 故'得位', 正也, 而有時非正; '居中', 吉也, 而有時不吉; '相應', 利也, 而有時不利; '坎'或爲雲, 而或爲雨; '巽'以上入, 而其命下施; 不可爲典要也類如是. 讀『易』者所當唯變所適, 以善體其屢遷之道也.

이 구절은 『주역』의 원리가 자주 바뀐다는 것을 말하고 있다. 정해진 소재지가 있음을 '居(거)'라 한다. 그래서 "한 자리만 차지하고 있는 것이 아니라 변하고 움직이며"라고 한 것은 『주역』의 효들이 변하여 움직임에 정해진 소재지가 없음을 의미한다. 음・양의 기(氣)가 인・온 운동을 하는 속에 만물은 화하여 깨끗하고 맑아지는데, 비록 거기에 '크게 이룸[大成]'의 순서는 있다 할지라도 실제로는 순서가 없다. 이를 하늘의 지어냄[造化]으로 말하자면, 추웠다 더웠다 하는 변화는 정해져 있다. 그러나 추운 계절에서 더운 계절로 가고, 또 더운 계절에서 추운 계절로 가는 데서도, 바람이 붊, 비가 내림, 흐림, 맑음 등이 그 사이에서 숱하게 번갈아가며 변화하지, 하루하루 점점 추워짐과 하루하루 점점 더워짐이 분초까지 조금도 어김없이 딱 들어맞는 것은 아니다. 또 이를 사람과 물(物)들을 가지고 말해 보자면, 젊음에서 늙음에로의 변화가 정해져 있기는 하다. 그러나 그것이 얼마나 길게 걸릴지 얼마나 짧게 걸릴지는 기간이 정해져 있지 않다. 그리고 쇠락과 왕성함도 늘 일정하게 정해져 있는 것이 아니다. 그 사이 혈기의 사라졌다[消] 자라났다[長] 함을 보더라도, 왕성한 속에 우연히 쇠락함이 없지 않고 쇠락한 뒤에 결코 다시 왕성해지지 않는 것도 아니다. 그래서 차츰차츰 왕성해지고 차츰차츰 쇠락해져서 소멸함으로 나아가기는 하지만, 이에 대해 분초 단위까지 기간을 정해 헤아릴 수 있는 것이 아니다.

『주역』은 이러함을 체현하여 그 운용 원리로 삼고 있다. 그러므로 건괘䷀·곤괘䷁를 나란히 세우고는 준괘(屯卦)䷂·몽괘(蒙卦)䷃가 이를 이어받고 있으니, 이는 음·양의 교접함에 차례대로 따라갈 수 있는 순서가 없음을 드러내는 것이다. 그리고 10번 변하여 태괘(泰卦)䷊·비괘(否卦)䷋가 되고, 다시 또 8번 변하여 임괘(臨卦)䷒·관괘(觀卦)䷓가 되며, 거기서 또 두 번 변하여 박괘(剝卦)䷖·복괘(復卦)䷗가 되고 있다. 그러므로 이는 그 사라졌다 자라났다 함에 점차적으로 진행되는 주기가 없다는 것을 보여준다. 이는 경방이 건괘(乾卦)䷀가 구괘(姤卦)䷫를 낳고 구괘는 둔괘(遯卦)䷠를 낳는 방식으로 점차 위로 변해간다고 하였던 것과는 다르다. 또 소자(邵子)가 가리키고 있는 복희의 『역』[1230]과도 다르다. 이 복희의 『역』이라 한 것에서는 건괘☰가 첫째, 태괘☱가 둘째라 하며 점차 아래로 변해가는 방식을 취하고 있다. 이는 그 변하고 움직임에 정해진 거처가 있다는 것이 된다.

'여섯 개의 비어 있음[六虛]'이란 여섯 위(位)를 의미한다. 그리고 '비어 있음[虛]'이란 위(位)는 비록 마련되어 있다 하더라도 그것을 근거지로 삼을 수 있는 실(實)이 없다는 의미다. 물론 초·2효를 '땅의 위(位)', 3·4효를 '사람의 위(位)', 5·상효를 '하늘의 위(位)'라 할 수 있다. 그리고 내괘의 3획을 '정(貞)', 외괘의 3획을 '회(悔)'라 할 수도 있다. 그런데

1230) 「복희선천팔괘도(伏犧先天八卦圖)」를 가리킨다. 「복희선천팔괘도」에 대해서는 앞에 첨부한 그림들을 참고하기 바란다.

5효가 임금의 위(位)이기는 하지만 때로는 임금의 위(位)가 아니고, 초・상효도 위(位)가 없기는 하지만 때로는 주효(主爻)가 되기도 한다. 굳셈[剛]・부드러움[柔]이 이들 여섯 위(位)에 두루 유행하는데 이들을 태우고 있는 그때그때의 권세가 각기 다른 것이다.

위・아래의 음・양들이 사라졌다 자라났다 함과 올라갔다 내려갔다 함에도 일정불변하게 정해진 것은 없다. 그 변하고 움직임을 예측할 수가 없는 것이다. 하늘의 지어냄[造化]이 드러내는 신묘함은 하늘에서는 곧 이치가 되고, 사람 일의 추이(推移)는 오로지 사람이 지어낸 것이다.

'굳셈[剛]・부드러움[柔]이 서로 바뀜'이란 『주역』의 여섯 위(位)들은 비록 내(內)・외(外)와 높음・낮음으로 나뉜다 하더라도, 굳셈[剛]・부드러움[柔]은 각기 나름대로의 시간에 따라 이들을 타고서 권세를 이룬다는 의미다. 다시 말해서 굳셈・부드러움들이 그 시간에 맞추어 타고서 위(位)를 차지하여 주(主)가 되어 주창하기도 하고 보(輔)가 되어 그에 맞추기도 한다는 것이다. 그래서 여섯 위(位)들은 비어 있고 음・양의 두루 유행함이 이것들을 차지하여 실(實)이 된다는 것이다.

『주역』의 도는 본래 이와 같아서 하늘의 지어냄[造化]을 체현하고 만물의 이치를 다 드러내며 날마다 새로워지고 날마다 풍부해진다. 그러므로 『주역』으로 점을 치는 이들이나 『주역』을 연구하는 이들은 후세의 경방이나 소자(邵子) 설처럼 어느 하나에만 딱 들어맞는 법칙에 집착해서 '일정불변한 틀[典要]'로 삼아서는 안 된다.

그러므로 『주역』에서는 '제자리를 얻음[得位]'이 '올바름'이기는 하지만 때로는 '올바르지 않음'이기도 하고, '가운데 자리를 차지하고 있음[居中]'이 '길함'이기는 하지만 때로는 '길하지 않음'이기도 한다. 그리고 '서로 응함[相應]'이 '이로움'이기는 하지만 때로는 '이롭지 않음'이기도 한다. 감괘☵가 어떤 경우에는 '구름[雲]'이 되기도 하고, 어떤 경우에는 '비[雨]'가 되기도 하다. 손괘☴도 '위로 들어감'이 되는가 하면 '그 명(命)이 아래로 내려옴'이 되기도 한다. 『주역』에 대해 '일정불변한 틀을 만들어 다른 것들에도 개괄적으로 적용해서는 안 됨[不可爲典要]'의 부류가 이와 같다. 그러므로 『주역』을 읽는 이들은 오로지 변함이 가는 바 그대로에 맞추어 그 자주 바뀜의 도(道)를 잘 체득해야 한다.

其出入以度外內, 使知懼; 又明於憂患與故, 无有師保, 如臨父母.

굳셈[剛] · 부드러움[柔]의 나갔다 들어왔다 함을 가지고 외괘와 내괘를 헤아려 두려움을 알게 한다. 또 우환과 그것이 이르는 까닭에 대해 분명히 알게 해야 한다. 이렇게 하면 태사(太師) · 태보(太保)[1231]가 있지 않다 하더라도, 마치 부모가 우리들 곁에 있듯이 『주역』을 가까이 두고 가르침과 이끎을 받게 된다.

此言其不可遠也. '外內', 有定位者也; 剛柔之往來, 無定位者也. 以无定之出入, 審度所以行乎其位者, 則精義不可以執一求, 而抑不可以毫釐差. 言『易』雖屢遷, 而當幾之得失, 於一出一入, 揆度外內, 使人知道之不易合者, 又明於憂患之必有, 與所以致之之故, 則不待師保之詔, 而如父母之不可離, 抑非隨變動之吉凶而聽其自至也.

1231) 태사 · 태보는 옛날 제왕들을 보필하고 왕실의 자제들을 가르치라고 임명한 고위 관료를 말한다. 이들은 당대 최고의 지성인들로서 제왕들로서 소홀히 할 수 없는 권위를 인정받았다. 이후에는 이들이 '스승'을 의미하게 되었다.

이 구절은 우리들이 『주역』을 '멀리할 수 없음'에 대해 말하고 있다. 『주역』의 '외괘・내괘'에는 정해진 위(位)들이 있지만, 굳셈[剛]・부드러움[柔]이 왔다 갔다 함에는 딱히 정해진 위(位)가 없다. 그래서 이들이 정해짐이 없이 나갔다 들어왔다 하는 것들을 가지고 그 위(位)들에 운행하는 까닭을 살펴야 하는 것이니, 정심히 의리를 탐구하되 하나의 틀에 집착하여 구해서는 안 되며, 또한 털끝만큼이라도 차이가 나서는 안 된다. 말하자면, 『주역』의 운용 원리가 비록 64괘, 384효 각각에 따라 자주 바뀌기는 하지만, 우리가 구체적으로 『주역』 점(占)을 통해 얻은 기미[幾]의 득(得)・실(失)을 맞닥뜨리게 되어서는, 굳셈[剛]・부드러움[柔]의 효들이 나갔다 들어갔다 함을 바탕으로 외괘・내괘를 살펴야 한다는 것이다. 그러면 『주역』은 사람들로 하여금 도(道)의 바뀌지 않는 합치함을 알게 하고, 또 우환이 반드시 있으리라는 것과 왜 그것들이 이르게 되는지의 까닭에 대해 환히 알게 해준다는 것이다. 이렇게 하면 태사(太師)・태보(太保)와 같은 이들에게 꼭 의지하지 않는다 하더라도, 마치 우리가 부모 곁을 떠나지 못하고 가르침을 받든 것처럼 『주역』을 우리들 가까이 두고서 가르침을 받는 것이 된다. 이렇게 하지 않으면 변함과 움직임에 의한 길・흉을 따르지 않고, 그저 그것들이 저절로 이름에 내맡기는 셈이 되고 만다.

初率其辭而揆其方, 既有典常, 苟非其人, 道不虛行.

애당초 괘・효사로 말미암아 나아갈 방향을 헤아리니 이미 항상된 법도가 자리 잡고 있지만, 진실로 거기에 해당하는 사람이 아니면 『주역』의 도(道)는 결코 헛되이 행해지지 않는다.

統承上文, 而言『易』道之至近而寓無窮之變, 非君子莫能用也. '率', 繇也. 憂患與故, 象不能著, 而聖人以辭顯之, 則由辭以研究其精微, 而揆度其周流無方之方, 則天化人事之變盡, 而所以處之者之義精, 於無典要之中, 得其至當不易之理矣. 然占者非徒以知吉而喜, 知凶而憂也. 苟爲君子之人, 則察其隨時之中, 而乾惕以愼守其至正之則, 於是而『易』之道乃以行萬變而利用. 非其人, 則恃其吉而委其凶於無可奈何之數, 其占也不如弗占, 『易』道虛設矣. 『易』之爲書, 言得失也, 非言禍福也, 占義也, 非占志也, 此學『易』者不可不知也.

이 구절은 앞 구절을 이어받아서 『주역』의 도(道)가 우리들에게 지극히 가깝기는 하지만 거기에는 무궁한 변함이 함유되어 있으니 군자가 아니고서는 결코 이를 사용할 수 없다는 것을 말하고 있다. 여기서 '率(솔)'은 말미암는다는 의미다. 우리에게 닥칠 우환과 그 까닭을 상(象)만으로는 다 드러낼 수 없으니 성인들께서는 사(辭)로 이를 드러내고 있다. 그래서 우리는 괘・효사를 바탕으로 그 정미함을 연구하고, 특정하게 정해진 방소(方所)가 없이 두루 유행하는 것이 알려주는 방소를 잘 살펴야 한다. 그러면 하늘의 지어냄[造化]과 사람 일의 변화가 그 속에 다 있으리니, 어떻게 대처하여야 하는가의 의리도 정심히 살펴 알 수 있을 것이다. 그리고 어떤 정해진 틀이 없음 속에서 지당하여 바뀔 수 없는 이치를 얻게 될 것이다.

그러나 점을 친 사람은 자신의 길함을 알고서 그저 기뻐하거나 흉함을 알고서 그저 근심해서는 안 된다. 진실로 군자의 격을 갖춘 사람이라면 그때그때의 가장 알맞음을 살펴야 하는 것이니, 하루 종일 씩씩히 일하고 저녁에는 혹시라도 오늘 하루 한 일 중에서 잘못된 것이라도 없는가 하며 두려운 마음에 자신을 반성함으로써 그 지극히 올바른 법칙을 삼가 지켜야 한다. 이렇게 하는 데서 『주역』의 도(道)는 모든 변함에 두루 행해지며 이롭게 쓰일 것이다.
이에 비해 군자가 아닌 사람이라면 그 길함에 대해서는 그것만을 믿고 우쭐댈 것이고 또 흉함에 대해서는 자기로서는 어찌할 수 없는 것으로 돌리고 말 것이다. 이렇게 되면 점을 친 것이 점을 치지 않은 것만 못하게 되며, 『주역』의 도(道)는 헛되이 그저 펼쳐져 있는 셈이 되고 만다. 『주역』이라는 책은 득・실을 말한 것이지 화(禍)・복(福)을 말하는 것이 아니다. 또 의로움을 점치는 것이지 뜻함을 점치는 것이 아니다. 『주역』을 공부하는 이들은 이를 알지 않으면 안 된다.

第九章
제9장

此章言讀『易』之法

이 장에서는 『주역』을 이해하는 방법에 대해서 말하고 있다.

『易』之爲書也, 原始要終, 以爲質也.

『주역』의 괘・효사들은 시원을 근원적으로 추구하고 종국을 밝히는 시종일관으로써 바탕을 이루고 있다.

'質', 定體也. 以全『易』言之, '乾''坤'竝建以爲體, 六十二卦皆其用. 以一卦言之, 象以爲體, 六爻皆其用. 用者, 用其體也. 原其全體以知用之所自生, 要其發用以知體之所終變. 舍'乾'・'坤'無『易』, 舍象無爻. 六爻相通, 其成一體, 始終一貫, 義不得異. 如'履'之履陽而上者六三也, 則原始要終, 皆以三之履剛爲質. '臨'以二陽上臨四陰, 則原始要終, 皆以剛臨柔爲質. 而說『易』者謂'履'上九自視其履, '臨'六五以知臨下, 爻・象自相蹠盭 , 裂質以成文, 異乎聖人之論矣.

여기서 말하는 '바탕'이란 정해진 체(體)를 말한다. 『주역』 전체를 가지고 말한다면, 건괘・곤괘 두 괘를 아울러 세운 것으로써 체(體)를 이루고 있고, 나머지 62괘는 모두 그 용(用)이 된다. 그리고 한 괘를 가지고 말한다면, 괘는 그 체(體)가 되고 여섯 효들은 모두 그 용(用)이 된다. 용(用)이란 그 체(體)를 통해 작용함을 말한다. 그런데 그 온전한 체(體)를 근원까지 살펴 용(用)이 어디에서 생겨나왔는지를 알고, 그 발동하는 용(用)들을 귀납하여 체(體)가 마침내 어떻게 변하는가를 안다. 그러니 건괘・곤괘가 없으면 『주역』이 없고, 괘를 버리면 효가 없다. 여섯 효들이 서로 통하여 함께 하나의 체를 이루는데, 이들은 하나의 유기체로서 처음과 끝이 일관하고 의미에서 서로 다를 수가 없다. 이괘(履卦)䷉를 예로 들더라도 양(陽)을 밟고서 위로 올라간 것은 육삼효인데, 이 괘의 시원을 살펴보고 종국을 밝혀보면, 모두 '육삼효가 굳셈[剛]을 밟고 있음'을 바탕으로 삼고 있다. 임괘䷒에서도 두 양(陽)이 위로 네 음(陰)에 임하고 있는데, 이 괘의 시원을 살펴보고 종국을 밝혀보면, 모두 '굳셈[剛]들이 부드러움[柔]들에 임함'을 바탕으로 삼는다. 그런데도 『주역』을 말하는 사람들이 이괘䷉에서는 상구효가 그 지나온 역정을 스스로 돌아본다고 하고, 임괘䷒에서는 육오효가 아래로 임할 줄을 안다고 말한다.

그러나 이렇게 되면 효와 괘가 저절로 서로 모순을 일으킬 뿐만 아니라 바탕을 찢어발겨서 문채를 이룬다는 것이니, 이는 성인들의 논의와는 다르다.

六爻相雜, 唯其時物也.

여섯 효들이 서로 뒤섞여 있는데, 이들은 오직 그 시(時)와 위(位)를 나타낸다.

「射禮」, 射位曰物. '物', 位也. '時物', 時與位也. 六爻之得失吉凶雖雜, 若不合於彖, 然唯其發動之時位, 因時立義耳, 非有悖於卦之質也. 如'履'六三'虎咥人', 與彖辭若異, 而義自可通.

「사례(射禮)」에서는 화살을 쏘는 위치를 '物(물)'이라 한다. 그래서 '物(물)'은 위(位)다. '時物(시물)'은 '시(時)'와 '위(位)'를 가리킨다.
한 괘의 여섯 효들이 나타내는 득·실과 길·흉이 비록 잡다하여 언뜻 보면 마치 괘 전체와 합치하지 않는 듯하더라도, 오직 이것들이 발동하는 시(時)와 위(位)를 때에 맞추어 각기 의미를 세운 것이기에 이러할 뿐이지, 결코 괘의 체계를 어그러뜨리지는 않는다. 예컨대 이괘(履卦)䷉의 육삼효에서도 "호랑이가 사람을 물어버렸다."고 하여 괘사와는 약간 다른 듯하지만, 의미는 저절로 통할 수 있다.

其初難知, 其上易知, 本末也; 初辭擬之, 卒成之終.

초효에서는 알기 어렵지만 상효에서는 쉽게 안다. 이는 본말에 해당한다. 초효에서는 괘사에 의해 헤아리지만, 상효의 끝맺음에서는 다하여 마침내 괘가 하나의 완성된 체계를 이룬다.

以下皆爲讀『易』者言也. '本'者, 如艸木之根, 藏而未見. '末'則全體皆見也. 如'乾'之初九, 一陽動於下, 不易知其爲潛. 以上有見・有躍・有飛・有亢, 而後知之. 原始要終, 則無不知矣. 初象未著, 必待辭而後著. '卒', 盡也. 卒已成, 則觀象而知其義所自生, 故辭易知也. 初・上之義盡於此. 舊說於凡卦之初, 皆言當某之始, 於上則言卦已極而將變. 以卦言, 則本無將變之理, 以筮言, 則六爻備而筮事畢, 何變之有! 卒者, 成也, 非變也.

이 이하로는 모두 『주역』을 이해하는 관점에서 말하고 있다. '本(본)'이란 초목의 뿌리와 같아서 숨어 있는 채 보이지 않는다. '末(말)'에서는 전체가 모두 드러난다. 예컨대 건괘(乾卦)䷀의 초구효는 하나의 양이 밑에서 움직임이니 그것이 '물속에 잠김'이라는 것을 쉽게 알지 못한다. 그러다 그 위에서 '밭에 드러냄'・'혹은 비약함'・'낢'・'목을 뻣뻣이 세우고 오만을 떪'이 있은 뒤에야 이를 알게 된다. 『주역』의 괘들이 시원을 근원적으로 추구하고 종국을 밝히는 시종일관의 체계를 갖추고 있다. 그래서 알지 못할 것이 없는 것이다. 그런데 초효의 상(象)이 아직 드러나지 않음에서는 반드시 괘사에 의거한 뒤에라야 그 의미가 드러난다. '卒(졸)'은 다함의 의미다. 다함이 이미 이루어지면 괘 전체의 상(象)을 보고서 그 의미가 어떻게 해서 생겨났는지를 알기 때문에 쉽게 안다고 하는 것이다. '初(초)'・'上(상)'의 의미는 이러함 속에 다 드러나 있다.

그런데 이전의 설들에서는 무릇 괘들의 초효에 대해서 모두 '무엇의 시초'에 해당한다고 말하고, 상효에 대해서는 "괘가 이미 극에 이르렀으니 이제 변하게 된다."라고 하였다. 그러나 괘의 관점에서 말하면 그것에 장차 변할 이치가 없고, 또 시초점의 관점에서 말하면 여섯 효가 완비되고서는 점치는 일이 끝나버리니 거기에 무슨 변함이 있겠는가! '卒(졸)'은 완성함이지 변함이 아니다.

若夫雜物撰德, 辨是與非, 則非其中爻不備.

잡다하게 뒤섞인 것들이 한 괘 전체의 덕을 조성하고 있으니, 시(是)·비(非)를 가리고자 할진대 가운데의 효들이 아니면 갖추어지지 않는다.

'物'謂陰陽之成象者, 即爻也. '撰德', 所以造成此卦之德也. '是非', 吉凶得失之本也. 中四爻者, 出乎地・盡乎人而應乎天, 卦之成德備於此矣. 即如'復'以初爻爲主, 而非中爻重陰, 則無以見其不遠之復; '夬'以上爻爲主, 而非中爻積陽, 則無以見其无號之凶. '家人'・'睽', 陽之閑於初・上者同; '困'・'井', 柔之揜剛於初・上者同; 而中之得失異. 故欲明初・上之初終, 必合中爻以辨之, 原始要終, 不可以辭害爻, 以爻害象也.

'物(물)'은 음・양이 상을 이루고 있음을 말하니, 바로 효(爻)를 지칭한다. '撰德(찬덕)'은 이러한 괘들을 조성하고 있는 근거로서의 덕을 의미한다. '시・비'는 괘의 길・흉과 득・실을 낳는 근본을 말한다. 가운데 네 효들은 땅에서 나와 사람 세상에서 그 노릇을 다하고 하늘에 응하고 있으니[1232], 한 괘의 덕을 이룸은 이것들에서 갖추어지는 것이다. 예컨대 복괘䷗에는 초구효가 주(主)가 되지만 가운데 효들이 음(陰)을 중첩하고 있지 않다면 그 '머잖아 곧바로 돌아옴'을 드러내지 못한다. 쾌괘䷪에서도 상육효가 주(主)가 되어 있지만 가운데 네 효들이 양(陽)들을 누적하고 있지 않다면 그 '통곡하며 슬피 울어주는 이가 없음의 흉함'을 드러내지 못한다. 가인괘䷤ · 규괘䷥에서도 양(陽)들이 초효와 상효에서 막아줌이 같고, 곤괘䷮ · 정괘䷯에서도 부드러움[柔]이 초효와 상효에서 굳셈[剛]을 엄폐하고 있음이 같다. 그런데 가운데 네 효들의 득 · 실은 다르다. 그러므로 초효와 상효가 시초가 되고 종국이 됨을 밝히고자 한다면, 반드시 가운데 네 효들과 합하여 변별해야 한다. 시원을 근원적으로 추구하고 종국을 밝힘이 시종일관하니, 괘사로써 그 효의 의미를 해쳐서도 안 되고, 특정 효로써 괘 전체의 의미를 해쳐서도 안 된다.

噫! 亦要存亡吉凶, 則居可知矣.

아! 존속할지 멸망할지, 길할지 흉할지를 알려고 한다면, 살아가며 『주역』을 완미하면 알 수가 있도다.

此句疑有闕誤. 大要謂六爻之成象, 辨卦之主輔, 則可於吉凶而知所存之義矣.

1232) 한 괘의 여섯 효는 하늘 · 땅 · 사람 등 삼재(三才)의 덕을 상징한다. 한 괘의 가운데 4효는 이 중에서 2 · 3 · 4 · 5효를 가리킨다. 그래서 2효는 땅을 나타내는 위(位)에서도 위의 효에 해당하므로 '땅에서 나옴'이 된다. 3 · 4효는 모두의 사람 세상의 위(位)를 나타낸다. 그리고 5효는 하늘의 위(位)에서 아래 효에 해당한다. 그래서 '하늘에 응함'이라 한 것이다.

이 구절에는 아마도 무엇인가 빠진 말들이 있는 것 같다. 이 구절의 대요는, 여섯 효들이 상(象)을 이루고 있음에서 그 괘의 주(主)와 보(輔)를 변별하게 되면, 길·흉 자체에서 존속됨의 의미를 알게 된다는 것이다.

知者觀其彖辭, 則思過半矣.

지혜로운 이들이 그 괘사를 살핀다면, 괘에 대해서는 이미 절반 이상을 터득할 수 있을 것이다.

'知'謂知『易』者. 讀『易』之法, 以彖爲主, 而爻之雜撰是非, 因時物而成者, 卽其質以思其變, 乃謂之知『易』. 聖人示人讀『易』之法, 於此最爲明切. 其謂有文王之『易』, 有周公之『易』, 有孔子之『易』, 何其與聖言異也!

여기에서 '지혜로운 이'라 한 것은 『주역』을 아는 사람들을 말한다. 『주역』을 이해하는 방법으로는 괘를 위주로 해야 한다. 괘에서는 효들이 잡다하게 뒤섞여서 시·비를 드러내는데, 시(時)와 위(位)로 말미암아 이를 이루고 있다. 이를 이해하고자 할진대, 곧 그 괘를 이루고 있는 바탕을 근거로 하여 그 변함들을 살펴야 한다. 이렇게 해야 "『주역』을 안다"고 할 수 있다. 성인들께서 우리들에게 『주역』을 이해하는 방법으로서 제시하고 있는 것이 이 구절에서 가장 분명하고 절실하게 드러난다. "문왕의 『역』이 있고, 주공의 『역』이 있고, 공자의 『역』이 있다."고 한 것이 어찌 성인들께서 말한 것과 다르리오![1233]

二與四同功而異位, 其善不同. 二多譽, 四多懼, 近也. 柔之爲道, 不利遠者, 其要无咎, 其用柔中也.

2효와 4효는 공(功)은 같지만 위(位)는 다르고 그 선함의 내용도 다르다. 2효는 영예로움이 많고 4효는 두려움이 많은데, 그 까닭은 가깝기 때문이다. 부드러움[柔]의 작용 원리는 멀리 있는 것에 불리하다. 그러나 이것이 허물이 없음을 요하고, 부드러움으로서 득중함을 쓴다.

'功'者, 位之奇偶, 剛柔所見功之地也. 言'善不同', 懼亦善也. '近'謂近於五. 近尊則不敢自專, 而懼不足以承, 故四雖多懼, 而固有善也. 二居下卦之中, 遠於尊位, 則嫌於相敵, 正以無所懼而不利; 然其大要以无咎而致譽, 則以得中故也.

'공(功)'이란 위(位)의 홀・짝으로서 굳셈[剛]・부드러움[柔]이 공(功)을 드러내고 있는 지경을 말한다.[1234] "선함의 내용도 다르다."고 하고 있는데 두려워함도 선함이다. '가깝다'는 것은 5효에 가깝다는 말이다. 존귀함에 가까이 있으면 감히 제멋대로 하지 못하고 두려워하기 때문에

1233) 문왕의 『역』은 괘사를 말하고, 주공의 『역』은 효사를 말한다. 그리고 공자의 『역』은 이들에 대한 풀이와 천발(闡發)로서 십익(十翼)을 말한다. 그래서 이들이 각기 다르면서도, '사성동규(四聖同揆)'로서 상통한다는 것이 왕부지의 견해다.

1234) 초・3・5효는 홀수의 위(位)이고, 2・4・상효는 짝수의 위(位)다. 그러므로 초・3・5효는 굳셈[剛]의 공(功)을 드러내고 2・4・상효는 부드러움[柔]의 공(功)을 드러낸다. 이 구절은 2효와 4효를 비교하는 것으로서 모두 부드러움[柔]에 해당한다.

받들기에는 부족하다. 그러므로 4효는 비록 두려워함이 많다고 해도 그에게는 본디 선함이 있는 것이다. 2효는 하괘의 중앙을 차지하고 있으며 존귀함의 위(位)에서 멀리 떨어져 있다. 그래서 5효와 서로 대적함을 꺼림칙하게 여긴다. 그런데 이 2효는 두려워함이 없기 때문에 이롭지 않은 것이다. 그러나 이 2효가 크게 바라는 것은 허물이 없음으로써 영예를 얻는 것이다. 그 까닭은 2효가 득중하고 있기 때문이다.

三與五同功而異位. 三多凶, 五多功, 貴賤之等也. 其柔危, 其剛勝邪!

3효와 5효는 공(功)은 같지만 위(位)는 다르다. 3효에는 흉한 것이 많고 5효에는 공이 있는 것이 많다. 귀함과 천함의 등급이 다르기 때문이다. 이 위(位)들을 부드러움이 차지해서는 위태롭고 굳셈이 나을 것이로다!

五履天位而中, 故貴; 三視之賤矣. 柔居之而危, 小人而乘君子之權也; 剛居之則有功. 言'勝'者, 三或過剛而凶, 特勝於柔耳; 五柔亦或吉, 剛尤勝也. 此二節亦言其大略耳. 不可爲典要者, 又存乎其時, 讀者當善通之.

5효는 하늘의 위(位)에 해당하며 상괘로 보면 중앙의 위(位)다. 그러므로 귀하다. 3효는 이와 비교하여 천한 것이다. 그런데 이 3·5효의 위(位)를 부드러움[柔]이 차지하고 있으면 위태롭다. 소인이 군자의 권세를 올라타고 있기 때문이다. 이에 비해 굳셈[剛]이 차지하고 있으면 공(功)이 있다. 그런데 '낫다[勝]'라고 말한 까닭은, 3효의 위(位)에 굳셈[剛]이 오면 더러는 지나친 굳셈이어서 흉하다고 하더라도 다만 부드러움[柔]이 오는 경우보다는 나을 따름이며, 또 5효의 위(位)에 부드러움[柔]이 올 경우 더러는 길하기도 하지만 굳셈[剛]이 오면 더욱 낫기 때문이다. 그러나 이 두 구절은 역시 그 대략을 말한 것일 따름이다. 이를 일정불변한 틀로 만들어 모든 괘들에 일률적으로 적용해서는 안 되는 까닭은, 또한 그 시(時)에 따라서 달라지기 때문이다. 『주역』을 읽는 이들로서는 마땅히 이 점을 잘 통달해야 한다.

第十章
제10장

此章明三才六位之理, 明卦之所有重, 說詳第一章.

이 장에서는 삼재와 여섯 위(位)의 이치를 밝히고 있고, 괘의 중요함이 어디에 있는지를 밝히고 있다. 이는 제1장을 더욱 상세히 설명하는 것이다.

『易』之爲書也, 廣大悉備, 有天道焉, 有地道焉, 有人道焉. 兼三材而兩之, 故六. 六者非它也, 三才之道也.

『주역』이라는 책은 광대하게 다 갖추고 있으니, 거기에는 하늘의 도(道)가 있고, 땅의 도가 있고, 사람의 도가 있다. 이렇게 삼재(三才)를 겸하여 둘로 하고 있기 때문에 여섯이다. 여섯이란 다른 것이 아니라 삼재의 도(道)다.

'廣大', 其規模之宏遠; '悉備', 其事理之該括也. '道'者, 立天, 立地, 立人之道也. 『易』包括兩間之化理, 而效生人之大用, 故於六位著其象. '才'者, 固有之良能, 天地以成化, 人以順衆理而應萬事者也. 陰陽, 天之才; 柔剛, 地之才; 仁義, 人之才. 天高地下, 人居其中, 各效其才, 物之所以成, 事之所自立也.

'광대하다'는 것은 그 규모가 크고 멀다는 것을 의미하며, '다 갖추고 있다'는 것은 사리(事理)를 다 갖추고 있음을 의미한다. 그리고 '도'란 하늘을 세우고, 땅을 세우고, 사람을 세우는 도를 의미한다. 『주역』은 하늘과 땅 사이의 변화하는 이치를 다 포괄하며 사람을 생하게 하는 위대한 작용을 현시하고 있다. 그러므로 여섯 위(位)에서 그 상(象)을 드러내고 있다. '재(才)'란 고유한 양능을 의미한다. 하늘과 땅은 그것으로써 지어냄을 이루고 사람은 그것으로써 뭇 이치를 따르며 온갖 일들에 응한다. 음・양은 하늘의 재(才)이고, 굳셈[剛]・부드러움[柔]은 땅의 재(才)며, 인(仁)・의(義)는 사람의 재(才)다. 하늘은 높이 있고 땅은 아래에 있으며, 사람은 그 가운데 자리 잡고 있다. 그리고 각기 그 재(才)를 발휘한다. 그래서 물(物)들은 이루어지고 사(事)는 저절로 성립한다.

道有變動, 故曰爻.

도(道)에 변함과 움직임이 있다. 그러므로 '효(爻)'라고 한다.

'道', 三才之道也. 六位雖分, 三才殊道, 而天地絪縕, 時相升降, 人心之邪正, 氣之順逆, 亦與天地而互感. 故初・二爲地, 三・四爲人, 五・上爲天, 其常也. 其變動, 則隨位而三才之道見, 固不可爲典要. 以爻之陰陽, 動於其位, 道即因之而在.

여기에서 말하는 '도'는 삼재의 도를 의미한다.『주역』의 괘들은 비록 여섯 위(位)로 나뉘어 있고 삼재가 각기 도를 달리하지만, 하늘과 땅이 인(絪)·온(縕) 운동을 하며 때에 맞게 서로 오르락내리락 하는 데서 사람 마음의 사악함과 올바름, 기(氣)의 순종함과 거스름들도 천지와 서로 교감한다. 그러므로 초·2효는 땅을, 3·4효는 사람을, 5·상효는 하늘을 상징함이 그 항상됨이다. 이들이 변하고 움직이면 각각의 위(位)를 따라서 삼재의 도가 드러는데, 본디 일정불변한 틀을 만들어 모든 것들에 개괄적으로 적용해서는 안 된다[不可爲典要]. 효(爻)들의 음·양으로서 각기 그들의 위(位)에서 움직이는 것인데, 도는 바로 이러함 속에서 존재한다.

爻有等, 故曰物.

효들에는 등차(等差)가 있다. 그러므로 '물(物)'이라 한다.

'等', 差別也. 以數則有九·六, 七·八, 以象則有奇·偶, 陰·陽, 各成其形象. 麗於六位者, 二儀之象也. '物'謂陰陽之質.

'等(등)'은 차이가 나서 구별된다는 의미다. 수(數)로서는 9·6과 7·8이 있고, 상(象)으로서는 홀·짝과 음·양이 있어서 각기 그 형(形)과 상(象)을 이룬다. 그런데 여섯 위(位)들에 걸려 있는 상(象)들은 양의(兩儀)의 상(象)이다. 여기서는 말하는 '物(물)'은 음·양의 질(質)을 말한다.

物相雜, 故曰文.

물(物)들이 서로 잡다하게 뒤섞여 있기 때문에 '문(文)'이라 한다.

自'乾'·'坤'二卦外, 皆陰陽之相雜者也. '文'者, 其承·乘·孚·應之辨也.

건괘·곤괘 두 괘를 제외한 나머지 62괘는 모두 음·양이 서로 잡다하게 뒤섞여 있는 것들이다. 여기서 말하는 '문(文)'은 이 잡다한 음·양효들 사이의 관계가 받듦[承]·올라탐[乘]·믿음[孚]·응함[應] 등으로 변별됨을 의미한다.[1235]

文不當, 故吉凶生焉.

문(文)이 마땅하지 않기 때문에 거기에서 길·흉이 생기는 것이다.

'當', 兼當不當而言. 下之承上, 上之乘下, 同者相孚, 異者相應, 時各有

1235) 여섯 위(位)에서 여섯 효들이 잡다하게 뒤섞여 문채를 이루고 있는데, 이를 분석하면 이러한 양상으로 드러난다는 것이다. 받듦은 위·아래로 나란히 있는 효들에서 아래효가 위효에 대해서 갖는 관계를 말하고, 올라탐은 이와 반대로 위효가 아래효에 대해서 갖는 관계를 말한다. 같은 효들끼리에서는 믿음이, 다른 효들끼리에서는 응함이 발생한다. 특히 응함은 초효와 4효, 2효와 5효, 3효와 상효 사이의 관계를 말한다.

當, 當則吉, 否則凶. 六位本有定體, 以著三才之道, 而其變動, 則交相附麗以效用. 陰陽二物出入於三才六位之中, 相雜而因生乎吉凶. 蓋人之有道, 本與天地相參而立, 而剛柔之用存乎人者或順或逆, 則陰陽之偏氣與之相感而相戾. 故凶者未有不繇乎人之失也, 吉者未有不繇乎人之得也. 聖人作『易』, 君子占焉, 所以善用其陰陽於盡人事, 贊化育之中, 而非在天有一定之吉凶, 人不得而與也.

여기서 말하는 '마땅함'은 마땅함과 마땅하지 않음을 겸하여 말한 것이다. 아래효가 위효를 받들고 위효는 아래효를 올라타며, 같은 효들끼리는 서로 믿고 다른 효들끼리는 서로 응한다. 그런데 시(時)에 각기 마땅함이 있으니, 마땅하면 길하고 그렇지 않으면 흉한 것이다.[1236]
여섯 위(位)에는 본래 정해진 체(體)가 있어서 삼재의 도를 드러내고 있다. 그런데 이것이 변하여 움직여서는 서로 교접하며 관계맺음을 하는데, 서로 의존하고 붙음으로써 용(用)을 공효로 드러낸다. 음・양이라는 두 존재는 3재의 여섯 위(位) 속에 드나들면서 서로 뒤섞인다. 그리고 이로 말미암아 길・흉이 생긴다. 사람에게는 도(道)가 있어서 본래 하늘・땅과 서로 참여하며 더불어 서는데, 사람에게 있는 굳셈[剛]・부드러움[柔]의 용(用)이 순종하기도 하고 거스르기도 한다. 그래서 음・양의 치우친 기(氣)가 이들과 서로 교감하여서는 서로 어그러지게 된다. 그러므로 흉함은 사람의 실(失)에서 초래하지 않은 것이 없고, 길함은 사람의 득(得)으로부터 말미암지 않는 것이 없다.

1236) 즉 받듦, 올라탐과 믿음, 응함 등이 각기의 시(時)와 맞아떨어져서 마땅하면 길하고 그렇지 않으면 흉하다는 것이다.

성인이 『주역』을 만들었고, 군자는 그것으로 점을 친다. 따라서 '사람의 할 일을 다 함[盡人事]'과 '천지의 화육을 도움[贊化育]' 속에서 그 음·양의 징조를 잘 이용해야 한다. 그렇지 않고 하늘이 한 번 정해 놓은 길·흉이 있으니 사람으로서는 이를 전혀 어찌해 볼 도리가 없다고 하는 것은 결코 『주역』을 잘 이용하는 것이 아니다.

第十一章
제11장

『易』之興也, 其當殷之末世, 周之盛德邪! 當文王與紂之事邪! 是故其辭危. 危者使平, 易者使傾.

『주역』이 모습을 드러낸 것은 은나라 말기에 해당하니, 주나라의 융성한 덕이 드러나 있구나! 문왕과 주왕(紂王)의 일에 해당하는 것이로다! 그러므로 그 말이 위태롭다. 그런데 『주역』은 위태로운 상황에 처한 이들을 평탄하게 하고, 쉽게 보는 이들은 기울어지게 하였다.

'殷之末世', 紂無道而錯亂陰陽之紀. 文王三分有二, 以服事殷, 心不忍殷之速亡, 欲匡正以圖存而不能, 故作『易』以明得失存亡之理, 危辭以示警戒. 危者使知有可平之理, 善補過則无咎, 若慢易而不知戒者, 使知必傾, 雖得位而亦凶, 冀殷之君臣謀於神而悔悟, 蓋文王之心亦比干之心也, 故曰'盛德'.

'은나라 말기'는 그 마지막 왕인 주왕(紂王)이 무도하게 학정을 펼치면서 음·양의 법칙을 교란하던 시기에 해당한다. 이때 문왕은 중원의 2/3을 점유하고 있었지만, 은나라에 복종하면서 섬겼다. 그리고 마음으로는 은나라가 속히 멸망하는 것을 차마 견디지 못해 은나라의 잘못됨을 바로 잡고 나라를 제대로 세워 그 존속을 도모하고 싶었으나 불가능하였다. 그러므로『주역』을 지어 득(得)·실(失)과 존속·멸망의 이치를 밝히며 위태로운 말들로써 경계해야 함을 제시하였다. 즉 위태로운 상황에 있는 이들로 하여금 평탄하게 할 수 있는 이치가 있으니, 과오를 잘 보완하면 허물이 없으리라는 것을 알게 하였다. 그리고 만약에 거만한 마음에 쉽게 여기며 경계할 줄을 모르는 이라면 그가 반드시 기울어지고 말 것이니, 비록 좋은 지위를 차지하고 있다 하더라도 흉하리라는 것을 알게 하였다. 그리하여 은나라의 군주와 신하들이 신(神)에게 도모하며 자신들의 소행을 뉘우치고 깨달음이 있기를 바랐다. 이렇게 보면 문왕의 마음도 비간(比干)의 마음과 같다. 그러므로 '융성한 덕'이라 한 것이다.

其道甚大, 百物不廢, 懼以終始, 其要无咎, 此之謂『易』之道也.

그 도는 너무나 커서 온갖 것들을 폐하지 않게 하며, 두려움으로 시종일관하여 허물없음으로 귀결하게 한다. 이러하기에 '『주역』의 도'라고 하는 것이다.

'物', 事也. '要', 歸也. '道甚大'者, 撥亂反治以回天之理在焉, 而忠厚無已之情, 寓於微辭以自靖, 不忍激成君臣之變, 德之盛, 故大也. 該天下之變於六十四象之中, 上推天之所以爲天, 而下極於人事物情之變,使知天下之理, 無不當以戒慎之心始之終之, 而後歸於无咎. 殷之君臣能以此而自占, 則天命可回, 而周之至德終矣. 至於紂終不悟, 而成乎登天入地之象, 至周公之時, 乃追序殷之所以失爲後鑒, 非文王之所忍言也.

여기에서 '物(물)'은 사(事)를 의미한다. '要(요)'는 귀결의 의미다. '도가 너무나 크다'는 것은, 당시의 혼란상을 수습하고 태평한 세상으로 돌아가게 하는 회천(回天)의 이치가 거기에 존재한다는 것이고, 문왕이 두터운 충성심을 억누르지 못하는 정(情)을 은미한 말들 속에 담아서 자신의 간절한 뜻을 행동으로 옮겼으며, 차마 군신 간의 관계를 급작스럽게 변화시키지 못하였다는 것이다. 그래서 덕이 융성하기 때문에 크다는 것이다. 문왕은 천하의 변함을 64괘 속에 포괄하여 위로는 하늘이 왜 하늘인지를 미루어서 밝히고 있고, 아래로는 사람의 일과 물(物)들의 실정에 있는 변함들을 극진히 다루고 있다. 그래서 사람들로 하여금 천하의 이치를 알아 마땅히 스스로 경계하고 삼가는 마음으로 시종일관하게 하였고, 그러한 뒤에 허물없음으로 귀결되게 하였다.
만약에 당시 은나라의 군주와 신하들이 이러함을 가지고서 스스로 점(占)을 쳤더라면 천명을 돌릴 수 있었을 것이니, 주나라의 지극한 덕도 끝나버리고 말았을 것이다. 그러나 주왕(紂王)에 이르기까지 끝내 이를 깨닫지 못한 나머지, 하늘로 올라가고 땅으로 들어가는 상(象)을 그들은 이루고 말았다. 주공(周公) 때에 와서는 은나라가 왜 자신의 나라를 잃어버렸는지를 후대에 귀감으로 주기 위해 거슬러서 서술하기에 이르렀는데, 이는 문왕으로서는 차마 하지 못하던 말들이다.

第十二章
제12장

此章言『易』所以前知之故, 而示占者玩辭觀象以盡變之道, 略擧一隅之義例, 在讀『易』者之善通爾.

이 장에서는 『주역』이 왜 앞서서 알려주는 것인지에 대한 까닭을 밝히고 있다. 그리고 점치는 이들에게 평소에 괘 · 효사를 완미(玩味)하고 괘상을 잘 살핌으로써 변함의 도(道)를 다 터득할 것을 제시하고 있다. 그러나 대략 부분적인 의미와 예를 드는 데 그치고 있으니, 『주역』을 공부하는 이 스스로가 잘 이해할 것이다.

夫乾, 天下之至健也, 德行恒易以知險. 夫坤, 天下之至順也, 德行恒簡以知阻.

건(乾)은 천하의 지극히 씩씩함으로서, 덕을 행함이 항상 쉬우면서 험난함을 안다. 곤(坤)은 천하의 지극히 순종함으로서, 덕을 행함이 항상 간단하면서 막힘을 안다.

'乾' · '坤', 謂『易』所竝建以統卦爻者. 言天下之至健者, 唯'乾'之德行也; 天下之至順者, 唯'坤'之德行也. 擧凡天化物情, 運行而不撓者, 皆陽氣上舒; 其運焉而即動, 噓焉而即靈, 無所不效以成能者, 皆陰性之固然. '乾'純乎陽, '坤'純乎陰, 健順之至矣. 健順至, 而險阻無不可知矣.

危而難於行者曰'險', 滯而不通者曰'阻'. 陽氣之舒, 極天下之殊情異質, 而皆有以動之, 則出入於險, 而周知其故. 陰壹於順, 則雖凝爲重濁, 有所窒礙. 而或翕或闢, 承天時行, 以不滯於阻, 而自知其通. 是以六陽六陰竝建以偕行, 升降盈虛, 爲主爲輔於物化人情者, 以其純而不雜, 易簡之德, 備天下險阻之變而無不通. 六十四卦, 三百八十四爻, 無非'乾'·'坤'之所自爲, 則抑無非'乾'·'坤'之所自知也.

건괘·곤괘는 『주역』에서 아울러 세워서 괘·효를 통괄하는 것들이다. 이는, 이 세상에서 지극히 씩씩한 것은 오직 건괘의 덕행이며, 지극히 순종한 것은 오직 곤괘의 덕행임을 말하는 것이다. 무릇 하늘의 지어냄[造化]과 물(物)들의 실정에서 운행하며 거침이 없는 것은 모두 양기(陽氣)가 위로 펼침이다. 그리고 운행하여서는 곧바로 움직이고 내쉬어서는 곧바로 총명하여 어디에선들 공효를 드러내지 못하는 곳이 없이 능함을 이루는 것은 모두 음성(陰性)의 본디 그러함이다. 그런데 건(乾)은 양에 순수하고 곤(坤)은 음에 순수하니 씩씩함[健]·순종함[順]이 지극한 것이다. 그래서 씩씩함[健]·순종함[順]이 지극하여 험난함과 막힘에 대해 알 수 없는 것이 없다. 위태로워서 행함에 어려움이 있음을 '험난함[險]'이라 하고, 정체하여 통하지 않음을 '막힘[阻]'이라 한다. 양기의 펼침은 온 세상의 특수한 상황과 특이한 질(質)들에 이르기까지 극진히 하여 다 움직이게 한다. 그래서 험난함에 드나들며 두루 그 까닭에 대해서 안다. 음(陰)은 순종함에 한결같다. 그래서 비록 응취하여 무겁고 흐리니 막히고 장애가 됨이 있기는 하지만, 혹은 닫기도 하고 혹은 열기도 하면서 하늘을 받들어 때에 맞게 행한다. 그리하여 막힘에서 정체하지 않으며 스스로 그 통함을 안다.

그래서 6음·6양이 아울러 세워지고 함께 행하는데, 이들은 오르락내리락 하고 채웠다 비웠다 하면서 만물의 지어냄[造化]과 사람의 실정(實情) 속에서 서로 주(主)가 되기도 하고 보(輔)가 되기도 한다. 그래서 그 순수하며 잡되지 않고 쉽게 간단히 행하는 덕을 발휘하는데, 천하의 험난함과 막힘의 변함들을 다 갖추고 있으면서도 통하지 않음이 없다. 64괘 384효의 어느 하나인들 건괘·곤괘 두 괘가 자체로 하지 않은 것이 없고, 건괘·곤괘 두 괘가 스스로 알지 못하는 것이 없다.

能說諸心, 能硏諸侯之慮, 定天下之吉凶, 成天下之亹亹者. 是故變化云爲, 吉事有祥, 象事知器, 占事知來.

『주역』은 사람들 마음에 기쁨을 줄 수 있고, 사려함에서 궁구하게 할 수 있으며, 온 세상 사람들이 길·흉을 결정하고 온 세상 사람들이 부지런히 나아감을 이루어낸다. 그러므로 변화하며 말하고 행동하게 하는데, 길사(吉事)에는 상서로움이 있고, 형상과 관련된 일에서는 어떻게 기물을 제작해야 할 지를 알게 하며, 점을 치는 일에서는 앞일을 알게 한다.

'侯之'二字, 『本義』云衍文. 承上文而言, 知其理而得之, 則夫人心得所安而說矣; 知其變而盡之, 則夫人不定之慮可因之以硏矣; 知其理·知其變爲事物之所自成, 則天下亹亹不窮之功可就矣. 『易』以健順易簡歷險阻, 而無非其所自效而自知, 故以『易』之變化驗人之云爲, 而無不可知. '吉事', 謂吉禮祭也; 祭則筮日·筮尸·筮牲. '祥', 福也; 祭而神享爲福. '象事', 有形象之事. '知器', 謂知制器, "制器者尙其象"也. '占事', 筮庶事也. 通幽明·括事物於六十四卦爻象之間, 而統不出於六陰六陽之變化. 蓋人之云爲, 皆陰陽必動之幾, 而或剛或柔之得失, 一本於健順以爲德行. 知其本則知其化, 而險阻皆通, 『周易』之道所以合天而盡人也.

'侯之(후지)'라는 두 글자에 대해 『주역본의』에서는 쓸데없이 들어간 것들이라 하였다. 이 구절은 앞 구절을 이어받아서 하는 말인데, 『주역』의 이치를 알아서 터득하게 되면 사람의 마음이 편안함을 얻어서 기뻐진다는 것이다. 그리고 그 변함을 다 알게 되면 정해지지 않은 것에 대해 사려를 함으로써 궁구할 수 있다는 것이다. 이리하여 그 이치를 알고 그 변함을 알아서 사(事)·물(物)들이 저절로 이루어지게 되면, 온 세상 사람들이 부지런히 일하며 궁색하지 않는 공덕에로 나아갈 수 있다는 것이다.

『주역』은 씩씩함[健]·순종함[順] 및 평이함·간단함으로 험난함과 막힘을 지나면서도 그 스스로 공효를 드러내고 스스로 알지 않는 바가 없다.[1237] 그러므로 『주역』의 변화로써 사람의 말과 행동을 징험하여

1237) 『주역』은 건괘·곤괘로 이루어졌다['乾''坤'竝建]는 것이 왕부지 역철학의 핵심 이론이다. 즉 『주역』의 체(體)가 이들 두 괘이고, 나머지 62괘는 그 용(用)으로서 이들 두 괘의 12획이 여섯 위(位)에서 어떻게 조합하느냐에 따라 결정된다는 것이다. 그리고 건괘의 덕은 씩씩함[健]·평이함[易]이며, 곤괘의 덕은 순종함[順]·간단함[簡]이다. 아울러 62괘들은 험난함[險]과 막힘[阻]을 드러내고 있다. 그러므로 『주역』의 괘들이 드러내고 있는 험난함[險]과 막힘[阻]은 건괘·곤괘 두 괘의 덕인 씩씩함[健]·순종함[順] 및 평이함·순종함이 지어내는 것이라 할 수 있고, 건괘·곤괘의 덕은 이 험난함과 막힘들을 지난다[歷]고 할 수 있다. "『주역』은 씩씩함[健]·순종함[順] 및 평이함·간단함으로 험난함과 막힘을 지나면서도 그 스스로 공효를 드러내고 스스로

알 수 없는 것이란 없다.
'길사(吉事)'는 길례(吉禮)의 제사를 말한다. 이 제사를 맞이하여서는, 날짜・시동(尸童)・희생 등에 대해 시초점을 쳐서 묻는다. '상서로움'은 복(福)을 말한다. 제사를 지내는데 신(神)이 그것을 흠향(歆饗)함이 복이다. '象事(상사)'는 형상과 관련이 있는 사(事)를 말한다. '知器(지기)'는 기물 제작에 대해서 안다는 의미로서 "기물을 제작하는 이는 괘의 상(象)을 높이 친다."는 말에 해당한다. '占事(점사)'는 여러 가지 잡다한 일들에 대해 점을 친다는 의미다. 결국 이들이 의미하는 것은 64괘의 괘・효상들 속에서, 유(幽)의 세상과 명(明)의 세상이 통하고 사(事)・물(物)을 포괄한다는 것이다. 그리고 6음・6양의 변화를 이들로부터 벗어나지 않게 통괄한다는 것이다.
사람의 말과 행동함은 모두 음・양이 반드시 움직인 기미[幾]로 드러나 있는데, 이것이 혹은 굳셈[剛]으로 나타나고 혹은 부드러움[柔]으로 나타난다. 그 결과 득・실을 이룬 것들이 한결같이 씩씩함[健]・순종함[順]에 근본을 두고서 덕행이 된다.[1238] 그 근본을 알면 그 화함을 알아서 험난함[險]과 막힘[阻]에 모두 통한다. 이러하기 때문에 『주역』의 도(道)

알지 않는 바가 없다."는 말 속에 들어 있는 함의가 바로 이것이다.

1238) 시초점을 쳐서 얻은 것은 모두 사람의 말과 행동함을 지시하는 것이라 할 수 있다. 시초점 자체가 점치는 이의 입장에서 어떻게 말하고 어떻게 행동할지를 물은 것이기 때문이다. 그리고 그 시초점은 음・양이 반드시 움직인 기미를 드러내고 있다. 시초점이 음・양의 움직임으로 이루어지기 때문이다. 이 음・양의 움직임은 그 결과를 굳셈[剛]・부드러움[柔]의 효(爻)로 표시한다. 그리고 이 굳셈・부드러움의 효들에는 득・실이 드러나 있는데, 다만 『주역』의 괘들은 건괘・곤괘의 소산이기 때문에 한결같이 모두 이들 두 괘의 씩씩함[健]・순종함[順]의 덕에 근본을 두고 있다는 의미다.

가 하늘에 합치하고 사람의 할 일을 다하도록 하는 것이다.

天地設位, 聖人成能, 人謀鬼謀, 百姓與能.

하늘과 땅이 위(位)를 펼치고 있고 성인들은 능함을 이루고 있는데, 인모와 귀모를 통해 백성들은 이 능함에 함께한다.

上言『易』之爲道, 此則原筮所自設, 而極贊其妙也. 六位爲三才之道, 陰陽爲高卑之實. 「河圖」分五十有五於五位, 天地所設也. 畫其象, 名其卦, 繫以辭而斷以占, 著變化於云爲, 聖人成之也. 大衍五十, 而用四十有九, 分二掛一, 歸奇過揲, 審七・八・九・六之變以求肖於理, 人謀也. 分而爲二, 多寡成於無心不測之神, 鬼謀也. 人盡其理, 鬼妙其變, 所以百姓苟以義問. 無不可與其能事, 無艱深曲折之難知, 而大行於天下矣. 若龜之見兆, 但有鬼謀而無人謀; 後世推測之數, 如壬遁之類, 有人謀而無鬼謀; 三才之道不存焉, 可揣吉凶, 而不能詔人以憂患之故. 聖人之制作所以不可及也.

앞 구절은 『주역』의 도(道)에 대해 말하였는데, 이 구절에서는 시초점이 어떻게 해서 펼쳐지는가를 근원까지 고찰하여 그 오묘함을 극찬하고 있다. 한 괘의 여섯 위(位)는 삼재(三才)의 도(道)를 드러내고 있으며, 음・양은 위(位)의 높고 낮은 것들을 채우는 실질이다. 「하도」는 다섯 위(位)에 55에 이르는 수를 분산하고 있다. 이는 하늘과 땅이 펼친 것이다. 이를 근간으로 하여 그 상(괘・효상)을 그리고, 괘에 이름을 붙이고, 괘・효사를 붙여서 점(占)을 치게 하며, 말과 행동에서의 변화를 드러내고 있는 것은 바로 성인들이 이룬 것이다.

대연지수 50에서 사용되는 시책의 수는 49개다. 이 49개의 시책을 두 무더기로 나누고[分二] 하나의 시책을 걸어 두며[掛一], 이 두 무더기의 시책들을 네 개씩 헤아리고[過揲] 남은 우수리 시책들을 한 군데로 돌려서[歸奇], 7·8·9·6의 변함을 살핌으로써 이치에 들어맞도록 하는 것은 인모(人謀)다. 그런데 49개의 시책을 둘로 나눔은 어떠한 의도나 사심이 없이 행해야 한다. 그러므로 그 결과로서의 시책의 수가 많고 적음은 인간으로서는 헤아릴 수 없는 신묘함에 의해 이루어진 것이라 할 수 있다. 이것이 귀모(鬼謀)다.

이렇듯 인모는 그 이치에 들어맞게 하고 귀모는 그 변(變)을 신묘하게 하니, 백성들이 진실로 의로움으로써 묻는다면, 『주역』으로서 할 수 있는 것에 함께할 수 없을 것이 없다. 그리하여 어떤 일이든 아무리 어렵고 복잡하게 얽힌 것이라 하여도 끝내 알 수 없는 것이 없다. 그래서 『주역』의 점(占)이 천하에 크게 유행하게 된 것이다.

이에 비해 거북점에서 조짐을 살피는 것에는 단지 귀모만 있을 뿐 인모는 없다. 그리고 후세의 육임(六壬)[1239]이나 둔갑(遁甲)[1240]과 같이 숫자를 가지고 길·흉을 예측하는 술수들에는 인모는 있을지언정 귀모는 없다. 그래서 삼재(三才)의 도가 이들에는 담겨 있지 않으니, 길·흉을 짐작할 수는 있으나 사람들에게 우환과 그것이 이르는 까닭을 알려주지는 못한다. 바로 이러한 까닭에 성인들께서 제작한 『주역』에는 이것들이 미칠 수가 없는 것이다.

1239) '육임'에 대해서는 주1118)을 참고하라.
1240) '둔갑'에 대해서는 주1119)를 참고하라.

八卦以象告, 爻 · 彖以情言, 剛柔雜居, 而吉凶可見矣.

팔괘는 상(象)으로써 알려주고, 효와 괘는 실정으로써 말해주는데, 굳셈[剛] · 부드러움[柔]이 뒤섞여 있음에서 길 · 흉을 알 수가 있다.

此以下言占者之法. 八卦既各有象, 其貞悔交錯而爲六十四卦, 皆天化物情之象也. 爻 · 彖, 其辭也. '情'者, 既成象而變動, 必有情實也. 雜居而得失異, 得則吉, 失則凶, 未之或爽也. 占者於其象之相雜而求其辭之情, 則吉凶之故顯矣.

이 구절부터는 점치는 이에게 점과 관련된 원리에 대해서 말해주고 있다. 팔괘가 벌써 각기 상을 이루고 있음에, 이것들이 정괘(貞卦)와 회괘(悔卦)로 서로 엇갈리며 뒤섞여서 육십사괘가 되는데, 이들은 모두 하늘의 지어냄[造化]과 물(物)들의 실정을 담은 상이다. 여기서 말하는 효와 괘는 그 사(辭)를 말한다. 그리고 '情(정)'이란 이미 상을 이루고 있으면서 변하고 움직이니[1241] 거기에 반드시 실정이 있음을 의미한다. 괘들에서는 굳셈[剛] · 부드러움[柔]이 잡되게 뒤섞여 있으면서 득 · 실이 다 다른데, 득(得)이면 길하고 실(失)이면 흉하다. 이는 어떤 경우에도 어김이 없다. 점치는 이가 굳셈 · 부드러움의 효가 서로 뒤섞여 있는 상에서 그 괘 · 효사의 실정을 구한다면 왜 길한지, 왜 흉한지가 드러날 것이다.

1241) 변하고 움직인다는 것은 각 효를 가리켜서 하는 말이다. 각 효는 '9' 또는 '6'으로 지칭되어 있다. 이는 '노양(老陽)'과 '노음(老陰)'을 의미하는 것으로서 변함을 상징한다. 변함은 움직임이기도 하다.

變動以利言, 吉凶以情遷.

변하고 움직임은 이로움으로써 말하고 길 · 흉은 실제 정황에 따라 변천한다.

陰陽之交相變而自相通, 皆乘一時之利, 而所利者有得有失, 因乎情之正不正, 而吉凶異矣.

음과 양은 교접하여 서로 변하면서도 저절로 서로 통하는데, 이들은 모두 한때의 이로움을 태우고 있다. 그리고 이로운 바에는 득(得)도 있고 실(失)도 있는데, 실정의 옳음과 옳지 않음에 따라 길 · 흉이 달라지는 것이다.

是故愛惡相攻而吉凶生, 遠近相取而悔吝生, 情僞相感而利害生.

그러므로 좋아함과 싫어함이 서로 공격하여 길 · 흉이 생기고, 먼 것과 가까운 것들이 서로 취하여 후회함[悔] · 아쉬워함[吝]이 생기며, 성실함과 망령됨이 서로 교감하여 이로움 · 해로움이 생긴다.

此以推明變動雜居而吉凶可見之理, 示占者知得失之繇也. 情屬於彼而與相離合曰'攻取'. 上言'攻', 下言'取', 互文見意. 愛則相取, 惡則相攻. 攻取之得, 得應天順人而吉; 失, 則致寇而凶. 其相攻取也, 近則攻不力, 遠則取不便, 故其得失未甚而爲悔吝. '情', 實也. '情僞'猶言誠僞. 誠者其理所宜感, 僞者非所感而妄感也. 感以實則利, 以僞則害, 此相雜之變動, 或應或不應, 或孚或不孚, 因乎八卦相錯, 剛柔相雜, 愛惡遠近情僞之殊情, 而同一位・同一爻, 在此而吉, 在彼而凶, 各以其時位爲象爲情, 占者所宜因象以求辭也.

이 구절은 육십사괘의 각 효들에 변함과 움직임이 잡되게 뒤섞여 있음에 길・흉을 알 수 있는 이치가 드러나 있다는 것을 미루어 밝힘으로써, 점을 치는 이들에게 득・실이 어떻게 해서 생기는지를 보여주고 있다. 실정으로는 상대방에게 속하지만 더불어 서로 떨어졌다 합했다 함을 '공격과 취함'이라 한다. 그런데 이 구절에서는 앞에서는 '공격'이라 하고 뒤에서는 '취함'이라 하여 서로 연계하여 그 뜻을 드러내고 있다. 좋아하면 서로 취하고 싫어하면 서로 공격한다. 공격하고 취하여 득(得)이 되는 경우에는, 이 득함이 하늘에 응하고 사람에 순종하여 길한 것이다. 이에 비해 실(失)이 되는 경우에는, 외적을 불러들여서 흉한 것이다. 그런데 서로 공격하고 취함에서는 가까우면 공격하는 것이 힘들지 않고 멀면 취하는 것이 불편하다. 그러므로 그 득・실이 그다지 심하지 않아서 후회함[悔]・아쉬워함[吝]이 된다.
'情僞(정위)'에서의 '情(정)'은 진실함을 의미한다. 그리고 '정위'는 '誠(성)・僞(위)'라고 말하는 것과 같다. '誠(성)'은 그 이치상 마땅히 교감해야 할 것이고 '僞(위)'는 교감해서는 안 되는데 망령되이 교감한 것이다. 그래서 진실함으로써 교감하면 이롭고, 망령됨으로써 교감하면 해롭다. 이렇게 서로 잡다하게 뒤섞인 것들[1242]이 변하고 움직이면서 혹은 응하기도 하고 혹은 응하지 않기도 하며[1243], 혹은 믿기도 하고 혹은 믿지

1242) 음・양을 나타내는 굳셈[剛]・부드러움[柔]의 효들을 가리킨다.

않기도 한다.[1244] 팔괘가 서로 엇갈리게 뒤섞임으로 말미암아[1245] 굳셈[剛]・부드러움[柔]이 서로 잡다하게 뒤섞이며 좋아함과 싫어함, 멂과 가까움, 성실함과 망령됨의 각기 다른 특수한 실정들이 동일한 효(爻)와 동일한 위(位)라 하더라도 여기서는 길하고 저기에서는 흉하다. 그래서 각기 그 시(時)와 위(位)에 따라 상(象)을 이루고 실정을 이루고 있으니, 점치는 이들은 이에 잘 맞추어서 상(象)으로 말미암아 괘・효사의 의미를 구해야 한다.

凡『易』之情, 近而不相得則凶, 或害之, 悔且吝.

무릇 『주역』에 드러난 상황에서는 가까우면서도 서로 얻지 못하면 흉하다. 경우에 따라서는 해를 입히기도 하며, 후회함이 있고 또한 아쉬워함이 있기도 하다.

此擧大凡以爲之例, 占者可即此以究情之遷也. 近有二: 相比也, 相應也, 皆近也. 相得有二: 異而相應, 同而相孚也. 相得則吉, 否則凶. 時欲相濟, 則利於相應; 時欲相協, 則利於相孚. '或害之'者, 情非不相得, 而爲中爻所牽制, 以害其交, 則事幸成而必悔, 事未成而吝; 如同人六

1243) 응함은 초효와 4효, 2효와 5효, 3효와 상효 사이에 발생한다. 굳셈[剛]・부드러움[柔]이 같은 효들끼리는 응하지 않고 다른 효들끼리 응한다.

1244) 응함과는 달리 굳셈[剛]・부드러움[柔]이 같은 효들끼리는 서로 믿고[相孚], 다른 효들끼리는 서로 믿지 않는다[不孚].

1245) 3획의 팔괘가 6획의 64괘로 됨을 말한다.

二與五相得, 以三・四害之, 故凶.

여기에서는 일반적으로 그러한 대강의 예를 들어서 말하고 있다. 점치는 이들은 이러함에 입각하여 상황의 변천을 궁구하여야 한다. 여기서 가깝다고 한 것에는 두 가지가 있다. '서로 이웃하며 나란히 있음[相比]'과 '정괘(貞卦)와 회괘(悔卦)의 효들끼리 서로 응함[相應]'이 그것이다. 이들 모두는 가까움의 범주에 든다. 서로 얻음에도 두 가지가 있다. 하나는 굳셈[剛]・부드러움[柔]이 '서로 다른 효들끼리 응하는 것[相應]'이고, 또 하나는 서로 같은 효들끼리 '서로 믿는 것[相孚]'이다. 그래서 서로 얻으면 길하고 그렇지 않으면 흉하다. 시(時)가 맞아서 서로 구제해주고자 하면 서로 응함에 이로움을 주고, 시(時)가 맞아서 서로 협조하고자 하면 서로 믿음에 이로움을 준다. '경우에 따라서는 해를 입히기도 하며'라는 말은 상황으로보면 서로 얻지 않음이 아니지만 이들 사이에 있는 효(爻)들이 견제를 하며 이들의 교감함에 해를 입힌 것이다. 이러한 경우에는 일은 요행히 성사되었다 하더라도 반드시 후회함이 있게 되고, 또 일이 성사되지 않아서는 아쉬워함이 있게 된다. 예컨대 동인괘(同人卦)䷌의 육이효는 구오효와 서로 얻고 있지만, 구삼효와 구사효가 이들을 해치기 때문에 흉한 것이 바로 그 예다.

將叛者其辭慙, 中心疑者其辭枝, 吉人之辭寡, 躁人之辭多, 誣善之人其辭游, 失其守者其辭屈.

장차 반역을 일으키려는 자는 그 말이 입에서 맴돌면서도 밖으로 나오지를 못하고, 마음속에 의심을 품은 이는 그 말이 에둘러 변죽을 울린다. 길한 사람은

말이 적고, 조급한 사람은 말이 많다. 착한 사람을 속이려 드는 이는 그 말이 붕 떠 있고, 지켜야 할 것을 잃어버린 사람은 그 말이 비굴하다.

‘慙’者, 欲言而若不能出諸口. ‘枝’者, 不以正告, 且爲旁出之言, 以覲人之意. ‘吉人’, 善而凝福之人. ‘游’如泅水者, 浮而不定. ‘失其守’, 謂典守而失之. ‘屈’, 無以自伸也. 情見乎辭類如此. 『易』因爻象之得失, 而體其情以爲辭, 乃繫吉凶於下, 所以知險阻而盡情僞. 如‘大有’之類, 其辭寡矣. 慙者, 如‘觀’之六二, 陰長得中位而將叛, 故闚而不出以相見. 枝者, 如‘睽’上九之類. 多者, 如‘无妄’彖辭之類. 游者, 如‘震’上六之類. 屈者, 如‘夬’上六之類. 險阻皆因其象以爲辭, 而唯健順易簡之德不逆億而先覺, 故能盡知而傳之.

‘慙(참)’은 부끄러워서 말은 하고 싶어도 입 밖으로 털어내지 못함을 의미한다. ‘枝(지)’는 정곡을 맞추지를 못하고 또한 에둘러 변죽을 울리는 말을 해대며 사람들의 의향을 살핌을 뜻한다. ‘길한 사람’은 착하여 복을 응취한 사람이다. ‘遊(유)’는 마치 물속에서 헤엄을 치는 사람처럼 붕 떠서 고정되지 않음이다. ‘지켜야 할 것을 잃어버림’이란 주관하면서도 잃어버렸다는 말이다. ‘屈(굴)’은 스스로를 펼쳐냄이 없다는 말이다. 『주역』에서 실정들이 사(辭)에 드러난 부류가 이와 같다.

『주역』은 효(爻)와 괘상의 득・실을 바탕삼아 그 실정을 체현하여 괘・효사로 드러낸 것이다. 그리고 길・흉을 그 아래에 매달고 있다. 이러하기 때문에 『주역』은 험난함[險]과 막힘[阻]을 알고 진실함과 거짓됨을 다 드러낸다. 예컨대 대유괘(大有卦)䷍와 같은 따위는 그 사(辭)가 적다.[1246] ‘慙(참)’의 경우는 관괘(觀卦)䷓의 육이효와 같은 따위다. 이 육이효는 음(陰)이 자라나서 득중하였는데 장차 반란을 일으키고자 한다. 그러므로 문틈으로 엿보기나 할 뿐 문을 열고 나와서 서로 마주보지를 못한다. '枝(지)'의 경우는 규괘(睽卦)䷥의 상구효와 같은 따위다.[1247] 말이 많은 경우[多者]는 무망괘䷘의 괘사와 같은 부류다.[1248] '遊(유)'의 경우는 진괘(震卦)䷲의 상육효와 같은 따위다.[1249] '屈(굴)'의 경우는 쾌괘(夬卦)䷪의 상육효와 같은 따위다.[1250] 이처럼 험난함[險]과 막힘[阻]이 모두 그 상(象)을 바탕으로 하여 사(辭)를 붙이고 있다. 이들에 대해서는 오직 씩씩함[健]·순종함[順]과 평이함[易]·순종함[順]의 덕(德)을 지닌 사람만이 거슬러서 미리 억측하지 않고도 먼저 깨닫는다.[1251] 그러므로 이러한 사람들은

1246) 대유괘의 괘사는 '으뜸되고 형통하다.'는 의미에서 달랑 '元亨(원형)' 두 글자로 되어 있다. 그런데 왕부지는 지금 이를 길한 경우로 예시하고 있다.

1247) 규괘(睽卦)의 상구효사는 "괴리된 채 고독함이요, 돼지가 등에 잔뜩 진흙을 묻히고 있음을 보고서 수레 한 가득 귀신을 싣고 오는 것으로 여겨 먼저는 활시위를 당겼다가 나중에는 당기던 활시위를 슬그머니 놓는다. 도적이 아니며 혼인을 청하러 온 이다. 가다가 비를 만나면 길하다.(睽孤, 見豕負塗, 載鬼一車, 先張之弧, 後說之弧, 匪寇, 婚媾, 往遇雨則吉.)"로 되어 있다. 왕부지는 이 효사가 정곡을 맞추지를 못하고 또한 에둘러 변죽을 울리는 말을 해대며 사람들의 의향을 살핌의 예로 보고 있다.

1248) 무망괘의 괘사는 "으뜸되고 형통하며 이롭고 올곧다. 늘 있는 정상이 아닌 이상 현상이 있고, 어디를 가는 데 이롭지 않다.(元亨利貞. 其匪正有眚, 不利有攸往.)"로 되어 있다.

1249) 진괘(震卦)의 상육효사는 "진동된 나머지 신(神)·기(氣)가 소진되고 저상(沮喪)되어 생기를 잃은 모습이며 놀라서 눈을 휘둥그레 뜬 채 두리번거린다. 정벌을 나아가서는 흉하다. 진동됨이 내 몸에서 오지 않고 이웃에게서 오니 허물이 없다. 혼인을 하게 되어서는 무엇인가 말이 있다.(震索索, 視矍矍, 征凶. 震不于其躬, 于其鄰, 无咎. 婚媾有言.)"로 되어 있다.

1250) 쾌괘의 상육효사는 "통곡하며 슬피 울어주는 이가 없으니, 끝내는 흉하다.(无號, 終有凶.)"로 되어 있다.

다 알아서 사람들에게 전해줄 수가 있는 것이다.

1251) 『논어』에 나오는 구절을 인용한 것이다. 『논어』에서 공자는, "남이 자기를 속일 것이라고 거슬러서 미리 헤아리지 않고, 자신을 믿지 않으리라고 억측하지 않으면서도, 또한 앞서서 깨닫는 이는 현명하도다!"(『論語』, 「憲問」: 子曰, "不逆詐, 不億不信, 抑亦先覺者, 是賢乎!")라고 하였다.

지은이

왕부지(王夫之)

1619년 9월(음): 중국 호남성(湖南省) 형주부(衡州府; 오늘날의 衡陽市) 왕아평(王衙坪)의 몰락해가는 선비 집안에서 아버지 왕조빙(王朝聘; 1568~1647)과 어머니 담씨(譚氏) 부인 사이에 3남으로 태어났다. 어려서의 자(字)는 '삼삼(三三)'이었고, 성장한 뒤의 자(字)는 '이농(而農)'이었다. '부지(夫之)'는 그 이름이다. 왕부지의 호는 대단히 많다. 대표적인 것만을 소개하면, 강재(薑齋), 매강옹(賣薑翁), 쌍길외사(雙吉外史), 도올외사(檮杌外史), 호자(壺子), 일호도인(一瓠道人), 선산노인(船山老人), 선산병수(船山病叟), 석당선생(夕堂先生), 대명전객(大明典客), 관아생(觀我生) 등이다. 호는 20개가 넘는데, 스스로는 '선산유로(船山遺老)'라 불렀다. 왕부지와 함께 명조(明朝)의 세 유로(遺老)로 불리는 황종희(黃宗羲; 1610~1695)보다는 9살 아래고, 고염무(顧炎武; 1613~1682)보다는 6살 아래다. 동시대에 활약한 대학자 방이지(方以智; 1611~1671)보다는 8살 아래다.

1622년(4세): 자신보다 14살 연상의 큰형 왕개지(王介之; 1605~1687)에게서 글을 배우기 시작하다. 왕개지는 그의 자(字)를 좇아 '석애(石崖)선생'으로 불렸는데, 경학(經學)에 조예가 깊은 학자로서 『주역본의질(周易本義質)』과 『춘추사전질(春秋四傳質)』 등의 저술을 남겼다. 왕부지는 9살 때까지 이 왕개지로부터 배우면서 많은 영향을 받았다. 그런데 왕부지는 7살에 13경을 다 읽을 정도여서 '신동(神童)'으로 불렸다.

1628년(10세): 아버지에게서 경전을 배우기 시작하다.

1637년(19세): 형양(衡陽)의 재야 지주인 도씨(陶氏)의 딸에게 장가들다. 이해부터 숙부 왕정빙(王廷聘)에게서 중국의 역사를 배우기 시작하였다.

1638년(20세): 장사(長沙)의 악록서원(嶽麓書院)에 입학하다. 동학인 광봉승(鄺鵬升) 등과 함께 '행사(行社)'라는 독서 동아리를 만들어 경전의 의미와 시사(時事)에 대해 토론하였다.

1639년(21세): 관사구(管嗣裘)·곽봉선(郭鳳躚)·문지용(文之勇) 등 뜻이 맞는 벗들과 함께 '광사(匡社)'라는 동아리를 꾸려 정권의 잘잘못과 예측 불가능할 정도로 급변해가는 시사에 대해 토론하며 대안을 세웠다.

1644년(26세): 청나라 세조(世祖)가 북경에 천도하여 황제로 즉위하고 청나라 왕조를 세웠다. 왕부지는 명나라 멸망에 비분강개하며 『비분시(悲憤詩)』 100운(韻)을 짓고 통곡하였다. 그리고 형산(衡山)의 쌍길봉(雙吉峰)에 있는 흑사담(黑沙潭) 가에 초가집을 짓고 거처하며 '속몽암(續夢庵)'이라 불렀다.

1646년(28세): 비로소 『주역』을 공부할 뜻을 세우고 『주역패소(周易稗疏)』 4권을 지었다. 아버지로부터 『춘추』를 연구하여 저술을 내라는 명을 받았다. 도씨(陶氏) 부인과 사별하였다.

1647년(29세): 청나라 군대가 형주(衡州)를 함락시키자 왕부지 일가는 흩어져 피난길에 올랐다. 이 도피 생활 중 그의 아버지가 서거하였다.

1648년(30세): 왕부지는 형산(衡山) 연화봉(蓮花峰)에 몸을 숨긴 채 『주역』 공부에 더욱 매진하였다. 그러다가 기회를 타서 벗 관사구(管嗣裘)·하여필(夏汝弼)·성한(性翰; 승려) 등과 함께 형산 방광사(方廣寺)에서 거병하였다. 그러나 이 의병활동이 실패로 돌아가자 밤낮으로 험한 산길을 걸어가 당시 조경(肇京)에 자리 잡고 있던 남명정부 영력(永曆) 정권에 몸을 맡겼다. 병부상서 도윤석(堵允錫)의 추천으로 한림원 서길사(庶吉士)에 제수되었으나 부친상이 끝나지 않은 이유로 사양하였다.

1649년(31세): 왕부지는 조경(肇京)을 떠나 구식사(瞿式耜)가 방어하고 있던 계림(桂林)으로 갔다. 그리고는 다시 계림을 떠나 청나라 군대의 수중에 있던 형양(衡陽)으로 돌아와 어머니를 모시고 살게 되었다.

1650년(32세): 부친상을 마친 왕부지는 당시 오주(梧州)에 자리 잡고 있던 남명 정부를 다시 찾아가 행인사행인(行人司行人)의 직책을 맡게 되었다. 그런데 조정의 실세인 왕화징(王化澄)의 비행을 탄핵하다 그의 역공을 받아 투옥되었다. 농민군 수령 고일공(高一功; 일명 必正)의 도움으로 간신히 죽음을 면한 왕부지는 계림으로 가서 구식사(瞿式耜)의 진영에 합류하게 되었다. 그러나 청나라 군대가 계림을 핍박하는 바람에 다시 피난길에 올라 산간 오지에서 나흘을 굶는 등 갖은 고초를 겪었다. 이해에 정씨(鄭氏)부인과 재혼하였다.

1654년(36세): 상녕(常寧)의 오지 서장원(西莊源)에서 이름을 바꾸고 복식을 바꾼 채 요족(瑤族)에 뒤섞여 살았다. 이때의 경험으로 왕부지는 중국 소수민족들의 생활상을 알게 되었고, 이들에 대한 인식을 바꾸게 되었다. 그리고 명나라 멸망으로부터 얻은 교훈을 정리하는 저술활동에 몰두할 결심을 굳힌다.

1655년(37세): 진녕(晉寧)의 산사(山寺)에서 『주역외전』을 저술하였고, 『노자연(老子衍)』 초고를 완성하였다.

1657년(39세): 4년 가까이 지속된 도피생활을 마치고 서장원에서 돌아와 형산 쌍길봉(雙吉峰)의 옛 거처 속몽암(續夢庵)에서 기거하게 되었다. 그리고 유근로(劉近魯)의 집을 방문하여 6천 권이 넘는 장서를 발견하고는 그 독파에 시간가는 줄을 몰랐다.

1660년(42세): 속몽암으로부터 형양(衡陽)의 금란향(金蘭鄕; 지금의 曲蘭鄕) 고절리(高節里)로 거처를 옮겼다. 수유당(茱萸塘) 가에 초가집을 짓고 '패엽려(敗葉廬)'라 부르며 기거하였다.

1661년(43세): 정씨부인과 사별하였다. 정씨부인의 이해 나이는 겨우 29세였다. 아내의 죽음에 깊은 상처를 받은 왕부지는 그 쓰라린 감정을 애도(哀悼) 시로 남긴다.

1662년(44세): 남명(南明)의 영력제(永曆帝)가 곤명(崑明)에서 오삼계(吳三桂)에게 살해당했다는 소식을 듣고 『삼속비분시(三續悲憤詩)』 100운(韻)을 지었다.

1665년(47세): 여전히 패엽려에 기거하며 『독사서대전설(讀四書大全說)』 전 10권을 중정(重訂)하였다.

1669년(51세): 장씨(張氏)부인을 세 번째 부인으로 맞이하였다. 이해에 30세부터 써오던 근고체 시집 『오십자정고(五十自定稿)』를 펴냈다. 그리고 『속춘추좌씨전박의(續春秋左氏傳博議)』 상・하권을 지어서 부친의 유명(遺命)에 부응하였다. 수유당(茱萸塘) 가에 새로이 초가집 '관생거(觀生居)'를 짓고 겨울에 이사하였다. 그 남쪽 창가에 유명한 "六經責我開生面(육경책아개생면), 七尺從天乞活埋(칠척종천걸활매)"라는 대련(對聯)을 붙였다. 뜻은 "육경이 나를 다그치며 새로운 면모를 열어 보이라 하니, 이 한 몸 하늘의 뜻을 좇으며 산채로 묻어 달라 애걸하네!" 이제부터는 육경 공부가 하늘의 뜻인 줄 알고 거기에 온 생애를 걸겠다는 다짐으로 보인다. 중국 산천을 이민족에게 내준 것, 자신이 그것을 만회하기 위해 애썼지만 결국 부질없음으로 돌아간 것 등이 모두 하늘의 뜻이라 여기며, 이제 자신의 갈 길을 육경 공부로 정하였다는 것이다. 이것이 스스로 자부하는 문화민족으로서 한족(漢族) 지식인에게 허락된 길이라는 깨달음을 반영한 것으로 보인다.

1672년(54세): 『노자연(老子衍)』을 중정(重訂)하였다. 그러나 불행히도 그의 제자 당단홀(唐端笏)이 이것을 빌려갔다가 그 집이 불타는 바람에 그만 소실(燒失)되고 말았다. 지금 전해지는 것은 그가 37세 때 지은 초고본이다.

1676년(58세): 상서초당(湘西草堂)에 거처하기 시작하다. 『주역대상해(周易大象解)』를 지었다.

1679년(61세): 『장자통(莊子通)』을 짓다.

1681년(63세): 『상종락색(相宗絡索)』을 지었다. 그리고 제자들의 요청에 의해 『장자(莊子)』 강의용 『장자해(莊子解)』를 지었다.

1685년(67세): 병중임에도 제자들의 『주역』 공부를 독려하기 위해 『주역내전』 12권과 『주역내전발례』를 지었다.

1686년(68세): 『주역내전』과 『주역내전발례』를 중정(重訂)하였고, 『사문록(思問錄)』 내·외편을 완성하였다.

1687년(69세): 『독통감론(讀通鑑論)』을 짓기 시작하다. 9월에 병든 몸을 이끌고 나가 큰형 왕개지(王介之)를 안장(安葬)한 뒤로 다시는 바깥출입을 하지 않았다.

1689년(71세): 병중에도 『상서인의(尙書引義)』를 중정(重訂)하였다. 이해 가을에 「자제묘석(自題墓石)」을 지어 큰아들 반(攽)에게 주었다. 여기에서 그는, "유월석(劉越石)의❶ 고독한 울분을 품었지만 좇아 이룰 '명'(命)조차 없었고❷, 장횡거(張橫渠)의 정학(正學)을 희구했지만 능력이 부족하였다. 다행히 이곳에 온전히 묻히나❸ 가슴 가득 근심을 안고 세상을 하직하노라!"❹라고 술회하고 있다.

1690년(72세): 『장자정몽주(張子正蒙注)』를 중정(重訂)하였다.

---

❶ 유곤(劉琨; 271~318)을 가리킨다. '월석(越石)'은 그의 자(字)다. 유곤은 서진(西晉) 시기에 활약했던 인물이다. 그는 건무(建武) 원년(304년) 단필제(段匹磾)와 함께 석륵(石勒)을 토벌하게 되었는데, 단필제에 농간에 의해 투옥되었다가 죽임을 당하였다. 나중에 신원되어 '민(愍)'이라는 시호를 추서 받았다. 이처럼 자기도 모르는 사이에 진행된 일 때문에 정작 이적(夷狄)을 토벌하려던 입지(立志)는 펴보지도 못하고 비명에 간 유곤의 고분(孤憤)을 왕부지는 자신의 일생에 빗대고 있다.

❷ 이해는 명나라가 청나라에 망한 지 벌써 48년의 세월이 흐른 뒤이다. 왕부지는 명조(明朝)의 멸망을 통탄해 마지않았고, 끝까지 명조에 대한 대의명분을 지키며 살았다. 이처럼 한평생을 유로(遺老)로 살았던 비탄(悲嘆)이 이 말 속에 담겨 있다.

❸ 이 말은 그와 더불어 청조(淸朝)에 저항하였던 황종희(黃宗羲), 고염무(顧炎武), 부산(傅山), 이옹(李顒) 등이 비록 끝까지 벼슬을 하지 않으면서도 치발령(薙髮令)에는 굴복하여 변발을 하였음에 비해, 왕부지 자신만은 이에 굴하지 않고 죽을 때까지 머리털을 온존하며 복색(服色)을 바꾸지 않았음을 술회하는 것처럼 보인다.

❹ 王之春, 『船山公年譜』(光緒19年板), 「後篇」, 湖南省 衡陽市博物館, 1974: 抱劉越石之孤憤, 而命無從致; 希張橫渠之正學, 而力不能企. 幸全歸于玆邱, 固銜恤以永世."

1691년(73세): 『독통감론(讀通鑑論)』 30권과 『송론(宋論)』 15권을 완성하였다.

1692년(74세): 정월 초이튿날(음) 지병인 천식으로 극심한 고통 속에 서거하다.

[저서]

왕부지는 중국철학사에서 가장 방대한 양의 저술을 남긴 인물 중의 한 사람으로 꼽힌다. 대표적인 것만 꼽아도 다음과 같다.

『주역내전(周易內傳)』, 『주역외전(周易外傳)』, 『주역대상해(周易大象解)』, 『주역고이(周易考異)』, 『주역패소(周易稗疏)』, 『상서인의(尙書引義)』, 『서경패소(書經稗疏)』, 『시경패소(詩經稗疏)』, 『시광전(詩廣傳)』, 『예기장구(禮記章句)』, 『춘추가설(春秋家說)』, 『춘추세론(春秋世論)』, 『춘추패소(春秋稗疏)』, 『속춘추좌씨전박의(續春秋左氏傳博議)』, 『사서훈의(四書訓義)』, 『독사서대전설(讀四書大全說)』, 『설문광의(說文廣義)』, 『독통감론(讀通鑑論)』, 『송론(宋論)』, 『영력실록(永曆實錄)』, 『장자정몽주(張子正蒙注)』, 『사문록(思問錄)』, 『사해(俟解)』, 『악몽(噩夢)』, 황서(『黃書)』, 『노자연(老子衍)』, 『장자해(莊子解)』, 『장자통(莊子通)』, 『상종락색(相宗絡索)』, 『초사통석(楚辭通釋)』, 『강재문집(薑齋文集)』, 『강재시고(薑齋詩稿)』, 『곡고(曲稿)』, 『석당영일서론(夕堂永日緖論)』, 『고시평론(古詩評選)』, 『당시평선(唐詩評選)』, 『명시평선(明詩評選)』

김진근

연세대학교 철학과에서 학부, 대학원을 마침(문학사, 문학석사, 철학박사. 지도교수: 裵宗鎬 · 李康洙)
북경대학 고급진수반(高級進修班) 과정 수료(지도교수: 朱伯崑)

- 연세대학교, 덕성여대 등에서 강의
- 한국교원대학교 교수(현재)
- 국제역학연구원(國際易學硏究院) 상임이사
- 한국동양철학회(韓國東洋哲學會) 감사(전)
- 한국교원대학교 도서관장(전)

[대표 논문]

- '강남스타일'과 극기복례
- 왕부지의 『장자』 풀이에 드러난 '무대' 개념 고찰
- 왕부지의 겸괘 「대상전」 풀이에 담긴 의미 고찰
- '互藏其宅'의 논리와 그 철학적 의의
- 船山哲學的世界完整性研究(中文) 외 30여 편

[저서]

- 왕부지의 주역철학
- 주역의 근본 원리(공저)

[역서]

- 완역 역학계몽
- 역학철학사(전8권, 공역) 외

한국연구재단
학술명저번역총서
[동양편] 613

주역내전 ⑤

초판 인쇄 2014년 12월 01일
초판 발행 2014년 12월 15일

지 은 이 | 왕부지(王夫之)
옮 긴 이 | 김진근(金珍根)
펴 낸 이 | 하운근
펴 낸 곳 | 學古房

주 소 | 서울시 은평구 대조동 213-5 우편번호 122-843
전 화 | (02)353-9907 편집부(02)353-9908
팩 스 | (02)386-8308
홈페이지 | http://hakgobang.co.kr/
전자우편 | hakgobang@naver.com, hakgobang@chol.com
등록번호 | 제311-1994-000001호

ISBN 978-89-6071-456-4 94140
978-89-6071-287-4 (세트)

값 : 27,000원

■ 이 저서는 2011년 정부(교육과학기술부)의 재원으로 한국연구재단의 지원을 받아 수행된 연구임(NRF-2010-421-A00022).
This work was supported by National Research Foundation of Korea Grant funded by the Korean Government (NRF-2010-421-A00022).

이 도서의 국립중앙도서관 출판시도서목록(CIP)은 서지정보유통지원시스템 홈페이지(http://seoji.nl.go.kr)와 국가자료공동목록시스템(http://www.nl.go.kr/kolisnet)에서 이용하실 수 있습니다.(CIP제어번호: CIP2014034846)